Shierwu Qijian
Zhongguo Zeren Baoxian Fazhan Baogao

“十二五”期间
中国责任保险发展报告

项俊波 主编

中国财经出版传媒集团
中国财政经济出版社

图书在版编目（CIP）数据

“十二五”期间中国责任保险发展报告／项俊波主编．—北京：中国财政经济出版社，2017.3

ISBN 978－7－5095－7248－1

Ⅰ.①十… Ⅱ.①项… Ⅲ.①责任保险－研究报告－中国 Ⅳ.①F842.69

中国版本图书馆CIP数据核字（2017）第019662号

责任编辑：胡　懿　　责任校对：杨瑞琦

封面设计：春天设计

中国财政经济出版社出版

URL：http：//www.cfeph.cn

E－mail：cfeph@cfeph.cn

社址：北京市海淀区阜成路甲28号　邮政编码：100142

营销中心电话：88190406　北京财经书店电话：64033436　84041336

北京富生印刷厂印刷　各地新华书店经销

787×1092毫米　16开　23印张　368 000字

2017年3月第1版　2017年3月北京第1次印刷

定价：70.00元

ISBN 978－7－5095－7248－1

（图书出现印装问题，本社负责调换）

本社质量投诉电话：010－88190744

打击盗版举报热线：010－88190492　QQ：634579818

编　写　组

主　　　编：项俊波

副　主　编：陈文辉

执行副主编：刘　峰　朱进元　何　浩　王思湫

编写组成员：卢　民　郭　红　张红梅　刘　阳

葛士桂　徐　强　葛亚莉　黄添香

李俊利　王玉玲　陈绛英　李桂梅

蒋　涛　欧燕雄　顾正礼　雷以学

卢文静　董　静　李　慧　徐亚男

向　飞　黄　玲　王　淼　周浩磊

吕毅波　管运章　赖冬梅　郑晨夕

张　培　占乐卫　方　波　任振宇

于国泉

序　言

责任保险与国计民生密切相关，是创新社会治理的有效方式。加快发展责任保险，以市场化手段应对责任风险，是激发和释放社会多元主体参与社会管理，创新矛盾调处化解机制的有效手段，已成为现代风险管理体系不可或缺的重要组成部分。2014 年 8 月，《国务院关于加快发展现代保险服务业的若干意见》（以下简称新“国十条”）要求“发挥责任保险化解矛盾纠纷的功能作用。强化政府引导、市场运作、立法保障的责任保险发展模式”，“充分发挥责任保险在事前风险预防、事中风险控制、事后理赔服务等方面的功能作用，用经济杠杆和多样化的责任保险产品化解民事责任纠纷”。这些要求进一步明确了责任保险的发展模式、发展重点和发展方向，为促进保险业积极参与化解社会矛盾纠纷、服务国家治理体系和治理能力现代化指明了新的方向。

“十二五”期间，中国保险监督管理委员会（以下简称“中国保监会”）将加快责任保险发展作为一项重点工作，会同相关部委通过联合调研、推动立法、出台文件、探索试点、推广经验等方式，积极创造有利的政策、法律环境，推动责任保险服务经济社会全局取得积极成效。一是发展环境不断优化。法制建设方面，中国保监会会同相关部委积极推动责任保险立法进程，修订、出台《环境保护法》《食品安全法》等，为责任保险发展提供法律保障。制度建设方面，与财政部、环保部、卫计委、住建部、食药监局、安监总局、质检总局、国家旅游局等部门联合出台多项制度文件，为责任保险发展提供政策支持，各地也及时出台实施细则，推动政策落实。二是保障领域不断拓展。保险保障涉及环保、医疗、教育、交通、食品安全、旅游、安全生产、建筑工程、火灾公众、职业责任、政府救助等多个领域，形成了医疗责任保险的“宁波解法”、环境污染责任保险的“无锡模式”、食品安全责任保险的“安阳模式”等先进经验。三是业务实现快速增长。保费收入从2010年的115.88亿元增长到2015年的301.85亿元，年均增长21.10%，高于同期财产保险业务整体平均增速，责任保险成为仅次于车险、企业财产险、农业险的第四大险种。四是保障能力不断提高。2015年责任保险为单位及个人提供风险保障91万亿元，已决赔款和未决赔款233.04亿元，积极发挥保险保障功能，服务社会治理创新。

“十二五”期间，面对政府、企业和社会公众对责任保险日益增长的保障需求，保险业牢记责任和使命，将责任保险深度嵌入国家治理体系，深度融入经济社会发展大局，通过风险管理和经济补偿，体现了行业价值和担当。在这一过程中，保险业也积累了大量历史资料和宝贵经验。认真提炼并汇总“十二五”期间责任保险发展的工作经验和资料数据对完善保险业风险补偿机制、提高风险管理水平具有重要意义。

《“十二五”期间中国责任保险发展报告》一书的出版恰逢其时。该书系统介绍了“十二五”期间责任保险总体发展情况，分险种、分地区详细总结了“十二五”期间责任保险发展情况，并结合当前形势展望了“十三五”期间责任保险发展前景。希望该书的出版能够为我国责任保险行业提供一些基础研究成果，同时对推广我国责任保险发展和监管经验，推动责任保险辅助社会治理、转变政府职能等起到一定促进作用。

“十三五”时期是我国全面建成小康社会决胜阶段，也是保险业从保险大国迈向保险强国的关键时期。面对新形势、新起点、新要求，保险业要立足服务国家治理体系和治理能力现代化，主动适应经济发展新常态的形势和要求，以供给侧结构性改革为主线，加强与有关部门的沟通协作，不断完善责任保险法律保障，优化责任保险发展环境，持续规范责任保险发展，不断提升服务能力和水平，促进责任保险发展和监管工作再上新台阶，为服务经济社会发展做出新的更大贡献。

中国保险监督管理委员会主席

前　言

"十二五"期间是中国责任保险发展较快并取得积极成效的5年。为真实记录行业发展脉络，总结行业发展成果，中国保监会指导中国保险行业协会（以下简称中保协），组织10家保险公司成立编写组，开展了《"十二五"期间中国责任保险发展报告》（以下简称《报告》）编撰工作。编撰过程中，编写组向各保监局、保险公司和保险经纪公司收集了大量文字素材、业务数据、典型案例及相关图片，经过多次研究、审核、修改，最终形成《报告》。《报告》数据较多、事例具体、内容翔实，详细总结了"十二五"期间责任保险发展经验，并结合当前形势展望了"十三五"期间责任保险发展前景。

《报告》共分为5章。其中：第一章"'十二五'期间中国责任保险的发展"主要从外部环境、监管推动、业务规模、功能作用等方面，从宏观角度回顾"十二五"期间中国责任保险发展情况；第二章"'十二五'期间重点领域责任保险的发展"从交通运输、生态环境、食品安全、医疗卫生、教育实习、旅游服务、职业责任、产品质量、安全生产、公众安全、养老服务、金融服务、诉讼财产保全13个领域，对我国责任保险市场发展情况、创新做法、典型赔付案例进行介绍；第三章"'十二五'期间各地区责任保险的发展"就"十二五"期间31个省（区、市）和5个计划单列市责任保险总体发展情况、监管工作开展情况以及重点险种发展经验进行总结；第四章"'十三五'时期中国责任保险发展展望"主要从"十三五"时期中国责任保险的整体发展情况以及重点领域等方面对责任保险发展加以展望；第五章“附录”主要介绍“十二五”期间中央和地方层面下发的责任保险相关法律、法规及政策文件。

《报告》编撰工作得到了全行业的大力支持。中国保监会项俊波主席为本书作序，体现了项主席和监管机构对责任保险发展与监管的高度重视和关心。在本书出版之际，对所有关心、支持本书编写工作的单位和个人表示衷心的感谢！

本书根据保险行业提供的资料整理而成，鉴于时间紧张，水平有限，书中错漏之处在所难免，敬请读者批评指正。

编委会

2016年12月

目　录

“十二五”期间中国责任保险的发展

“十二五”时期是我国发展很不平凡的5年。面对错综复杂的国际环境和艰巨繁重的国内改革发展稳定任务，党中央、国务院团结并带领全国各族人民顽强拼搏、开拓创新，经济社会发展取得显著成就。在党中央、国务院正确领导下，保险业主动适应、准确把握经济新常态，坚持“抓服务、严监管、防风险、促发展”的工作思路，全面推进保险发展和监管各项工作，开创了行业改革发展新局面。责任保险在这样的经济社会和保险行业背景下实现快速健康发展。

责任保险发展的外部环境不断优化

一、责任保险[①]发展的法治基础得到夯实

发展责任保险对于解决民事侵权事故赔偿问题、维护民事法律制度权威具有重要作用。同时，作为根植于法律责任的一类专门保险，责任保险的发展有赖于市场主体责任的强化、民众维权意识的提升、社会维权环境的改善、法律责任的追究落实。2014年10月23日，党的十八届四中全会做出《中共中央关于全面推

① 本报告中所指的“责任保险”，系一般意义上的责任保险，通常分为公众、职业、雇主、产品、其他五类，其统计口径遵循国际惯例，不包括机动车辆第三者责任保险以及与船舶货运、工程、特殊风险（航空、航天、能源、核）有关的第三者责任保险。

进依法治国若干重大问题的决定》。“全面推进依法治国”提出关于依法行政、法治社会建设、完善法律服务体系、公正司法的工作要求，从立法、执法、司法、守法等多个方面，夯实了我国责任保险发展的法治基础，提供了发展的有力保障。

二、责任保险发展的立法环境得到改善

一是法律层面。“十二五”期间，关于要求或鼓励责任主体参加责任保险的规定体现在《老年人权益保障法》《旅游法》《特种设备安全法》《环境保护法》《安全生产法》《食品安全法》6 部法律中，是“十一五”期间的 3 倍①。

二是行政法规层面。“十二五”期间，《太湖流域管理条例》《校车安全管理条例》《国内水路运输管理条例》3 部行政法规中增加了有关责任保险的条文，数量与“十一五”期间持平②。

三是地方性法规层面。据不完全统计，“十二五”期间，各地人大及其常委会颁布了 180 多部涉及责任保险的地方性法规，比“十一五”期间多了近 70 部。

这些法律、行政法规、地方性法规的颁布直接推动了责任保险有关险种的发展。

三、中共中央、国务院及政府部门愈加重视在各行业领域内发挥责任保险的作用

一是中共中央层面。“十二五”期间，中共中央、国务院出台了《国家新型城镇化规划（2014—2020 年）》《关于加快推进生态文明建设的意见》《生态文明体制改革总体方案》，中共中央办公厅、国务院办公厅出台了《关于加强社会治安防控体系建设的意见》，中央全面深化改革领导小组通过了《关于完善矛盾纠纷多元化解机制的意见》，中央社会治安综合治理委员会、最高人民法院、最

---

① “十一五”期间颁布的《企业破产法》《消防法》两部法律涉及责任保险内容。

② “十一五”期间颁布的《特种设备安全监察条例》《旅行社条例》《全民健身条例》3 部行政法规涉及责任保险内容。

高人民检察院等出台了《关于深入推进矛盾纠纷大调解工作的指导意见》，这6个文件均将特定领域责任保险的有关内容纳入工作范畴。其中，《国家新型城镇化规划（2014—2020年）》提出“开展环境污染强制责任保险试点”，《生态文明体制改革总体方案》提出“在环境高风险领域建立环境污染强制责任保险制度”。

二是国务院层面。“十二五”期间，国务院及其办公厅共出台了40多份涉及特定领域责任保险工作的文件。特别是2014年8月国务院出台的《关于加快发展现代保险服务业的若干意见》（国发［2014］29号，以下简称“新国十条”），将发展责任保险上升到完善社会治理体系的高度，确立了责任保险的发展模式，强调充分发挥责任保险的风险管理作用，加强对责任保险发展的支持。

三是国务院部委层面。“十二五”期间，共有8个国务院部门出台了9部涉及责任保险工作内容的部门规章①，共有29个国务院部门或国务院议事协调机构②出台了240多份涉及责任保险的规范性文件，出台的文件数量翻了一番。值得注意的是，“十二五”期间，一些行业领域（如安全生产、医疗卫生、环境保护、旅游服务、校园安全等）的主管部门已经将责任保险与其他风险管理措施配合运用，将充分发挥责任保险的风险管理作用作为一项常态化工作去推动，将责任主体参保责任保险的情况作为衡量其安全管理水平的指标、落实安全管理责任的抓手。“十二五”期间，责任保险还被有的领域纳入产业发展的配套扶持政

① “十二五”期间出台的涉及责任保险的部门规章包括：《养老机构管理办法》（民政部）、《资产评估机构审批和监督管理办法》（财政部）、《道路危险货物运输管理规定》（交通运输部）、《家庭服务业管理暂行办法》、《对外援助成套项目管理办法（试行）》（商务部）、《中央企业应急管理暂行办法》（国务院国有资产监督管理委员会）、《大型游乐设施安全监察规定》（国家质量监督检验检疫总局）、《经营高危险性体育项目许可管理办法》（国家体育总局）、《国家级森林公园管理办法》（国家林业局）。

② 此处仅统计中国保险监督管理委员会以外的国务院部门或议事协调机构的发文；且如果属于联合发文的情况，仅统计列第一位的发文部门。“十二五”期间出台了涉及责任保险工作内容的规范性文件的29个国务院部门或国务院议事协调机构包括：国家发展和改革委员会、教育部、科学技术部、工业和信息化部、公安部、民政部、司法部、财政部、人力资源和社会保障部、环境保护部、住房和城乡建设部、交通运输部、农业部、商务部、文化部、国家卫生和计划生育委员会、中国人民银行、国家质量监督检验检疫总局（及国家认证认可监督管理委员会）、国家体育总局、国家安全生产监督管理总局、国家知识产权局、国家旅游局、国家测绘地理信息局、国家邮政局、国家中医药管理局、国家煤矿安全监察局、国务院安全生产委员会、国务院食品安全委员会。

策，如在首台（套）重大技术装备领域，中央财政对企业首台（套）重大技术装备保险给予保费补贴，这是中央财政首次在工业领域实行保费补贴，也是继农业保险之后中央财政采取保费补贴方式支持的第二大类保险险种。

四是地方政府层面。据不完全统计，“十二五”期间，各地政府出台了110多部涉及责任保险的地方政府规章；各地政府出台的涉及责任保险工作内容的规范性文件有5 100多份。值得关注的是，在各地落实“新国十条”的文件中，发展责任保险都被列为一项重点工作。

监管部门着力推动责任保险发展

一、参与立法论证，促进责任保险立法环境改善

“十二五”期间，中国保险监督管理委员会（以下简称“中国保监会”）参与《老年人权益保障法》《旅游法》《特种设备安全法》《环境保护法》《安全生产法》《食品安全法》中涉及责任保险内容的立法论证调研工作，推动将责任保险作为市场经济条件下养老服务、旅游服务、特种设备、环境保护、安全生产、食品安全领域的重要风险管理手段纳入立法。

二、贯彻中共中央、国务院工作要求，促进责任保险服务国民经济和社会发展

“十二五”期间，围绕中共中央、国务院有关精神，中国保监会出台或参与制定关于保护环境建设生态文明①、服务京津冀协同发展②、服务新型城镇化发展③、

---

① 中国保监会《关于保险业履行社会责任的指导意见》（保监发［2015］123号）。

② 中国保监会《关于保险业服务京津冀协同发展的指导意见》（保监发［2015］106号）。

③ 中国保监会关于印发《保险业服务新型城镇化发展的指导意见》的通知（保监发［2014］25号）。

支持原中央苏区振兴发展[①]、支持上海自由贸易试验区建设[②]、优化经济结构调整和转型升级的外部环境[③]、支持喀什霍尔果斯经济开发区建设[④]、鼓励和支持民间投资健康发展[⑤]、参与加强和创新社会管理[⑥]等方面的文件，“充分发挥责任保险的作用”均是其中重要的工作内容。

三、加强与相关政府部门合作，促进责任保险机制在有关行业领域的运用

“十二五”期间，中国保监会会同相关部门出台10份规范性文件[⑦]，促进责任保险机制作为一项落实主体责任、化解矛盾纠纷的风险管理手段，在会计师职业、首台（套）重大技术装备、食品安全、产品质量安全、医疗卫生、养老机构、环境保护、旅游服务等行业领域得到广泛运用。其中，为推动医疗责任保险（医责险）、首台（套）重大技术装备保险工作，中国保监会还联合相关部委召开了全国电视电话会议；为规范企业环境风险评估工作，推进企业环境污染责任保险（环责险）政策的实施，中国保监会还会同环境保护部制定了有关行业领

① 中国保监会《关于保险业对口支援江西省赣州市定南县等原中央苏区振兴发展的指导意见》（保监发［2014］23号）。

② 《关于支持中国（上海）自由贸易试验区建设有关事项的复函》（保监厅函［2013］281号）。

③ 中国保监会《关于保险业支持经济结构调整和转型升级的指导意见》（保监发［2013］69号）。

④ 中国人民银行、中国银行业监督管理委员会、中国证券监督管理委员会、中国保险监督管理委员会《关于金融支持喀什霍尔果斯经济开发区建设的意见》（银发［2012］239号）。

⑤ 中国保险监督管理委员会关于印发《中国保监会关于鼓励和支持民间投资健康发展的实施意见》的通知（保监发［2012］54号）。

⑥ 中国保监会《关于保险业参与加强和创新社会管理的指导意见》（保监发［2011］69号）。

⑦ 财政部、中国保监会关于印发《会计师事务所职业责任保险暂行办法》的通知（财会［2015］13号），财政部、工业和信息化部、中国保监会《关于开展首台（套）重大技术装备保险补偿机制试点工作的通知》（财建［2015］19号），中国保监会《关于开展首台（套）重大技术装备保险试点工作的指导意见》（保监发［2015］15号），国务院食品安全办、食品药品监管总局、中国保监会《关于开展食品安全责任保险试点工作的指导意见》（食安办［2015］1号），国家质量监督检验检疫总局、中国保险监督管理委员会《关于开展产品质量安全责任保险工作的通知》（国质检质联［2014］680号），国家卫生和计划生育委员会、司法部、财政部、中国保监会、国家中医药管理局《关于加强医疗责任保险工作的意见》（国卫医发［2014］42号），国家卫生计生委、中央综治办、中宣部、最高人民法院、最高人民检察院、公安部、民政部、司法部、工商总局、中国保监会、国家中医药管理局《关于深入开展创建“平安医院”活动依法维护医疗秩序的意见》（国卫医发［2015］84号），民政部、中国保监会、全国老龄办《关于推进养老机构责任保险工作的指导意见》（民发［2014］47号），环境保护部、中国保监会《关于开展环境污染强制责任保险试点工作的指导意见》（环发［2013］10号），国家旅游局、中国保监会《关于做好〈旅行社责任保险管理办法〉实施工作的通知》（旅办发［2011］7号）。

域企业的《环境风险评估技术指南》[①]。

四、强化与地方政府合作，促进责任保险机制在地方经济和社会发展中发挥作用

“十二五”期间，围绕推动北京保险产业园发展、服务天津自由贸易试验区建设、推动宁波保险创新综合示范区建设，中国保监会分别联合北京市[②]、天津市[③]、浙江省[④]政府出台文件，创新运用责任保险机制、服务当地经济社会发展都是其中的重要工作内容。各地保险监管部门也因地制宜，结合当地实际需要，与有关政府部门联合出台文件，促进责任保险机制在地方经济和社会发展中发挥充分作用[⑤]。

五、规范责任保险市场，促进责任保险行业健康快速发展

一是发展规划方面。“十二五”期间，中国保监会将责任保险作为重点发展险种[⑥]，提出要“完善法律制度”“加大政策支持力度”，在由“一行三会”制定的《金融业发展和改革“十二五”规划》中提出要“加快发展与公众利益密切相关的责任保险”[⑦]。

二是数据统计方面。“十二五”期间，“责任保险承保数量”作为保险业参与社会管理的一项核心指标[⑧]纳入“保险业功能服务指标体系”；研究制定《责

① 环境保护部、中国保监会关于印发《环境风险评估技术指南——硫酸企业环境风险等级划分方法（试行）》的通知（环发［2011］106号）。

② 中国保监会、北京市人民政府《关于加快推动北京保险产业园创新发展的意见》（保监发［2014］20号），中国保监会办公厅、北京市金融工作局、北京市石景山区人民政府关于印发《关于加快推动北京保险产业园创新发展的实施办法》的通知（保监厅发［2015］83号）。

③ 中国保监会、天津市人民政府《关于加强保险业服务天津自贸试验区建设和京津冀协同发展等重大国家战略的意见》（保监发［2015］65号）。

④ 中国保监会、浙江省人民政府《关于在浙江省宁波市建设保险创新综合示范区的通知》（保监发［2014］65号）。

⑤ “十二五”期间地方层面出台的责任保险规范性文件详见附录。

⑥ 中国保监会关于印发《中国保险业发展“十二五”规划纲要》的通知（保监发［2011］47号）。

⑦ 中国人民银行、中国银监会、中国证监会、中国保监会、国家外汇管理局《金融业发展和改革“十二五”规划》。

⑧ 中国保监会关于印发《保险业功能服务指标体系》的通知（保监发［2015］129号）。

任保险统计制度（试行）》，细化责任保险的险种分类和统计指标[①]，全面反映责任保险服务经济社会发展的能力，科学计量和系统评估责任保险在服务经济发展和社会管理中所做的贡献，为促进行业持续健康发展提供数据支撑。

三是模式推广方面。“十二五”期间，中国保监会及各保监局深入开展调查研究，加强经验总结，引导保险公司加大投入力度，加强创新、不断探索，加快责任保险参与创新社会治理的试点推广，推动责任保险可持续发展。

四是提升服务方面。“十二五”期间，中国保监会及各保监局加大工作力度，推动保险公司提高责任保险的专业化程度，指导保险公司完善保险条款设计，加强产品服务创新，持续改善理赔服务，提高服务能力和水平。

五是课题研究方面。随着我国行政管理体制改革的不断深化，各级政府部门已经认识到通过市场机制进行公共管理的必要性，中国保监会将《责任保险参与社会管理创新研究》列为部级研究课题，通过研究深化对责任保险功能作用的认识。

六是沟通机制方面。2015 年 10 月 15 日，在中国保监会的指导下，由中保协主办的我国第一届责任保险联席会议召开，11 家保险主体参加，研讨行业发展，加强行业交流，会议通过责任保险联席会会议章程，并选举了委员会机构的组成人员。

七是行业标准方面。在中国保监会的指导下，中保协组织制订并发布了道路旅客运输承运人责任保险、道路危险货物运输承运人责任保险（危货险）、雇主责任保险、环境污染责任保险、首台（套）重大技术装备综合保险 5 项行业示范条款；出台了《环境污染责任保险风险评估指引》（化学原料及化学制品制造业）；编撰行业版《责任保险》教材。

八是责任保险培训方面。在中国保监会的指导下，中保协举办责任保险核保人职业资格考试和专题培训，为行业培养专业技术人才。

---

① 《责任保险统计制度（试行）》（保监发［2016］8 号）于 2016 年 1 月印发，2016 年 5 月 1 日正式实施。

责任保险市场健康快速发展

一、市场经营情况总体良好

一是市场规模不断增长。“十二五”期间，责任保险的保费收入从2010年的115.88亿元增至2015年的301.85亿元，翻了一番多；5年累计实现保费收入1 103.56亿元，是“十一五”期间累计保费收入的2.67倍（见图1）。

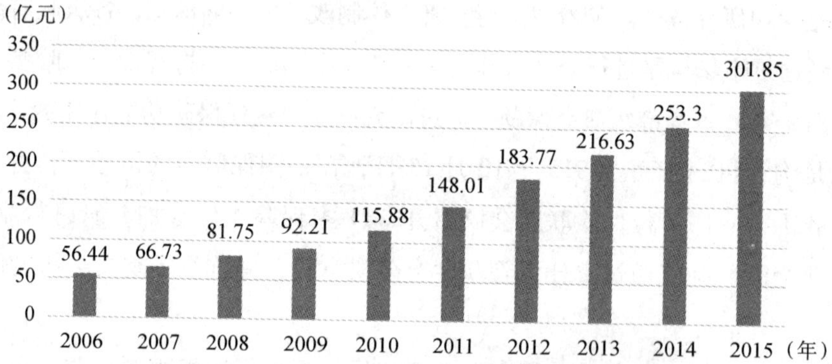

图1 2006—2015年中国责任保险市场保费收入

二是市场平均增速保持稳定。“十二五”期间，责任保险市场的复合年均增长率为21.10%，高于“十一五”期间的市场增速。其中，2011年的增速达到近10年的最高值27.73%（见图2）。

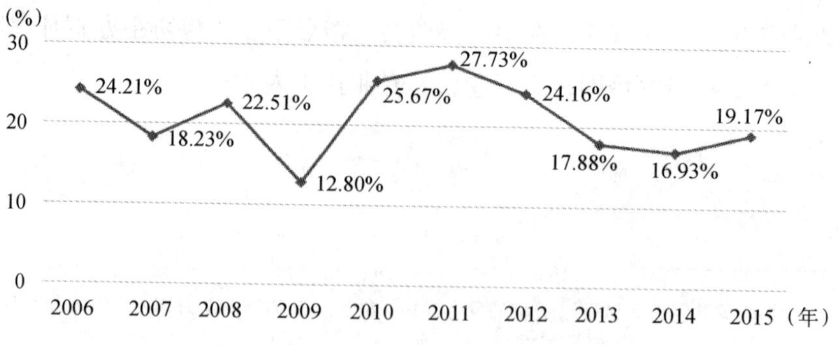

图2 2006—2015年中国责任保险市场保费增速

三是业务占比持续提升。“十二五”期间，无论从责任保险保费收入占财产险公司保费收入①比重看（见图3），还是从责任保险保费收入占财产险业务保费收入②比重看（见图4），责任保险占比均呈持续上升趋势。其中，2015年，两个维度衡量的占比都达到近10年的最高值（3.58%、3.78%）。截至2015年底，责任保险在财产保险所有业务规模中列第4位，排在车辆保险、企业财产保险、农业保险之后。

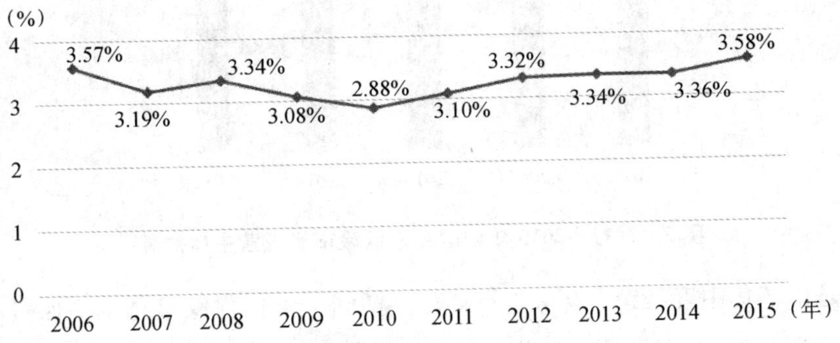

图3 2006—2015年中国责任保险市场保费收入占财产险公司保费收入的比重

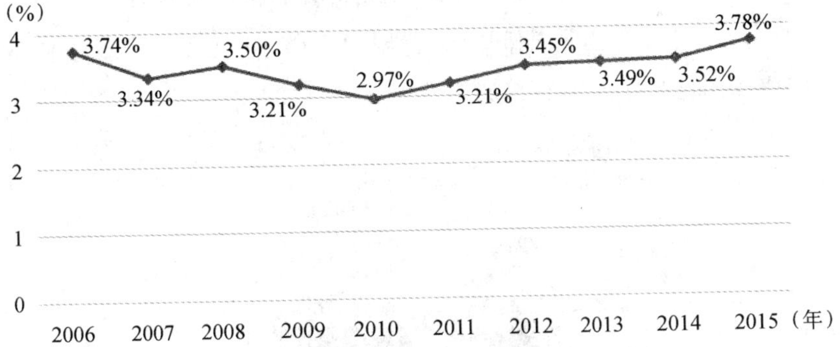

图4 2006—2015年中国责任保险市场保费收入占财产险业务保费收入的比重

① 含财产险公司经营的短期健康保险业务和意外伤害保险业务。

② 不含财产险公司经营的短期健康保险业务和意外伤害保险业务。

二、市场经营主体有序竞争

一是经营主体数量不断增加。“十二五”期间，经营责任保险的市场主体数量从2011年的56家增长到2015年的70家，平均每年增加3家左右（见图5）。

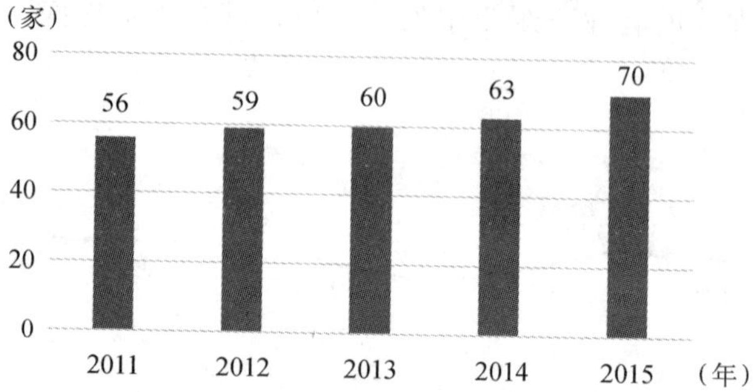

图5 2011—2015年中国责任保险市场经营主体数量

二是市场集中度持续下降。“十二五”期间，责任保险市场上，保费收入规模列前3位、前5位、前10位的市场主体的累计市场份额，从2011年的69.03%、75.40%、86.78%（见图6），分别下降到2015年的64.39%、74.00%、83.91%（见图7）。尤其是前3位市场主体，其累计的市场份额下降了4.64个百分点。“十二五”期间，保费规模突破10亿元的市场主体数量，从2011年的3家增加到2015年的5家。

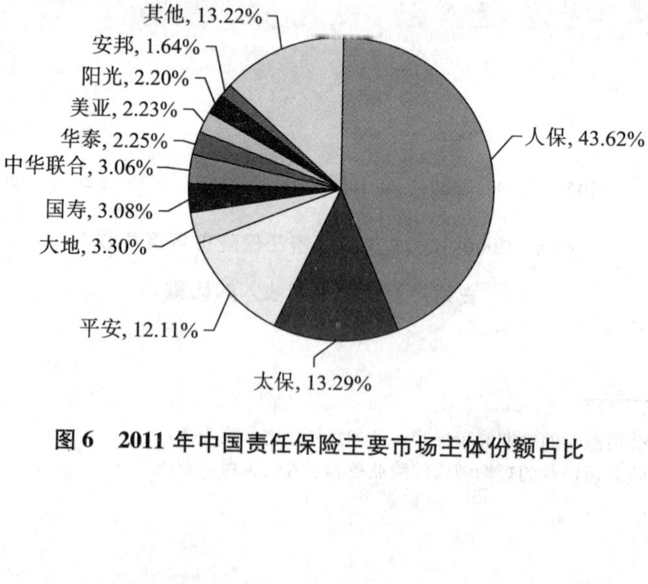

图6 2011年中国责任保险主要市场主体份额占比

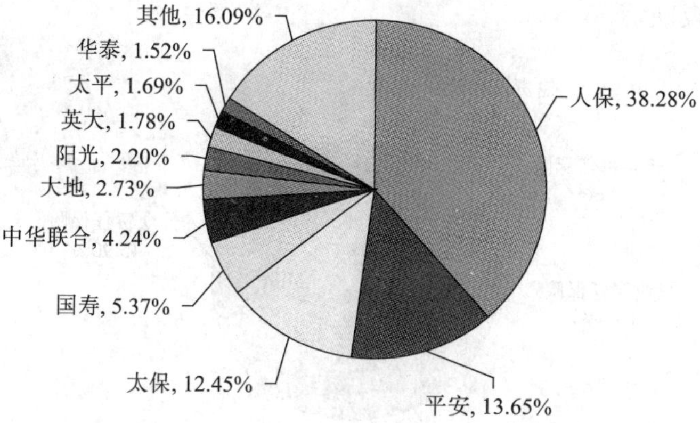

图 7　2015 年中国责任保险主要市场主体份额占比

三、责任保险产品不断创新

一是产品类别不断丰富。“十二五”期间，传统的雇主责任保险、公众责任保险、职业责任保险、产品责任保险的划分方法已难以适应精细化统计的现实需要，责任保险产品分类向精细化方向发展，演变为雇主类责任保险、公众类责任保险、职业类责任保险、产品类责任保险，还增加了其他类责任保险，每一类别之下又可细分为若干种产品，合计达 39 个①。“十二五”期间，新产品不断涌现，不仅有应政府产业政策需要而开发的首台（套）重大技术装备保险，还有紧密结合市场需求，创新推出的诉讼财产保全责任保险。

二是产品结构趋于优化。“十二五”期间，公众类责任保险、雇主类责任保险、职业类责任保险、产品类责任保险、其他类责任保险的保费收入占整体责任保险的比重分别从 2011 年的 45. 90%、22. 15%、10. 94%、9. 66%、11. 35%（见图 8）转变为 2015 年的 40. 35%、26. 12%、11. 24%、7. 08%、15. 23%（见图 9）。公众类责任保险（尤其是承运人责任保险）比重的下降与雇主类责任保险、其他类责任保险比重的上升，是责任保险市场对于“十二五”期间我国中长途旅客交通出行方式变化、雇员权益保护意识提升、新兴责任风险保障需求不

① 详见《责任保险统计制度（试行）》（保监发［2016］8 号）。

断涌现的充分反映。

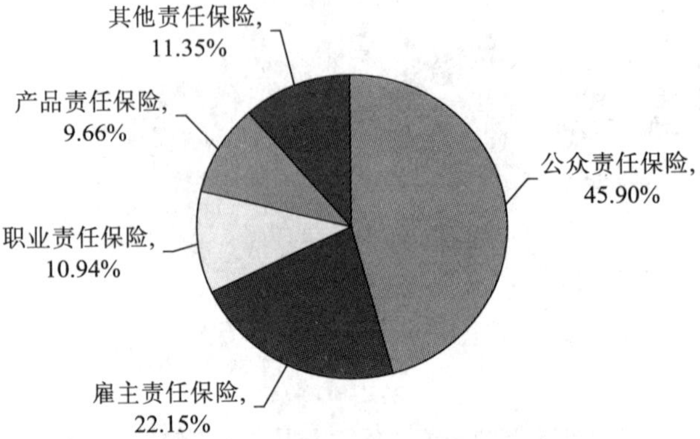

图 8　2011 年中国责任保险市场各险种占比

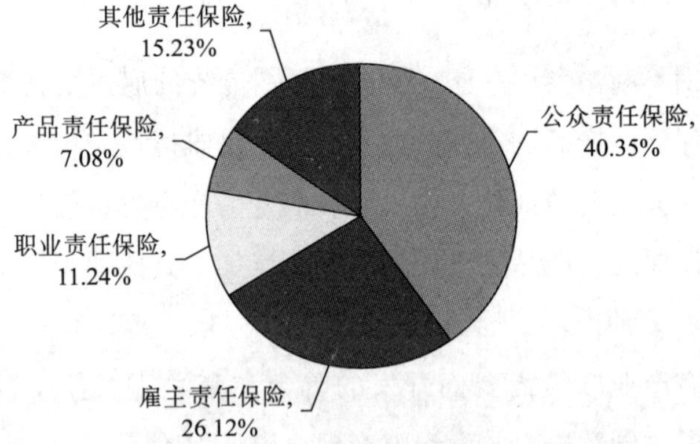

图 9　2015 年中国责任保险市场各险种占比

四、地区层面发展充满活力

一是各地责任保险市场规模快速增长（见图 10 和图 11）①。2011 年，责任保险市场规模达到 10 亿元的地区有 4 个；2015 年达到这一规模量级的地区则增长到 9 个，其中量级在 10 亿—15 亿元的有 4 个，15 亿—20 亿元的有 1 个，更有 4 个地区规模超过了 20 亿元。2011 年，责任保险市场规模在 5 亿—10 亿元之间

① 受统计口径影响，中国保监会统信系统数据与各地累计数据有一定偏差。

的地区有3个，2015年则增加到13个。2011年，责任保险市场规模在1亿—5亿元之间的地区有25个；2015年则减少到13个。2011年，责任保险市场规模在1亿元以下的地区有4个，2015年则减少到只有1个。

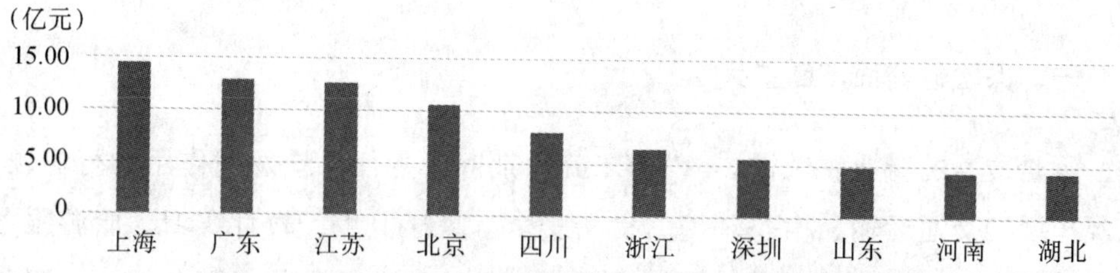

图10　2011年中国责任保险市场规模位列前十位的地区①

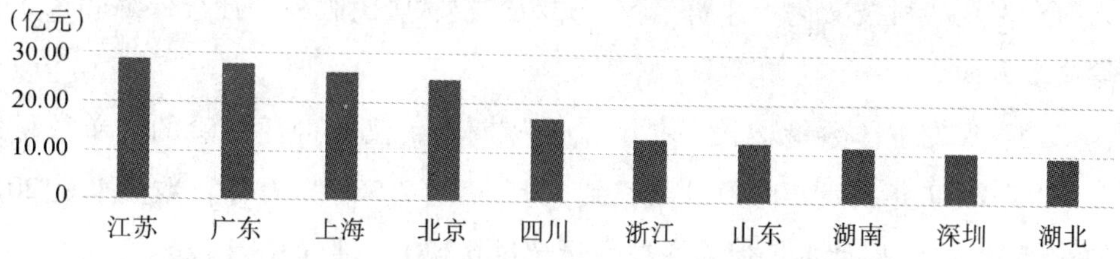

图11　2015年中国责任保险市场规模位列前十位的地区②

二是各地责任保险市场发展格局基本稳定。责任保险市场规模列前10位、前20位、前30位地区的累计市场份额占比，2011年分别达到57.93%、81.80%、96.57%，2015年分别达到60.18%、82.92%、96.74%，地区格局基本保持稳定。从责任保险市场累计规模比重占全国3/5的前10个地区来看，与2011年相比，2015年仍然保持着7个东部地区、2个中部地区、1个西部地区的分布结构。

---

① 此处地区为各保监局辖区。

② 此处地区为各保监局辖区。

责任保险社会效益不断彰显

一、保险覆盖面不断扩大

一是覆盖的行业领域扩展。“十二五”期间，责任保险发挥作用的行业领域已经扩展到交通运输、生态环境、食品安全、医疗卫生、教育实习、旅游服务、职业责任、产品质量、安全生产、公众安全、特种设备、养老服务、金融服务、诉讼财产保全、科技文化、建筑工程、知识产权、居民服务、社会保障和个人责任等诸多方面。

二是参保的主体数量增长。“十二五”期间，仅就责任保险的签单数量来看[①]，已从2011年的近400万件增长到2015年的2 500多万件，数量上是2011年的6倍多，5年累计责任保险签单数量超过6 120万件（见图12）。

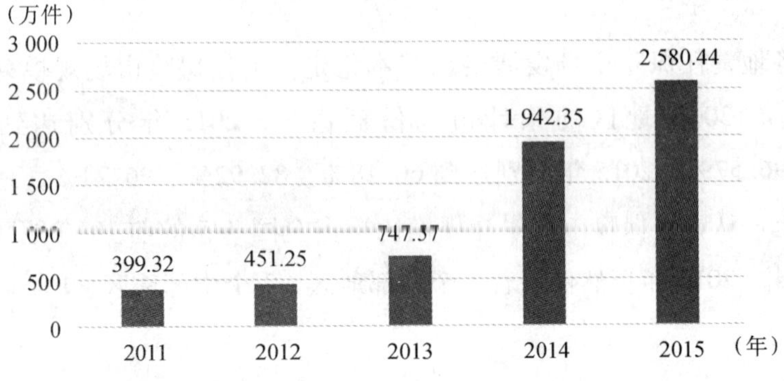

图12　2011—2015年中国责任保险市场签单数量

二、年度风险保障总额不断增长

“十二五”期间，责任保险提供的风险保障总额从2011年的31.64万亿元增

① 签单数量不同于参保主体数量，由于责任保险实务中很多时候采用统保或团体投保方式，一份保单可能承保多个主体。

长到2015年的91万亿元，5年累计提供的风险保障金额超过279.47万亿元（见图13）。

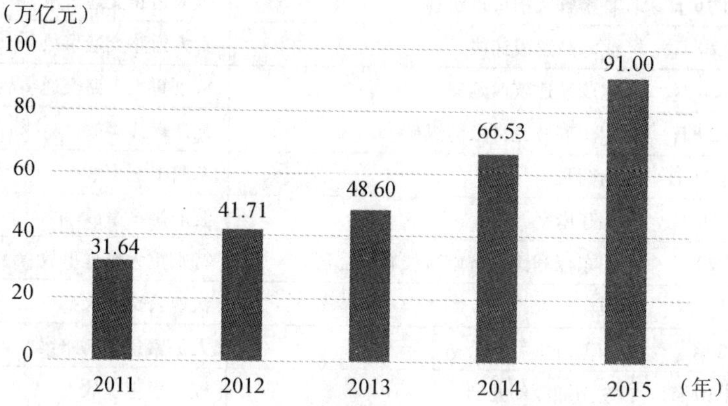

图13　2011—2015年中国责任保险市场风险保障总额

三、理赔服务能力不断提高

为应对社会关注度高、影响力大的突发事件，保险公司制定了一套应急预案，在基层机构安排了重大事故信息上报员，并成立应急小组。即使在事故发生时被保险人因处于慌乱忙碌中而没有向保险公司报案，保险公司也能够依靠信息上报员，在第一时间得知事故的发生。

保险公司在快速反应的同时，注重理赔查勘的规范处置，严格履行“主动、迅速、准确、合理”的承诺，启动应急机制，及时排查客户，并在第一时间赶往现场查勘，开通理赔绿色通道，处理好相关理赔事项。坚持以客户为中心，在事故赔偿处理中引入重大案件赔款预付机制和小额案件赔款快付机制，为客户提供优质、便捷的理赔服务。通过有序处置，积极为政府分忧，充分体现责任保险参与社会治理的功能。

四、年度事故赔偿总额不断提高

“十二五”期间，保险公司处理了多起涉及责任保险的重大赔偿案件（见表1）。

表 1　“十二五”期间涉及责任保险的重大赔偿案件

时间	地点/涉事企业	赔案类型
2011 年 11 月 16 日	甘肃省庆阳市正宁县	重大道路交通事故
2012 年 6 月 20 日	沈海高速霞浦段	重大道路交通事故
2012 年 8 月 26 日	包茂高速陕西延安	特别重大道路交通事故
2012 年 8 月 29 日	四川攀枝花肖家湾煤矿	瓦斯爆炸事故
2012 年 12 月 31 日	山西长治	苯胺泄漏事故
2013 年 3 月 20 日	福建南平	渡船翻沉事故
2013 年 5 月 20 日	山东保利民爆济南科技有限公司	特别重大爆炸事故
2013 年 6 月 7 日	厦门	快速公交起火案
2013 年 12 月	南苏丹中石油公司	人员紧急撤离赔案
2014 年 7 月 10 日	湖南湘潭幼儿园	校车翻车事故
2014 年 7 月 19 日	沪昆高速湖南邵阳段	特别重大道路交通危化品爆燃事故
2014 年 8 月 9 日	西藏拉萨尼木	重大道路交通事故
2015 年 4 月 4 日	贵州毕节	中巴坠河事故
2015 年 6 月 1 日	“东方之星”旅游客船	倾覆
2015 年 9 月 25 日	沪昆高速湖南湘潭段	特大交通事故
2015 年 12 月 20 日	广东深圳光明新区渣土受纳场	特别重大滑坡事故

“十二五”期间，责任保险提供的事故赔偿金额①从 2011 年的 55. 50 亿元增长到 2015 年的 122. 57 亿元，5 年累计提供的赔偿金额超过 440. 10 亿元（见图 14）。

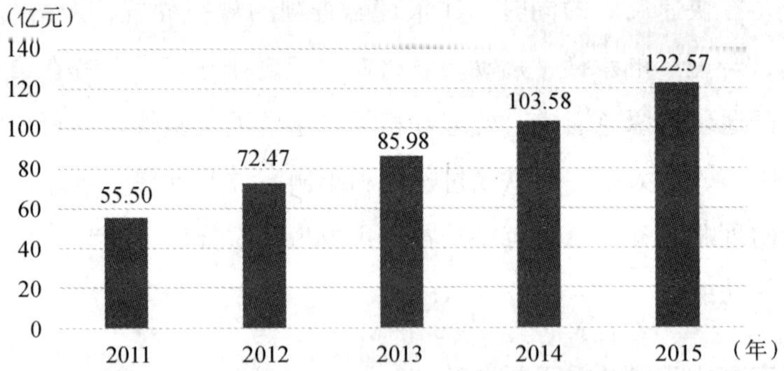

图 14　2011—2015 年中国责任保险市场赔偿总额

① 赔偿金额指已决赔款，不含截至 2015 年底的未决赔款 132. 59 亿元。

责任保险积极参与创新社会治理

随着我国改革进入攻坚期和深水区，政府以往大包大揽、深度介入社会经济活动的管理模式已不适应现代市场经济和法治社会的要求。“推进国家治理体系和治理能力现代化”成为一项紧迫的任务。

责任保险作为一种事先做好事故风险损失财务安排的风险分散机制，专业组织评估、监控安全事故风险的市场监督机制，防范化解事故纠纷的矛盾调处机制，落实事故经济赔偿的权益保障机制，在加强和创新社会治理、落实安全主体责任工作中越来越受到国家的重视，成为社会治理“综合施策”中的一项重要举措。

从实践层面看，在医疗卫生、生态环境、安全生产、食品安全、校园安全、城市公共安全等领域已经形成一些运用责任保险创新社会治理的典型模式，取得明显成效。

一、医疗责任保险参与医疗纠纷调解，化解医患矛盾纠纷

作为社会矛盾多元调解体系建设的重要组成部分，医疗纠纷调解工作的示范作用很关键。医疗责任保险作为“第三方”力量，通过与医疗纠纷调处机制的有效结合，将医疗纠纷处理从医疗机构内转移到医疗机构外，依法依规进行调解、处置和理赔，预防、化解了医患矛盾，保障了正常医疗秩序。如，宁波地区协商调解结案率从2008年的86.56%上升到2015年的94.8%，医疗机构的保险满意度近100%，患方满意度达97%以上，天津地区2015年医疗纠纷较2008年下降38%，有力地支持了医疗纠纷处理机制建设和医疗卫生事业发展。

二、环境污染责任保险评估企业环境风险，提升环境安全水平

保险公司通过组织专家团队为客户提供承保前环境风险评估、承保后企业环境风险复查，加强对企业的环境风险指导服务，督促企业尽快整改环境风险隐

患，提高了参保企业的环境风险管理水平和事故防范能力。以无锡市为例，据共保体经营单位统计，环境污染责任保险试点 5 年来，对 3 000 多家次企业进行了环境风险现场勘查与评估，出具评估报告 3 000 余份，汇总 14 大类、118 小类问题，帮助企业排查出较大环境污染安全隐患 3 033 个，发现问题 16 005 个，提出环境安全相关建议 19 038 多个，为企业安保人员进行风险防范和培训 4 000 多人次。

三、道路危险货物承运人责任保险参与道路交通安全管理，降低事故发生概率

以上海市为例，承保道路危险货物承运人责任保险的保险公司建立了危险货物行业第三方安全监测平台，通过 GPS 定位功能，对上海市范围内的危险品车辆的实时行驶状况、行驶线路等情况进行 24 小时不间断实时监控。在监测过程中，一旦出现违规情况，第三方平台将立即提醒车辆驾驶员并通知该企业的安全员，要求立刻采取整改，从源头上最大限度消除事故隐患。同时，第三方平台还对采集的数据进行专业分析，形成每日台账、周报和月报等抄送交通管理部门，一方面作为政府部门考核企业诚信、从业人员信誉等的基础信息，另一方面作为续保费率依据和理赔相关依据。这一第三方平台的监测数据以价格倒逼机制督促安全管理意识较差的企业和驾驶员进行整改，并以费率优惠鼓励企业安全行驶，从而使保险事后赔偿的操作模式变为真正意义上的风险预警与风险防范职能，减少事故发生，减少企业经济损失。

四、校方责任保险参与校园安全管理，减少校园事故发生

保险公司组织专业风险管理评估机构，为当地学校进行全面风险排查，并根据校园风险因素，出具风险评估报告及风险管理建议书。针对不同年龄段学生的生理和心理特点，与当地教育部门联合，组织教育安全领域专家，制作生动的教育安全防灾动画短片，编写校园风险教育材料，使广大师生掌握风险预防和事故处理的基本知识。保险公司还定期聘请专业机构对承保学校开展风险演练，增强广大师生的应急处理技能。2015 年，校园方责任保险为学校提供风险保障超过 20 万亿元，承保学校 17 万所，覆盖全国学生和教职员工超过 1 亿人。

五、安全生产责任保险参与企业安全管理，协助消除事故隐患

保险公司与投保企业签订保险合同后，就与企业形成风险共担的关系，出于减少保险赔偿的利益考虑，保险公司有充足的动力积极采取措施加强对企业安全生产的社会监督，从而有利于消除事故隐患，减少事故发生。目前我国不少生产经营领域已经引入安全生产责任保险（安责险），保险公司利用市场机制优势，整合多方面资源，正切实发挥着风险防范的作用。如在江西，保险公司开展安全生产责任保险服务创新项目——“专家会诊”风险评估检查服务项目。“专家会诊式”风险评估检查是由保险公司出资，各级安监部门参与，聘请非煤矿山采选矿、机电设备、通风等领域专家，对上年度非煤安全生产责任保险出险企业及重点企业开展“会诊式”检查评估，为企业提供风险警示和咨询服务，协助企业及时消除事故隐患，达到预防、控制和管理风险的目的。

六、食品安全责任保险参与食品安全管理，保障民众舌尖安全

通过开展食品安全责任保险（食安险），充分发挥保险的风险控制和社会管理功能，有助于建立政府、保险机构、企业、消费者多方参与、互动共赢的激励约束机制和风险防控机制。以河南安阳市汤阴县为例，作为国家食品安全示范县，该县政府建立起包括优化生态体系、建立追溯体系、构建诚信体系、监管检测体系、推行食品安全责任保险在内的“五位一体”的食品安全风险防控体系。为预防、降低、消除食品安全危害，降低出险概率，提高食品安全管理水平，保险公司与质量认证机构合作，为投保的食品生产企业开展食品安全责任保险风险评估工作，就企业的风险防控方案提出专业建议。例如宁波，2015 年通过财政出资开展全国首个区域性食品安全责任保险，为鄞州全区 80 余万居民以及近 10 万师生、数万建筑工人食品安全上了一道“保险阀”。

七、政府采购公众责任保险，财政小资金化解社会大矛盾

当前我国城市规模迅速扩大与基础设施建设、城市管理水平之间存在差距，对政府的精细化管理水平提出了更高要求。一旦发生自然灾害或者意外事故，常

常造成多人伤亡，善后事宜经常产生社会矛盾纠纷，尤其是当相关责任人无力赔付或者无相关责任人时，给政府机构的处置、维稳工作造成巨大压力。北京市西城区、海淀区等区县政府通过投保公众责任保险探索创新社会管理方式，以保险覆盖政府风险化解社会矛盾，保障社会稳定，成为基层政府职能转变、探索公共安全风险管理的有益尝试。公众责任保险化解了大量的政府公共管理风险，减少了政府的后顾之忧。更重要的是，城乡风险查勘、风险防范、风险管理的能力和水平也会在保险专业队伍的服务下得到提升。遇大风、汛期等恶劣天气，保险专业队伍还会提前做好提醒服务，提示相关部门尤其是园林、市政、房管等单位做好预防工作，减少相关事故的发生。

“十二五”期间重点领域责任保险的发展

交通运输领域

在交通运输领域，承运人根据运输合同与乘客或发货人建立客运、货运关系，并承担运输任务。按照法律法规，承运人在运输过程中如果发生责任事故，应承担相应的损害赔偿责任。交通运输领域责任保险承保的对象即承运人依照法律应承担的经济赔偿责任风险，主要包括道路客运承运人责任保险、水路客运承运人责任保险、道路危险货物承运人责任保险。开展交通运输领域责任保险有利于提高交通运输行业抗经营风险的能力，保护交通运输有关各方当事人的合法权益，维护社会和谐稳定；有利于充分发挥保险机制减灾防灾的功能作用，促进交通运输安全，减少事故发生。

一、交通运输领域责任保险在国内的发展历程

2004 年 4 月，国务院颁布《中华人民共和国道路运输条例》（国务院令第 406 号）。第三十六条规定，“客运经营者、危险货物运输经营者应当分别为旅客或者危险货物投保承运人责任保险”；第六十八条规定，“违反本条例的规定，客运经营者、危险货物运输经营者未按规定投保承运人责任保险的，由县级以上道路运输管理机构责令限期投保；拒不投保的，由原许可机关吊销道路运输经营许可证”。

2012 年 4 月，国务院颁布《校车安全管理条例》（国务院令第 617 号）。第十四条将“已经投保机动车承运人责任保险”列为取得校车使用许可应当符合

的条件之一。

2012年10月，国务院颁布《国内水路运输管理条例》（国务院令第625号）。第十九条规定，“水路旅客运输业务经营者应当为其客运船舶投保承运人责任保险或者取得相应的财务担保”；第三十九条规定，“水路旅客运输业务经营者未为其经营的客运船舶投保承运人责任保险或者取得相应的财务担保的，由负责水路运输管理的部门责令限期改正，处2万元以上10万元以下的罚款；逾期不改正的，由原许可机关吊销该客运船舶的船舶营运许可证件”。

2013年12月，为进一步规范承运人责任保险市场，促进承运人责任保险健康发展，交通部与中国保监会印发了《交通运输部　中国保险监督管理委员会关于做好道路运输承运人责任保险工作的通知》（交运发［2013］786号），从明确保险责任范围、责任限额、保险条款和费率、规范投保行为、完善理赔服务等方面对加强道路运输承运人责任保险管理提出了具体要求。

由于国务院通过颁布法规将道路客运承运人责任保险、道路危险货物承运人责任保险、水路客运承运人责任保险确立为强制保险，并规定相应的罚则，交通运输领域责任保险的参保率高、覆盖面广。中资财产保险公司一般均开办此类业务。在交通运输领域责任事故的善后处理过程中，通常都有保险业参与其中，保险公司遍布全国的分支机构为事故的及时妥善处理提供了便利。

二、“十二五”期间交通运输领域责任保险的总体发展情况

“十二五”期间我国交通运输领域责任保险提供的保险金额呈上升趋势，从2011年的8万多亿元增长到2015年的18.6万亿元（见图1）。

交通运输领域责任保险的已决赔款整体呈缓慢上升趋势，从2011年的14亿多元增长到2015年的20多亿元，5年来已决赔款累计近93亿元。截至2015年末，未决赔款余额27亿多元。

三、交通运输领域责任保险的创新做法及风险管理成效

（一）保险业积极促进校车承运人责任保险发展

1. 完善校车承运人责任保险支持政策。自2012年《校车安全管理条例》

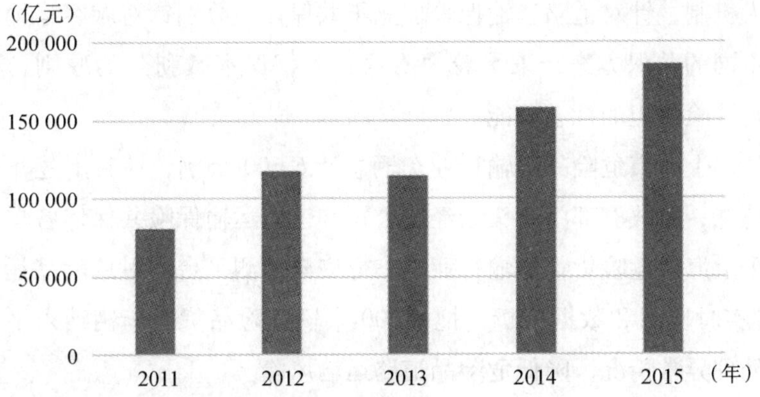

图1　2011—2015 年我国交通运输领域责任保险提供的保险金额

（以下简称《条例》）颁布以来，各地认真落实《条例》相关规定。如广东省教育厅印发《关于实行校车“道路客运承运人责任保险”的通知》，要求全省所有学校、幼儿园的所有校车必须购买承运人责任保险，保费由车主或学校承担，不得向学生收费。各地政府部门已经相继出台政策，补贴校车运行，如有的地市明确每座每年保费金额由地市级政府和区县政府分担。

2. 积极开发针对校车的承运人责任保险产品。除了常规的承运人责任保险产品外，保险公司还推出校车承运人责任保险产品，自 2012 年以来，已有人保、太保、大地、中华联合、华泰、民安等 10 多家保险公司推出专门针对校车的承运人责任保险产品，产品不仅保障校车上的学生，还针对随车照管人员需要全程随车照看学生的情况，将随车照管人员也纳入保障范围。

3. 多种措施推动校车承运人责任保险发展。在校车承运人责任险业务发展中，主要通过三项措施推动其发展：一是直接通过汽车主机厂商为出厂校车办理首年校车承运人责任险。如某保险公司通过“买车送保险”推动校车承运人责任保险发展。二是积极与教育部门沟通，主要是通过县级教育机构统保校车承运人责任险，不断提升校车承运人责任保险覆盖面。三是针对已经投保校园方责任险的学校，在提供风险排查服务的过程中，为配备校车的学校提供承保方案。

（二）上海道路危险货物承运人责任保险风控经验

1. 成立“共保体”，实现风险共担。2009 年，上海市道路运输相关保险工作引入经纪人机制，针对道路运输保险成立了共保体，分别针对旅客运输和货物运输制定了不同的共保方案，秉承着“有序经营，保本微利”的原则，积极履行运输行业内风险共担的社会职能。

据统计，上海市危险品运输行业车辆总计6 600余辆，针对上述车辆危险品运输管理情况，由政府部门牵头，经纪公司和道路运输保险共保体各单位共同出资，搭建了上海市危险货物运输行业第三方安全监测平台，对危险品运输车辆实施24小时实时监测和数据分析，把6 600余辆危险品货运车辆纳入平台监控管理，及时处理异常情况，降低危险品道路运输风险。

2. 增加保险责任，提升危险品承运人抗风险能力。保险公司根据多年的危险货物运输责任保险运营经验，不断升级和优化保险方案。目前，上海市场使用的道路危险货物承运人责任保险除了提供包含货物责任、第三者责任、驾驶人员和押运人员意外伤亡责任在内的七项主要保险责任外，更是把对第三者的保障责任限额最高提升到500万元，为承运人提供了充足的保障。

3. 重事前防范，及时处理监控的异常信息防范风险。2014年1月，上海市危险货物运输行业第三方安全监测平台正式上线运行。平台通过GPS定位，对上海市范围内的危险品货运车辆的实时行驶状况、行驶线路等情况进行24小时不间断监控。在监测过程中，一旦出现违规情况，第三方安全监测平台将立即提醒车辆驾驶员并通知该企业的安全员，要求立刻采取整改，从源头上最大限度地消除事故隐患。同时，第三方安全监测平台还将采集的数据进行专业分析，形成每日台账、周报和月报等抄送经纪公司、共保体以及交通管理部门，一方面作为政府部门考核企业诚信、从业人员信誉等的基础信息，另一方面作为保险续保费率调整依据和事故理赔相关依据。

通过第三方安全监测平台的监测数据，以价格倒逼机制督促安全管理意识较差的企业和驾驶员进行整改，并以费率优惠鼓励企业安全行驶，从而使保险事后赔偿的操作模式变为真正意义上的风险预警与风险防范职能，降低事故发生概率，减少企业经济损失。

4. 推行快速响应机制，积极消除事故造成的负面影响。危险货物运输是一个高风险行业，而此类事故社会影响巨大，需要高额的赔偿和便捷迅速的处理机制来保证事故顺利处置。保险公司制定了多重应急机制进行响应：一是快速施救响应机制，一旦接到危险品货运报案，保险公司将派出专员赶赴事故现场，全程参与施救和案件处理；二是针对重大案件启动预支赔款制度，解决承运人的赔偿压力和经营压力。

已经发生的事故处置案例表明，各方应急举措完善得当，未因为高昂的清污费用推诿扯皮使得事后救援和污染处置工作得以快速完成，消除了事故对社会和周边居民生活可能造成的重大负面影响。

四、交通运输领域责任保险典型事故案例——沪昆高速湖南邵阳段“7·19”特别重大道路交通危化品爆燃事故赔案

（一）案情描述

2014年7月19日2时57分，一辆轻型货车装载6.52吨乙醇沿沪昆高速公路由东向西行驶至1 309公里处与前方排队等候通行的一辆大客车发生追尾碰撞，致轻型货车运载的乙醇瞬间大量泄漏燃烧，引燃轻型货车、大客车及前方排队等候的小型越野车等车辆，造成大客车52人死亡、4人受伤，轻型货车2人死亡的严重事故。

7月19日早晨8时许，保险公司接到报案后立即启动大案应急响应机制，调度事发地理赔人员迅速赶赴事故现场处理事故。经核实，大客车在保险公司投保了客运承运人责任保险，每人赔偿限额50万元，按核载53座（含司乘人员）投保，每次事故赔偿限额为2 650万元。事故赔案处理中，保险公司与政府事故处理工作组保持密切联系，紧急启动预付程序，在事故发生后第四天向被保险人预付赔款2 000万元用于事故处理，得到了被保险人、当地政府一致好评，解了被保险人的燃眉之急。

（二）案例影响

此案为群死群伤案件，社会影响巨大。事故发生后，遇难者家属和媒体记者陆续赶往事故地点。为积极配合当地政府、交警部门做好善后工作，保险公司及时启动大灾应急预案，第一时间向被保险人预付赔款，帮助被保险人、当地政府解决实际困难，勇于承担社会责任，有力维护了社会稳定。

（三）案例启示

承运人责任保险是一种化解社会矛盾的新型机制。道路运输事故发生后通常会发生人员伤亡，需要紧急调动大量资金用于救援和赔偿，在缺乏保险机制的情况下，通常是由政府买单，给政府部门造成巨大压力，同时可能引发社会矛盾。保险机制的参与可以及时化解因交通运输事故产生的民事纠纷和社会矛盾，提高交通事故处理规范执法水平和办案效率。

生态环境领域

当前，我国正处于环境污染事故的高发期。一些地方的工业企业污染事故频发，严重污染环境，危害群众身体健康和社会稳定，特别是一些污染事故受害者得不到及时赔偿，引发社会矛盾。环境污染责任保险是以企业发生污染事故对第三者造成的损害依法应承担的赔偿责任为标的的保险。运用保险工具，以社会化、市场化途径解决环境污染损害，有利于促使企业加强环境风险管理，减少污染事故发生；有利于迅速应对污染事故，及时补偿、有效保护污染受害者权益；有利于借助保险“大数法则”，分散企业对污染事故的赔付压力。

一、生态环境领域责任保险在国内的发展历程

（一）“十二五”前的环境污染责任保险发展

早在20世纪90年代初，保险公司就配合环保部门在大连试点，联合推出企业环保污染责任保险，出具了我国第一张企业环保污染责任保险保单。在2005年“松花江污染事件”发生后，保险公司进一步加大了环境污染责任保险产品研发的力度，及时推出专项环境污染责任保险产品——高新技术企业环境污染责任保险，在此基础上，2007年又开发出独立的环境污染责任保险产品。

2007年12月，原国家环境保护总局和中国保监会联合印发《关于环境污染责任保险工作的指导意见》（环发［2007］189号），明确了开展环境污染责任保险工作的指导原则与工作目标，在重点行业和区域开展环境污染责任保险试点，

逐步建立和完善环境污染责任保险制度，切实提高工作支持和保障水平。

（二）“十二五”期间环境污染责任保险发展

2013 年 1 月，环境保护部和中国保监会联合印发《关于开展环境污染强制责任保险试点工作的指导意见》（环发［2013］10 号），明确环境污染强制责任保险的试点企业范围，提出要合理设计环境污染强制责任保险条款和保险费率，健全环境风险评估和投保程序，建立健全环境风险防范和污染事故理赔机制，完善促进企业投保的保障措施。

2014 年 4 月，第十二届全国人民代表大会常务委员会第八次会议修订颁布《中华人民共和国环境保护法》。此次修订，特别注重环境经济政策和市场手段的运用，新增第五十二条，“国家鼓励投保环境污染责任保险”。

2015 年 4 月，国务院印发《水污染防治行动计划》（国发［2015］17 号）提出，“鼓励涉重金属、石油化工、危险化学品运输等高环境风险行业投保环境污染责任保险”。

2015 年 5 月，中共中央、国务院印发《关于加快推进生态文明建设的意见》（中发［2015］12 号）提出，“深化环境污染责任保险试点，研究建立巨灾保险制度”。

2015 年 9 月，中共中央、国务院又印发《生态文明体制改革总体方案》（中发［2015］25 号）提出，“在环境高风险领域建立环境污染强制责任保险制度”。

按照中央的工作要求，各地环保和保险监管等部门积极推进，从 2007 年至 2015 年第三季度，投保环境污染责任保险的企业已经超过 4.5 万家次，保险公司提供的风险保障金累计超过 1 000 亿元；仅 2015 年，全国有 17 个省（自治区、直辖市）的近 4 000 家企业投保环境污染责任保险，涉及重金属、石化、危险化学品、危险废物处置、电力、医药、印染等行业①。据统计，全国有 30 家左右的保险公司开办了环境污染责任保险业务。环境污染责任保险在防范环境风险、补偿污染受害者、推动环境保护事中事后监管方面发挥了积极作用。

---

① 环境保护部公布 2015 年环责险投保企业名单，http：//www.zhb.gov.cn/gkml/hbb/qt/201512/t20151223_320045.htm.

二、“十二五”期间生态环境领域责任保险的总体发展情况

“十二五”期间我国生态环境领域责任保险提供的保险金额呈上升趋势，从2011年的近50亿元增长到2015年的240多亿元（见图2）。

生态环境领域责任保险的已决赔款整体呈较快增长趋势，从2011年的100多万元增长到2015年的1 200多万元，5年来已决赔款累计4 000多万元。截至2015年末，未决赔款余额近1 100万元。

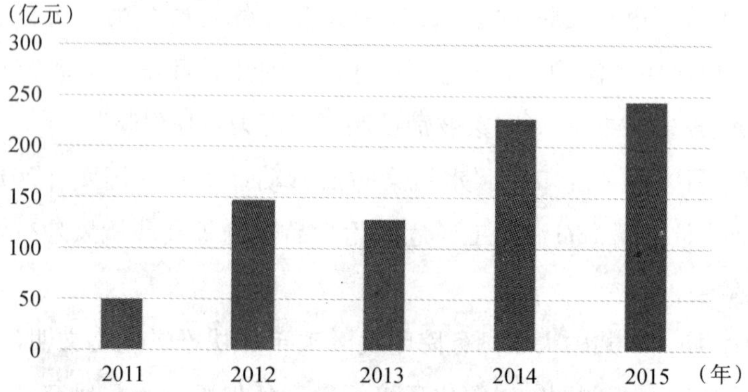

图2　2011—2015年我国生态环境领域责任保险提供的保险金额

三、生态环境领域责任保险的创新做法——环境风险管理的无锡模式

无锡市自2009年6月试行开展环境污染责任保险工作，10月被环保部列为全国试点城市。截止到“十二五”末，无锡市累计参保企业4 164家，目前在保企业970家，参保覆盖面逐年扩大，累计承担责任风险41亿元，累计保费收入6 450多万元。环境污染责任保险共保体对3 000多家企业进行了环境风险现场勘查与评估，出具评估报告3 000余份，汇总14大类、118小类问题，帮助企业排查出较大环境污染安全隐患3 033个，发现问题16 005个，提出环境安全相关建议19 038个，为企业安保人员进行风险防范培训4 000多人次。通过开展环境污染责任保险试点工作，帮助参保企业提升污染治理和环境管理水平，最大限度地控制各类环境风险事故的发生，区域环境污染风险得到有效控制，有力维护了社会和谐稳定和生态环境安全。

2013年，中央电视台经济频道对无锡开展环境污染责任保险做了专题报道；2014年3月29日出版的《人民日报》在第10版头条位置刊发通讯《八成企业参保 环境风险减少》，介绍了无锡试点环境污染责任保险近年的具体做法和实际成效，并配发采访手记《推进绿色保险，步子再快些》，对无锡环境污染责任保险做法做了充分的肯定。

（一）无锡市将责任保险机制引入环境风险管理的历程

2007年5、6月间，江苏无锡太湖水域蓝藻大规模爆发，造成无锡全城自来水水源遭受污染，这一事件促使无锡市政府对环境保护工作给予前所未有的重视，先后修订颁布了《无锡市水环境保护条例》（无锡市第十四届人民代表大会常务委员会公告第2号）、《关于高起点规划高标准建设无锡太湖保护区的决定》、《无锡太湖保护区建设（2008—2010年）行动纲要》等重要文件，指导环境保护工作的开展。

1. 第一阶段。2009—2010年为无锡市将责任保险机制引入环境风险管理的第一阶段。2009年5月，无锡市环保局会同无锡市金融办下发《关于开展环境污染责任保险试点工作的指导意见》，指导试点工作有序开展。6月，无锡市举行环境污染责任保险试点签约仪式，保险公司与首批25家试点单位签订了环境污染责任保险投保意向协议，其中有17家最终完成投保。10月，无锡市被国家环保部门列为环境污染责任保险全国试点城市。2010年，无锡市环保局通过自上而下、强力的监督考核措施推动环境污染责任保险工作，当年实现212家企业投保。

2. 第二阶段。2011—2012年为无锡市将责任保险机制引入环境风险管理的第二阶段。2011年2月，无锡市政府办公室印发了《无锡市环境污染责任保险实施意见》（锡政办发［2011］48号），明确从3月1日起应当参加环境污染责任保险的行业、企业范围。实施意见的出台将无锡市环境污染责任保险工作纳入制度化、规范化轨道。7月，无锡市环保局对环境污染责任保险进行项目公开招标，形成了由5家保险公司参与的环境污染责任保险共保体。在试点中，无锡市坚持把加强企业环境风险管理指导服务和督促企业尽快整改环境风险隐患作为工作重点，把提高参保企业环境风险管理水平和事故防范能力作为工作目标，逐步形成了环境风险管理的无锡模式。

3. 第三阶段。2013 年至今为无锡市将责任保险机制引入环境风险管理的第三阶段。2013 年初，无锡市环保局出台《关于切实加强环境污染事故防范和加强企业环境风险隐患整改监督的通知》（锡环法［2013］1 号），各地环保局督促企业配合承保公司组织第三方对企业开展现场勘查环境风险评估；及时组织环境监察部门和信访应急部门，对保险公司出具的《环境污染责任保险环境风险评估报告》进行认真分析和研究，对企业存在的风险隐患落实整改措施。保险公司根据现场评估中发现的问题汇编《现场勘查中的“常见病”与“多发病”图集》，首印 2 000 册并发放到企业。2014 年、2015 年，保险公司开发“互联网 +”环境污染责任保险环境安全信息云平台、手机 App 客户端，环保部门、企业可查阅企业环境风险评估报告，及时发现隐患与问题等。建立环境风险预警与防范系统，对环境高风险区域和企业进行筛选，为环保部门提供实时动态信息，提升风险预警能力，降低环境污染风险。

（二）工作推进的相关措施

1. 建立健全管理制度。在试点过程中，无锡市以制度创新推进试点工作开展。2011 年出台的《无锡市环境污染责任保险实施意见》对环境污染责任保险的实施原则、实施主体、保障范围、赔偿限额、承保方式、工作职责、政策扶持及相关制约措施等做了明确规定。

2. 建立联动工作机制。成立绿色保险试点工作领导小组，制定十二步绿色保险试点工作程序（见图 3）。2011 年，采用公开招标的形式确定了无锡市绿色保险的共保人和首席承保人、基本费率、行业基准费率和保险经纪公司，形成由 5 家保险公司组成共保体承保的工作新体制，确立了以企业为责任主体、保险公司和政府部门共同参与的责任保险联动机制。

3. 明确工作目标和任务。自 2010 年起，坚持将环境污染责任保险工作列入《市长环保工作目标任务书》，把试点任务分解落实到各市（县）、区，提出全市高环境风险行业企业参保覆盖率按照 2013 年达到 75%、2014 年达到 90%、2015 年达到 100% 的总体目标具体推进。

4. 加大政策引导力度。坚持环境经济新政策与环境行政管理手段有机结合。

对参保企业完成风险整改的，在企业申报污染防治资金时给予优先解决；对已参保企业，在企业信用评价等级评定时加分；对参保不积极的高、中污染和风险行业企业，在等级评定时扣分；将企业环境风险等级、是否参加环境污染责任保险等两项信息与银行业金融机构建立信息共享机制，实施绿色信贷。

5. 积极进行宣传和参保动员。每年组织召开环保风险企业参保动员会议，环保局配合保险机构分期、分片进行环境污染责任保险知识培训和参保企业的风险防范培训。除专题报道宣传外，还利用企业信用评价、“环境宣传月”等活动广泛宣传，动员更多企业参保。

6. 进一步加强风险管理。保险公司坚持把加强环境风险管理与指导作为环境污染责任保险的重点和落脚点，邀请相关环保教授、专家组成专家组，分期、分批、分行业为投保企业进行环境风险防范管理与技术服务，帮助排查环境污染隐患，指导企业进行环境风险管理，督促企业对风险隐患进行整改，提高抗风险能力。

（三）相关工作成效

1. 多手段防控，降低了企业和区域环境污染的风险。引入保险公司加强对参保企业的环境风险巡查与指导，做好承保单位的事前、事中风险评估和风险控制工作，有利于缓解环境执法人员与企业的矛盾，为环境现场监察与风险应急处置筑好一道防火墙；运用“互联网＋”技术建立环境污染责任保险环境信息云平台，开发手机微信公众号App客户端，有利于准确及时地掌控投保企业的环保管理信息和处理装置运行、应急物资、应急处置等相关资源，提高应急处置能力。另外，建立环境风险预警与防范系统，对环境高风险区域和企业进行筛选，为环保部门提供实时动态信息，进一步提升风险预警能力，减少区域环境污染风险。

2. 推动整改落实，提高了企业降低环境污染风险的能力。保险公司每年将参保企业的环境问题形成一份报告报送环保部门，由属地环保部门下达整改通知单，要求企业提交整改方案，限时完成，切实降低环境风险隐患和环境问题。

3. 实现快速赔付，有益于社会稳定与安全。参保企业发生污染风险事件，地方政府及其职能部门（环保局）和保险公司的及时介入和密切配合有助于提升防控环境污染和维护社会稳定能力。特别是保险公司的及时查勘，提出具有公信力的风险补偿建议、区域环境生态破坏评估和及时赔付，既能减轻参保企业的经济赔偿压力，又能补偿受害民众的经济损失，从而协助地方政府化解参保企业与受害民众的冲突或群体事件，维护社会稳定与安全。

4. 改进技术服务，增强了环境风险防范能力。

（1）为做好现场勘查评估与风险评估工作，保险公司与相关院校合作编写《环境污染责任保险现场勘查评估与评估技术指南》。

（2）筛选高风险区域和企业，按照实时风险等级开发环境风险预警与防范系统，与环境应急系统对接，提供实时动态信息，每年至少提供一次更新的企业基础数据，进一步提升风险预警能力，有利于环保部门精准管理。

（3）创建“互联网+”环境污染责任保险环境安全信息云平台及手机微信公众号App客户端，在强化风险防控的同时，及时、快速、有效减少突发事件造成的环境风险损失。

5. 提供资金支持，提升应急管理水平。在制定环境责任保险试点框架时，市政府就明确从保费中每年筹集一定的资金，建立环境污染责任保险突发环境事件专项资金，用于突发环境事件应急处置、环境损害评估、区域环境风险评估、环境应急物质储备、应急能力、装备建设等方面，进一步提升环境应对能力。

6. 推动多方参与，构建环境安全管理新模式。保险公司对积极按照风险评估报告提出的整改意见进行整改，且风险隐患确实降低的参保企业，在续保时给予费率、投保限额和风险等级等方面的优惠；反之，将提高费率和投保限额，提高风险等级（见图3）。

四、生态环境领域责任保险的典型事故赔付案例——山西苯胺泄漏事故赔案

2012年12月31日，山西长治发生苯胺泄漏事故。保险公司接到报案后，第一时间派出有关人员赶往企业调查情况，核实事故原因、经过和事故损失，同时做好事故专家鉴定、保险资金赔付等各方面的准备，确保理赔顺利进行。

考虑到企业停产、资金紧张会影响到清污工作，保险公司快速向企业预付了环境污染责任保险事故赔款100万元，保障了污染清理工作的顺利进行，避免了

损失的扩大，让当事企业真切地感受到了环境污染责任保险的实在作用。事故核查完毕，保险公司在保险合同规定的责任限额内共向企业赔付400余万元。

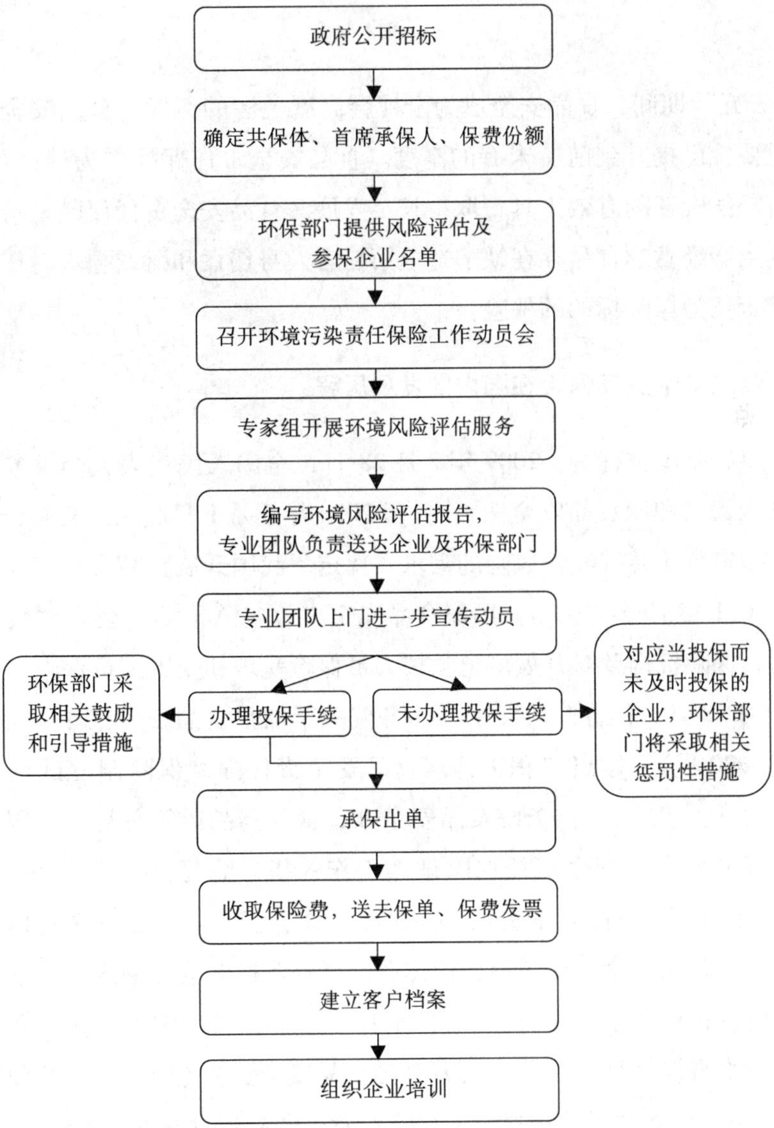

图3　无锡环境污染责任保险的承保工作流程

食品安全领域

“十二五”期间，食品安全成为全社会高度关注的话题，食品安全在政府工作中的重要性已提升到前所未有的高度。食品安全责任保险作为辅助社会管理，发挥经济补偿责任的有效工具，取得长足发展。食品安全责任保险是指以被保险人对因其生产经营的食品存在缺陷造成第三者人身伤亡和财产损失时依法应负的经济赔偿责任为保险标的的保险。

一、食品安全责任保险在国内的发展历程

从法律、制度进程看，2009 年 2 月 28 日，全国人民代表大会常务委员会颁布《中华人民共和国食品安全法》，并于 2009 年 6 月 1 日起正式实施，增强了食品生产、销售企业转嫁经营风险的需求，奠定了我国开展食品安全责任保险的法律基础。2011 年 10 月 5 日，《国家食品安全事故应急预案》要求“食品安全事故发生后，保险机构及时开展应急救援人员保险受理和受灾人员保险理赔工作”。2012 年 6 月 23 日，国务院印发了《国务院关于加强食品安全工作的决定》（国发［2012］20 号），做出“积极开展食品安全责任强制保险制度试点”重要部署。2015 年 1 月 21 日，国务院食品安全办、食品药品监管总局、中国保监会印发了《关于开展食品安全责任保险试点工作的指导意见》（食安办［2015］1 号），鼓励地方开展食品安全责任保险试点工作，探索将食品安全责任保险试点情况纳入地方食品安全工作考核评价体系，将企业投保情况纳入企业信用记录和分级分类管理指标体系。2015 年 4 月 24 日，第十二届全国人民代表大会常务委员会第十四次会议修订《中华人民共和国食品安全法》（中华人民共和国主席令第二十一号），提出“国家鼓励食品生产经营企业参加食品安全责任保险”。

从市场发展情况来看，十几家保险公司在食品生产、加工、销售、消费各环节上都进行了积极探索，开发保险产品超过 30 款。比如：供食品生产、加工企业投保的食品安全责任保险、产品责任保险；供食品销售、消费环节投保的餐饮

业经营者责任保险、校园餐饮场所责任保险、公众责任保险等。食品安全责任保险的费率多介于销售额的1‰—3‰之间，并根据企业风险管控状况进行浮动，对管理规范、制度严密、措施得力的企业给予费率优惠，反之提高费率，以激励食品企业提高安全生产水平。同时，中国保监会积极指导各保监局、保险公司搭建与有关部门的互动交流平台，持续开展保险宣传，在“2015 全国食品安全宣传周”活动中组织开展“餐桌上的安全，舌尖上的保险”宣传，让保险走进社区、学校、超市、餐馆等，取得良好效果。

经过几年的发展，我国食品安全责任保险辅助社会管理、保障和改善民生等功能作用得到初步体现。一是覆盖面不断扩大。目前，我国食品安全责任保险试点省市达到20 多个，投保单位总数超过1.6 万个。如保险公司以农村食品安全示范店商品责任保险和食责险为突破口，推动食责险保障范围不断扩大。二是试点探索不断深入。近年来，保险公司在安徽宿州、浙江宁波、河南汤阴等地开展试点。如宁波搭建平台——食责险运营服务中心，通过开展食责险的知识宣导，研究制定食品安全风险管理举措，为政府完善食品安全社会共治、强化食品安全管理提供了有效辅助，保险在食品安全领域的渗透度不断提高。又如，在食责险试点县汤阴县，县政府主要领导已将食责险认定为“放心食品，诚信汤阴”的新名片，为食品产业竞争塑造新优势。三是产品服务不断创新。如人保财险与国内最大的“O2O”订餐平台“饿了么”网站合作，推出外卖行业食责险“外卖保”产品；众安在线财产保险股份有限公司联合“美团外卖”，免费为“美团外卖”的在线商家提供食责险，通过运用互联网大数据，以较低成本、高效处理等创新手段解决食品安全存在的实际问题。

二、“十二五”期间食品安全责任保险的总体发展情况

从“十二五”期间行业数据来看，食品安全责任规模逐年递增，伴随各项国家政策的出台与保险行业的积极拓展，食品安全责任保险金额从2011 年的100 亿元左右增长到2015 年的1 100 多亿元（见图4）。

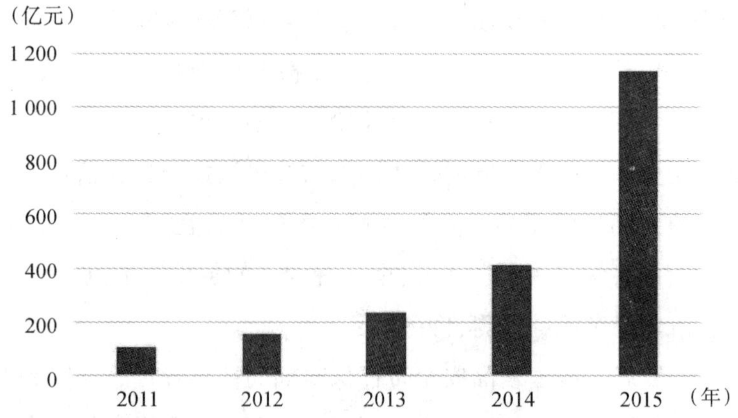

图4　2011—2015 年我国食品安全责任保险提供的保险金额

食品安全领域责任保险已决赔款在 2011—2014 年期间呈平稳上升趋势，2015 年增长较快，已决赔款从 2011 年的 31 万元增长到 2015 年的 345 万元，5 年来已决赔款累计为 703 万元。截至 2015 年末，未决赔款余额为 98 万元。

三、食品安全责任保险的创新做法

（一）宁波模式

1. 背景。为探索建立符合社会主义市场经济规律的新型食品安全保障体系，受宁波市金融办、宁波保监局的委托，保险行业 5 家保险主体于 2015 年 4 月联合成立“宁波市食品安全责任保险共保体”（以下简称共保体），对接宁波各县、区人民政府，在辖区内开展实施区域性食品安全责任保险制度。自开展试点以来，各项工作稳步推进，社会各界反响强烈，已经成为所在区域食品安全社会综合保障体系的重要组成部分。

2. 做法。一是搭建三个体系，推进多层次、广覆盖的食品安全保障机制。在构建公共领域服务体系方面，目前鄞州区、海曙区政府，慈溪市政府向共保体购买公共性食品安全责任保险，重点覆盖农村集体聚餐、中小学校及幼儿园食堂、建筑工地食堂、养老机构食堂及发生在辖区内的群体性食品中毒事件，保障公共领域的食品安全；在建立制度保障体系方面，共保体会同监管部门，对部分重要民生领域和涉及食品安全的行业进行风险隐患梳理，适时建议政府出台地方性法规，将这些领域和行业纳入保险保障范围；在推动保险商业化运作体系方面，海曙区财政每年除拨款100万元购买公共性食品安全责任保险，启动初期对辖区内自愿投保的经营单位另外安排每年100万元的财政专项经费，每家单位可享受第一年50%、第二年40%、第三年30%的保费补贴，鄞州区安排了150万元年度专项经费，用于区域内“养殖、种植大户专业合作社、较大食品生产基地、大型商业连锁超市、大型批发基地、大型餐饮企业”投保食品安全责任保险的保费补贴。二是组建三支队伍，落实全流程、多元化的保险服务举措，共保体在筹建宁波市食品安全责任保险运营服务中心的同时还组建了三支队伍。组建专家队伍，聘请高校学者、监管部门及行业专家，研究制定食品安全风险管理举措，为应急处理和保险理赔提供专业咨询和技术指导；组建协管队伍，通过依托基层组织力量组建了一支近50人的协管队伍，经过保险和食品安全方面的专业培训，深入基层农村集体聚餐点、社区、农贸市场、学校食堂、建筑工地食堂，开展日常风险巡查跟踪，督促经营单位加强食品安全管理；组建技术队伍，利用保险公司技术和网络优势，构建风险数据库，斥资20余万元开发风险管理平台，通过技术手段提升食品安全的风险甄别能力和管理水平。三是优化三项服务，强化系统性、专业化的风险管控。对鄞州、海曙两区全部433个农村集体聚餐点、352个建筑工地食堂、411所中小学校幼儿园学校食堂进行现场巡查、建档、分析和预警，对3 637个小微餐饮企业及其他民生公共领域进行不定期抽查，通过防灾防损服务实现风险管理的关口前移；开展风险预警，开展事前、事中、事后的全过程风险管控，累计向市场监管部门推送企业风险整改建议书16份。通过自主开发的宁波市食责险风控系统，实现与监管部门之间的数据共享，协助建立地方食品安全信息中心。四是开展宣传指导。利用社区健康教育点、农村文化礼堂、农村家宴中心、学校、市场、老年活动中心等场所，开展食品安全科普教育和食品安全责任保险宣传，普及食品安全知识。

3. 成效。一是成为政府服务提质增效的“助推器”。宁波食品安全责任保险通过保险公司商业化、专业化运作，借助政府服务购买形式，降低行政成本，提高公共服务、民生保障和风险管控水平，维护区域生态安全。二是成为助推保险业态发展的“新引擎”。以食品安全责任保险实践为契机，拓宽责任保险服务领域，探索保险参与公共性项目的新路子，打造产业新增长点。三是成为保障区域民生安全的“稳定阀”。采用食品安全责任保险投保方式，能有效弥补商业性投保个人负担较重、承保标的分散、信息不对称等缺陷，最大化覆盖辖区人群，提高基层群众危机应对和自我保护能力。通过运用保险杠杆撬动最大风险保障力量，切实提高风险覆盖的有效性。

（二）河南省汤阴县统保项目

1. 背景。河南省安阳市汤阴县是我国首批国家级食品安全示范县，创造性地提出实施食品安全的“五条路径”，即：严格监管，净化环境；技术支撑，全程溯源；政企承诺，保险防范；科普宣传、全民参与；改良要素，生态保障。汤阴县食品安全的“五条路径”中一条重要路径就是引入保险机制，通过购买食品安全责任保险转移风险，最大限度保障消费者权益。

2. 做法。汤阴县食品安全责任保险试点工作的创新做法：一是设立保险基金，鼓励食品企业自愿投保；二是实行“红黑榜”双向激励，强化了投保主体责任意识和自律意识，努力形成“企业承诺质量、政府监管履职、社会保险防范”的良好格局；三是强化风险防范，保险行业积极与第三方评估机构开展合作，开展了食品安全风险评估工作。

3. 成效。2014 年保险行业主体签订食品安全责任保险合作协议，创造了食品安全责任保险“政府主导、五位一体”的“汤阴模式”。截至 2015 年上半年，汤阴县食品工业园区内所有的食品生产企业均已投保食品安全责任保险，食品安全责任保险作为五位一体的食品风险体系的重要一环已初步发挥积极作用。为助力国家食品安全宣传周，形成商业保险机制服务食品安全风险管理的典型示范效应，2015 年 6 月 25 日，保险行业在河南安阳举行食品安全风险管理与责任保险论坛。国家食品安全示范城市、国家食品安全示范县、保险行业主体、国家食品安全风险评估中心、中国质量认证中心、安阳市人民政府以及汤阴县人民政府等有关领导、代表出席论坛，深入交流了食品安全责任保险试点工作经验。

（三）校园餐模式

食品安全责任保险管理的核心是风险管理。学校“校园餐”食品安全涉及校园餐食品原料、中间加工、物流运输、生产制作和分装销售等多个环节，风险管理和控制必须对影响校园餐食品安全的各种风险特点进行评估、定性和定量描述，在此基础上提出和实施风险管理措施。

近年来，浙江省保险行业和浙江省食品药品监督管理局合作，推动浙江省内校园食品安全责任保险宣传和推广工作，先后承保浙江大学、浙江农林大学等高校食品安全责任保险。通过严格的食品安全责任保险风险管理措施，切实排除风险隐患，提高食品安全性和营养健康度，保障广大师生的用餐安全，得到浙江省委、省政府和金融办的肯定，被浙江省授予“2015 年度金融机构改革创新优秀单位”称号。

参与校园餐食品安全责任保险的保险主体建立的综合信息化集成平台包含实时监测、追溯管理、流通验证、风险预警、风险管理和应急处理等主要功能；在各个环节进行信息化管理，各环节信息流共享，并在其中嵌入制作过程标识与监控软硬件，在生产和流通过程中采集信息、传递信息，并授权相关各方操作和应用，提高安全管理水平。

（四）网络订餐模式

随着线上外卖的兴起，网络订餐的食品安全问题也成为人们关注的焦点。近年来保险公司与国内最大的在线外卖订餐平台“饿了么”、国内顶尖互联网保险业务数据技术公司合作，推出外卖行业首款食品安全保险——“外卖保”产品，让用户可以放心地叫外卖。对于拥有“外卖保”赔付资质的餐厅，用户在用餐过程中发生任何食品安全问题，将会有专人负责跟进处理。

目前，在“饿了么”平台上近 20 万家餐厅中，“外卖保”首期合作将全面覆盖品牌餐厅。三方合作将传统保险行业与互联网电商结合起来，整合各方资源，探索出的全新食品安全保障模式将有利于推动外卖行业的良性、健康、有序发展。

四、食品安全责任保险典型事故赔付案例——山东省某饭店食客食物中毒事件赔案

2015 年 3 月 26 日，山东省某市饭店接待婚宴，发生食客食物中毒事件。经保险公司查勘，当天就餐人员约 300 人，其中约 140 人发生不同程度的食物中毒。因该案件涉及人员众多，饭店经营者在第一时间报案，现场食品药品监督管

理局（以下简称食药监局）、公安局、疾病防控中心等部门工作人员均参与事件处理。经医院诊治，患者符合食物中毒症状，属于保险责任。

经查，婚宴提供的花生使用沾有有毒物质的容器盛装，容器未经清洗干净且食物未完全煮熟，食客食用后陆续出现中毒症状，发生食物中毒。

该案在食药监局的协调下，经保险公司实地查勘定损与被保险人确认，涉事饭店赔偿医疗费、误工费共计 4 万元人民币。本案风险出现在食品安全风险控制的食品加工环节，即食物加工过程中，属于场地环境风险未有效控制的情况。

综上所述，食品安全风险管理对保障食品安全至关重要。食品生产、存储、加工、销售等任何一个环节都要严格执行风险控制管理措施，任何一个环节的疏忽都有可能导致食品安全责任事故。

医疗卫生领域

当前，我国经济社会深刻变化，医药卫生体制改革进入深水区和攻坚阶段，各种利益诉求和矛盾在医疗领域集中显现，医患纠纷问题较为突出。在这种形势下，党中央、国务院从维护社会和谐稳定大局出发，做出了构建和谐医患关系的战略部署，各部门都制定了具体举措，积极推进。国家卫生和计划生育委员会（以下简称国家卫计委）和中国保监会高度重视医疗责任保险工作，认真开展调查研究，有针对性地出台政策措施，积极推动各地开展试点，及时总结和推广成功经验，各项工作取得积极进展。

一、医疗卫生领域责任保险在国内的发展历程

（一）“十二五”前的医疗责任保险发展

我国开办医疗责任保险的历史最早可以追溯到 1989 年，保险公司曾在广西尝试开展医疗责任保险业务。自 20 世纪 90 年代以来，我国先后出台了《医疗机构管理条例》《执业医师法》《医疗事故处理条例》《护士条例》《侵权责任法》，对医疗机构及其医务人员造成医疗事故及应承担的赔偿责任进行规定，上述法律

法规为医疗责任保险的开展奠定了法律基础。

伴随着法律基础的不断完善，我国的医疗责任保险也踏上探索之路。1999年云南省实施《云南省医疗损害事件处理规定》，提出“医疗机构及其医务人员应当办理医疗执业保险”，成为我国首个以地方政府规章推动医疗责任保险开展的地区。2002年上海市印发《关于本市实施医疗责任保险的意见》，2004年深圳市印发《深圳市医疗执业风险保险管理办法》，2004年北京市印发《北京市实施医疗责任保险的意见》，均提出当地的国有非营利性医疗机构应当参加医疗责任保险，有力推动了这些地区医疗责任保险的快速发展。

2007年6月，原卫生部、国家中医药管理局、中国保监会联合印发《关于推动医疗责任保险有关问题的通知》（卫医发［2007］204号）；2010年1月，司法部、原卫生部、中国保监会联合印发《关于加强医疗纠纷人民调解工作的意见》（司发通［2010］5号），这两个文件从拓展发展空间、推动“保调对接”（保险与医疗纠纷人民调解对接）、完善产品、规范服务、加强监管等方面对推动医疗责任保险发展提出了具体要求。

（二）“十二五”期间的医疗责任保险发展

1. 不断优化医疗责任保险发展环境。2014年7月，国家卫计委、司法部、财政部、中国保监会、国家中医药管理局联合印发《关于加强医疗责任保险工作的意见》（国卫医发［2014］42号）提出，“到2015年底前，全国三级公立医院参保率应当达到100%；二级公立医院参保率应当达到90%以上”。2015年8月，国家卫计委等11部委联合印发《关于深入开展创建“平安医院”活动依法维护医疗秩序的意见》（国卫医发［2015］84号）提出，“建立健全医疗纠纷人民调解与司法诉讼、保险理赔等工作衔接配合机制”，“2020年，医疗责任保险覆盖全国所有公立医院和80%以上的基层医疗机构”，“各地要将‘平安医院’创建工作纳入综治工作（平安建设）考评，加大对医疗纠纷人民调解、医疗责任保险等工作的考核力度”。上述两个文件明确了医疗责任保险的发展目标，提出了提高参保率的具体措施。同时，国家卫计委、中国保监会等部门多次联合组织召开加强医疗责任保险工作电视电话会议、全国医疗责任保险工作经验交流会、全国医疗管理暨维护医疗秩序构建和谐医患关系工作会议等，总结推广医疗责任保险发展。利用保险机制管理和分散医疗风险的共识初步形成，医疗责任保险发展环境不断优化。

2. 不断深入开展医疗责任保险试点探索。各地积极开展形式多样的试点探索。例如：有的地方以地方法规、政府令的形式印发医疗纠纷预防与处理条例或办法；有的多部门联合出台配套制度，确定保险承保框架、理赔服务标准等；有的规定医疗机构和医务人员共同承担保费，增强医务人员责任心和风险意识；有的将医疗责任保险和第三方调解机制一并纳入医疗纠纷调解体系，提高调解效率和效果。

3. 不断提升医疗责任保险保障和服务能力。有关保险公司积极开发医疗责任保险条款，将医疗产品及血液制品损害赔偿责任、外请和进修医务人员医疗责任、医疗机构场所责任、医务人员遭受伤害责任等纳入保险附加条款，扩大保障范围。部分保险公司还开发了医师多点执业责任保险等，不断拓宽保险服务领域。各地也主动探索，形成了以医疗责任保险为主体，医疗意外险为补充，其他险种共同发展的局面。总的来看，医疗责任保险已开始从单一责任向全面保障转变，从事后赔偿向事前介入转变，从一个行业单打独斗到与其他行业全面协作转变，保险保障和服务能力明显提升。

经过各方的共同努力，医疗责任保险防范化解医疗纠纷的作用不断增强，各地开展了形式多样的试点探索，涌现出“宁波解法”“天津模式”“宁夏模式”“启东模式”等典型经验。如在宁波，由保险共保体建立医疗纠纷理赔处理中心，纠纷发生后，理赔处理中心第一时间出面协商，将医患双方有效隔离，协商调解结案率从 2008 年的 86.56% 上升到 94.8%，医疗机构的保险满意度为 98.7%，患方满意度达 97.6%、在天津，财政出资设立医患纠纷人民调解委员会（以下简称医调委），保险公司作为独立第三方全程参与纠纷调解，2015 年医疗纠纷较 2008 年下降 38%。在宁夏、江苏启东，由保险中介牵头组建医调委，坚持统一保险方案、统一工作步骤、统一调赔服务，发挥了中介机构在风险定价、损失评估、理赔服务等方面的积极作用。据统计，目前已有 30 多家保险公司开办了医疗责任保险业务，有力地支持了医疗纠纷处理机制建设和医疗卫生事业发展。

二、“十二五”期间医疗卫生领域责任保险的总体发展情况

“十二五”期间，我国医疗卫生领域责任保险提供的保险金额呈上升趋势，从2011年的近170亿元增长到2015年的500多亿元（见图5）。

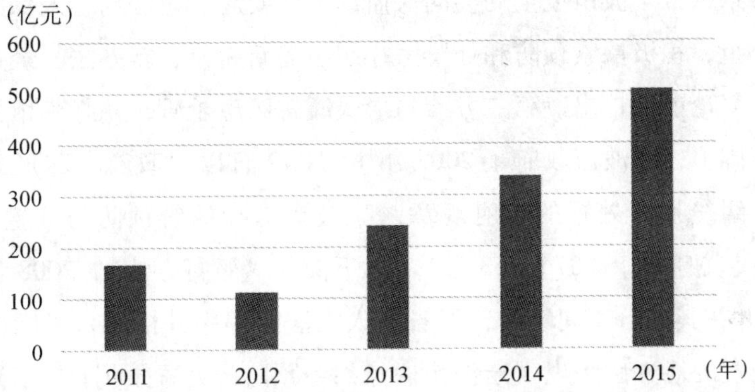

图5　2011—2015年我国医疗卫生领域责任保险提供的保险金额

医疗卫生领域责任保险的已决赔款从2011年的6亿多元增长到2015年的14亿多元，5年来已决赔款累计近49亿元；截至2015年末，未决赔款余额近9亿元。

三、医疗卫生领域责任保险的创新做法——医疗纠纷的“宁波解法”

宁波市医疗责任保险自2008年实施以来，在中国保监会、浙江省委省政府、宁波市委市政府和宁波保监局、宁波市卫生局、宁波市司法局等部门的大力支持下，各项工作稳步推进，商业保险和人民调解相结合的机制取得初步成效，逐步形成了医疗纠纷的“宁波解法”，受到社会各界的广泛关注和政府部门的高度肯定。

（一）医疗责任保险开办的背景

进入2000年以后，宁波的医疗纠纷情况与全国其他地区一样，呈现出愈演愈烈的发展态势。医疗纠纷的频发对医患关系的和谐发展、医疗秩序的稳定局面均造成严重影响，广大市民、医疗机构和政府部门均希望能尽快探索出合理处置医疗纠纷的途径。

2007年6月，原卫生部、国家中医药管理局和中国保监会联合下发《关于推动医疗责任保险有关问题的通知》。2007年宁波市“两会”期间，部分市人大代表、市政协委员纷纷提交关于要求建立新型医患纠纷处理机制的议案或提案，并被市人大和市政协确定为重点议案或重点提案，重点督促政府有关部门予以落实。在此背景下，宁波市卫生局会同保监局、公安局、司法局、人保财险等单位成立联合小组，积极探索预防和处置医疗纠纷的新途径、新办法，经过一年的调查研究和反复论证，提出以第三方参与形式缓解医患矛盾，并起草相关方案。

在此基础上，宁波市政府于2007年12月12日以“政府令”形式颁布了国内首部医疗纠纷预防处置的政府规章《宁波市医疗纠纷预防与处置暂行办法》（宁波市人民政府令［2007］153号）（以下简称《暂行办法》，2008年3月1日起施行），并在其施行4周年后，经省市人大法定程序升格出台了国内首部医疗纠纷预防处置的地方性法规《宁波市医疗纠纷预防与处置条例》（宁波市人大常委会公告13届第33号）（以下简称《条例》，2012年3月1日起施行）。从《暂行办法》到《条例》，医患纠纷规范处置过程中均创新性地引入商业保险机制和人民调解机制，在医患之间介入了一个以医疗纠纷理赔处理中心和医疗纠纷人民调解委员会为核心的独立、公正的第三方，把矛盾从院内冲突转移到院外调解。

2008年2月20日，根据《暂行办法》精神，宁波市卫生局与宁波保监局联合下发《宁波市实施医疗责任保险的若干规定》，开展政策性医疗责任保险业务。自2008年3月起，《宁波市医疗责任保险方案》《保险机构医疗纠纷理赔处理中心筹建方案》在各县市区逐步得到推动落实，以医疗纠纷理赔处理中心为核心的协商处理机制得以建立，保险在医疗纠纷预防和处置中的积极成效开始得到发挥，依法协商处理医疗纠纷的良好社会氛围逐步形成，宁波市的医疗纠纷预防和处置工作迈入全新的轨道。截至2015年底，医疗责任保险已覆盖宁波市222家医疗机构，包括市、县、乡镇三级公立医院、5家大型民营医疗机构和1家军队医院。2014年开始，部分县（区）还开展村（社区）卫生室的医疗责任保险，已基本建立起城乡医疗机构医疗责任保险制度。

（二）医疗纠纷“宁波解法”取得的成效

在全国各地医患关系尖锐、冲突频发的情况下，宁波市医疗责任保险和人民调解机制得到了医院和患者的普遍认可，患方对纠纷处理的满意率达到97.6%，医疗机构满意率为98.7%。医疗纠纷“宁波解法”取得的成效主要表现如下：

1. 医疗纠纷转移院外，医患矛盾得到化解。在“宁波解法”实施之前，“医闹”现象较为严重，医院“私了”和被“敲竹杠”情况普遍，患者常常因为各种原因得不到赔偿金，医院方也常常因为各种原因不能合理赔付。医疗纠纷理赔处理中心的建立将医院从烦琐的纠纷处理中解脱出来，避免当事人直接面对容易造成矛盾激化，从而将院内冲突转移到院外调解，避免发生打砸事件和群体性治安事件，实现医疗纠纷“从院内到院外”处理模式的转变。

2013 年统计的 38 份对医疗机构所在地公安机关的抽样问卷调查显示：关于医疗问题的处置，94.55% 的公安机关认为处置医疗纠纷的压力减轻；95.75% 的公安机关认为出警次数减少；90.74% 的公安机构认为备警出警警力减少。

2. 协商处理成效明显，医患权益得到保障。从协商处理公正性方面看，医疗纠纷理赔处理机构中，超过 80% 的工作人员都有医学专业工作背景，有的还曾担任过医院院长、医务科长等管理职务，具有相当丰富的临床医学和纠纷处置经验。医调委独立于卫生系统之外，还建立了由医学、法律等专家组成的专家库，为医疗纠纷的调解提供专业技术支持，独立的第三方介入机制使医疗纠纷的调查和结论更加客观、科学、公正、合理，医患双方的合法权益均得到切实保障。“宁波解法”实施 8 年来，共发生 744 起院方报告无责任的医疗纠纷，经过理赔处理机构和医疗纠纷人民调解委员会工作人员组织有关专家反复调查论证，院方存在过错被指出，患方及时得到相应赔偿。同时，有 608 起患方提出的不合理高额索赔要求在理赔处理机构和医调委工作人员的耐心协商和调解下达成合理赔偿，患方累计索赔金额从 99 157.89 万元下降到 27 428.67 万元，其中有 161 起患方提出索赔几十万元的纠纷索赔额最后下降至几千元，基本扭转了原来“大闹大赔、小闹小赔、不闹不赔”的不良风气。

从调处效率方面看，在宁波某医院，最长的一起医疗纠纷曾历时 8 天 7 夜，而“宁波解法”实施后，基本上所有的医疗纠纷均在 24 小时内引导到理赔处理中心及医调委处理。从 2008 年到 2015 年底，宁波市共接到医疗纠纷报案 6 350 起，通过医疗纠纷理赔处理中心和医调员参与医疗纠纷调处结案 5 389 起，调处成功率94.07%。

据卫生管理部门的统计分析，2008年3月1日以来，在医疗机构、理赔处理中心和医疗纠纷人民调解委员会等部门的积极引导下，患方通过医疗技术鉴定、尸检或诉讼途径依法解决医疗纠纷案件逐年增多，依法处置医疗纠纷的良好氛围逐渐形成，国家卫计委、中国保监会等部门对“宁波解法”给予肯定。

2014年9月中国保监会主席项俊波主席视察宁波市医疗纠纷理赔处理中心

（三）医疗纠纷“宁波解法”的主要做法和特点

1. 政府推动，立法强制。《暂行办法》和《条例》在现行法律框架下对医患双方协商途径进行了突破和创新，探索第三方介入的医疗纠纷协商处理途径。通过地方立法的形式，政府部门将商业保险纳入医患纠纷解决方案，明确医疗机构应当按规定参加医疗责任保险，承担医疗责任保险的保险机构应设立医疗纠纷理赔处理中心，并由医疗纠纷理赔处理中心把纠纷从院内转移到院外处理；同时建立医疗纠纷人民调解机制，明确设立市、县（市）、区医调员，具体服务医疗纠纷的人民调解工作，并对工作职责、程序、时限做了明确规定，组建由医疗、法律等专家组成的专家库，为第三方处置医疗纠纷提供医疗、法律等咨询服务。制度规定：医疗纠纷发生后，患方索赔额在1万元以下的，双方可以协商解决理赔事宜；超过1万元的，参加医疗责任保险的医疗机构无权自行处置，应当委托保险机构参加；索赔金额10万元以上的，必须提请医疗损害或医疗事故鉴定，以明确医疗责任等级和程度，避免随意高额赔款。医患双方通过医疗损害鉴定、医疗事故技术鉴定、尸检或法院诉讼等途径明确争议责任，解决了之前医患双方因信息不对称而产生的医疗纠纷，通过商业保险合同的方式转移医患矛盾的焦点。

2. 机制互补，公正权威。在宁波市开创的第三方调解方式中，医疗纠纷理赔处理中心与医调员并行运作，两个机制互补，保证调解的客观、公正、效率。

医疗纠纷理赔处理中心由承保医疗责任保险的商业保险公司共同组建，隶属宁波市保险行业协会，为医患纠纷的调处提供必要场所，同时利用其专业的机制保证了医疗纠纷调处的客观公正，出现医疗纠纷后，理赔处理中心以医疗损害事实为基础，以相关法律法规为准绳，积极有效地协调处置，使绝大多数医疗纠纷的发生原因、责任得以明确，并转移到医院外进行理赔和调处。在最敏感的赔偿金额上，严格按照国务院《医疗事故处理条例》《侵权责任法》规定执行，向医患双方全面公开标准和计算方法，严格规范赔偿程序，既维护了患者的权益，也防止了国有资产流失。

医调委独立于卫生行政部门之外，司法部门负责其日常管理和人员招聘，工作经费和人民调解员的补贴经费由财政保障，人员来自司法、医疗机构的退休人员和社会招聘的专业人士。

医疗纠纷理赔处理中心相关人员 24 小时全天候服务，一接到医疗机构报案便及时到场，将医疗纠纷引导至院外处置，并进行调查、评估和协调。医患双方理赔协商一致的，可直接签署理赔协议，通过高效率的保险理赔与支付到位提供调解与赔偿的一体化服务，安抚患方家属并保证经济赔偿的时效性；或应医患双方申请移交医调委进行调解审核，并制作“医疗纠纷人民调解协议书”；医患双方理赔协商不一致的，患方对理赔处理中心介入不服的和免赔额以下等情形的案件，可由医患双方申请医调委受理并主持协调，协调不成功的，可选择司法途径处理。以这种方式，医疗纠纷理赔处理中心对医调委的工作作了必要补充，使得医调委可以集中精力处理更多的疑难问题。医疗纠纷理赔处理中心和医调委既相互独立又互相联动，这样既保证了协商的公信力，又提高了纠纷处理的效率，为医院和患者搭建了公正的调处沟通平台，为医患双方化解矛盾增添了一条新的途径，消除了医患之间的对抗心理。目前，医疗纠纷理赔处理中心和人民调解委员会已在宁波市区和各县（市）区实现了全覆盖。

患方代表、医疗纠纷理赔中心、院方代表调解现场

3. 多方参与，通力配合。宁波市和县（市）区人民政府建立医疗纠纷预防与处置工作协调机制，督促有关部门依法预防与处置医疗纠纷，协调解决医疗纠纷预防与处置工作中的重大问题；卫生行政部门负责指导、监督医疗机构做好医疗纠纷的预防与处置工作；司法行政部门负责指导医疗纠纷人民调解工作，为医疗纠纷的调处提供了合理的通道；公安机关负责维护医疗机构治安秩序，对聚众占据医疗、办公场所，在医疗机构内拉横幅、设灵堂、贴标语，侮辱、威胁、殴打医务人员或者拒不将尸体移放太平间或殡仪馆等过激行为依法予以处置，特别是对现场处置中最为棘手的停尸问题，公安机关在劝说无效的情况下，可依法移放尸体。保险监督管理机构依照国家有关规定负责监督管理医疗责任保险工作，确保保险公司提供优质的产品和服务；保险机构具体承担医疗责任保险的运营及理赔处理中心的运作；新闻机构和新闻记者进行客观公正的报道，给予社会正确舆论导向。

4. 保本微利，理性支持。“宁波解法”通过立法的形式，确定了宁波市医疗责任保险坚持“保本微利，公平合理，共同分担”的经营理念，充分发挥了商业保险公司的参与社会管理职能。面对医疗责任风险居高不下、案均赔款金额不断攀升的局面，政府部门对经营医疗责任保险的商业保险公司给予理性支持，将医疗机构的医疗责任保险、火灾公众责任保险、财产综合保险等险种一起纳入统保项目。医疗责任保险保费每年可根据各医疗机构的赔付情况进行浮动。全市医疗责任保险保费除去理赔处理中心运营费用、税收等固定成本，根据各区县的赔付情况逐年进行调整。根据约定，医疗责任保险当年如有节余，全部转入次年赔付准备金。正是这种“保本微利，理性支持”的方式兼顾了各方利益，确保了项目的持续、稳定、健康运行。

四、医疗卫生领域责任保险典型事故赔付案例——孕妇剖宫产手术致缺血缺氧性脑病赔案

2015 年 3 月 3 日，孕妇邵某在某医院生产。在剖宫产手术中，患者心脏骤停，经抢救生产后一直昏迷，处于植物生存状态，经转院治疗诊断为缺血缺氧性脑炎。司法鉴定结果为医院承担主要责任，患者为一级伤残。被保险医院就其赔偿相关费用向保险公司索赔。

经调查，被保险医院在诊疗过程中存在过错：一是被保险医院建议行剖宫产结束分娩的适应证稍宽；二是孕妇经心肺复苏后仍处于昏迷状态时过早拔管，被保险医院违反了心肺复苏的治疗原则；三是手术结束至转院历时 2 小时 50 分，被保险医院未尽到及时转诊义务。被保险医院的上述过失与孕妇出现的缺血缺氧性脑病后遗症存在直接因果关系，承担主要责任。

按照保单特别约定：无论是医患双方当事人协商达成的协议、医调委或卫生行政部门调解达成的协议，还是人民法院做出的调解书或者判决书，保险公司均应按被保险医院的实际赔偿金额减扣保单约定免赔额后在每次事故每人赔偿限额内进行赔付。本案经当地卫生、司法部门调解主持，调解被保险医院赔付患者方 74 万元，计入免赔 10%，另保单约定每次事故每人赔偿限额为 30 万元，故本案理算赔付金额为 30 万元。

教育实习领域

一、校方责任保险

（一）校方责任保险在国内的发展历程

校方责任保险是保障学校在校园安全事故中应对学生承担的赔偿责任的一种保险。近年来，校园安全事故频发，在潜在的巨额索赔压力下，学校不敢开展正常体育教学，不敢组织课外活动的现象比较突出。校方责任保险可以为学校教育教学活动提供风险保障，一旦发生事故，由保险公司及时提供经济赔偿。这既能有效维护学生合法权益，又提高了学校的风险应对处置能力，还有利于保障正常的教学秩序，促进和谐校园建设。

早在2001年，上海就在探索建立学校责任保险制度，规定中小学校在学生伤害事故中承担过错责任，学校应投保责任事故险。中小学校校方责任保险由上海市教委统一为学校投保。2002年9月《学生伤害事故处理办法》（教育部12号令）实施，规定“学校有条件的，应当依据保险法的有关规定参加学校责任保险。教育行政部门可以根据实际情况，鼓励中小学参加学校责任保险。提倡学生自愿参加意外伤害保险”。2007年5月，中共中央在《关于加强青少年体育、增强青少年体质的意见》（中发［2007］7号）中指出：所有学校都要建立校园意外伤害事件的应急管理机制，建立和完善青少年意外伤害保险制度，推行由政府购买意外校方责任保险的办法。2008年4月，教育部、财政部、中国保监会在《关于推行校方责任保险 完善校园意外伤害事故风险管理机制的通知》（教体艺［2008］2号）中指出：各省级教育行政、财政部门和保险监管机构负责本行政区域内校方责任保险投保工作，依据本通知提出的推行校方责任保险制度的基本原则，制订本行政区域实施校方责任保险制度的政策和办法。通过招标等形式合理选择承保机构实施统一投保。2012年10月《国务院办公厅转发教育部、发改委、财政部、体育总局关于进一步加强学校体育工作若干意见的通知》（国办发

［2012］53号）进一步强调：各地各有关部门要加强对学校体育安全的指导和监督，建立健全政府主导、社会参与的学校体育风险管理机制，形成包括安全教育培训、活动过程管理、保险赔付的学校体育风险管理制度，依法妥善处理学校体育意外伤害事故。

在各级政府、教育行政部门、保险监管部门的积极推动下，校方责任保险在全国各地得到快速发展。一是覆盖面不断扩大。根据调查和了解的情况，校方责任保险在义务教育阶段学校已基本实现“应保尽保”，非义务教育阶段的投保比例也在快速上升。同时，因各地经济发展、政策支持力度以及当地保险环境等不同，各地开展校方责任保险主要有省级统保、市县统保和自行开展三种模式，多数地区采取了省级统保和市县统保模式。二是主动开展风险管理。保险公司通过组织开展安全知识宣讲，进行逃生演练等活动，增强师生的自我风险管理意识。同时，定期开展防灾防损检查、组织校园安全评审、建立风险预警机制等，有效降低学校安全事故发生率。比如，某财产险公司针对学生心理特点，组织专家制作教育安全防灾动画短片《熊猫学艺记》，在潜移默化中向广大师生传授风险预防和事故处理的基本知识及应急处理方法，得到一致好评。三是积极开展理赔服务。保险公司在事故处置中积极参与施救，及时为学生垫付住院押金、急救费用，主动预付赔款等，一定程度上安抚了家属和群众情绪，防范和化解矛盾纠纷，减轻学校和政府的事故处置压力。如2012年“10·4”云南彝良泥石流灾害致18名学生遇难，保险公司4天内支付校方责任保险赔款500万元；2011年“11·16”甘肃正宁校车特大交通事故致19名儿童遇难，保险公司在48小时内支付校方责任保险赔款450万元，为事故处置争取了时间。

（二）校方责任保险的总体发展情况

“十二五”期间，保险业向近120万所幼儿园、中小学院校、大学及各类院校提供约86万亿元的风险保障（见图6）。校园方责任保险已决赔款从2011年的3亿多元增长到2015年的近8亿元，5年来已决赔款累计近28亿元。截至2015年末，未决赔款余额近3亿元。

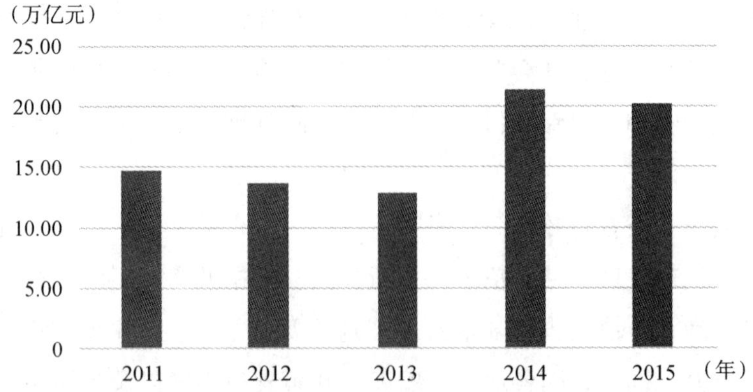

图6 2011—2015 年我国校方责任保险提供的保险金额

（三）校方责任保险的创新做法

1. 上海保险业积极参与涉校风险管理。2001 年，上海市颁布《上海市中小学校学生伤害事故处理条例》（以下简称《条例》），明确了学生在教育教学活动期间发生伤害事故后校方与受伤害学生、家长之间的责任与权利。同年，保险公司在上海率先推出了中小学校方责任保险。2012 年，中职院校学生实习责任保险纳入后，校方责任保险更名为中小学校方责任保险与中等职业学校学生实习责任保险。校方责任保险由上海市教委统一投保，受益人为上海市教委批准的相关学校及校方责任保险项下的受益人（含监护人）。保费从设立伊始的 3 元/人、保额 30 万元，到 2007 年的 4 元/人、保额 40 万元，再到如今 5 元/人、保额最高 350 万元。其中，2012 年 9 月纳入的中等职业学校学生实习责任保险的费率为每人每年 15 元（承保对象为中职院校最后一学年顶岗实习生，人数每年约 4 万人），赔偿限额最高 350 万元。

为打破校方“不愿有责”、保险公司“无责不赔”的“死循环”，上海市在《条例》制定之初便引入“公平责任”的原则，即对学生伤害事故的发生，当事人均无过错的，可以根据实际情况，按照公平原则，由当事人适当分担经济损失。公平责任赔偿原则避免了定责纠纷，打开了保险公司对于非校方责任的涉校无责伤害事故的赔付通道，为学生伤害事故中的责任认定、损失分担、纠纷处理创造了妥善解决条件。2009—2013 年，上海校方责任保险赔付案件 1 258 起，其中校方全责事故235起（占比18.68%），公平责任事故689起（占比54.77%），比例责任事故313起（占比24.88%），学校无责事故21起（占比1.67%）。

2008年以来，上海保险业进一步优化保险方案、拓展保险覆盖范围，在上海全面推动幼儿园、高校等校方责任保险推广工作。截至2015年末，上海校方责任保险覆盖范围包括上海1 600多所中小学，近150万名学生，每年有250—300起事故由保险公司根据合同约定予以赔偿，减少了学校的赔偿负担。截至2015年底，校方责任保险累计保费收入9 120万元，支付赔款4 918万元，赔付案件3 948件，为上海平安校园建设工作做出了积极贡献。2016年6月，上海市教委委托独立第三方对全市16个区县教育局以及部分学校（当年出险理赔的255所）进行满意度调查，调查结果表明校方责任保险的服务满意度为80%，校方责任保险得到教育部门及学校的普遍认同。

2. 平安财险发布校园安全风险白皮书——从校园风险理赔大数据看学校安全管理。近年来，校园安全引起社会各界的广泛关注。为了更加科学、合理、有效地管控校园风险，平安财险利用承保经验及理赔大数据进行校园事故分析，开展校园安全管理：截至2015年，全国各类学校在校生为2.5亿人，占全国总人口的约18%，校园是家长担心孩子受到意外伤害占比最高的地方。根据相关事故场景统计，学生发生意外的场所中，校园内占比52%、公共场所占比36%、自然环境占比10%、家庭占比2%；按事故类型统计，59%的灾难事故和31%的社会安全事故列对学生造成意外伤害的前两位。

（1）校园风险类型。从事故类型看，意外事故赔付金额占比高达97%，疾病案件赔付金额占比3%（见图7）。

从伤害结果看，门诊案件量占比最多，但是赔付金额占比较低，摔伤、碰伤、划伤赔付占比最高，溺水案件平均赔款占比最高。

如图8所示：校方责任保险的理赔，在案件数量上，门诊占66.32%，住院占29.94%，死亡伤残占3.74%；在赔款金额上，门诊占26.19%，住院占51.43%，死亡伤残占22.38%；从场景和案件数量综合来看，门诊、住院，摔伤、碰伤、划伤占66%，体育运动伤害占27%，死亡、伤残、疾病占23%，溺水占21%，自杀自伤占13%。

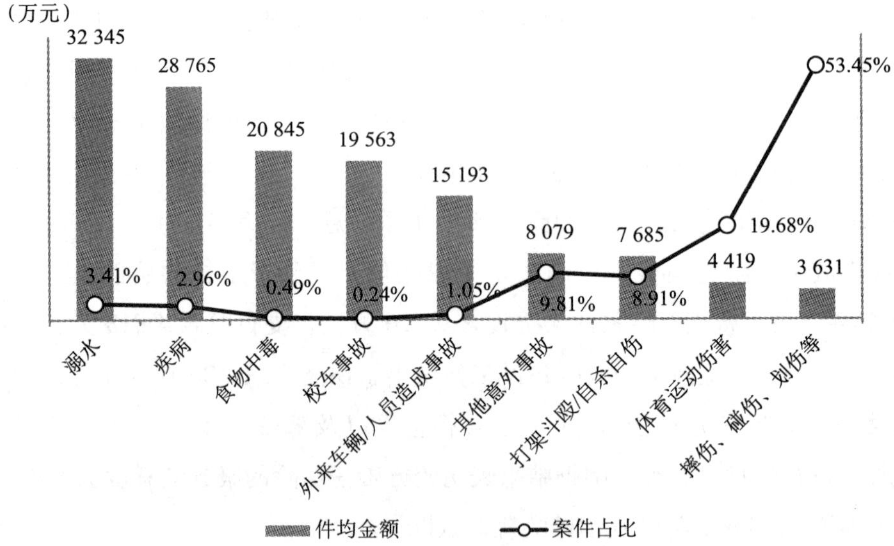

图7 意外事故件均赔付金额

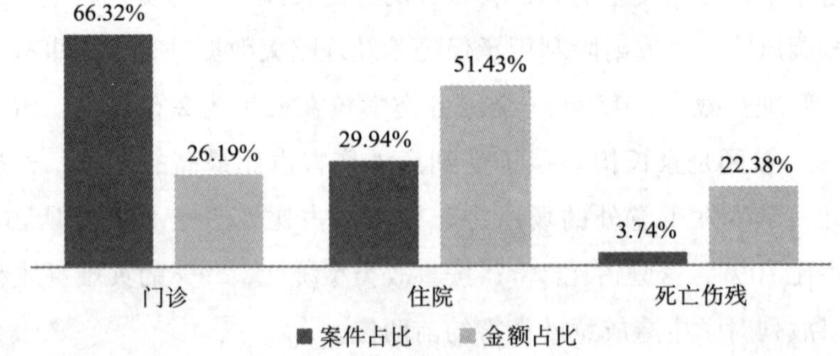

图8 2013—2016年8月案件及金额占比

从学生群体看，中小学生无论从发生事故数量及赔付金额大小来看，均高于其他群体（见图9）。

总体来说，低幼多意外及打闹受伤，初高中易发生打架斗殴，大学生易发疾病及自残，其中：幼儿园，摔伤、碰伤、划伤占81.36%，体育运动伤害占7.35%，烫伤占4.18%；小学生，摔伤、碰伤、划伤占67.96%，体育运动伤害占22.60%，打闹占1.9%；初高中，摔伤、碰伤、划伤占43.9%，体育运动伤害占44.2%，打架斗殴占2.68%；高职/校，体育运动伤害占31.49%，疾病占

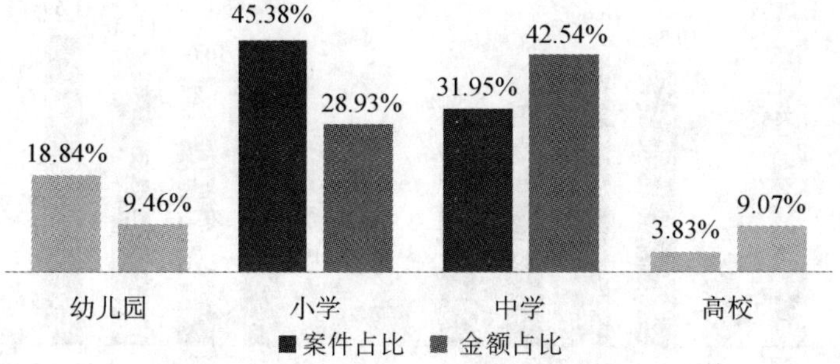

图9　各类学生受伤害案件数及金额占比

6.68%，自杀自伤占6.43%。

从男女性别看，男孩更容易受伤，案件数较女孩高近4倍，其中：在案件数量上，男生占79%，女生占21%；在事故类型中，男孩更容易因打架斗殴、外来车辆人员伤害、溺水、打闹导致受伤，其中男生打架斗殴案件量是女生的11倍，外来人员及车辆伤害是女生的5.4倍，溺水4.8倍，体育运动伤害4.6倍。

从事故地点看，事故高发地点为操场和教室，具体分布情况如图10所示：

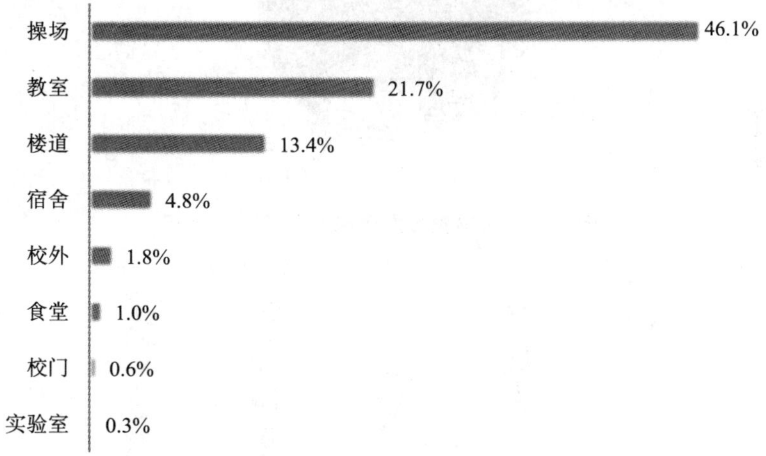

图10　事故高发地点示意

从发生时间看，两个开学季受伤比例为82%，其中各月份具体数据如图11所示。

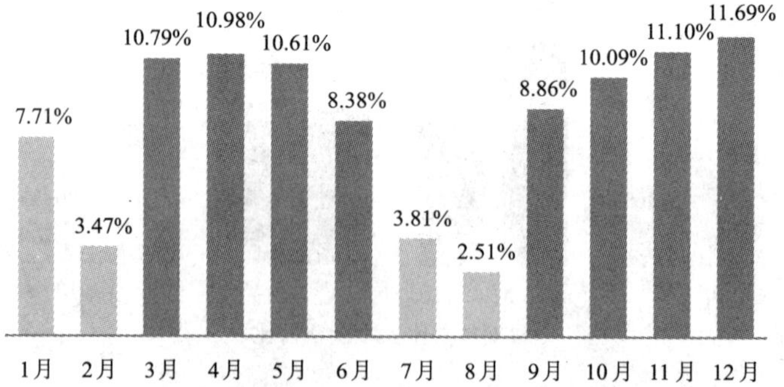

图 11 一年中校方责任保险出险时间分布

从发生时间看，早上 8 点至 12 点及下午 2 点至 6 点更容易发生校方责任险保险事故，不同时间段案件数量占比如图 12 和图 13 所示：

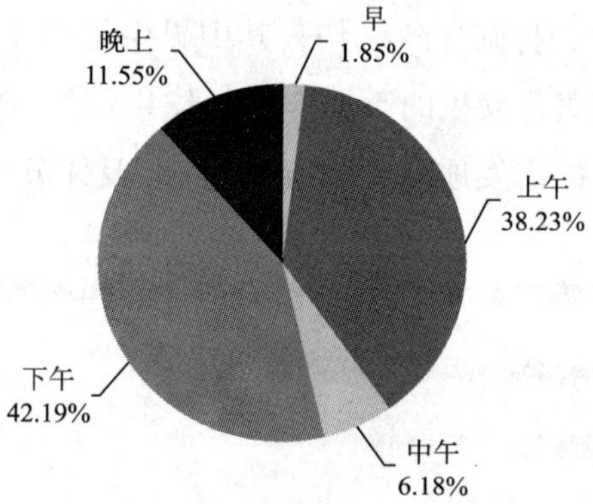

图12 一天中校方责任保险出险时间分布

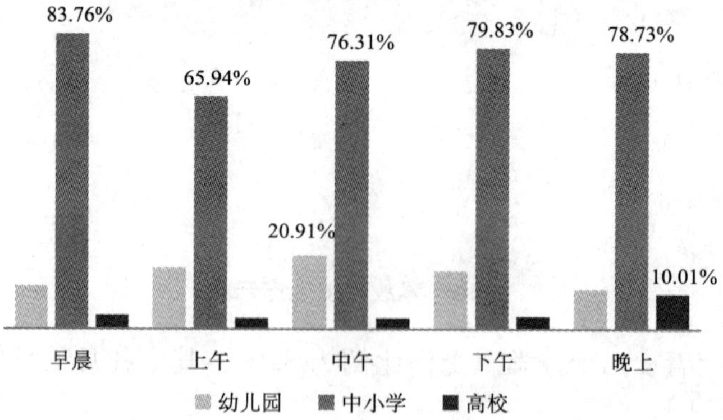

图 13 一天中各类学校出险时间分布

（2）校园风险案件特点。从案件数量及金额维度看，小额案件占比高达91%，赔付金额仅占29%（见图14）；从案件处理时效看，赔付时效持续改善，其中小额案件赔付时效改善至7.3天（见图15）；从重大案件看，大案件主要分布在赔付金额为1万元到5万元和10万—50万元之间（见图2-16）。

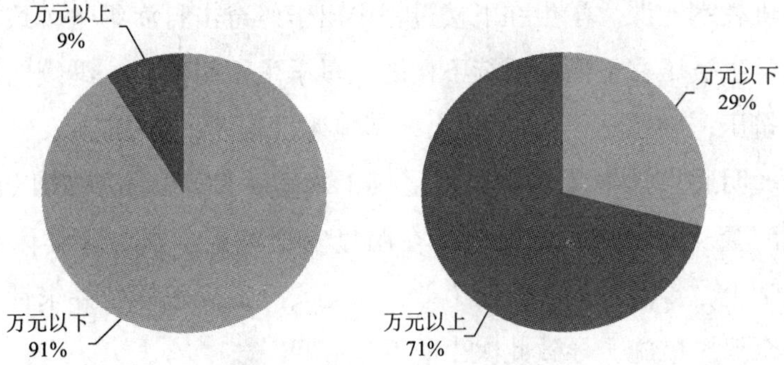

图14　2013—2016年8月校方责任保险案件数量及赔付金额情况

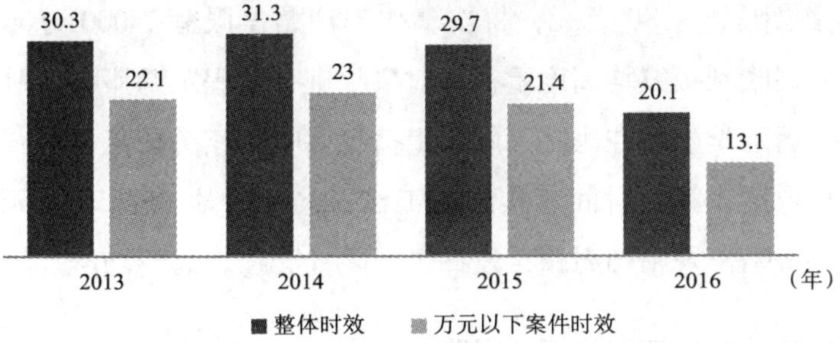

图15　2013年—2016年8月校方责任保险案件时效

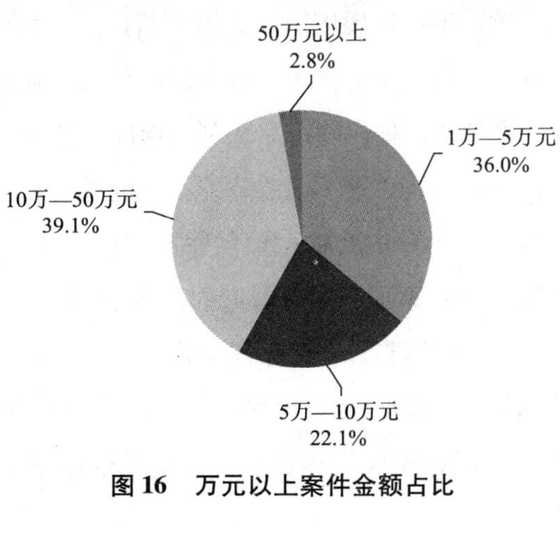

图16　万元以上案件金额占比

（四）校方责任保险典型事故赔付案例——云南明通小学踩踏事件保险赔付

2014 年 9 月 25 日下午，昆明市明通小学体育老师将两块体育教学使用的海绵垫（长 200 厘米、宽 150 厘米、厚 30 厘米）临时靠墙放置于学生午休宿舍楼一楼单元过道处。9 月 26 日 14 时，起床铃拉响，明通小学一、二年级午休学生起床返回各班教室上课。学生在下楼过程中出于好奇击打海绵垫，致海绵垫翻倒在地，一些学生被压在下面，后续下楼的大量学生不明情况，继续向前拥挤，造成相互叠加挤压，导致学生伤亡 32 人，其中死亡 6 人，受伤 26 人。

经调查，明通小学午休宿舍楼楼道仅 1 米宽，两个成年人难以正常并行通过，其设施配置及疏散能力堪忧，存在明显安全隐患。在午休楼休息的是小学一、二年级学生，年龄较小，自制力差，缺乏安全意识，学校并未针对该情况安排相应的安全保护措施，导致此次事故发生。

根据云南省教育厅安排，云南义务教育中小学统一投保了校方责任保险，每人每次事故赔偿限额为 80 万元，每次事故累计赔偿限额 7 000 万元。事故发生后，各保险公司收到报案均高度重视并对事故进行全程跟踪服务，赴事故现场查勘处理，前往遇险学生所在医院了解学生情况并收集相关信息，进行承保名单比对，开通绿色通道，第一时间落实理赔工作，共计赔款 511.56 万元，为遇险学生家长提供经济赔偿及精神慰藉，发挥了保险社会稳定器的功能。

二、职业院校学生实习生责任保险

近年来，我国职业教育事业发展迅速，规模不断扩大，每年约有上千万名职业院校学生参加顶岗实习。职业院校学生实习责任保险是为职业院校学生参加实习面临的各种风险提供保险保障的一种保险产品。利用保险手段应对学生实习风险有利于保障广大实习学生的合法权益，维护职业院校正常的教学秩序，增加职业院校实习岗位和就业机会，是利用市场手段加强和创新社会管理的一种积极探索和尝试。

（一）职业院校学生实习责任保险在国内的发展历程

2009 年，教育部联合财政部、中国保监会印发《关于在中等职业学校推行学生实习责任保险的通知》（教职成［2009］13 号），明确学生实习责任保险的责任范围、投保主体、保障对象等基本要求，特别是规定学生实习责任保险经费可以从职业学校学费中列支，不得向学生另行收取；实习企业投保的，可以从成本费用中列支。2012 年 4 月 26 日，教育部办公厅下发《教育部办公厅关于实施全国职业院校学生实习责任保险统保示范项目的通知》（教职成司［2012］63 号），提出确保三部委文件中提到的“人人参保，应保尽保”目标落到实处。2014 年，国务院下发《关于加快发展现代职业教育的决定》（国发［2014］19 号），提出“健全学生实习责任保险制度”；随后教育部等六部门印发《现代职业教育体系建设规划（2014—2020 年）》（教发［2014］6 号），提出“完善职业院校实习学生的实习、见习责任保险制度”。2015 年 7 月 27 日，教育部发布《关于深化职业教育教学改革全面提高人才培养质量的若干意见》（教职成［2015］6 号），提出“推进学生实习责任保险制度建设”。2015 年 9 月，教育部印发《职业院校管理水平提升行动计划》（2015—2018 年）（教职成［2015］7 号），要求职业院校“严格执行学生实习管理相关规定，强化以育人为目标的实习过程管理和考核评价，完善学生实习责任保险、信息通报等安全制度，维护学生合法权益”。此外，教育部还开展了全国职业院校学生实习责任保险统保示范项目。

在各部门的大力推动下，职业院校学生实习责任保险工作取得积极成效：一方面，试点地区不断扩大。职业院校学生实习责任保险试点地区从此前主要集中在少数发达地区，逐步拓展至全国。目前，全国（不含港、澳、台地区）31 个省自治区、直辖市均已开展此业务。另一方面，有效维护各方合法权益。职业院校学生多来自农村和城市低收入家庭等社会弱势群体。实习责任保险较好地保障其实习期间面临的人身伤害风险，解除学生家长、职业院校、实习企业等的后顾之忧。例如，2013 年 2 月 9 日除夕，来自同一个哈萨克族家庭的 4 名女孩（其中两名为卫生学校实习学生）在租住的出租房因煤气中毒死亡，由于节日期间银行对公账户关闭，保险公司员工个人筹集 20 万元预付金，送到两个死亡学生家长手中，并在节后及时将 60 万元赔款全部送达，抚慰了家属情绪，减少学校和政府维稳压力。

（二）“十二五”期间职业院校学生实习责任保险的总体发展情况

“十二五”期间，整个保险行业向各类职业院校签发近 15 万张保单，提供了近 2 万亿元的风险保障（见图 17），投保院校及保障金额逐年上升。已决赔款从

2011 年的 400 多万元增长到 2015 年的 1 600 多万元，5 年来已决赔款累计近 5 200 万元。截至 2015 年末，未决赔款余额 1 200 多万元。

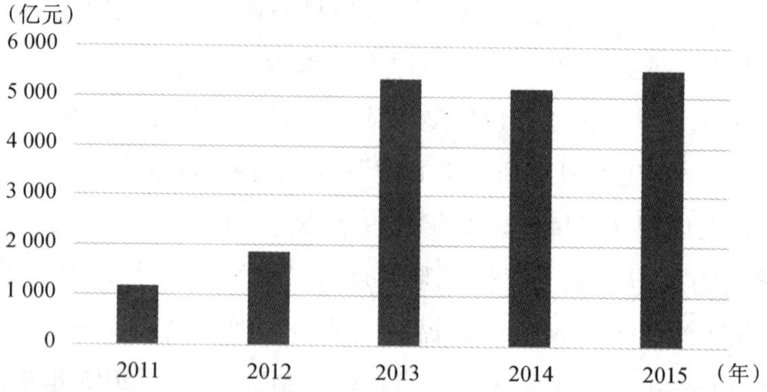

图 17 2011—2015 年我国职业院校实习责任保险提供的保险金额

（三）职业院校学生实习责任保险的创新做法——全国职业院校统保示范项目第三方纠纷调解探索

全国职业院校统保示范项目建立第三方纠纷调解机制，包括调解中心和事故鉴定委员会两个机构，为案件的妥善处理提供机制保障。

1. 以保险赔偿为经济基础。为维护正常教学秩序，将纠纷调解与保险赔偿相结合。为事故受害方提供切实经济保障，避免调解与赔偿“两张皮”，把纠纷赔偿落到实处，发挥保险社会稳定器的作用。

2. 以“情理法”为调解宗旨。

（1）以情感疏导为基础。实习安全矛盾纠纷发生，尤其是重大事件，双方当事人情绪激动，行为激烈，往往不能理智对待。在调解工作中，以情感疏导为基础，运用心理学方法，给予积极的心理影响，根据当事人的心理接受程度、理解能力以及调解中的情境因素给予支持、理解、疏导。待双方情绪稳定，再将双方当事人引导到谈判桌上来。

（2）以事实为依据。实习安全矛盾纠纷调解，遵循事实，调解人员对案件情况进行充分调查，获取详细事故资料，以公正客观的态度审核案件，不偏听、偏信，向双方当事人进行事故剖析，获得双方对案件事实的认可，推进赔案处理。

（3）以法律为准绳。学生发生安全事故处理通常遵循的法律有《侵权责任法》《学生伤害事故处理办法》《职业院校学生实习管理规定》等，在进行实习安全矛盾纠纷调解时，应当清晰了解法律规定，寻找相关判例，向当事人详细说明双方承担的法律责任，使调解意见趋向一致。

（四）职业院校学生实习责任保险的典型事故赔付案例——实习协警执行任务遭暴力遇难的保险赔付

李某为某职业技术学院2012级城市监察与管理专业学生，经学校同意，自主选择到当地县特警大队实习。2015年4月2日上午，特警大队组织警力对涉嫌妨害公务的多名嫌疑人实施抓捕行动时，遭暴力阻碍。李某在抓捕行动中受伤，经抢救无效于4月8日死亡。

学生李某是在执行工作中殉职，全国职业院校统保示范项目调解中心第一时间对事故全程进行跟踪、指导、勘察及调查。经评估与鉴定，认定该案符合相关条款中“在实习工作时间和实习工作场所内，因实习工作原因受到意外伤害事故”约定的情形，保险人按照合同约定予以赔偿。

旅游服务领域

2015年，我国全年接待国内外游客人数超过41亿人次，出境游人数达到1.2亿人次。随着旅游人次的增加，旅游环境的不断变化，旅游新业态不断涌现，旅游风险日益复杂、多变，行业安全问题解决机制已经超越了保险本身，行业安全管理成为旅游保险业管理部门关注的头等大事。保险参与社会管理的内在属性要求保险在运行机制、模式、产品、服务方面不断创新，以适应行业的发展。旅行社责任保险以旅行社为投保人及被保险人，在旅行社组织、接待的旅游活动中发生旅游者人身伤害事件，旅行社依法对旅游者承担的人身伤害赔偿责任由保险公司承担。

一、旅游服务领域责任保险在国内的发展历程

2001年，保险公司根据市场需求开发了首批旅行社责任保险产品。2001年

国家旅游总局出台《旅行社投保旅行社责任保险办法》，规定“旅行社从事旅游业务经营活动，必须投保旅行社责任保险”，成为首部要求行业投保责任保险作为风险管理手段的规范。2006 年，中国保监会、国家旅游局下发《关于进一步做好旅游保险工作的意见》（保监发［2006］69 号）。2009 年《旅行社条例》（中华人民共和国国务院令第 550 号）明确要求“旅行社应当投保旅行社责任保险”。2009 年 5 月 3 日，国家旅游局令第 30 号《旅行社条例实施细则》正式施行。

“十二五”期间，中国保监会、国家旅游局等部门积极推动旅行社责任保险发展。2010 年 11 月 25 日，国家旅游局、中国保监会令第 35 号发布《旅行社责任保险管理办法》，并于 2011 年 2 月 1 日正式实施，再次明确“在中华人民共和国境内依法设立的旅行社，应当依照《旅行社条例》和本办法的规定，投保旅行社责任保险”，同时将导游、领队纳入保障对象，明确“每人人身伤亡责任限额不得低于 20 万元人民币”。2013 年出台的《旅游法》规定，“国家根据旅游活动的风险程度，对旅行社、住宿、旅游交通以及本法第四十七条规定的高风险旅游项目等经营者实施责任保险制度”。

2010 年开始，国家旅游局组织实施全国旅行社责任保险统保示范项目，逐年完善保险方案。该方案设定的主险（保障旅游者人身伤亡、财产损失、精神损害、有责延误、无责救助、法律费用）每人责任限额在 20 万—100 万元间分几个档次，旅行社可选择投保，其中医疗费用与人身伤亡共用一个限额；同时旅行社还可以选择投保紧急救援费用保险（与境外救援公司、律师等合作提供紧急救援、咨询、遗体遣返等服务）、旅程延误保险、旅行取消损失保险、抚慰金保险、扩展费用保险等附加险。旅行社责任保险自实施以来运作良好，在一些重大事故中充分发挥了保险的救助与补偿作用。当前，旅行社开办业务基本都会按要求投保旅行社责任保险，参加统保示范项目的比例大约为 80%。

二、“十二五”期间旅行社责任保险的总体发展情况

“十二五”期间，旅行社责任保险向社会提供约 5 500 亿元的风险保障（见图 18），伴随着投保旅行社责任保险的旅行社逐年增加，保险行业为全国近 70

万家大、中、小旅行社提供了充足的风险保障，累计处理约 12 万起旅行突发事故。

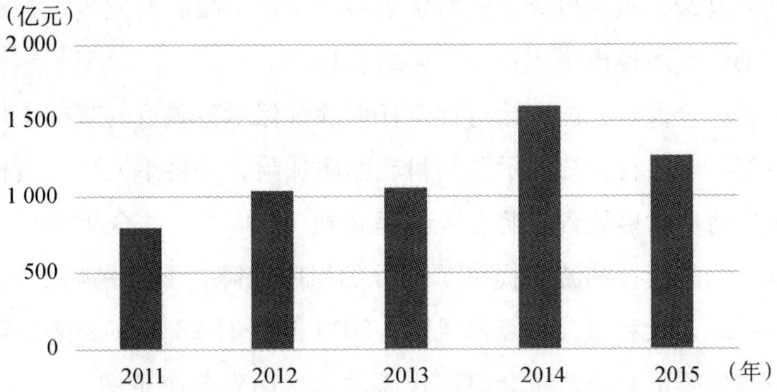

图 18　2011—2015 年我国旅行社责任保险提供的保险保障

旅游服务领域责任保险的已决赔款从 2011 年的 5 000 多万元增长到 2015 年的 1 亿元左右，5 年间已决赔款累计 5. 8 亿元；截至 2015 年末，未决赔款余额 2. 2 亿元。

三、旅行社责任保险的创新做法

（一）统保示范项目首创事故处理纠纷调解中心机制

2010 年，在各有关部门的共同推动下，旅行社责任保险统保示范项目正式启动，6 家财产险公司组成共保体承保，经纪公司为项目经纪人，负责销售和服务工作。依托经纪公司分支机构，该项目建立了覆盖 34 个省、自治区、直辖市的调处服务网络，通过 400 服务专线 24 小时处理全国案件，负责事故处理指导、现场查勘、垫付预付、并案处理、纠纷调解和理赔跟踪等全程服务，化解各类矛盾，基本解决了地区差异导致的责任认定标准不一、索赔纠纷等问题。同时，针对重大旅游事故伤亡人数多、紧急救援需求多、总赔偿金额多的情况，示范项目专门预设了两项应急机制：一是设立统保专项保证金，按照总保费收入的 10% 计提资金，用于垫付资金、公共紧急救援两方面工作。二是设立公共责任限额。当旅行社的责任限额不足以支付重大事件的赔偿额度时，由公共责任限额予以超额赔付。

（二）云南因地制宜首创旅游组合保险

云南风光秀丽、景点众多，自然和人文地理景观在全国位居前列，但山高坡陡，自然气候复杂，旅游事故——特别是旅游交通事故时有发生。鉴于此，云南省旅游管理部门创新推出全国首个旅游组合保险。

云南旅游组合保险在国家旅行社责任保险统保示范项目的基础上增加旅游车承运人责任保险、旅行社统保示范项目超赔附加险，并将单人赔偿责任限额提高到120万元，将单次事故责任赔偿限额提高到5 000万元，全年累计责任不设最高赔偿限额，为旅行社和游客提供了充分的风险保障。多家保险公司联合共保，既引入竞争机制，又利于分散经营风险。2014年3月28日，云南省第十二届人民代表大会常务委员会第八次会议正式通过《云南省旅游条例》，并于2014年5月1日起正式施行，其中明确旅行社、旅游住宿企业、旅游车（船）企业和高风险旅游项目的经营者应在投保旅行社责任保险、公众责任保险后参与旅游组合保险统保统筹，鼓励支持保险机构创新旅游保险产品及服务。

云南旅游组合保险优势主要体现在：一是实现网上投保。对旅行社采取网络实名制投保和缴纳保费，对旅客采用电子行程单方式自动承保，实现了投保缴费实时划账和“见费出单”，为投保人提供了极大便利。二是统一接报案处理。成立了云南途安旅游安全保障救援中心，设立了365天24小时服务专线，一旦发生保险事故，救援中心接到报案通知后协调理赔服务人员10分钟内出发赶赴现场。三是按照“有责赔付、无责垫付、代位追偿”原则，设置了“安全救援储备金”，用于赔付超出保障范围的损失、重（特）大事故费用垫付和对旅游企业的安全奖励。

旅游组合保险试点以来，旅游汽车公司和旅游车投保量不断增加，有效防止了旅行社或旅游运输企业为降低成本雇用黑车的行为，间接保障了旅游过程中的交通安全。在重大旅游事故中，云南旅游组合保险积极配合地方政府，及时赔付伤亡旅客，为政府排忧解难。

四、旅行社责任保险典型事故赔付案例——泰国普吉岛重大交通事故保险赔付

2015年3月25日中午11时40分左右，陕西省某旅行社组织的16名游客

（除游客外，还有1名旅行社随团工作人员）在泰国普吉岛旅游期间发生重大事故。事故当场造成3名游客遇难（其中2人系夫妻），14人不同程度受伤。此次事故损失重大，引起了各级政府及国内外舆论的普遍关注。经调查，事故主要原因是游客乘坐的旅游大巴车行驶过程中突然失控，冲破对面车道的防护栏后坠入约10米深的谷底，属重大交通事故。

旅行社责任保险统保示范项目全国调解处理中心（以下简称调处中心）在接到报案后立即安排专人前往旅行社了解事故经过及损失情况，并就事故善后事宜与旅行社进行沟通。考虑到本案处理的实际需要，调处中心一方面立即安排调处员于3月26日随同陕西省旅游局相关领导及旅行社工作人员赶赴普吉岛处理善后事宜，另一方面协调旅行社责任保险出单保险公司于3月27日向旅行社预付10万元赔款，用于事故处理及游客家属安置。

抵达普吉岛后，调处中心调处员立即前往受伤游客救治医院对伤者进行慰问，并就治疗措施及费用保障问题与有关方面进行沟通。在协调泰国地接旅行社做好遇难者家属接待和安抚工作的同时，调处中心调处员先后20余次就事故善后及赔偿事宜与泰国旅游车所属公司、旅游车承保保险公司以及泰国地接旅行社投保旅游保险的保险公司进行协调和谈判。经过不懈努力，泰国旅游车承保保险公司及旅游保险承保保险公司最终给出比较令人满意的赔付结果，并在第一时间向游客家属支付了保险赔款。在此基础上，调处中心调处员经过反复、多次与遇难者家属耐心细致的解释和沟通工作，最终于4月9日协调旅行社与游客家属达成赔偿协议，遇难者家属对赔偿结果表示满意，并在赔偿协议签订当日妥善处理了遇难者的遗体。随后，调处员通过向受伤游客进行有关法律法规的宣讲，最终促使全部受伤游客就有关后续赔偿事宜与旅行社达成协议。随着协议书的签订，所有受伤游客及其家属的情绪得以安抚，并对事故的处理结果表示满意。

回国后，经过陕西省调处中心的跟踪与协调，保险公司依据旅行社与遇难者家属在普吉岛签订的赔偿协议，在结合泰国方面赔偿的基础上，分别于4月30日和8月5日通过旅行社责任险统保示范项目向遇难游客家属支付了保险赔款，累计赔款金额为120万元。

职业责任领域

随着我国经济市场化和法制化进程的不断加快，社会专业化分工程度不断提高，具备专业知识或专门技能的从业人员在执业过程中所面临的职业损害赔偿风险提升。因此，在专业服务领域引入职业责任保险，承保专业技术人员在提供专业服务过程中因过失导致委托人损失而依法应承担的赔偿责任，能够有效地规避和转移风险，提升社会资源配置效率，对经济社会的稳定发展起到推进作用。

一、职业责任领域责任保险在国内的发展历程

我国《合同法》《民法通则》《侵权责任法》均对职业责任所涉及的违约责任、侵权责任等事项做出规定。除上述一般民事责任规定外，职业责任还以各类职业相关法律法规为依据，对专业技术人员需承担的因专业工作造成的民事责任做出规定。例如，我国《执业医师法》《医疗事故处理条例》《医疗机构管理条例及实施细则》等法律法规明确规定，医疗侵权行为应承担民事责任。

面对复杂的专业技术要求和强烈的风险保障诉求，各类职业责任保险产品应运而生、层出不穷。目前保险公司职业责任保险主要产品包括医疗责任保险、律师责任保险、会计师责任保险、工程技术人员责任保险、董监事责任保险、家政人员责任保险、保险中介责任保险等。

行业主管部门针对部分职业出台职业责任保险相关规定。例如，在工程设计领域，1999 年 12 月建设部下发《关于同意北京市、上海市、深圳市开展工程设计保险试点工作的通知》（建设［1999］292 号），正式启动设计保险试点工作，2004 年又增加试点工作省市，是我国开办最早的职业保险险种之一。在家政领域，《国务院办公厅关于发展家庭服务业的指导意见》（国办发［2010］43 号）提出“支持商业保险机构开发家庭服务保险产品，推行家政服务机构职业责任保险、人身意外伤害保险等险种，防范和化解风险”；2013 年 2 月 1 日施行的《家庭服务业管理暂行办法》规定“鼓励家庭服务机构为家庭服务员投保职业责任

保险和人身意外伤害保险”，《财政部办公厅 商务部办公厅关于2012年开展家政服务体系建设有关问题的通知》（财办建［2012］14号）、《商务部办公厅关于做好2012年家政服务体系建设工作的通知》（商办服贸函［2012］119号）在大型龙头、中小专业型家政服务企业建设规范方面均要求家政服务企业为员工购买人身保险和职业责任保险。在会计师领域，财政部和中国保监会于2015年7月联合下发的《会计师事务所职业责任保险暂行办法》（财会［2015］13号）明确提出“鼓励会计师事务所根据本所经营管理情况和发展需要投保职业责任保险”。在保险中介领域，2015年10月中国保监会发布的《保险经纪机构监管规定（2015年修订）》《保险专业代理机构监管规定（2015年修订）》明确规定保险经纪和专业代理公司应当投保职业责任保险，并对责任限额做出明确要求。

此外，保险业根据不同行业的风险及特殊性开发多样化的职业责任保险产品，为不同行业提供灵活、有针对性的风险管理保障，主要产品包括：科技资讯职业责任保险、资产监管等金融机构职业责任保险、美容师责任保险、情报处理者责任保险、公证职业责任保险等。

二、“十二五”期间职业责任保险总体发展情况

2011—2015年，我国职业责任保险合计签单约61万件，合计保险金额约28 500亿元。分年度看：2011年、2012年保险金额均超过8 000亿元，明显高于2013年、2014年；2015年保险金额有所回升，主要原因是职业责任保险的险种差异较大、业务需求整体不稳定（见图19）。

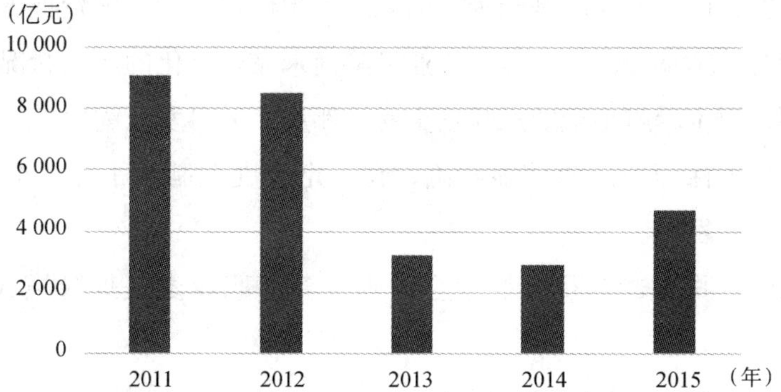

图19 2011—2015年我国职业责任保险提供的保险金额

职业责任领域责任保险的已决赔款从2011年的7亿多元增长到2015年的15亿多元，5年来已决赔款累计近54亿元。截至2015年末，未决赔款余额近13亿元。

三、职业责任保险的创新做法

（一）通过特定主管部门或协会推广职业责任保险

在我国，职业责任保险涉及大量个人和组织，逐个推进方式很难适用于专业性要求高、覆盖面广的职业责任保险发展，因此通过特定主管部门、协会等组织，会同该领域专家共同制定特定职业责任保险方案，推广效果更佳，更易达到效果。例如：在律师行业，保险公司制作律师职业责任保险服务书，向律师行业主管部门或当地协会递交合作意向书，取得其认可后由上至下推广业务，较好地推动该领域职业责任保险发展。

（二）填补制度空白　助力行业发展[①]

2015年6月30日，财政部、中国保监会联合发布了《会计师事务所职业责任保险暂行办法》（财会［2015］13号，以下简称《暂行办法》），推动会计师事务所通过投保职业责任保险，防范职业风险。

1.《暂行办法》制定的背景和过程。在我国法规制度体系和注册会计师行业实践中，会计师事务所职业责任保险（以下简称职业责任保险）和会计师事务所职业风险基金（以下简称职业风险基金）作为事务所抵御职业风险的两种模式，一直并行。在过去较长一段时间内，限于各方面历史条件，我国注册会计师行业主要实行以职业风险基金为主的风险抵御模式。这一风险抵御模式与有限责任公司制会计师事务所占主体、职业风险尚未完全显化的历史状况契合，发挥了积极作用，但也暴露出职业风险基金易被挪用、易引发分配争议、资金占用成本高、无法放大保障效应等明显缺陷，在一定程度上制约了注册会计师行业健康、规范、稳定发展。

与此同时，我国也在积极探索会计师事务所职业责任保险模式。2000年，

① 资料来源：财政部会计司网站，有删减。

深圳市保险机构开出了我国第一份注册会计师职业责任保险保单。经过十余年的探索和发展，除“四大”① 中国成员事务所历来实行职业责任保险外，我国已有约500家会计师事务所选择投保职业责任保险，取得了较好成效。2014年，国务院《关于加快发展现代保险服务业的若干意见》（国发［2014］29号）明确提出，要“发挥保险对咨询、法律、会计、评估、审计等产业的辐射作用”，“强化政府引导、市场运作、立法保障的责任保险发展模式”。必须看到，随着我国市场经济体制与专业保险制度的不断完善和资本市场的快速发展，会计师事务所的审计质量与资本市场的信息披露质量越来越紧密关联，越来越广受关注；加之合伙制日益成为会计师事务所的主体形式，职业责任风险加速显化，职业责任约束空前强化，由职业风险基金制度向职业责任保险制度转换已是潮流所向、大势所趋。

2013—2014年间，财政部会计司会同中国保监会财产保险监管部和中国注册会计师协会赴上海、江苏、浙江、湖南、重庆等地进行调研，实地听取地方财政部门、保险监督管理部门、行业协会、会计师事务所和保险公司对建立会计师事务所职业责任保险制度的意见和建议，积累了丰富的第一手素材。

根据调研情况，财政部会计司会同中国保监会财产保险监管部启动了《暂行办法》的起草工作，经多次讨论和修改，形成了《会计师事务所职业责任保险暂行办法（征求意见稿）》，于2014年11月向社会公开征求意见。在认真听取各方面意见的基础上，对该征求意见稿做了进一步修改完善，形成了《暂行办法》，并按程序报批后正式发布。

2.《暂行办法》制定过程中把握的原则。一是依法行政原则。鉴于现行《注册会计师法》允许会计师事务所办理职业责任保险或提取职业风险基金，《暂行办法》未对会计师事务所投保职业责任保险作出“一刀切”强制性规定，而是依法尊重市场主体的自主选择，同时也适当体现鼓励发展职业责任保险的政策导向。

二是尊重市场原则。《暂行办法》规定事务所可自主选择投保的业务范围、

① “四大”即世界著名四大会计师事务所，分别为：普华永道、德勤、毕马威和安永会计师事务所。

自主协商符合自身发展需要的合同条款等，同时规定保险公司应当建立市场化的保险费率浮动机制，有利于进一步优化资源配置，激发市场活力。

三是分类管理原则。结合事务所客户群体、风险状况的客观差异，对事务所是否从事高风险审计业务进行分类管理，并规定相应的累计赔偿限额（也称保额）。

四是负担合理原则。在研究确定累计赔偿限额过程中，对比分析了世界主要经济体注册会计师行业相关规定和具体实践，按照中等偏低的水平做出适当规定，有利于事务所以较低的保费支出获得较高的职业责任赔偿能力。

五是互利双赢原则。财政部、中国保监会在引导推动职业责任保险中主要发挥监督指导作用，会计师事务所和保险公司作为市场主体参与其中。考虑到职业责任保险在我国发展尚不充分，《暂行办法》对事务所和保险公司的权利义务都作出基本规定，目的是促进市场参与双方平等合作、互利共赢。

3.《暂行办法》的主要内容。《暂行办法》共六章、二十五条，主要内容包括：

一是规定投保范围。按照会计师事务所职业责任保险的一般理论和实践做法，明确职业责任保险承保的损失为“经济损失”，不包括其他伤害。投保的业务范围包括审计业务和其他非审计业务。事务所在投保职业责任保险主险的基础上，还可以投保账册文件丢失险、首次投保追溯期扩展险等附加险。

二是规定与职业风险基金的政策衔接。会计师事务所投保的职业责任保险累计赔偿限额达到《暂行办法》第九条或第十条规定的金额的，可以不再提取职业风险基金。已提取的职业风险基金的处理，按照有关法律法规的规定和会计师事务所合伙协议或公司章程的约定办理。

三是规定累计赔偿限额的计算方法。按事务所是否从事上市公司、金融企业等高风险审计业务，分别规定了不同的累计赔偿限额计算方法。从事上市公司、金融企业等高风险审计业务的事务所，职业责任赔偿风险更大，累计赔偿限额要求更高。

四是规定合同基本事项。从维护注册会计师行业利益、扶持注册会计师行业发展的角度出发，《暂行规定》明确保险责任范围为非故意行为造成的经济损失，此处的“非故意行为”应包括过失和重大过失；保险期间为1年及以上；约定合理的追溯期或报告期；仲裁或者诉讼费用以及其他必要、合理的法律费用由保险公司承担等。在订立合同和履行合同期间时，会计师事务所负有如实告知、及时通知等义务；保险公司负有如实说明合同条款、信息保密、规范理赔等义务。

五是规定争议处理方式。出现争议时，可以按照双方的约定申请仲裁，或者依法向人民法院提起诉讼。采用格式条款订立的保险合同，出现争议的，应当按照通常理解予以解释。有两种以上解释的，人民法院或者仲裁机构应当做出有利于会计师事务所的解释。省级财政部门、注册会计师协会可以会同省级保险监督管理部门、保险行业协会组织成立职业责任保险专家委员会，对履行保险合同可能产生的争议提供专家鉴定意见，供司法机关或有关方面参考。

4. 推动职业风险基金转化为职业责任保险。《暂行办法》第三条规定，“会计师事务所投保的职业责任保险累计赔偿限额达到本办法第九条或第十条规定的金额的，可以不再提取职业风险基金。已提取的职业风险基金的处理，按照有关法律法规的规定和会计师事务所合伙协议或公司章程的约定办理”。上述规定的含义有三点：一是《暂行办法》实施后，事务所仍有权自主决定投保职业责任保险，或者提取职业风险基金；二是鼓励事务所优先选择投保职业责任保险；三是允许事务所在投保职业责任保险并符合相应要求后依法规范处理已提取的职业风险基金。

鼓励事务所优先投保职业责任保险，是基于国际经验、行业实际和发展趋势的综合考虑。经测算，我国事务所目前的保险费率多集中在1.5‰—3‰。换言之，事务所通过投保职业责任保险，获得了约500倍的保险杠杆率，即1元钱的保费支出获取500元的保险金额。深入比较分析，职业责任保险在制度设计、保障能力等方面整体优于职业风险基金，也更加契合新常态下经济社会发展对注册会计师行业的新要求。为此，《暂行办法》明确鼓励现有的事务所在5年内尽快完成由提取职业风险基金向投保职业责任保险的过渡；在《暂行办法》施行后新设立的事务所，鼓励其主要采用投保职业责任保险的方式提高职业责任赔偿能力。

四、职业责任保险的典型事故赔付案例——某水泥设计院因设计不当被索赔的保险赔付

2013 年 8 月，保险公司接到某水泥设计院报案，称其负责的俄罗斯水泥厂建设交钥匙工程因为设计不当被业主方索赔 1 018 万欧元，具体包括：供货延迟的损失索赔 430 万欧元；设计缺陷致仓堵料，重新改造的费用 555 万欧元；设计材料选型不正确，更换此设备的费用 33 万欧元。

接到报案后，保险公司理赔人员和公估师就事故原因多次与被保险人沟通并会谈，依据被保险人提供的设计图纸和后期改进方案等索赔资料，确认供货延迟不属于被保险人投保的设计服务范围，不属于保单赔偿范围；被保险人因为处于高寒地区经验不足，配料仓容量过大，实际生产过程发生原料堵塞致使不能达到预定生产能力，业主另行花费 550 万欧元在现有配料仓基础上增加了加热设备和搅拌器以提高生产力；熟料桶材料选料不合理导致投入生产后发生磨损，业主另行花费 33 万欧元更换耐磨材料。保险公司指出，后两项设计不足为被保险人为同一业主提供的一个整体生产线设计图纸问题，属于保险合同中约定的“相关不当行为的多个索赔属于一个赔偿请求，两个索赔适用一次事故赔偿限额”的情况。经过保险公司多次会谈解释和说明，被保险人在 2014 年 9 月接受保险公司理赔意见，保险公司在 10 月完成人民币 200 万元保险金的支付。

产品质量领域

一、产品责任保险

消费者在使用商品过程中遭到伤害的事情已屡见不鲜，严重危害了使用者的人身和财产安全。根据《侵权责任法》和《消费者权益保护法》规定，商品的生产方和销售方需要承担相应的经济赔偿责任。产品质量安全责任保险是以产品生产者、销售者的产品质量责任为保险标的的一种责任保险。发展产品质量安全

责任保险，有利于保障人民群众合法权益，维护社会和谐稳定；有利于提高民众对我国产品质量的信心，提振内需；有利于提高企业风险管理能力，降低质量安全事故发生率。

（一）产品责任保险在国内的发展情况

我国产品责任保险起步于20世纪80年代初，发展至今已成为我国责任保险中的主要险种之一。近年来，中国保监会会同国家质量监督检验检疫总局（以下简称国家质检总局）积极推动产品质量责任保险发展。

1. 加强政策支持。2012年2月，国务院印发《质量发展纲要（2011—2020年）》（国发［2012］9号），提出“完善产品侵权责任制度，建立产品质量安全责任保险制度，保障质量安全事故受害者得到合理、及时的补偿。引导企业、行业协会、保险以及评估机构加强合作，降低质量安全风险，切实维护企业和消费者合法权益”。2014年底，中国保监会会同国家质检总局联合印发《关于开展产品质量安全责任保险工作的通知》（国质检质联［2014］680号），提出在产品“三包”领域部署开展产品“三包”责任保险试点，鼓励支持在特种设备、重点消费领域探索实施产品质量安全责任保险制度。《国务院办公厅关于加快推进重要产品追溯体系建设的意见》（国办发［2015］95号）提出“鼓励金融机构加强和改进金融服务，为开展追溯体系建设的企业提供信贷支持和产品责任保险”。各省（市、区）也开展试点探索，如甘肃省成立产品质量安全责任保险领导小组，划定试点企业范围，率先在获得省政府质量奖和甘肃名牌产品企业中开展试点，同时鼓励生产和销售电梯设备、压力容器等特种设备的单位投保。

2. 突出重点领域。汽车作为百姓重要的消费品，其产品质量关系人民生命财产和道路安全，成为社会各界关注的热点。国家质检总局实施汽车“三包”规定后，平行进口汽车由于无法享受国内品牌4S店的“三包”及售后服务，消费者合法权益得不到有效保障，导致一些维权事件发生。随着我国调整汽车品牌销售规定，在上海自贸区等地开展汽车平行进口试点工作以来，能否为平行进口汽车提供符合我国“三包”规定的服务，关系到平行汽车进口政策能否顺利落地实施。针对这种情况，部分保险公司开发了平行进口汽车“三包”责任保险产品，为平行进口汽车提供符合我国“三包”规定的责任保险服务，落实企业质量安全主体责任，维护消费者合法权益。

3. 开展保险宣传。国家质检总局每年都联合相关单位下发关于开展全国“质量月”活动的通知，在全国范围内开展质量提升和宣传活动。中国保监会作为联合发文单位之一，指导各保监局、保险行业协会、保险公司积极开展形式多样的产品质量安全责任保险宣传，提高了社会认可度，为产品质量安全责任保险推广实施奠定了良好的舆论基础。

（二）“十二五”期间产品责任保险的总体发展情况

产品责任保险的发展在“十二五”期间呈阶段性上升状态，承保金额由2011 年的9 800 多亿元到2015 年的19 100 多亿元（见图20），“十二五”期间累计承保保单件数由4 万余件增加至11. 8 万余件，为我国企业的稳定发展和消费者权益保障起到重要作用。

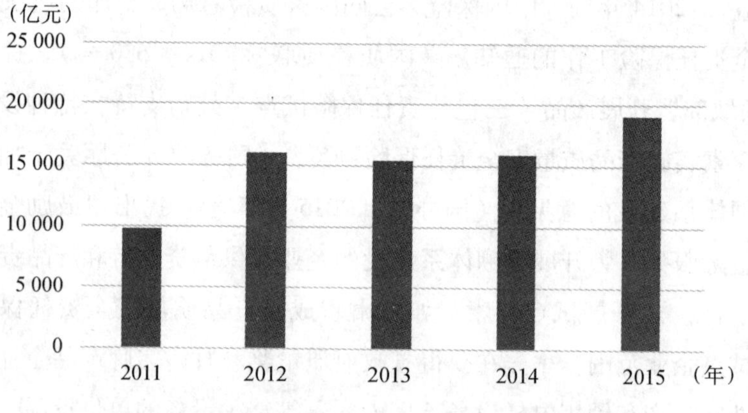

图20　2011—2015 年我国产品责任保险的保险金额

产量质量领域责任保险的已决赔款从2011 年的2. 65 亿元增长到2015 年的4. 21 亿元，5 年来已决赔款累计近19 亿元。截至2015 年末，未决赔款余额10 亿多元。

（三）产品责任保险的创新做法——家电产销企业综合保险项目助推江苏家电行业健康发展

家电行业是国家拉动内需促进经济转型的重要领域。因家电产品质量、售后服务引发的纠纷既不利于消费者权益保护，也不利于家电产销企业的品牌形象与可持续发展。江苏由保险经纪公司牵头积极开展家电产销企业综合保险项目创新试点，运用商业保险机制为海尔集团、苏宁集团等著名家电产销企业化解经营风险，维护消费者权益，促进江苏家电行业健康发展。

1. 基本做法。

（1）关注社会热点，挖掘市场需求。家电行业投诉率居高不下，多数与售后维修问题有关。同时，夏季室外空调安装维修中意外事故多发，对家电企业造成较大影响。为大型家电生产企业提供销售和售后服务的多为中小型民营企业，从业人员流动性大，职业风险类别高，难以获得相应的保险保障。保险经纪公司从上述三方面问题着手，开展家电产销企业综合保险项目创新试点，解决相关家电企业的后顾之忧。

（2）发挥专业优势，合理设计产品。一是合理确定保险责任。针对消费者投诉较为集中的家电售后维修领域，推出家用电器保修期延期保证保险，对延保期内可能发生的维修费用及维修责任提供保险保障；针对维修安装人员安装维修过程中可能发生的意外事故，推出家用电器服务商综合责任保险产品，对工作人员在家电维修安装过程中的人身意外及因过失对消费者产生的损害赔偿责任提供保险保障。二是合理确定计费基础。家用电器保修期延期保证保险由家电销售企业从消费者缴纳的延保服务费中提取一定比例作为保费；家用电器服务商综合责任保险以为生产商提供安装服务的下游商家安装维修次数为缴费基础。三是简化投保理赔手续。由家电产销企业统一投保，出险后由保险经纪公司全程跟踪理赔过程，协调保险公司完成理赔，从业人员和消费者享受无忧服务。

（3）深化各方合作，构建有效战略联盟。一是提供全流程风险管理服务和培训，提高家电产销企业风险管理意识和管理能力。建立电子报修平台和服务商管理平台，对项目全流程进行系统管理和跟踪。二是搭建保险公司与消费者之间的沟通桥梁，助力保险公司了解消费者保险需求，提高产品针对性，并实现产销分离。三是明确服务标准和承保理赔工作要求，通过项目拓宽业务范围，通过量化标准提高服务水平。

2. 产品责任保险初见成效。

（1）为参保家电经销企业提供了完善的风险保障。2012 年至 2014 年，项目累计为江苏省76.74万家（次）中小家电服务商提供了风险保障，为11.34万名（次）消费者提供了维修服务保障，为108位从业人员提供了身故给付或伤残补偿，累计支付赔款6 810万元，单笔最高赔付金额达80万元。通过该项目，家电维修服务从业人员的权益得到维护，社会弱势群体到得关心，有效解决了家电行业的老大难问题。

（2）通过商业保险手段维护了消费者利益。该项目为家用电器维修服务人员因过失对消费者产生损害的赔偿责任提供保险保障，简化了消费者与服务人员的纠纷处理，提高了消费者对家电维修服务的满意度。

（3）为家电行业发展创造了稳定和谐环境。对家电生产商而言，通过商业保险机制妥善处理安装维修事故，有利于维护企业的品牌声誉。对家电经销商而言，通过生产厂家统一投保，解决了下游服务提供商投保难以及依靠自身经济实力无力妥善处理安装维修事故的问题，稳定了下游市场。对家电维修企业而言，通过保险经纪公司参与确定服务标准，提供第三方技术鉴定支持，消除了消费者的不信任，降低了生产商、经销商和维修商与消费者之间产生纠纷的概率，提高了品牌认知度。

（四）产品责任保险典型事故赔付案例

出口饮水设备火灾导致住所损毁案例

国内某厂商向加拿大出口饮水设备，并投保出口产品责任保险。2015年9月10日，当地消费者在使用该厂商生产的饮水机时发生火灾，导致其住所被烧毁。根据消费者提供的损失明细、整修和重装的费用清单，本次火灾造成的损失约为10万加元。

接到报案后，保险公司立即委派加拿大当地保险公估公司对事发现场进行查勘，并安排有关专家对产品进行检测。检测结果显示，产品内部的起火点有电流活动。保险公司以9.9万加元进行了赔付，并支付了事故相关的检测及公估费用。

某家电公司产品责任保险案例

2013年6月28日，消费者张某向某品牌家电售后服务中心反映其家中的冰箱起火，导致家中财产受损。

事故地点为宁波一高档小区内，用户家为两层复式结构，起火点位于用户家厨房，该厨房内的冰箱已烧得只剩外壳。从残骸分析看，起火点位于冰箱中间部位制冰机处，分析应为微动开关不良导致冰箱起火。此次事故属冰箱起火所致，属保单载明的情况，在保险期限内提出索赔，根据《产品责任保险条款》的规定，保险责任成立。

该事故造成用户家厨房、餐厅家电及装修全部烧毁，客厅、一楼卧室及二楼所有卧室装修及财产全部烟熏。保险公司经查勘定损，最终与客户协商一次性赔付 100 万元。

某纸业有限公司产品质量事故保险案例

2013 年 3 月中旬，某纸业有限公司接到多家纸杯厂客户诉其销售的原纸在生产纸杯后出现表面锈斑或黄斑，涉及纸杯价值 636 万元。事故发生后，纸业有限公司技术人员经过样本分析，判断为生产过程中烘干环节烘干筒表面铁离子转移，附着在成品纸表面，经过时间、温度和湿度的影响，铁离子氧化在纸张表面形成锈斑或黄斑。鉴于此次涉及污染的面积较大，纸业有限公司要求其所有客户全面停止使用涉及污染期间生产的所有纸杯原纸。

该纸业有限公司向保险公司投保了产品责任保险，并在事故发生后及时向保险公司报案。保险公司接报案后立即组织骨干理赔人员及专家赴被保险人及涉损第三方纸杯厂了解事故经过、分析事故原因。在明确保险责任后，保险人积极核定因被保险人产品质量问题给第三方纸杯厂造成的经济损失，并及时赔付 310 万元。

二、首台（套）重大技术装备保险

重大技术装备是关系国家安全和国民经济命脉的战略产品，是国家核心竞争力的重要标志。由于其技术复杂，价值量大，且直接关系用户企业生产经营，在创新成果转化过程中存在一定风险，面临市场初期应用瓶颈。首台（套）重大技术装备综合保险由保险公司针对首台（套）重大技术装备承保质量风险（因产品质量缺陷导致用户要求修理、更换或退货的风险）和责任风险（因产品质量缺陷造成用户财产损失或发生人身伤亡风险）。建立首台（套）重大技术装备[①]保险补偿机制，在用户订购和使用此类装备的风险控制和分担上做出制度性安排，是发挥市场机制决定性作用、加快重大技术装备发展的重要举措，对于促进装备制造业高端转型、打造中国制造升级版具有重要意义。

（一）首台（套）重大技术装备保险在国内的发展历程

2015 年初，财政部、工业和信息化部、中国保监会《关于开展首台（套）重大技术装备保险补偿机制试点工作的通知》（财建［2015］19 号）及中国保监会《关于开展首台（套）重大技术装备保险试点工作的指导意见》（保监发［2015］15 号）印发后，保险业积极行动，服务国家战略，在中国保监会的直接指导下成立了首台（套）重大技术装备综合保险共保体（以下简称共保体）。共保体选定中国人民财产保险股份有限公司（以下简称人保财险）为首席承保人。

（二）“十二五”期间总体发展情况

2015 年，共保体共计承保 96 台（套）国产重大技术装备，为装备制造业提供风险保障 155 亿元，保费收入 3.93 亿元，中央财政累计投入 3.14 亿元，在用户订购和使用国产重大技术装备的风险控制和分担上做出了重要的制度性安排，试点工作取得初步成效。

首台（套）重大技术装备保险具有“五大创新”特点：一是产品创新，将质量险、责任险等突出风险集中打包设计成综合险，加强保险保障针对性，提高财政资金使用效率；二是模式创新，中央财政首次对工业领域实行保费补贴，这也是继农业保险后中央财政支持的第二大类保险业务；三是机制创新，三部委建立跨领域部际合作机制，各司其职，分工合作，有力推动政策施行；四是承保创新，组织多家保险公司组建共保体，按照“风险共担、利益共享”的经营原则进行承保，提供更有效的保险服务；五是补偿创新，打破“谁投保、谁收益”

① 首台（套）重大技术装备是指经过创新，其品种、规格或技术参数等有重大突破，具有知识产权但尚未取得市场业绩的首台（套）或首批次的装备、系统和核心部件。其中首台（套）装备是指用户首次使用的前三台（套）装备产品；首批次装备是指用户首次使用的同品种、同技术规格参数、同批签订合同、同批生产的装备产品。

的传统保险补偿模式，建立“生产方投保、购买方受益”新模式，大大增强设备买方信心，促进首台（套）重大技术装备的推广应用。

（三）首台（套）重大技术装备保险共保体开展的主要工作

1. 加强组织建设，积极组建首台（套）共保体。首台（套）重大技术装备具有价值量大、创新性强、风险大的特点，缺乏历史风险经验数据，单一保险公司单独承保将面临很大挑战和风险。2015 年 3 月 3 日三部委电视电话会议后，中国保监会随即召集保险业召开工作会议，根据公司市场规模、首台（套）保险的试点经验等情况选取了人保财险、平安财险、太保财险、大地财险、天安财险、中华联合、中航安盟 7 家财产保险公司组建了首台（套）重大技术装备综合保险共保体，并选定人保财险为首席承保人，负责共保体的组织实施、协调等各项工作。

共保体先后在北京、上海两地召开了 4 次共保协调会议，不断优化共保合作方式和业务合作方案，营销出单机构由 3 家公司调整为 7 家公司，最大限度发挥每一家保险公司的作用和市场影响力，有效推进了首台（套）保险各项工作。

2. 统一服务标准，开发行业示范条款。在中国保监会和中保协的指导下，保险公司抽调产品开发、法律、精算等专业力量在第一时间内开发了首台（套）重大技术装备综合保险行业示范条款，由中保协统一发布，全行业统一适用，确保了所有装备制造企业能够获得统一标准的保险保障服务。

3. 加强项目对接，细致做好落地服务。三部委分别在北京和杭州召开首台（套）重大技术装备保险补偿机制试点北方片区项目对接会、南方片区项目对接会和重点领域项目对接会 3 次，共保体公司各分支机构与 37 个省、市经信委，85 家中央和地方企业现场对接。保险公司代表重点讲解了首台套重大技术装备综合保险条款、运作机制，集中反馈了企业关注的热点问题。会后，共保体公司分别建立了项目跟踪机制，针对参加片区会议的企业，采取一对一的服务模式，为每一个企业配置一名专业的客户经理，定点服务企业，保险公司还相继到一些参会企业现场宣讲首台（套）保险政策。

4. 组建行业专家库，为项目发展提供技术支撑。在工信部的大力支持下，保险公司组建了首台（套）重大技术装备综合保险行业专家库，与十多个装备制造领域的行业协会建立了业务合作关系，聘请了相关协会专家为首台（套）重大技术装备综合保险专家委员会专家，为各类投保首台（套）保险的装备制造企业提供技术支撑服务，包括投保前的首台（套）装备技术先进性认定、出险后的事故原因鉴定等，强化了企业对投保首台（套）重大技术装备综合保险的信心，为首台（套）重大技术装备综合保险的快速发展奠定了坚实的基础。

安全生产领域

一、雇主责任保险

自2004年实施《工伤保险条例》以来，雇员可以通过工伤保险获得基本的工伤经济补偿，但该补偿仅限于“基本”水平。同时，发生工伤意外事故后企业经营者要依法承担相应的赔偿责任，一旦发生重大死亡、残疾事故或群体性工伤事故，企业经营者会面临巨大的经济压力。雇主责任保险以被保险人对其雇员受雇从事相关工作时因意外事故或患职业病导致伤残、死亡或其他损失的赔偿责任为保险标的，可以有效解决雇员工伤赔偿不足、雇主经济赔偿压力过大的问题。发展雇主责任保险有利于维护雇员合法权益，有利于维护企业经营稳定，有利于社会安定和谐稳定。

（一）雇主责任保险在国内的发展历程

我国调整雇主与雇员之间民事法律关系主要法律法规有《民法通则》、《劳动法》、《劳动合同法》、《最高人民法院关于审理人身损害赔偿案件适用法律若干问题的解释》（2003年12月4日通过，法释［2003］20号，自2004年5月1日起实行）、《侵权责任法》、《社会保险法》和《工伤保险条例》（2010年修订）。目前除《民法通则》外，《司法解释》和《侵权责任法》同时对雇员致害责任的承担做出明确规定。

我国自20世纪80年代起开展雇主责任保险，截至2015年，雇主责任保险已经成为我国责任保险的主要险种之一。统计数据显示，2015 年责任保险中雇主责任保险占比为 26.12%，在责任保险业务中占据重要地位。主要险种包括：雇主责任保险、补充工伤责任保险、安全生产责任保险等。随着《侵权法》《工伤保险条例》等法律法规不断完善，司法环境逐渐优化，雇员维权意识持续提高，企业经营者面临的法律责任风险不断增大。雇主责任保险与工伤保险有机结合，相互补充，为企业日常经营保驾护航，发挥保险“稳定器”的作用，得到社会各界的普遍认可。

为推动商业雇主责任保险持续健康发展，发挥行业技术示范作用，更好地保护雇员合法权益，2015 年中保协组织保险行业主体共同制定完成雇主责任保险行业示范条款，进一步规范和完善雇主责任保险产品，提升行业专业水平。

（二）“十二五”期间雇主责任保险的总体发展情况

2011—2015 年期间，我国雇主责任保险累计保险金额从 32 600 亿元提升至 158 000 亿元，提升近 4 倍（见图 21）。

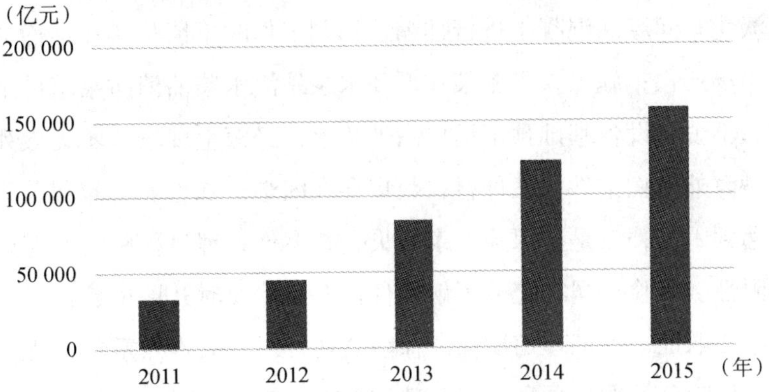

图 21　2011—2015 年我国雇主责任保险提供的保险金额

安全生产领域雇主责任保险已决赔款从 2011 年的 12 亿多元增长到 2015 年的近 41 亿元，5 年来已决赔款累计达 126 亿元。截至 2015 年，未决赔款余额 28 亿元。

（三）雇主责任保险典型事故赔付案例

某工程建设公司海外工程雇员猝死理赔案例

苏丹时间2015年5月24日，某工程建设公司苏丹分公司修理工李某在苏丹项目现场突然摔倒，送至苏丹当地一家医院经抢救无效死亡，医生报告称检查时患者已经死亡，死亡原因为心脏骤停导致猝死。当地时间2015年6月4日，苏丹共和国国家内政部警察总局民政处出具死亡证明，中国驻苏丹大使馆也出具了死亡证明。

经核查，被保险人的雇员李某出险时间在保险期限内，出险地点属于苏丹分公司项目部且与保单规定的地址相符，被保险人对该雇员猝死的赔偿责任属于保险责任。根据保单约定，保险人赔付被保险人雇员李某死亡赔偿金25万美元。

某央企员工海外施工死亡赔付案例

北京时间2015年5月25日，被保险人某机械设备工程公司施工人员李某在委内瑞拉中央电厂6号6 000千瓦蒸汽轮机发电机组项目施工工地发生工伤事故，其在海水淡化车间屋面混凝土进行伸缩缝切割工作时不慎坠落在地面的除污泵构架上面，当场死亡；施工人员张某在循环水泵站海水柴油消防泵基础上部进行清理作业时，不慎从设备基础预留洞口高处坠落，经医生现场抢救无效死亡。本案的难点一是海外死亡案件，案件材料收集存在困难；二是死者家属关系复杂，赔偿金领取遇到困难；三是被保险人隶属央企，案件处理过程中需要考虑到客户的困难与局限性。保险公司在充分了解案件情况后，及时开展理赔：

一是细心取证，保证理赔质量。保险公司针对有关难点重新梳理理赔材料清单，既保证保险公司取证顺利，又不致被保险人工作受阻。首先，指导被保险人第一时间收集海外证明文件等重要材料，如当地行政机关出具的死亡报告、当地医院出具的死亡证明等，以便第一时间确认事故原因及死亡原因，进而确定保险责任，避免后期争议；其次，死者家属身份关系复杂，为保证死者受益人权益、避免被保险人后期遭遇纠纷，指导被保险人让死者近亲属就亲属身份及领取死亡赔偿金事宜进行公证；最后，被保险人因企业局限性，希望由保险公司直接将保险赔偿金汇给死者近亲属，保险公司依据《保险法》的规定，指导被保险人填写赔付申请，将保险赔偿金直接支付给指定的死者近亲属，满足客户需求。

二是悉心指导，体现客户服务。在理赔材料收集过程中，保险公司一直与被保险人及时沟通，答疑解惑，协助其梳理案件材料，如为缩短理赔材料审核及反馈时间，多采用邮件、扫描件的形式沟通，在死者近亲属身份关系确定方面，需要法律知识支持，保险公司详细向被保险人进行解释，被保险人据此传达给死者近亲属，避免了争议。

三是快速处理，体现高时效。因前期沟通积极顺畅，收集材料及时，虽为涉外出险 2 名雇员死亡案件，客户在出险后及时准备理赔材料提交给保险公司，保险公司在收到理赔材料后及时审核上报，3 个工作日完成结案付款事宜，共支付死者近亲属 120 万元赔款。

四是及时通报，保证内部沟通顺畅。向报案人了解报案信息后，案件承办人第一时间调取投保信息，确认死者在投保清单内，预判保单责任，并及时将案件信息向上级汇报，确定立案估损事宜及后期理赔方案，上报重大赔案，同时与业务部门沟通案件信息，确保业务部门知晓案件情况，便于后期理赔沟通。遇到重大赔案，及时通报，内部沟通顺畅，被保险人后期无论与哪一层面对接，事情都将得以妥善处理。

某铸造有限公司员工死亡事故案例

2013 年 11 月 16 日 15 点左右，喀左县某铸造公司在对二号高炉进行检修过程中，发现耐火球有部分结块，需要震开以便维修，其间炉内火球飞出，打中员工黄某头部和胸部，黄某后经医院抢救半小时无效死亡。医院出示的死亡医学证明书显示，死亡原因为颅脑损伤、气血胸大出血。黄某遗体于 11 月 17 日在喀左县殡仪馆火化。

该铸造有限公司向保险公司投保了雇主责任保险，每人死亡赔偿限额为 80 万元，医疗费用赔偿限额为 10 万元。2013 年 11 月 17 日下午，保险公司接到报案后立即派人员赶赴现场。到达现场时，遗体已火化，保险公司提出与死者家属见面了解相关情况，被保险人以对遇难者家属的安抚工作和其他后续工作已完成为由，未同意与保险公司查勘人员见面。被保险人向保险公司提供了喀左县公安局出具的死亡证明书、遗体火化证明、死亡医学证明书、事故证明、死者身份证明、与死者家属达成的赔偿协议等材料，并反复追问赔偿的条件和时限。

保险公司查勘人员综合现场了解的情况，认为该起事故存在一定疑点，对被保险人企业员工及死者亲属进行了暗访，最终确认了事故的真实性，但被保险人向死者家属赔偿金额与其提出的索赔金额可能存在不符，同时被保险人涉嫌提供不真实的索赔材料。随后，保险公司委托长春市公安经侦部门前去当地调查取证。经过公安部门的调查，死亡事故真实，但与死者家属达成的赔偿金额为 68 万元，同时在当地安监部门调取了被保险人与死者家属间赔偿协议及收条，并进行了取证。根据保险公司调查取证的结果，结合辽宁省当地工伤保险赔偿办法，该起事故最终赔付金额为 68 万元，事故最终处理结果得到了被保险人和各共保方的认可。

二、安全生产责任保险

安全生产责任保险是在安全生产领域开展的一种责任保险，是对工伤保险制度的有力补充，弥补了工伤保险保障范围窄、赔付额低的缺陷，投保该保险的企业在发生生产安全事故后可得到及时的保险赔付。安全生产责任保险的保险责任范围不仅包括因发生生产安全事故导致的人身损害的经济赔偿责任，还可对应附加医疗费用、第三者责任及事故应急救援和善后处理费用等。积极推行安全生产责任保险不仅可以分散投保企业的风险，也可以使受害者在安全生产事故发生后获得应有的赔偿，充分保障受害者的合法权益，有利于维护社会秩序的安定。

（一）安全生产责任保险在国内的发展历程

2006 年 9 月 27 日，国家安全生产监督管理总局、中国保监会联合印发《关于大力推进安全生产领域责任保险，健全安全生产保障体系的意见》（安监总政法［2006］207 号），提出“开展安全生产责任保险工作是保险业服务经济社会发展全局的重要体现”，要求引导、鼓励“采掘业、建筑业等高危行业和公众聚集场所等领域”投保安全生产责任保险，“条件具备的，可推动制定相关的地方立法和政策”。2009 年 7 月 20 日，国家安全生产监督管理总局下发《在高危行业推进安全生产责任保险的指导意见》（安监总政法［2009］137 号），明确提出

“在非煤矿山、危险化学品和烟花爆竹生产企业先行开展试点”。2010年7月19日，国务院下发《国务院关于进一步加强企业安全生产工作的通知》（国发［2010］23号），要求“高危行业企业探索实行全员安全风险抵押金制度。完善落实工伤保险制度，积极稳妥推行安全生产责任保险制度”。

“十二五”期间，2014年8月31日公布的新《安全生产法》规定，“国家鼓励生产经营单位投保安全生产责任保险”，从法律层面予以明确；2015年，国务院印发《关于加强安全生产监管执法的通知》（国办发［2015］20号）也明确提出“鼓励企业投保安全生产责任保险，并理顺安全生产责任保险与风险抵押金的关系，推动建立社会商业保险机构参与安全监管的机制”，从国家政策层面予以支持。

自2006年以来，各地陆续启动安全生产责任保险试点，目前取得以下成效：一是覆盖面不断扩大。在山西、湖北等地试点成功后，逐步向全国推广，截至“十二五”期末，已在全国31个省全面启动，覆盖了煤矿、非煤矿山、危险化学品生产、烟花爆竹等多个高危行业和领域，业务取得了实质性进展，基本建立了覆盖全国的安全生产责任保险体系，切实发挥了良好的社会管理功能。二是领域不断拓展。安全生产责任保险开办初期，业务主要集中在煤矿、非煤矿山等高危行业，产品指向性强，服务领域有限。根据国家安监总局“管行业必须要管安全”的指导原则和思路，各地安监部门与保险业积极合作、深入探索，将安全生产责任保险的服务领域拓宽到多个行业。2014年1月1日实施的《广东省安全生产条例》已将安全生产责任保险的覆盖范围扩展到矿山、建筑施工、金属冶炼、机械制造、交通运输单位和危险物品生产、经营、储存等行业。2015年4月1日正式实施的《黑龙江省安全生产条例》规定，在矿山，建筑施工，冶炼，交通运输，机械制造和危险物品生产、经营、储存等行业推行安全生产责任保险，鼓励其他生产经营单位参加安全生产责任保险。湖南省住建系统在前期高危行业安全生产责任保险的基础上实现了建筑施工行业安全生产责任保险的省级统保。三是服务能力不断提高。安全生产责任保险的重要作用不仅体现在经济补偿方面，更重要的是体现在事前风险防范方面。只有努力实现风险管理服务前置，才能满足政府部门对提升风险管控水平、降低事故发生率的期望和要求。为此，中国保监会指导保险公司制作了安全生产责任保险建议书，详细分析重大安全生产事故的风险点，给出系统、全面的风险预防措施及建议；在山西，聘请了行业专家为高危行业企业安全员进行培训；在湖北，制作了危险化学品行业运输风险提示标识，详细说明危险化学品货物倾覆、泄露等意外情况发生时的科学处置方式；在江西，成立了安全生产风险评估专家库，聘请专业评估机构为全省安全生产责任保险工作提供技术支持，为企业安全生产提供咨询服务，从企业的安全管理、生产工艺系统、重大危险源、六大避灾系统和保险情况 5 个方面进行评估打分，出具企业风险评估报告，并提出安全管理和安全技术措施建议，有效提升了地区安全生产管理水平。四是宣传不断深入。近年来，保险行业配合安监部门开展了一系列安全生产宣传活动，如协助制作“安全生产活动月”宣传海报、多次赞助“安全生产知识竞赛”及“安全发展高层论坛”等活动。人保财险湖北分公司制作了安全生产责任的专题宣传片《生命、权益、保障》，并在湖北电视台播放。以上宣传活动都取得了良好的社会效果，为进一步推动安全生产责任保险制度的建立奠定了基础。

（二）“十二五”期间安全生产责任保险的总体发展情况

“十二五”期间，我国安全生产责任保险提供的风险保障限额快速上升，从 2011 年的 1 500 多亿元增长到 2015 年的 7 557 亿元（见图 22）。

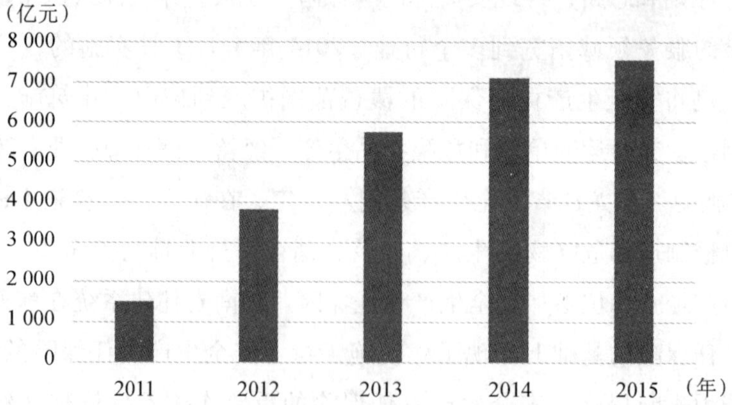

图 22　2011—2015 年我国安全生产责任保险提供的保险金额

“十二五”期间，我国安全生产责任保险已决赔款从2011年的1.26亿多元增长到2015年的近4.31亿元，5年来已决赔款累计达15.2亿元。截至2015年，未决赔款余额2亿多元。

（三）安全生产责任保险的创新做法

上海创新运用保险机制解决危化品风险管控难题

为切实解决危化品风险管控难题，上海创新运用保险机制，以危化品安全责任保险为抓手，建立“政府政策性支持+市场化机制激励+针对性保险保障”三位一体的危化品风险管控模式，有效提升危化品安全管理水平，得到上海市政府和社会各界的一致认可。自2008年运行以来，危化品安全责任保险已覆盖危化品从业企业约9 000家，累计提供保险保障超过350亿元。

一是政保合作，形成支持保险参与危化品安全管理的良好政策环境。上海保监局加强与市政府相关部门的协调合作，积极推动出台相关政策，支持危化品安全管理领域引入保险机制。2006年，上海市政府出台《上海市危险化学品安全管理办法》，规定“危险化学品单位投保商业性安全责任保险的，可以不再缴纳风险抵押金”。2012年出台《上海市安全生产条例》，明确对危化品企业实行安全生产风险抵押金制度，但投保责任保险企业可予豁免，同时印发《关于本市全面推广危险化学品安全责任保险工作的通知》，在全市推广危险化学品安全责任保险。上述举措在政策法规上为运用保险机制加强危化品安全管控提供了制度支撑，形成了运用保险管理危化品风险的良好政策环境。

二是市场化运作，建立浮动费率和差异化费率的双重激励机制。在市场经济条件下，市场化的激励措施是推动市场主体加强安全管理的最好手段。为了从制度设计上激励和约束危化品企业加强安全管理的意识和水平，规避道德风险，采取市场化手段，对危化品安全责任保险采取浮动费率制度和差异化费率制度。首先，依据投保企业历史事故发生情况、安全生产管理状况等关键因素，设计综合风险浮动系数指标，实行浮动费率制度。其次，针对不同风险类型、风险水平的企业，采取差异化费率制度，利用市场杠杆促使企业加强安全管控。

三是因地制宜，科学设计符合危化品从业企业安全管理需求的保险产品和服务。上海危化品安全责任保险紧密结合上海危化品企业类型、数量分布、风险偏好、政府管理理念等实际情况，在保险责任界定、保险服务提供等方面因地制宜、科学设计保险产品，力争符合危化品从业企业和相关政府部门的风险管控需要。上海危化品安全责任保险对于小型危化品从业企业保费一般为 3 900 元/年，特大型企业保费最高 75 000 元/年，整体略低于危化企业缴纳风险抵押金的一年期存款利率水平。保险责任包括因危化事故产生的抢险救灾费用、医疗救护费用、除污费用、对第三者人身伤害和财产损失的经济赔偿、企业自身雇员人身伤害赔偿以及诉讼费、仲裁费、律师费和鉴定费等，保险责任限额根据投保企业的规模大小分为 300 万元、600 万元、2 000 万元、5 000 万元 4 个档次，其中每次事故人身伤亡赔偿限额为 30 万元/人。

四是全流程管控，构建事前风险防范、事中风险管控和事后理赔服务的安全管理体系。保险业参与上海危化品管理突出“关口前移、防重于赔、提升服务、化解纠纷”的原则，建立事前、事中、事后的危化品安全管理体系。在事前风险防范环节，整合多家保险公司风险保障力量，建立一整套危化品从业企业风险评估和防灾防损机制，帮助危化品从业单位认识风险、重视风险、防范风险；在事中风险管控环节，委托第三方专业机构开展风险评估服务和现场安全技术服务，强化投保企业的日常安全管理水平；在事后理赔服务环节，制定危化品保险理赔专门流程，建立快赔、预赔机制，确保事故发生后第一时间资金到位、危化品处置工作顺利开展。

上海危化品安全责任保险有效防范了危化品领域的安全生产风险，自 2008 年试点以来，投保企业无一起重大事故发生，累计赔付不足 500 万元。

江西安全生产责任保险试点工作成效显著

2005 年起，江西省率先推行安全生产责任保险，将商业保险引入安全生产监管体系，近年来不断完善工作机制，扩大保险覆盖范围，在促进安全生产、提高突发事件应对处置能力等方面发挥了重要作用。

1. 主要做法。

一是政府有力推动，创新政策环境。首先，优化政策环境。2005 年，江西保监局会同江西省安监局联合推行矿山企业和烟花爆竹生产企业安全生产责任保险制度。2006年，中国保监会与国家安监总局联合出台《关于大力推进安全生产领域责任保险　健全安全生产保障体系的意见》，江西保监局以此为契机，推动江西省人大出台《江西省安全生产条例》，明确鼓励生产经营单位投保雇主责任保险。2010年12月，江西保监局联合省安监局再次出台文件，明确在非煤矿山、危险化学品、烟花爆竹等高危行业和领域全面推行安全生产责任保险，鼓励支持从事煤矿、公共聚集场所等行业和领域企业投保安全生产责任保险。其次，部门有力推动。按照2011年《江西省非煤矿山企业安全生产许可证实施办法》及相关规定，各级安监部门制定具体措施，将企业是否投保安全生产责任保险与非煤矿山企业安全生产许可证的核发、安全生产日常监管和评优树先等制度挂钩，督促企业积极参保。目前，江西省非煤矿山企业安全生产责任保险投保率超过90%。最后，强化宣传教育培训。江西保险业发放各类宣传材料1.5万余份，举办各类保险及安全知识培训30余期，受训矿长及企业安全负责人超过4 300余人次，企业和员工的安全意识和保险意识得以提高。

二是发挥专业优势，创新服务内涵。首先，科学设计保险产品。保险公司通过分析评估企业的风险特征和状况，根据客户需求，划分7个档次的承保费率标准。同时，江西省在全国率先推出安全生产事故赔偿标准与城镇居民人均可支配收入相关联，赔偿标准由最初的每人12万元逐步提升至每人20万元、40万元和60万元的不同档次，满足各层次风险保障需求。二是创新风险管理模式。保险公司引入事前风险评估机制，聘用技术专家成立风险评估小组，对投保企业进行风险评估，为企业提供保险风险管理咨询、评估报告及安全技术方面的对策建议。

三是突出服务特色，创新服务方式。首先，提供上门辅导服务。保险公司与安监部门联合成立服务宣导小分队，深入各市县企业及厂矿推广安全生产责任保险，2013年承保全省4 000余家非煤矿山企业和6万余从业人员，覆盖了90%以上的企业和矿山职工。其次，推出个性化理赔服务。保险公司狠抓第一现场查勘率，实行理赔程序标准化作业，明确索赔单证标准，不断缩短理赔周期，2013年共处理赔案314件，赔付3 000余万元。

2. 取得成效。

一是维护社会稳定，助推平安江西建设。通过投保安全生产责任保险，保险公司直接介入责任事故的事后赔偿和善后处理，有效发挥了保险业经济补偿功能，降低生产事故带来的负面影响。2014 年 3 月，江西上高锦程矿业 7 名工作人员因山体坍塌不幸遇难，保险公司及时赔付每位受害者 60 万元，共计 420 万元，减轻了企业经济赔偿压力，保障了受害者的合法权益，帮助企业恢复正常的生产秩序，维护社会稳定。

二是降低风险隐患，促进了安全生产形势好转。保险公司帮助企业建立预防为主的风险管理理念，为企业提供日常防灾防损服务，开展风险评价，指导企业改善生产条件，及时消除事故隐患，提高投保企业的安全事故预防能力，同时把投保单位的安全生产状况与保险费率挂钩，运用费率杠杆促进投保单位安全生产，有效预防和减少安全生产事故的发生。自 2005 年以来，江西非煤矿山事故发生率稳步下降，事故起数、死亡人数分别由 2005 年的 81 起、93 人降至 2013 年的 32 起、40 人，分别下降 60.5% 和 57%，全省连续 9 年无重特大事故发生。

三是创新社会管理，减轻政府行政压力。将安全生产责任保险引入非煤矿山生产领域，进一步完善安全管理制度及安全生产责任制度，减少政府参与责任事故善后处理的人力和财政负担，实现职能转变，提高行政效率。2013 年 3 月，江西铜业股份有限公司永平铜矿发生炸药车爆炸事故，造成 4 人死亡，9 人受伤，保险公司在未收到完整索赔材料情况下，先行赔付 160 万元，大大减轻政府善后处理压力，有效防止社会纠纷发生。

广东潮州试点非高危行业安全生产责任保险成效显著

1. 主要做法。

一是试点先行，首推非高危行业安全生产责任保险。首先，精选试点。广东省潮州市民营经济活跃，以陶瓷、不锈钢等产业为主，非高危行业较为发达，其风险特点具有典型性。广东保监局指导汕头保监分局和潮州市安监部门积极沟通协调，按照“控制风险、保证效果”的思路，选择潮州市作为试点。其次，政策创新。2009 年 7 月，国家安监总局出台《关于在高危行业推进安全生产责任保险的指导意见》，对高危行业安全生产责任保险发展做出要求和指导。2011年，在汕头保监分局推动下，潮州市安监部门创新运用政策，进一步扩大安全生产责任保险的适用范围，在潮州市陶瓷、不锈钢、印刷制品等重点产业推行非高危行业安全生产责任保险。最后，分步推进。稳扎稳打推进试点工作，初期选择在产业较集中、经济发展情况较好的潮安县先行先试，并于2013年在潮州全市范围推广。

二是市场导向，科学设计和组合保险产品。首先，科学设计保险条款费率，满足大部分企业基本保障需求。保险公司参照高危行业要求设计产品，死亡最高保险金额为每人60万元。针对潮州小微企业居多的实际，设计保险条款时选择影响最大、后果最严重的人员死亡作为主要保障范围，而将伤残医疗和财产损失作为除外责任，有效降低保费至大多数企业可承受范围。在实际承保中，大部分企业保费低于1万元，100人左右规模的生产企业，保费仅5 000元左右。其次，合理组合保险产品，满足企业多样化需求。在满足大多数企业安全生产基本保障需求的基础上，通过合理组合和搭配产品，满足企业多样化保障需求。如将雇主责任保险与安全生产责任保险组合销售，满足企业对安全生产事故伤残医疗保障的需求；将企业财产保险与安全生产责任保险组合销售，满足企业的财产保障需求；针对生产中人员猝死案例较多情况，将猝死责任保险与安全生产责任保险组合销售等。

三是政保联动，形成推动保险服务安全生产管理合力。首先，联合开展宣传宣导。潮州市安监部门和当地保险机构联合成立服务宣导小组，深入陶瓷、不锈钢等企业和行业协会推广。其次，创新风险管理模式。引入事前风险评估机制，联合成立风险评估小组，对投保企业进行风险评估，为企业提供保险风险管理咨询、风险评估及安全技术建议等方面的服务。最后，加强理赔相关协作。潮州安监部门主动出具事故证明，为完善理赔资料、做好理赔工作提供了有力支持。

2. 取得成效。

一是拓展了保险服务安全生产管理领域。在非高危行业推行安全生产责任保险，将安全生产责任保险的受众面拓展为所有生产企业，把保险更深更广地引入安全生产监管体系，使得安全生产责任保险覆盖面迅速扩大，对企业安全生产的服务更深更广。经过3年试点，险种经营基本做到保本微利，实现了可持续发展。2015年，潮州保费仅占广东省（不含深圳）的1.2%，GDP仅占全省的1.2%；而安全生产责任保险保费523万元，在全省占比20%，承保企业775家次，在全省占比21%。

二是促进了安全生产形势好转。将安全生产责任保险引入非高危行业，有效地促进了安全生产形势好转。首先，提高投保企业安全事故预防能力，帮助企业建立预防为主的风险管理理念，为企业提供风险评价、风险排查等日常防灾防损服务，及时消除事故隐患。其次，把保险费率与企业的安全生产状况挂钩，运用费率杠杆倒逼企业加强安全生产。潮州安全生产责任保险业务2013年全面试点以来，投保企业逐年增加，但投保企业的安全事故件数和死亡人数逐年下降，分别从2013年的17起、17人降至2015年的8起、8人，多年来无重特大事故发生。

三是推动了政府职能转变。首先，创新政府社会管理机制。在非高危行业推行安全生产责任保险，减少了政府参与责任事故善后处理的人力和财政负担。试点以来，安全生产责任保险共提供安全生产风险保障约11亿元，赔付940万元，妥善处置生产事故近50起。其次，促进政府提升保险意识。试点工作取得较好成效，有效提升了政府部门主动学保险、用保险的积极性，推动政府部门在更多领域引入保险机制完善社会管理。近年来，潮州政策性险种快速发展，如2015年农业保险增长53%，潮州成为广东省最早实施大病保险的地市之一等。

（四）保险赔付典型案例

某民爆有限公司“5·20”重大爆炸事故保险案例

2013年5月20日10时50分左右，某民爆有限公司炸药生产线工房发生爆炸，造成工房生产线及设备粉碎性破坏，周围建筑物大部分整体坍塌，生产车间及周边区域33人死亡、19人受伤。

事故发生后，国务院立即成立了事故调查组，并聘请了爆破、工业炸药、民爆安全生产等专业领域的有关专家组成专家组，邀请最高人民检察院派员参加了事故调查工作。2013年9月9日，调查组公布《某民爆公司“5·20”特别重大爆炸事故调查报告》认定：该民爆公司“5·20”特别重大爆炸事故是一起生产安全责任事故。导致事故的直接原因是震源药柱废药在回收复用过程中混入了起爆件中的太安（化学品，又称四硝酸季戊四醇酯），提高了危险感度；太安在4号装药机内受到强力摩擦、挤压、撞击，瞬间发生爆炸，引爆了4号装药机内乳化炸药，从而殉爆了502工房内其他部位炸药。间接原因为该民爆公司法制和安全意识极其淡薄，安全管理混乱且长期违法违规组织生产，违法增加生产品种、超员超量生产，违规改变生产工艺、进行设备维修和基建施工，并弄虚作假规避监管。

该民爆公司向保险公司投保了安全生产责任保险，并在事故发生后及时向保险公司报案。保险公司接报案后，立即启动重大事故应急预案，相关负责人及理赔人员第一时间赶赴现场，了解事故损失情况，积极配合政府相关部门处理善后事宜。保险公司在事故发生后及时开通绿色理赔通道，快速预支600万元，帮助被保险人缓解资金周转压力并做好事故伤亡人员家属的接待、安抚和赔偿工作，同时加强与政府、交警、医院等相关部门沟通协调，密切跟踪事故责任认定，加强人伤探视工作。本案中被保险人违反法规生产行为一定程度上扩大了事故损失，经过保险公司与被保险人多次谈判，最终赔付金额约900万元。

林口县东岩石材有限责任公司黑火药爆炸事件

2014年6月29日17时许，林口县东岩石材有限责任公司下属的19段采石场，工人在用灰火药进行采掘石料时，凿岩机钻到盲炮发生爆炸，造成一人死亡、两人受伤的重大安全事故。

经查明，2014年6月29日11时许，林口县东岩石材有限责任公司19段采石场进行矿山改造过程中，从边坡爆破下一大块石头。爆破后爆破员周庚行、安全员李玉虎均依职责进行了隐患排查工作，同时对是否有盲破现象进行了确认，后由石工进行了二次破碎。

2014年6月29日17时许，该公司3名工人对边坡底爆破后形成的大块石头钻孔进行二次破碎，大块石头最低点距离坡底2.3米，倾斜角度32度，3人站在大石上，均未拴系安全绳。3名工人在钻第二个孔洞时，钻到盲炮发生爆炸，其中两人被炸伤在石头平台上，另外一人被炸到大石底部的石头堆上。事故发生后，安全员立即向公司领导进行了报告，并积极组织救援，将3人送到林口县人民医院救治，2 人被送到牡丹江市第二人民医院，伤势稳定，1 人因伤势过重，送往牡丹江救治过程中死亡。

林口县东岩石材有限责任公司投保了安全生产责任保险。保险公司收到报案后，对事故进行全程跟踪服务，赴事故现场查勘处理，前往遇险伤者所在医院了解伤者情况并收集相关信息，第一时间落实理赔工作，妥善处理赔偿事宜，共计赔款 56 万元。

某化工有限公司“11・19”重大爆燃事故保险案例

2011 年 11 月 19 日 13 时 56 分许，某化工有限公司尿素车间在停车检修三聚氰胺生产装置的道生油冷凝器过程中发生重大爆燃事故，造成 15 人死亡，4 人受伤。

事故发生后，该公司所在省政府立即成立了由省安监局为组长单位，省总工会、公安厅、监察厅、质监局、石化协会等部门（单位）和公司所在地市政府为成员单位的事故调查组，并邀请省检察院派员参加，同时聘请了化工研究、设计、生产、仪表等相关专业的工程技术人员，组成专家组协助开展事故调查。2012 年 6 月 13 日，调查组公布《该化工有限公司“11・19”重大爆燃事故调查报告》认定：该化工有限公司“11・19”重大爆燃事故是一起重大责任事故。导致事故的直接原因是在道生油冷凝器维修过程中未采取可靠的防止试压水进入热气冷却器道生油内的安全措施，因检修人员操作不当，造成四楼平台道生油冷凝器壳程内的水灌入三楼平台热气冷却器壳程内，与高温道生油混合后迅速汽化，水蒸气夹带道生油从道生油冷凝器的进气口和出液口法兰间喷出，与空气形成爆炸性混合物，遇点火源发生爆燃。间接原因为该化工有限公司企业安全生产主体责任不落实，有关部门安全监管不到位，当地政府安全监管不到位。

该化工有限公司向保险公司投保了安全生产责任保险，并在事故发生后及时向保险公司报案。保险公司接报案后，立即启动重大事故应急预案，相关负责人及理赔人员第一时间赶赴现场，了解事故损失情况，积极配合政府相关部门处理善后事宜。保险公司在事故发生后及时开通绿色理赔通道，快速预支 200 万元，帮助被保险人缓解资金周转压力并做好事故伤亡人员家属的接待、安抚和赔偿工作，加强与政府、医院等相关部门沟通协调，密切跟踪事故责任认定，加强人伤探视工作。本案最终赔付金额约 240 万元。

公众安全领域

一、公众责任保险

近几年公共安全事件时有发生，从“3·1”昆明火车站暴力恐怖案到上海外滩跨年夜踩踏事件，凸显出公共场所存在的安全隐患，严重危害了公众的切身利益。根据《民法通则》《侵权责任法》相关规定，侵害他人的健康、财产权要承担对应的经济赔偿责任。我国经济快速发展，公众法律维权意识也随之提高，对安全保障也有更高的诉求。保险天然具有社会管理职能，保险公司的参与能有效减少公共场所安全隐患，降低事故发生率，同时在出现事故后又能转移场所经营方的经济赔偿责任，保证受害方损失得到赔偿，对公众和场所经营方都有重要意义。

公众责任保险，又称普通责任保险或综合责任保险，主要承保机关、企业、各种组织（单位）、家庭、个人等在固定的场所从事生产、经营的活动，以至于日常生活中由于意外事故而造成他人财产损失或人身伤害，依法应由被保险人所承担的各种损害赔偿责任。广义的公众责任保险几乎承保所有的损害赔偿责任，包括火灾公众责任保险、自然灾害公众责任保险、承运人责任保险、环境污染责任保险、场所责任保险等十几种。因承运人责任保险、环境污染责任保险、场所责任保险等在其他部分专门介绍，本部分所指的公众责任保险仅从火灾、自然灾害、见义勇为、政府机构等公众责任保险方面阐述。

（一）公众责任保险在国内的发展历程

1. 火灾公众责任保险。2006 年，公安部和中国保监会联合下发《关于积极推进火灾责任保险　切实加强火灾防范和风险管理工作的通知》，开始有步骤推进公众场所火灾责任保险。2009 年修改实施的《消防法》首次将火灾公众责任保险列入法律条文，规定“国家鼓励、引导公众聚集场所和生产、储存、运输、销售易燃易爆危险品的企业投保火灾公众责任保险”。各地区也积极引导各类公共场所投保公众责任保险，如《广东省实施〈中华人民共和国消防法〉办法》规定，公众聚集场所的经营管理者和生产、储存、运输、销售易燃易爆危险品的企业应当投保火灾公众责任保险；2015 年，重庆市政府印发《重庆市人民政府关于加强社会化消防工作的实施意见》，实行火灾高危单位强制投保火灾公众责任保险，要求各区县政府引导居民投保房屋及人身伤亡火灾保险，承保保险公司有权按合同约定对火灾高危单位的消防安全状况进行检查，并将检查结果告知公安消防机构。目前，重庆市已有 1 000 多家火灾高危单位投保火灾公众责任保险，覆盖面达 80%。“十二五”期间，我国公共营业场所火灾公众责任保险累计保障金额 11.6 万亿元，简单赔付金额 13.7 亿元。

2. 自然灾害公众责任保险。我国部分地区地理环境恶劣、自然灾害频发，给人民群众生产生活造成严重隐患，使当地政府部门的职能转变和社会管理工作面临巨大挑战。自然灾害公众责任保险由政府部门投保，与保险公司签订协议，在约定的自然灾害事故发生后，由保险公司对辖区因灾导致伤亡的居民（或常住人口）给付救济金。各地从 2006 年左右陆续投保自然灾害公众责任保险。目前，内蒙古、浙江、福建、厦门、重庆、四川、广东等地取得实质性进展。如人保财险福建分公司于 2006 年开办自然灾害公众责任保险，并结合农房保险、渔工责任保险、农业保险等险种，为农村居民织就了一张牢靠的安全网，得到各方的肯定。又如广东茂名、云浮、韶关、揭阳、梅州、惠州、佛山等地已投保自然灾害公众责任保险业务，保费来源均为财政补贴，保障额度在 10 万—20 万元/人，已决赔付金额累计约 100 万元。再如湖北、四川等地投保“一元民生保险”，即各地由政府、民政部门或综合治理部门作为投保人，按照地区户籍人口 1 元/人的标准向保险公司投保，主要保障居民因见义勇为或自然灾害导致的人身伤害损失。

3. 政府机构公众责任保险。为了促进政府管理创新，保障社会公众利益，转移政府机构行政责任风险的政府公众责任保险应运而生。一是开发政府救助公众责任保险。该保险产品主险由总则、见义勇为救助保险、火灾爆炸救助保险、拥挤踩踏救助保险、通用条款 5 个部分组成，投保人可选择投保，也可以全部投保，附加险由附加传染病救助保险等产品构成。二是通过政府公众责任保险转移风险。如北京的政府公众责任保险、上海的社区综合保险等。又如2015年4月，广东省揭阳市创新推出“政府民生综合责任保险”，各县（市、区）民政局根据辖区内的户籍人口投保，保费由财政全额支付，保障范围包括自然灾害公众责任、附加意外事故公众责任、附加市政设施公众责任三方面。

此外，各地还积极鼓励为大型活动投保责任保险，一些涉及公众利益的单位、场所还投保公众责任保险。如2005年北京出台了《北京市大型社会活动安全管理条例》，规定“大型活动的主办方可以为大型活动投保对公众的责任保险”。2011年沈阳市人大常委会通过的《沈阳市物业管理条例》规定，“前期物业管理期间，物业服务企业应当购买物业公用部位、公用设施保险和公众责任保险”，对推动公众责任保险业务起到了积极作用。另外，深圳、上海、湖南、河南、宁夏等地还为城市井盖、照明等公共设施投保责任保险，转移政府管理风险。如银川市财政投入10万元，为银川市政工程管理处管辖的10万余个下水井盖投保公众责任保险。今后，因银川市政工程管理处对其所属的下水井盖未尽到安全管理义务而发生意外事故造成的第三者人身伤亡和财产损失将得到相应赔偿。每次事故责任限额为30万元，其中财产损失责任限额为2万元。

（二）“十二五”期间公众责任保险的总体发展情况

我国公众责任保险在“十二五”期间呈阶梯上升状态，整体增速明显，保额由2011年的约23.5万亿元增长到2015年的约54.1万亿元（见图23）。

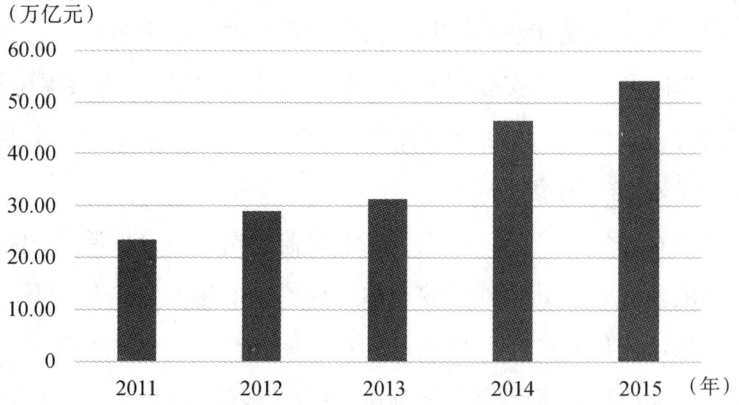

图23　2011—2015年我国公众责任保险提供的保险金额

公众安全领域责任保险已决赔款从2011年的27亿元增长到2015年的44.65亿元，5年来已决赔款累计为186.86亿元。截至2015年末，未决赔款余额为49.32亿元。

（三）公众责任保险的创新做法

湖北稳步推进社会治安保险助力平安荆楚建设

为完善立体化社会治安防控体系，防范化解社会治安风险，2010年起，湖北省探索运用保险机制创新公共服务提供方式，积极开展社会治安保险项目，取得了良好成效，获得综合治理部门、基层政府、投保居民的普遍好评。

1. 主要做法。

一是政策支持，试点先行。湖北保监局会同湖北省社会治安综合治理办公室（以下简称综治办）指导保险公司在武汉市新洲地区开展城乡基层治安保险试点。在试点取得良好示范效应基础上，逐步拓展，形成由点到面、点面结合、全面平衡推进的格局。推进过程中，坚持“适度缴费、充分保障、广泛覆盖”，截至目前，湖北全省县域已实现社会治安保险100%全覆盖，京山、远安、枣阳等县市该险种的居民户数覆盖率超过25%。

二是政企联动，健全机制。在推行治安保险的过程中，湖北省各级综治办组织协调，经办保险公司具体负责实施，坚持合法自愿原则，通过契约方式约定治安联防和保险责任，形成了以治安承包为基础，治安和保险相互依托，综合治理、公安、保险等部门配套联动，基层治安防范和财产损失补偿相结合的群防群治工作机制。保险公司县级支公司和乡镇服务部设有专门的治安保险服务队伍，与村治安室实行村企联防、报案联动，形成“平时治安有人管，东西丢了有人赔，百姓安居又乐业”的良好局面。

三是因地制宜，创新产品。首先，湖北保监局指导经办保险公司根据城市和农村保障需求的差异，将其全国统颁条款进行了本地化改造，分别开发了适应农村和城市的两款治安保险产品，提供差异化的保障范围、保额及保费组合，尽可能满足城乡居民的不同需求。保费金额从30元至200元不等，保额最高可达24万元。保障内容在农村主要包括农机具、大牲畜以及成材树木，在城市主要包括管道煤气、家用电器以及家具装潢等。保障风险涉及火灾、爆炸、盗抢、恶意破坏等。其次，治安保险保费的筹集坚持自愿、灵活的原则，对于经济条件较好的村组、社区，鼓励其全额支付；对于经济条件一般的地区，采取群众自愿投保；对于低保、军烈属等一些特殊对象，由政府垫付保费、帮扶赠保。

四是整合资源，优化服务。为进一步方便群众，经办保险公司印制了便民服务联系卡，同时聘请各乡镇综治办专职副主任为治安保险理赔联络员。一旦发生盗抢案件或遭受自然灾害，保户报案后，保险公司提供一站式服务，尤其是在赔案事故清楚、金额数量确定的情况下，进一步简化理赔手续，平原地区 3 日内，偏远山区 7 日内即可让受损群众获得保险赔偿金。

2. 取得成效。

自 2010 年治安保险在湖北省试点起，4 年间，湖北省治安保险累计承保户数达 344 万户，实现保费收入 18 037 万元，共向 33 342 户居民支付赔款 5 608 万元，提供风险保障 1 750 亿元。该险种已成为综合治理和平安建设工作的特色品牌，在有效控制治安局势、预防和减少犯罪、保障人民群众生命财产安全、维护社会和谐稳定方面发挥了重要作用。

一是提高了城乡居民的保险保障水平。通过向商业机构购买服务，巧妙运用保险这一市场化杠杆，风险转移得以实现。治安保险因保费低廉、公益性强、受惠面广、理赔便捷，被形象地称为“每天 8 分钱、天天保平安”。对于广大城乡居民来说，投保治安保险不仅自然灾害、治安案件造成的财产损失可获得快速理赔，而且入室抢劫、盗窃等未落实防范措施而经常发生的可防性案件发案率也逐步降低，实现了“政府得民心，群众得实惠”。

二是提供了社会治安综合治理新思路。实施农村社会治安保险打破了过去完全依靠政府单一投入的治安防范模式，引入保险机制后减轻了基层政府部门的社会综合治理压力，政府可以从被动应对中抽身出来，将更多时间和精力用于防患未然，从而构筑了政府倡导、企业参与、市场运作、群防群治的社会治安综合治理新模式。

三是提升了社会治安风险管理能力。治安保险采取保安巡逻专业化、群防群治社会化的方式，在面向城乡居民提供家庭财产和意外伤害深度保障的同时，承保公司从每年的保费中提取一定比例的治安防控建设资金，用于加强治安管理、充实治安队伍、投保治安协管员意外伤害保险，从而建立起事前预防与事后补偿一体化、经费保障与机构运作市场化的社会治安基层防范体系，在降低保险公司承保经营风险的同时，有效提升了社会治安风险综合管理能力。

小微企业新型承保方式

针对小微企业投保意识差，抗击风险能力低的特点，多家保险主体研究行业细分市场风险状况，致力于找到更易于客户接受的承保方式。保险公司依托自身数据分析，针对餐饮、住宿、娱乐、批发零售等行业的特点推出系列产品。这些定制化和标准化的产品特点鲜明，行业针对性强，承保方式简单，客户接受度高，已在全国范围内快速覆盖及发展，成为新型承保方式。

电影院公众责任保险

2011 年 5 月 1 日起，江苏省广播电影电视局通过向保险公司购买保险服务的方式，每年为全省 139 家电影院 2 300 万观影人次投保"电影院公众责任保险"，在全国率先开创政府出资为电影观众投保的先例，真正实现了"群众观影、政府保障"的社会安全。电影院公众责任保险保费支出由江苏省广播电影电视局从"国家电影事业发展专项资金"账户中支付，通过市场化的风险转移机制，用商业手段解决责任赔偿方面的法律纠纷，使电影院经营者和观影群众尽快恢复正常生产、生活秩序，切实保护公民合法权利，促进社会和谐稳定。

（三）公众责任保险典型事故赔付案例

福建闽南平渡 4195 号渡船翻沉案

2013 年 3 月 20 日 9 时许，夏道运输公司的客渡船闽南平渡 4195 号乘载 15 人（乘客 13 人，船员 2 人），在福建闽江干流夏道水域，从安济村渡口驶往夏道镇渡口途中遭遇台风袭击，造成渡船翻沉，15 人死亡。

因前期福建省各县（市、区）政府或市（县）政府指定民政局、财政局等单位作为投保人和被保险人，由政府全额出资统一投保了自然灾害公众责任保险，保障所辖户籍的自然人或所辖行政区域具有暂住资格证明的居民由于暴风、暴雨、崖崩、雷击、洪水、龙卷风、台风（热带风暴）、海啸、泥石流、突发性滑坡、冰雹灾害，以及在上述自然灾害中的抢险救灾行为导致的人身伤亡及其救助责任，同时扩展见义勇为责任保险。事故发生后30小时，保险公司即支付自然灾害公众责任保险赔款150万元，且赔款直接支付受害人或受害人近亲属。

2013年12月25日西唐家弄居民楼火灾案件

2013年12月25日晚，上海黄浦区西唐家弄居民楼发生火灾。消防部门到场后进行现场扑救灭火。火灾造成西唐家弄110弄1至26号居民楼大面积烧毁，受到水渍、高温烟气影响，总过火面积达300平方米，两名人员受伤，所幸伤情不重。

经消防部门出具火灾事故认定书，事故起火部位为西唐家弄110弄13号2楼居民家厨房间内南侧的取暖器处，起火原因排除放火、外来火种、物质自燃、遗留火种、生活用火不慎引发火灾的可能，无法排除电气故障引发火灾的可能。

黄浦区区政府在保险公司投保社区综合保险。保险协议约定，在保险合同有效期内因承保区域内发生火灾公众责任保险事故导致第三者（居民、现场人员及抢险人员等）人身伤亡或财产损失依法应当由街道承担人身损害和财产赔偿时，由保险人依据保险合同规定负经济赔偿责任。

火灾由意外事故引发，被保险人对受损居民进行救助，承担相应的补偿责任，启动政府救助程序，属保险责任范围。在接到报案后，保险公司理赔人员第一时间赶赴现场查勘，对事故进行全程跟踪，统计损失情况及时上报，协助街道处理居民安置事宜，妥善处理赔偿事宜，最终向街道补偿115万元款项用于居民的房屋重建与安置工作，充分发挥了保险社会稳定器的功能。

某自来水有限公司“11·16”水管爆裂事故保险案例

2013年11月16日8时左右，某自来水有限公司位于昆明市官渡区矣六乡付家营村的1.2米自来水主管发生爆裂，大量水灌入约200—300米外地势低洼的付家营仓库，积水深约40厘米，造成仓库区1.3万平方米，10个库房30余家商户库存百货被淹，涉损商品1 000余类。

事故发生后，被保险人及时协调人力、物力进行施救工作，并组织监察人员查找爆裂点，确定爆裂原因系埋在地下的水管沉降所致。

该自来水有限公司向保险公司投保了公众责任保险，并在事故发生后及时向保险公司报案。保险公司接报案后，立即启动重大事故应急预案，相关负责人及理赔人员第一时间赶赴现场，了解事故损失情况，积极配合被保险人开展施救工作，并对受损商户进行安抚，防止发生群体事件。为便于案件处理，保险公司在事故发生后及时开通绿色理赔通道，快速预支 50 万元，经对受损各商户核定损失，本案最终赔付 199.50 万元。

二、供电责任保险

供电设备及线路分布范围广，承担着千家万户和整体工业的电力供应这一关系民生问题的重任，对供电安全性和稳定性的要求极高。受自然灾害侵扰、用电负荷变化和运行维护水平等因素影响，供电企业在供电时会发生断电、短路等事故，使用电个人和企业造成人身伤亡和财产损失。因此，引入针对供电企业的供电责任保险，协助处理公众用电安全问题，在发生保险责任事故后，保险公司承担供电企业对用户的赔偿责任和其他必要合理的费用，为保证广大民众安全用电、促进供电企业发展起到重要作用。

（一）供电责任保险在国内的发展历程

早期供电责任保险属于广泛意义上的公众责任保险中的一部分，而公众责任保险具有普遍性，即在各种场所、活动、运营期间等均可能因疏忽、过失或意外事故导致人身损害或财产损失。因具有特性差异，很多风险无法单一而论，因此在公众责任保险的基础上衍生出一系列如火灾公众责任保险、校方责任保险、承运人责任保险等细化险种。

随着我国经济发展，工业化、信息化进程加快，保障电力稳定供应的重要性日益凸显。在日常运行和维护中，操作人员因过失造成的供电线路断路、短路、搭错线，或供电线路电压不符合国家标准等问题易产生较大范围的供电责任事故，特别是随着人们法律意识增强，供电企业处理供电领域安全问题的责任和压力也逐渐凸显，保险意愿越发强烈。目前，供电责任保险的覆盖范围和深度不断扩大，形成基本上覆盖大部分供电网络安全用电责任的局面。

（二）“十二五”期间供电责任保险总体发展情况

2011—2015 年，我国供电责任保险合计保险金额约 1 677 亿元，年均提供保险金额约335亿元，但各年度之间波动幅度较大（见图24）。

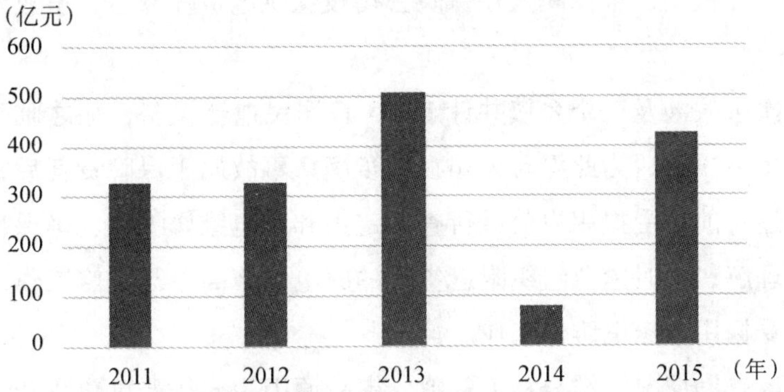

图24　2011—2015年我国供电责任保险提供的保险金额

供电领域责任保险的已决赔款从2011年的3亿多元增长到2015年的5亿多元，5年间已决赔款累计为22亿元。截至2015年，未决赔款余额10亿多元。

（三）供电责任保险的创新做法——引入第三方家电维修商平台

供电责任承保区域广，涉及人口众多。供电责任导致的家用电器损失案件出险频率极高，损失物数量庞大、类型繁杂，损失相对较小，赔偿方式以维修为主。这一特性决定了供电责任保险的赔偿必将涉及家电维修商，如果能利用好这一第三方，将减少保险公司巨额人力、物力成本，提高工作效率。

保险公司通过竞争性谈判选择第三方家电维修合作平台，建立标准化理赔流程、维修标准，制订维修商日常考核和管控方案，严格执行维修商优胜劣汰条款，并加大电器维修案件的现场查勘和电话（现场）回访力度，确保电器维修案件真实性。全流程的现代化管理思路将家电维修商作为供电责任保险风险管控和服务保障的重要组成部分进行管理和利用，提高保险服务水平。

第三方家电维修平台的合作使赔案的处理效率大大提高，案件真实性、赔款金额准确性、客户满意度等方面的指标均有所改善，第三方电器维修商的良性管理机制形成，保险公司的品牌影响力提高。

（四）供电责任保险的典型事故赔付案例

2012年12月27日，被保险人某供电局向保险公司报案称，27日凌晨该供电所管辖范围内10千伏线路××线因下雪致使竹木倒在4#—5#杆之间导线上，引起线路故障，导致三个乡镇 13 个村，50 个变电台区共 1 183 户家电设备因电压过高损坏。经核实，被保险人在保险公司投保供电责任保险，事故发生在保险期间内。

由于此次事故涉及三个乡镇共计 1 183 户居民电器设备，加之临近春节，被保险人承受多方压力，为此保险公司在初步确认事故属于保险责任后，便陪同被保险人立即逐一前往受损用户处进行查勘定损和家电维修工作，确保得到当地用户的配合与理解；同时紧急组织附近签约的家电维修商参与维修工作，确保在春节之前完成受损用户家电维修工作。

根据现场查勘情况，结合相关资料，事故原因为导线严重覆冰断线，且发生时间为凌晨，故障未得到及时消除，导致对接在电源上的电器承受的电压大大高于 220V 额定电压，造成用户电器损坏，属于供电责任保险保险责任。

根据保险公司现场查勘定损和数次回访记录，最终核定事故赔款金额约为 32 万元。

此次事故的受损范围甚广，保险公司迅速启动紧急预案，并联合事故地点周边的合作维修商投入此次事故维修工作，最终将案件处理时间大大缩短。同时，为了保证案件质量，杜绝虚报损失的风险，保险公司对受损用户损失进行详细确认登记，对登记信息进行电话回访，做到不惜赔、不乱赔、不少赔，有效提高了理赔服务质量。

三、特种设备安全责任保险

特种设备包括锅炉、压力容器（含气瓶）、压力管道、电梯、起重机械、客运索道、大型游乐设施、场（厂）内专用机动车辆 8 类。特种设备具有高温、高压、高空或高速作业的特点，对人身和财产安全有一定危险性。近年安全责任事故频发，特种设备已经成为全社会关注的热点。针对此行业风险高发的态势，2013 年颁布的《中华人民共和国特种设备安全法》（中华人民共和国主席令第 4 号）着重强调，要加强特种设备安全管理，鼓励投保特种设备安全责任保险。特种设备安全责任保险保障因操作人员的过失行为、自然灾害和意外事故造成的特种设备故障、爆炸或坠落或运行过程中的突然故障等原因导致的第三者损失，同时救援费用和法律费用也在赔偿范围内。通过在特种设备行业引入责任保险的方式，创新特种设备安全管理，建立健全事前防范、事中控制和事后补偿的风险管理制度，有利于保障人民生命财产安全、维护社会稳定和谐。

（一）特种设备责任保险在国内的发展历程

改革开放后经济快速发展，特种设备在各行业广泛使用，特种设备责任保险应运而生，关于特种设备的法律法规不断完善，为特种设备责任保险的快速健康发展奠定了坚实的法律基础。2009 年修订的《特种设备安全监察条例》（国务院令第 549 号）第八条指出，国家鼓励实行特种设备责任保险制度，提高事故赔付能力；2013 年颁布的《中华人民共和国特种设备安全法》第十七条指出，国家鼓励投保特种设备安全责任保险。近年来，保险行业不断丰富特种设备安全责任保险产品，满足特种设备风险管理需求。特别是《特种设备安全法》颁布后，各保险公司相继推出和特种设备安全责任保险相关的责任保险产品。据不完全统计，截至 2016 年 6 月，保险行业超过 1/3 的保险公司开展了特种设备安全责任保险业务。从目前看，特种设备责任保险的发展有以下几个特点：

第一，保险产品丰富。目前各保险公司既针对特种设备开发了特种设备责任保险，也针对特种设备的各种类型开发了锅炉责任保险、压力容器责任保险、压力管道责任保险、气瓶责任保险、起重机械责任保险、电梯责任保险、游乐设施责任保险、客运索道责任保险、场内机动车辆责任保险等。

第二，保障内容广泛。特种设备责任保险从早期的仅保障第三者伤亡赔偿责任与财产损失，发展至目前的保障范围：第三者伤亡赔偿责任与财产损失；雇员伤亡赔偿责任与财产损失；法律费用；施救费用；行业特色保障，如机电设备（电梯、客运索道等）的“困人”保障等。

第三，赔偿限额持续扩大。特种设备责任保险的赔偿限额由前期的每人赔偿限额 30 万—40 万元发展至目前的 100 万元左右。

第四，保险价格差异较大。以开展较多的电梯责任保险为例，保险价格在各地区有所差异。在内蒙古、广东、江苏等地区，保险价格基本在 50—100 元之间，在广西、江西、福建、浙江等地区，保险价格基本在 150—300 元之间。

第五，各地区推广模式不同。目前，特种设备责任保险几乎在全国各个地区开展，按险种分为两类：一是全面推行特种设备责任保险，目前在全省范围内全面推行的有江西等少数地区；二是各个类型特种设备责任保险分别开展，在多数地区，先在涉及公共安全的机电类设备中先行开展，如广东、江苏、内蒙古、浙江、新疆、河北等地区先行开展电梯责任保险、客运索道责任保险等。

第六，发展模式不同。一是“统保”模式。目前，实行全国统保的仅有客运索道责任保险，其他特种设备类型的责任保险多采用全省（自治区）或全市统保，如内蒙古、江苏、新疆、广东、河北、广西等地区。采用“统保”模式的地区，多数由保险经纪人介入运作。二是“非统保”模式，主要由保险公司按照自身业务情况与产品进行市场展业，如北京、海南、贵州等地区。

（二）电梯责任保险发展情况

电梯作为特种设备的一种，近年来安全事故频发，引起社会关注。仅 2015 年，全国就发生电梯事故 58 起，死亡 46 人。中国保监会高度重视，积极会同国家质检总局推动电梯责任保险发展。

1. 基本情况。

（1）涉及的相关险种。目前，电梯安全责任的险种主要有两类：一是主险形式，险种包括电梯责任保险、特种设备责任保险、产品责任保险。二是附加险形式，主要包括电梯安全综合保险、公众责任保险、物业管理责任保险的电梯附加险等。目前市场上主要以电梯责任保险、特种设备责任保险及电梯安全综合保险为主。

（2）主要发展模式。目前电梯责任保险的发展模式主要有三类：一是通过中介渠道，与经纪公司或代理公司合作。如江苏、广东由经纪公司牵头，保险公司组成共保体，开展电梯统保业务，该类模式应用最为广泛。二是通过政府或相关行业协会的招标项目承保。如上海地区由当地电梯协会组织，保险公司承保，通过保险公司业务系统与电梯协会官网直接对接的方式，电梯协会会员单位在完成会员注册的同时可直接进行网上投保，并生成电子保单，出险后也通过网络进行理赔申请，简化投保手续。三是通过机构直销渠道自行展业，即“散单”模式。如广东在共保之外，还鼓励其他保险公司自主展业，提供差异化产品。另外，在一些缺乏政策引导或统保的地区，业务也多为“散单”。

（3）保费来源。目前，保费来源主要有3种：一是由投保主体全缴，包括广东等多数地区实行由投保人全部缴费的措施。二是财政补贴。如江苏电梯检验机构作为质监局下属单位，经费由财政拨款。该省住宅电梯保险方案中，检验机构作为投保人，以每台电梯缴纳50%保费的形式提供部分保费补贴，类似“政策性保险”。三是商业补贴。如山东将电梯广告宣传费用作为保险费资金来源，解决了保费来源和出资问题，实现责任风险共担。

（4）受益方式。按照受益方式划分，主要有两种：一是“谁投保、谁受益”模式。该模式以江苏为代表，电梯产权人、维保单位、检验机构、电梯生产厂家既是投保方又是受益方。二是“一方投保、多方受益”模式。该模式以广东、深圳为代表，即电梯的所有权人、使用权人、管理方、维修保养方任意一方投保，上述各方都自动成为被保险人。目前，广东省多由维保单位投保，使电梯责任保险不仅能够覆盖乘坐电梯的第三者，还覆盖了维保雇员等，保障范围更全面。

（5）政府推动方式。目前，广东、广西、内蒙古、海南、贵州、江苏、浙江、四川、湖北等十多个省（自治区）下发文件推动电梯责任保险发展。一是专门印发文件推动电梯责任保险发展，如江苏、浙江等地以省政府办公厅名义印发推行电梯责任保险的文件，要求全省范围内的在用电梯和新装电梯均应投保电梯责任保险。二是在有关办法中明确电梯责任保险投保要求，如四川、厦门等地以政府令出台电梯安全管理办法，明确规定公众聚集场所使用的电梯应当按照有关规定投保电梯安全责任保险。

（6）保障范围。目前，电梯安全责任保险的保障范围有两种：一是基本第三者保障。多数地区，特别是未实行电梯责任保险统保的地区，只保障电梯在运行过程中发生意外事故造成第三者的人身伤亡或财产损失。二是在基本第三者保障的基础上，扩大覆盖面。如广东、深圳等实现统保的地区，将停电、火灾和爆炸事故以及电梯超速、超载、坠落、超越行程的保护、运动部件伤害、不平层、安全保护失灵、轿厢意外运动等原因而导致的第三者伤亡事故纳入保障范围，既保正常运行期间，又保维修保养期间，既保外来人员，又保维保人员、公司雇员，既保责任事故，又保其他意外事故。另外，江苏针对近年来电梯困人故障有增多趋势的情况，电梯责任保险还专设了“精神抚慰补偿”条款，明确电梯轿厢滞留人员2小时以上构成特种设备安全一般事故，但未造成人员伤亡的，保险公司给予电梯被困人员每人每次事故200元限额的精神抚慰补偿。

2. 相关工作开展情况。

（1）完善工作机制。一是明确参保主体。针对发生电梯责任事故容易导致的责任主体不清问题，江苏实行使用单位、维保单位、检验机构三方共同投保的方式；广东试行使用管理权者“首负责任”制度，在事故发生后，由使用管理权者作为第一责任人，承担赔偿责任，率先对受害者进行赔偿。二是创新设置“投保代理人”制度。江苏在住宅电梯保险中，将检验检测机构设置为“投保代理人”，最大程度简化操作流程，设置科学合理的投保程序。三是建立社会救助机制。江苏等地投保电梯发生人员伤亡事故，经有权部门认定属非投保人责任，启动无责救助，保险公司提供限额为10万元的无责救助。四是将投保情况与主管部门要求挂钩。有的地区采用了在电梯中同时张贴电梯使用、维保、保险三合一标志的做法，规定三合一标识不齐全、不在有效期的，电梯不能参加年审，促进电梯投保率的提高。

（2）注重产品服务。一是注重事故预防。部分地区保险监管部门、质检部门建立了联席会议机制，保险公司、保险中介机构和地方质监部门及电梯安全责任相关单位也建立了沟通机制，定期开展风险评估和培训。成立应急及事故防控中心，组织应急救援演练和风险培训，预防和控制各类风险；成立电梯安全巡查队伍、组建电梯风险专家团队，对投保电梯进行安全巡查，成为电梯安全监管除政府监察人员和检验员之外的第三股力量。二是注重理赔服务。广东、西安等地投保电梯内，随梯贴有“电梯保险证明”，明确标注电梯的承保公司及投保理赔咨询电话等，便于乘梯人掌握理赔救援通道。一些地区还设立事故赔偿处理中心，解决以往“投保容易、理赔难”问题，重大理赔纠纷由质监局、行业专家、企业代表、保险公司与经纪公司等多方共同协商解决，确保事故定责定损的公正合理。同时，广东等地还建立应急支付垫付机制和小额赔款快付机制，最快可2日内到账。

（三）“十二五”期间特种设备责任保险的总体发展情况

“十二五”期间我国特种设备责任保险发展迅速，保险金额从2011年接近200亿元发展到2015年接近7 000亿元，保险保障能力不断提高（见图25）。

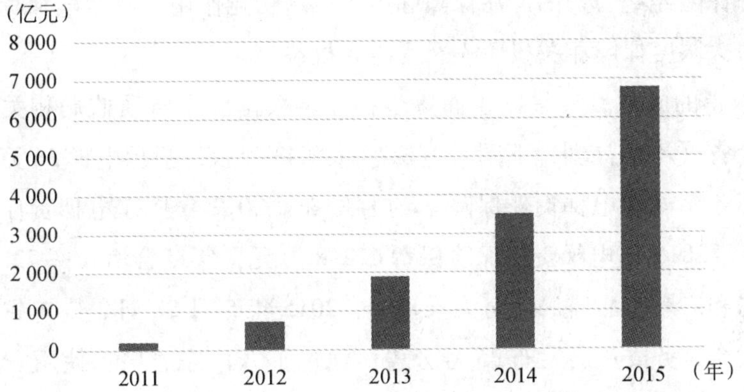

图25　2011—2015年我国特种设备责任保险提供的保险金额

特种设备责任保险的已决赔款金额从2011年的682万元增长到2015年的2 378万元，5年间已决赔款累计达7 633万元。截至2015年，未决赔款余额2 593万元。

（四）特种设备责任保险的创新做法

1. 广东通过地方立法建立电梯责任保险制度，取得显著效果。

（1）主要做法。一是推动地方立法。广东省质监局与广东保监局分别于2012年3月、2013年12月联合下发《关于开展推行特种设备责任保险工作的通知》（粤质检特函［2012］41号）、《关于开展广东省电梯责任保险统保示范项目的通知》（粤质检特函［2013］746号），在全省范围内推行电梯责任保险及共保示范项目。经过探索试点后，在2014年5月广东省政府出台的《广东省电梯安全监管体制改革方案》（粤府函［2014］106号）以及2015年5月广东省人大出台的《广东省电梯使用安全条例》（广东省第十二届人民代表大会常务委员会第35号公告）中，均明确要求建立电梯公众责任保险制度。

二是完善工作机制。由广东保监局、广东省质监局的分管局领导担任召集人，建立联合会议制度。主要职能是联合推动强制投保立法，制定实施方案，建立信息沟通机制，总结工作经验，通报工作进展，及时研究解决特种设备责任保险推广实施中存在的具体困难和问题。

三是确定发展模式。确定实行先试点后全面推广的原则，初步确定采取共保形式，发挥保险经纪公司的产品保障和市场管理功能作用，建立电梯责任保险管理平台，最大限度保障相关投保人及受益人权益。

（2）取得的成效。一是覆盖面逐步扩大。根据广东省质监局相关数据，目前广东省全省（不含深圳，下同）电梯存量约43万台，投保电梯36万台，全省电梯保险覆盖率（含电梯责任保险）约为82%。2012年广东电梯责任保险保费135万元，到2015年电梯责任保险保费622.8万元，年复合增长率72.15%。在广东保监局和广东省质监局的努力推动下，2015年5月28日，广东省第十二届人民代表大会常务委员会发布35号公告，通过了《广东省电梯使用安全条例》，要求建立电梯公众责任保险制度，鼓励、支持按照国家和省的有关规定投保电梯公众责任保险。

二是电梯权责关系得到进一步明确。电梯安全监管改革的重点之一是明确电梯责任人权责关系，避免事故发生后出现推诿现象。广东省电梯责任保险电梯的所有权人、使用权人、管理方、维修保养方等任意一方投保了电梯责任保险，上述各方都自动成为被保险人。

三是社会公众权益得到更大保障。通过引入电梯责任保险制度，明确保险公司的赔偿责任为下列原因造成第三者人身伤亡和财产损失，依法应由被保险人承担的赔偿责任：操作人员的过失行为；自然灾害和意外事故致特种设备故障；爆炸、坠落或运行过程中的突然故障；事先经保险人书面同意的仲裁或诉讼费；保险事故发生时，被保险人为防止或减少对第三者人身伤亡或财产损失的赔偿责任支付的必要的、合理的费用。只要属于保险保障范围之内，即使案情复杂，责任人一时不能明确，保险公司仍然可以理赔，能够较好地保障社会公众的合法利益，化解社会矛盾。共保示范项目专门建立“特种设备保险网”和应急支付垫付、小额赔款快付、先赔后追等机制，投保人可以直接在网上投保并支付保费，事故发生后赔款最快2日到账。

2. 某保险经纪公司协助开展电梯安全风险管理。

以某保险经纪公司为例，截至2015年底，该经纪公司电梯责任保险项目实现参保电梯13.23万部，其中广东省（不含深圳）61 328部，深圳市63 311部，西安市5 233部，新疆1 220部，安徽省1 031部，其他省份地区参保电梯207部。截至2015年底共收到有效报案138件，其中深圳地区84起，广东40起，西安12起，共销案41件，结案53件，处理中案件44件，划拨赔款93.73万元。经纪公司就上述案件做了初步梳理、分析，主要从以下角度进行统计：

（1）事故电梯类型。2015年，直梯事故发生78件，占57%，主要为困人事故；扶梯事故59件，占43%，主要为人伤事故，乘客摔倒或剐蹭的情况较多。

（2）从事故原因看。由于人为原因，如维保时没放置警示标志，扶梯上打闹不小心摔倒等导致的事故64件，由于设备原因，如超速急停、天花板掉落、困人等导致的事故63件，两类事故基本各占50%。

（3）从受伤人员情况看。受害者为10岁以下儿童的案件有24件，占19%；受害者为50岁以上老人的案件有30件，占24%，老人和儿童依然是不容忽视的电梯事故高危人群。

（4）从事故类型看，发生最多的是在设备正常运行的情况下，由于各种意外导致乘客在电梯或扶梯上摔倒、擦伤、被夹的事故，约占案件量的50%，这种责任难以明晰界定的案件，多数从示范项目中得到了赔偿。其他事故类型有天花板或警示灯掉落砸伤乘客（12件），电梯超速急停或不平层导致的困人或伤人（24件），扶手带异常、踏板掉落或异物突出导致的扶梯事故（5件）等。

（五）特种设备责任保险典型事故赔付案例——中山某商场电梯故障案例

2015年1月16日17时7分，中山市A商场电梯发生故障并拨打电梯维修B公司电话报修。17时30分，电梯维修B公司分派3人前往现场检查、维修，但未设立警戒标识，结果A公司保安舒某从5楼踏空摔下，经抢救无效死亡。后经了解，该电梯维修B公司投保了特种设备第三者责任保险，并附加维护过程责任保险，累计赔偿限额8 000万元，每次事故赔偿限额300万元，每人赔偿限额100万元。人伤损失每次事故绝对免赔额300元。

出险后，保险公司现场分别向被保险人及电梯用户进行现场查勘，电梯事故属实。出险电梯属于投保清单设备，经查勘事故视频，出险过程清楚，本次事故属于保单保险责任。经保险损失理算，死亡赔偿金、丧葬费、被抚养人生活费抢救费共计 48.43 万元。

为减少类似事故发生，不仅要做好日常电梯事故预防和发生事故后的应急处理措施，更要做好电梯维修期间的安全管理工作。针对本案例，在电梯维修期间，维修工作人员应该在每层电梯门及显著位置设立明显警示标识或警戒线，禁止任何人员在电梯维修期间使用或操作电梯，避免造成人员伤亡。

养老服务领域

“十二五”是我国老龄事业和养老服务业快速发展的 5 年，各级政府推动养老服务业发展的政策不断出台，全社会对养老的关注度不断提高，养老意识不断加强，养老相关产业迅猛发展，为养老机构责任保险的全面深入发展奠定了基础。

一、养老机构责任保险发展背景

（一）中国老龄化程度较高

我国自 20 世纪 90 年代末开始进入老龄化社会，并且老龄化发展速度很快，截止到 2015 年底，全国 60 岁及以上老年人口 22 200 万人，占总人口的 16.1%，其中 65 岁及以上人口 14 386 万人，占总人口的 10.5%。

（二）养老床位发展迅速

国家制定了养老床位发展规划与目标——“建立以居家为基础、社区为依托、机构为支撑的养老服务体系，居家养老和社区养老服务网络基本健全，全国每千名老年人拥有养老床位数达到 30 张（后调整为 35—40 张）”。据民政部统计，“十二五”期间我国养老服务床位数达到 669.8 万张，每千名老年人拥有养老服务床位数达到 30.3 张，比 2010 年底增长了 70.3%，实现了每千人 30 张养老床位的规划目标。

（三）养老机构意外风险凸显

"十二五"期间，养老机构数量增长，其发展过程中面临的风险也日益显露。首要风险就是由住养老年人的意外伤害、人身伤害带来的侵权责任风险。调查发现，长期从事养老服务的养老机构都曾发生过此类风险。近年来，发生过两起社会影响巨大的风险事件：一是2013年的黑龙江省海伦市某养老院纵火事件（死亡11人）；二是2015年河南省平顶山市鲁山县某养老院的火灾事件（死亡39人）。这两个事件引起全社会对养老机构安全问题的极大关注，使得政府主管部门进一步加大了对养老机构的安全管理，也使养老机构对如何转移意外责任风险有了迫切需求。

（四）各级政府政策引导

"十二五"期间，党和政府印发系列文件支持养老事业的发展：2012年12月28日颁布《老年人权益保障法》（中华人民共和国主席令［第72号］）、2013年6月28日印发《养老机构管理办法》（中华人民共和国民政部令［第49号］）、2013年9月6日印发《关于加快发展养老服务业的若干意见》（国发［2013］35号）、2014年2月28日印发《关于推进养老机构责任保险工作的指导意见》（民发［2014］47号）等文件。这些政策都提出：构建风险分担机制，降低机构运营风险、维护老人合法权益、维护社会和谐稳定，鼓励养老机构投保责任保险。

二、养老机构责任保险在国内的发展历程

相比其他责任保险种，养老机构责任保险的发展起步较晚，2008年上海率先启动养老机构综合责任保险，随后浙江省、江苏省苏州市等地也初步启动了养老机构责任保险工作，很多省市也都在研究建立养老机构意外责任风险的转移机制。2012年，北京市全面启动了养老机构责任保险。2013年，《国务院关于加快发展养老服务业的若干意见》（国发［2013］35号）出台，为养老服务业发展和养老机构保障机制的建立提供了有力政策支持，养老机构责任保险逐步开始在国内大范围启动。

发展至今，全国养老机构责任保险取得了较大进步。初步统计，目前全国全

面开展养老机构责任保险的地区约有1/3，养老机构总投保床位约为总养老床位（约669.8万张）的10%。已开展养老机构责任保险的有上海、北京、辽宁、黑龙江、甘肃、青海、贵州、安徽、浙江、湖南、天津、广西等10余个省级地区，除此以外还有50多个地市级地区自行开展，另有河北、湖北、福建、江苏、内蒙古等省出台了开展养老机构责任保险的指导意见，但尚未统一开展。

从已经开展养老机构责任保险的地区看，这些机构基本上有政府的保费补贴。在这些地区中，补贴资金达到80%以上的约占15%左右；补贴资金达到50%以上的约占80%；补贴资金不足50%的约有5%。从工作模式看，我国养老机构责任保险主要有两种模式：一是政府直接通过保险公司开展，占整体的10%左右；二是引入保险经纪公司协助开展工作，占整体的90%左右。

三、“十二五”期间养老机构责任保险的总体发展情况

养老机构责任保险在“十二五”期间呈快速上升态势，保障金额由2011年的100多亿元增长到2015年的近800亿元（见图26）。

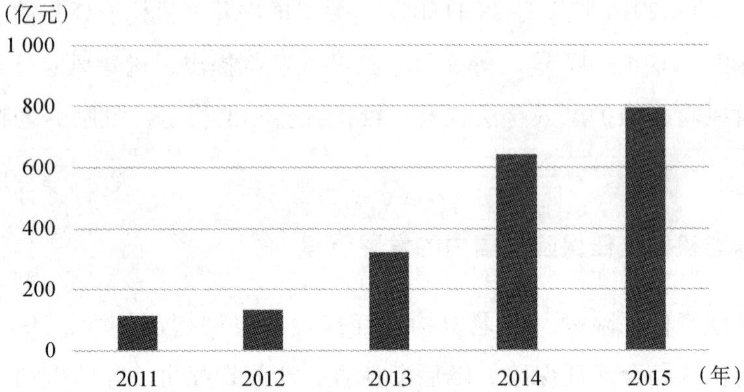

图26 2011—2015年我国养老机构责任保险提供的保险金额

已决赔款从2011年的246万元增长到2015年的1 454.56万元，5年来已决赔款累计达3 343.61万元。截至2015年末，未决赔款余额为1 189.26万元。

四、养老机构责任保险的创新做法——保险业积极助力养老服务事业发展

一是提高养老机构风险管理能力。承保保险公司根据现有赔付数据分析，

90%以上的都为摔倒跌伤案件，且其中80%以上都会造成骨折事故，而摔伤最主要的场所和时间是卫生间、洗澡间和卧室上下床过程中。保险公司根据事故发生原因，建议养老机构在卫生间、洗澡间设置防滑地砖，并且设置保护性扶手，保证照明设施的明亮，增强房间照明度，降低老人的床铺高度，设置护栏，有效降低事故发生概率，提升养老院风险防范能力。

二是创新综合服务模式。除了提供风险管理建议，在综合服务上保险公司也不断创新。如有的保险公司投资组建了专门的居家养老服务专业公司，以居家护理及养老运营服务为主体，包括生活照料、慢性病管理、康复治疗、专业护理、精神慰藉等服务，还涵盖专业培训、老年用品、金融服务、养老项目咨询等，着力打造居家、社区、机构及互联网“四位一体”的养老模式。

五、养老机构责任保险的典型事故赔付案例

（一）某区养老院老人摔伤事件

2011年10月25日，老人虞某在上海某区养老院不慎受伤，导致骨折并发意识障碍、脑梗。经核实，本案因护理人员过失导致老人在养老院内摔伤，属于保险责任，保险公司应按约定给予赔付。因老人认定为一级伤残，按终身护理计算护理费，加伤残赔偿金、医疗费、伙食补助、精神抚慰金等最终赔付近13万元。

因护理人员的过失或不专业极易导致老人摔伤，轻则骨折，重则终身瘫痪，建议养老机构加强对护理人员的培训教育，做到带证上岗。

（二）崇明某养老院老人烧死事件

2015年12月11日下午，上海崇明某养老院老人秦某在院内无人看护的情况下使用打火机不慎引发火灾，导致死亡，死亡原因为火灾窒息。

经调查，老人不慎点燃打火机，烧着身上的衣物，导致窒息死亡。老人在院期间护理等级为专护，在院期间应有护工24小时看护，但事发时老人独自在房内，并没有护工在场。

根据上海市民政局安排，上海市的公办养老机构都统一投保养老机构责任保险，每次事故赔付限额为100万元。根据保单约定，“在保险期间内，在被保险人的管理区域范围内，因经营业务发生意外事故（包括但不限于被保险人及其工

作人员的疏忽、过失或护理不当所导致的意外事故），造成第三者的人身伤亡或财产损失，依法应由被保险人承担的经济赔偿责任，保险人按本合同的约定负责赔偿”。老人在院期间护理等级为专护，老人在无人看管的情况下发生意外事故，养老机构负有责任。保险公司接到报案后与养老机构沟通了解事故情况并收集相关信息，开通绿色通道，第一时间落实理赔工作，妥善处理赔偿事宜，经与养老院协商，最终赔款 13 万元。

金融服务领域

董事、监事及高级管理人员责任保险起源于英国，以公司董事、监事和高级管理人员在执行职务过程中单独或共同实施的不当行为（不包括恶意、违背忠诚义务、故意违法行为）给股东等第三人造成损害依法应负的民事经济赔偿责任为保险标的。实务中该险种的保险标的还经常扩展至公司补偿责任和公司实体责任（即公司有价证券责任），前者指公司根据章程以及与董事和高级管理人员订立的补偿合同向董事、监事和高级管理人员进行补偿的责任，后者指公司在证券诉讼中应承担的向股东等第三人进行赔偿的责任。

近年来，我国出台或修订了多个针对上市公司的法律法规，对公司——特别是上市公司的董监事及高级管理人员履行职务提出了更严格的要求，诸多法律法规中对于董监事及高级管理人员在履行职务过程中可能承担的赔偿责任都做出了相应的规定。除法律环境变化外，股民维权意识提高也使得上市公司高管们所面临的管理责任风险加大，越来越多的上市公司被股民告上法庭。同时，国内公司 IPO 的持续升温，监管机构接受诉讼比例在增加，保护中小股东权益及对董事会表现和股东回报的高预期，都使得董事、监事及高管人员的履职风险上升。董事、监事及高级管理人员责任保险能够保障董事、监事、高级管理人员及其他雇员因管理公司过程中的不当行为而遭受的赔偿请求所引致的损失，帮助公司分散管理责任风险，保护董监事及高管权益，使其独立、有效地行使管理和监督职责。更为重要的是，可以保护中小股东及股民的合法权益，使其针对上市公司及其董事和高管的合法索赔得到充分赔偿，并促进上市公司的公司治理不断完善。

一、董事、监事及高级管理人员责任保险的发展历程

董事、监事及高级管理人员责任保险是一个与证券监管法律紧密联系的险种，我国证券监管法律环境的变化直接决定此险种的发展走向。随着《公司法》《证券法》《上市公司治理准则》《劳动合同法》及一系列法律法规的出台并颁布实施，董事及高管面临的法律环境发生了巨大变化。涉及的相关法律法规、政策文件如下：

2001年1月，中国证监会颁布了《关于在上市公司建立独立董事制度的指导意见》，规定“上市公司可以建立必要的独立董事责任保险制度，以降低独立董事正常履行职责可能引致的风险”。

2002年1月，中国证监会和国家经贸委发布了《上市公司治理准则》，第39条规定“经股东大会批准，上市公司可以为董事购买责任保险”。

2005年10月，《公司法》经过修订，对董事和高管对公司和股东的义务和责任做出更为明确具体的规定。

2007年1月，中国证监会颁布了《上市公司信息披露管理办法》，进一步完善了上市公司的法律规范体系。

2013年12月，国务院办公厅下发《关于进一步加强资本市场中小投资者合法权益保护工作的意见》（国办发［2013］110号）提出在“上市公司退市引入保险机制，在有关责任保险中增加退市保险附加条款”“健全证券中介机构职业保险制度”有关要求。

据不完全统计，我国财产保险公司中有人保财险、平安财险、太保产险、国寿产险、阳光财险、大地财险、美亚保险、安联财险、丘博保险等近40家公司已研发报备董事、监事及高级管理人员责任保险。保障范围各公司有所差异，主要包括被保险个人的保险保障（被保险个人的管理责任、调查及调查准备费用、超赔责任限额等）、被保险公司的保险保障（公司有价证券赔偿请求）、有价证券初次发行上市或交易、有价证券再次发行、新子公司自动承保、紧急抗辩费用等。但从实际业务发展来看，我国董事、监事及高级管理人员责任保险还处于发

展的初级阶段。在我国香港地区，董事、监事及高级管理人员责任保险的购买率达到了80%，到香港地区和美国上市的中国企业购买率达到95%。然而，较西方发达国家及香港地区而言，境内市场董事、监事及高级管理人员责任保险投保比例仍处于低水平。据不完全统计，中国内地董事、监事及高级管理人员责任保险的投保率在7%至8%，主要涉及B股与H股。

二、“十二五”期间董事、监事及高级管理人员责任保险总体发展情况

“十二五”期间，我国董事、监事及高级管理人员责任保险呈稳步发展的态势。2011—2015年期间，全国董事、监事及高级管理人员责任保险的保险金额从200多亿元增至1 200多亿元（见图27）。

已决赔款从2011年的200余万元增长到2015年的7 000余万元，5年间已决赔款累计2.5亿元。截至2015年末，未决赔款余额为1亿元。

三、董事、监事及高级管理人员责任保险的创新做法

（一）保险业不断创新产品，强化客户服务能力，助力国内企业海外上市

在金融市场不断发展变化的大背景下，新产品及新条款的开发能力是实现金融责任保险健康、快速增长的有力保障。在“十二五”期间，金融责任保险市场大量海外董事、监事及高级管理人员责任保险最新条款引入中国，同时根据国

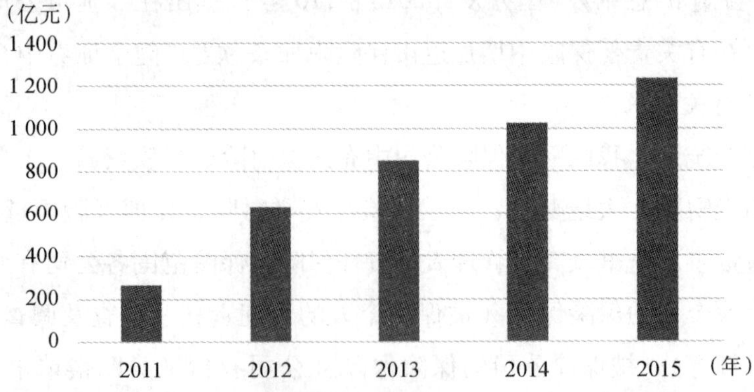

图27 2011—2015年我国董事、监事及高级管理人员责任保险提供的保险金额

内特定的法律环境和经济环境进行产品及条款的本地化处理，使得董事、监事及高级管理人员责任保险的保障范围日益完善及全面，供投保选择的承保方案也越加丰富。

近年来，赴境外上市，尤其是赴美上市的中国企业数量显著增加，但同时很多到境外上市的公司对海外监管制度理解不透，或未深刻认识到其监管的严厉性，导致一些调查机构或律师事务所专门针对中国在美国的上市企业发起调查，寻找其漏洞，通过报告披露企业的虚假财务信息或欺诈行为，或针对该类企业提起诉讼，使中国企业赴美上市面对重大诉讼或调查的风险不断提高。同时，美国特有的集体诉讼法律制度加大了美股上市公司的风险暴露。董事、监事及高级管理人员责任保险为上市公司及其董事、监事及高管因非故意虚假陈述或未披露重大事实而遭受投资人索赔产生的损失提供全面的风险保障，从而减轻其面临的财务压力，保证公司的稳定经营。

此外，为提高保险服务能力，保险行业联合律师事务所定期举办风险研讨会，与客户分享交流全球理赔案例及市场趋势，不仅有助于保险人了解整个行业动态和风险趋势，也有助于客户更全面地了解企业运营中董事、监事及高管的履职风险，以及如何通过投保相应的董事、监事及高级管理人员责任保险来分散此类风险。

（二）董事、监事及高级管理人员责任保险的境外发展情况

据了解，境外董事、监事及高级管理人员责任保险的投保率较高。美国市场董事、监事及高级管理人员责任保险较为发达，99%的美国上市公司都购买了董事、监事及高级管理人员责任保险，其中科技类和银行类公司的购买率高达100%。主要原因是美国的民事赔偿诉讼制度健全，损害投资者利益的上市公司及其董事高管将面临巨额的诉讼、赔偿成本，购买董事、监事及高级管理人员责任保险转移执业风险的积极性高。相应地，董事、监事及高级管理人员责任保险的普遍推广增强了上市公司及其董事高管的赔付能力，更多的高额赔偿和解案例得到法院确认，推动了赔偿诉讼法律制度的完善。

在中国香港，香港联交所在2011年全面修改了《上市规则》的规定，在《企业管治守则》中将“发行人应当为董事购买适当的董事责任保险”由原有的

“建议最佳常规”提升为“守则条文”，意即上市公司选择不遵守的，需要在年报中披露原因。这意味着对在港上市公司如不购买董事、监事及高级管理人员责任保险，需要给出充分的未购买理由，增加了上市公司的披露成本。这一规定的修改极大促进了我国香港地区证券市场对董事、监事及高级管理人员责任保险的需求，大大增加了在港上市公司投保此类保险的比例。

在英国，随着20世纪80年代《公司法》《数据保护法》《破产法》以及《金融服务法案》的修改，董事的经营责任不断被强化，公司对董事责任保险的需求逐渐升温。在加拿大，董事高管遭受索赔诉讼的风险不断增大，实际发生的索赔诉讼数量不断增加，购买董事、监事及高级管理人员责任保险的比例也不断提高。调查显示，该比例从1993年的61%上涨到1999年的75%。在澳大利亚，法律对董事职责和义务的规定非常严格。2004年调查显示，570家样本公司中有近90%购买了董事、监事及高级管理人员责任保险。

四、董事、监事及高级管理人员责任保险典型事故赔付案例

某公司在中国注册，于中国香港和上海两地上市。2009年初，因违反会计法及相关条例的行为，该公司受到财政部行政处罚。2011年初，某公司被17位股东起诉，要求赔偿因其虚假陈述造成的投资损失、佣金和印花税损失，索赔金额共计人民币300多万元。在法院调解下，某公司最终以人民币126.6万元进行和解。在向保险公司报案前，某公司已与起诉方达成人民币80多万元的补偿协议。

保险公司委托专业律师结合外部证券专家意见进行了分析，最终赔付人民币91.67万元，同时支付了律师及专家费用约人民币8万元。

面对国内日趋严厉的监管环境和维权意识不断提高的投资者，不规范的信息披露、虚假陈述将使公司及董事、高管承担沉重的赔偿责任。作为一种风险管理工具，董事、监事及高级管理人员责任保险能够有效分散董事及高管的个人责任风险，尽量减少责任事故的发生，促进完善公司治理。

诉讼财产保全领域

一、诉讼财产保全责任保险基本情况

所谓财产保全，指的是为防止当事人（被告）转移、隐匿、变卖财产，法院根据原告申请，依职权对被申请人财产作出查封、扣押、冻结等保护措施，以保证将来判决生效后能得到顺利执行。申请财产保全需要由申请人提供相应的财产担保。传统的担保模式有三种：申请人的自有资金和财产；担保公司提供担保；银行提供保函。现金实物方式对申请人财产状况要求高，担保公司担保成本高，银行保函只有信用极好的大公司才能开具。诉讼财产保全责任保险是保险公司根据上述市场需求开发的新险种，保全申请人购买该保险后，保险公司通过向法院出具保单保函等方式提供保全担保，承担被保险人（保全申请人）因保全申请错误造成被申请人直接经济损失，依法应由被保险人承担的经济赔偿责任。因此，诉讼财产保全责任保险具有“既担保又担责”的特点。一方面，为申请人申请财产保全提供担保，另一方面，为其保全错误承担赔偿责任。相对于传统的财产保全担保形式，诉讼财产保全责任保险具有担保成本低、履约能力强、时效性强等优势。

二、诉讼财产保全责任保险在国内的发展历程

2012 年，诚泰保险公司率先在云南设立诉讼财产保全责任保险试点。随后，平安财险、人保财险、太平财险、阳光财险等多家公司也推出诉讼财产保全责任保险，各省、市法院积极引入、推广，并积累了很多经验。特别是自 2015 年以来，全国诉讼财产保全责任保险业务进入快速发展阶段。全国各地越来越多的法院在司法实践中承认了诉讼财产保全责任保险作为可接受的诉讼财产保全担保方式，认可保险公司出具的诉讼财产保全责任保险保单，并有多省高院通过文件形式认可诉讼财产保全责任保险参与民事诉讼，这为该险种提供了良好的市场发展

机遇。如2015年初，天津市高级人民法院下发的《天津市高级人民法院关于进一步规范保全担保工作的通知》（津高法［2015］1号）提出，“保全担保形式有实物、现金、权利凭证担保，银行、经中国保监会批准备案的保险公司等有代偿能力的法人、其他组织或者自然人提供的担保等”。“十二五”期末，已有天津、吉林、福建、安徽、广西、辽宁等20余省份由其高级人民法院发文承认保险公司保单保函作为财产保全的担保方式。

目前，市场上已有多家保险主体开展此业务。“十二五”期末，全国共承保诉讼财产保全责任保险保单17 399单，提供风险保障约1 062亿元。

三、诉讼财产保全责任保险的创新做法

（一）诉讼财产保全责任保险产品创新

2012年，在云南保监局的指导下，保险公司创新推出诉讼财产保全责任保险。同年，云南保监局下发的《关于诚泰财产保险股份有限公司云南分公司“财产保全责任保险”创新试点项目备案的通知》（云保监发［2012］317号）对该产品给予自2012年11月14日起两年的项目保护期，对诉讼财产保全责任保险先行先试起到了良好保护作用。

在诉讼财产保全责任保险推出后，保险公司开展了一系列推进工作：一是进行媒体宣传，在云南日报报业集团召开“财产保全责任保险”产品新闻通报会，重点突出该产品对服务司法及社会治理的作用及意义。二是联合司法部门召开专业研讨会，进一步完善产品，同时扩大产品宣传范围。三是印制产品宣传手册，对潜在的财产保全申请人进行广泛宣传，解决财产保全申请人的实际困难、拓展业务空间。四是与高校、网络科技公司、律师事务所联合发起“云滇法务圈”，构建企业法务和外部律师之间的信息沟通交流平台，提升诉讼财产保全责任保险产品在法务圈的影响。

（二）中国大陆首例海事保全责任保险在沪“诞生”

2016年10月13日，上海海事法院与上海保监局联合推出海事诉讼保全责任险以及保证函推荐格式文本，该举措在中国大陆属首次。

在上海保监局的指导和上海海事法院的支持下，上海航运保险协会开发推出

了海事诉讼保全责任保险，主要承保因错误保全造成的海事保全被申请人或第三人的直接经济损失。

上海保监局副局长李峰在接受记者采访时表示，上海保险业开发推出了首单海事诉讼保全责任保险。这是诉讼保全责任保险在海事诉讼中的首次运用，也是商业保险机制服务司法治理的又一典型案例。

针对这一新型的责任保险产品，上海海事法院还首次推出海事诉讼保全保证函推荐格式文本，以降低保全申请人的时间和经济成本，提高海事诉讼保全担保的可靠性，拓宽诉讼保全担保渠道。

在上海海事法院审理的一起金融借款合同纠纷中，原告中航国际租赁有限公司成为该项创新产品的首位“尝鲜者”。该公司在申请对涉案船舶实施保全的同时，向保险公司投保了海事诉讼保全责任保险。保险公司依据海事诉讼保全保证函推荐格式文本出具了海事诉讼保全保证函，保证承担因原告申请扣船错误而导致被告或第三人遭受的损失。上海海事法院在审查保证函在内的有关事项后，裁定对原告提出的保全申请予以准许，并依法在台州港对涉案船舶实施了扣押。

四、诉讼财产保全责任保险典型事故赔付案例

2015 年 7 月，蔡某向某公司投保了诉讼财产保全责任保险，赔偿限额 3 000 万元。随后，蔡某起诉某地产公司，请求确认“南海”项目中的股份份额 3 000 万元为其所有，并申请财产保全。2015 年，某法院裁定冻结、查封该地产公司银行存款和房产。后地产公司提出保全异议，蔡某主动撤回冻结银行存款的申请，地产公司继续复议。法院认为蔡某发起的投资纠纷之诉没有给付内容，其财产保全申请不符合民诉法规定，法院于 2015 年 11 月予以撤销。

地产公司认为蔡某在前案中向法院提交的主要证据无证据原件，其诉讼请求于法无据，诉讼请求不当，且诉讼保全裁定已被法院依法撤销，故认为蔡某保全错误，应承担因保全导致该地产公司无法及时支付工程款项、无法按期支付银行利息款、建筑工程因查封丧失销售融资机会的损失共计 10 万元。

蔡某在被起诉后，随即向某保险公司报案，保险公司派员参与案件的处理，经过调查后，认定属于保险责任。

“十二五”期间各地区责任保险的发展

北 京

“十二五”期间，为切实落实新“国十条”和京版“国十条”的有关要求，充分发挥责任保险参与社会管理、分担政府风险的作用，北京保监局积极推动保险业发展责任保险，在多个领域积极探索，取得显著成效。

一、责任保险总体发展情况

“十二五”期间，北京地区责任保险累计实现保费收入84.3亿元，占总保费的5.6%，提供风险保障24.9万亿元。其中，公众责任保险保费收入22.3亿元，占26.5%；职业责任保险保费收入14.8亿元，占17.6%；雇主责任保险保费收入13.4亿元，占15.9%；产品责任保险保费收入10.8亿元，占12.8%；其他责任保险保费收入23.1亿元，占27.4%；累计支付赔款30.8亿元；处理案件36.7万件，承保亏损2 209.4万元。

二、责任保险监管工作开展情况

“十二五”期间，北京保监局加强与相关“委办局”沟通协调，为责任保险的发展搭建平台；多次开展责任保险调研，研究完善责任保险发展的运行机制；推动保险公司创新开发产品，提供优质服务，促进责任保险提质扩面、健康发展，在促进安全生产、辅助公共管理、化解矛盾纠纷等多个方面发挥积极作用。

（一）持续推进安全生产责任保险，促进企业安全生产

一是政策支持，夯实基础。2014 年北京保监局与北京市安监局等委办局联合下发《关于建立安全生产责任保险制度试点工作的指导意见》（京安发［2014］18 号）和《关于印发〈安责险制度试点工作实施办法〉和〈事故预防专项费用提取使用办法〉的通知》（京安办发［2015］26 号），为北京地区安责险的顺利发展奠定了坚实的基础。二是试点先行，逐步扩展。2011 年起，在烟花爆竹零售网点领域首度试点实施安责险，采用共保形式承保，施行统一条款费率，同年实现烟花爆竹网点覆盖率 100%。2014 年 10 月以后，在烟花爆竹安责险试点成功基础上，将试点范围扩展至传统高危行业、城市运行维护保养作业活动以及可能导致群死群伤的行业。三是完善机制，提升服务。建立联席会议制度，组织相关政府部门加强沟通，共同商讨试点运行问题，加强政策合议。组建运营服务中心，统筹安排试点工作，由经纪公司组织保险公司建立服务团队，根据各区县情况合理分配服务力量。建立费率浮动机制，对上一年未发生事故的投保企业下调保费，发挥保险激励约束机制。建立事故预防费提取使用制度，要求公司按收取保费的 12% 提取事故预防费，专款专用，对投保企业开展风险排查活动，提升相关单位安全生产意识，降低事故发生率。四是加强风险查勘，降低事故隐患。配合北京市安监局，督促保险公司主动走访企业宣传保险知识，积极开展风险排查活动。2015 年通过聘请专家对热力集团、危化企业等共开展 11 次风险查勘和评估，发现安全隐患 117 处。

截至 2015 年底，安全生产责任保险累计为 2 989 家次投保企业提供 118. 4 亿元的风险保障，基本覆盖试点涉及的全部领域。

（二）指导政府公众责任保险试点工作，探索参与社会管理

一是试点先行，逐步提高覆盖面。自 2011 年起，北京市西城区政府在全国首次试点实施政府机构公众责任保险（以下简称公责险），由财政全额出资购买，得到政府充分认可后，更多区县参与试点。截至 2015 年底，除通州、朝阳和丰台 3 个区外，其他区县政府均参与投保。二是紧贴政府需求，完善产品设计。保险业积极对接政府需求，不断提高保障金额，根据各区县实际需求，拓展产品功能，其中东城、石景山和丰台区等区县扩展了火灾爆炸、煤气中毒和传染病等救助责任，较为全面地覆盖了政府部门可能面临的管理风险。三是加强风险管理。前端开展风险评估及现场查勘工作，举办安全知识培训，提供日常自然灾害预警；后端加强事故与理赔数据统计，及时反馈高危风险信息和整改意见，建立涵盖“事前、事中、事后”的全流程风险管理体系。四是快速化解矛盾。保险公司配备专门人员队伍，根据政府需求介入事故处理，启动应急救助，提供重大事故预付款，及时给予事故受害人经济补偿，避免矛盾激化，有效节约行政资源。

截至 2015 年底，公责险累计提供风险保障 14.2 亿元，处理纠纷 326 起，赔款支出 442.1 万元，在促进社会管理创新、转移政府行政风险、保障社会公众利益等方面发挥了积极作用。

（三）持续推进医疗责任保险发展，化解医患矛盾纠纷

“十二五”期间，医疗责任保险在前期发展基础上逐渐完善机制，提高保险覆盖率和服务水平。一是持续争取政策支持。积极配合北京市卫计委等相关部门，先后下发多个文件，对经营机构和投保医院提出要求，明确医责险的发展目标，促进医责险健康有序发展。二是成立由政府独立出资的医疗调解机构。2011 年 6 月，北京市医调委正式成立，隶属于市司法局，由市财政独立拨款，根据医患双方自愿原则，调解北京市所有医疗机构医患纠纷，保险公司依据调解结果依法依约进行保险赔偿，改变了前期由保险公司分别委托相关学会或协会的形式，更加中立客观。三是不断完善市场运行机制，配合北京市卫计委多次开展调研，了解医责险运行中存在的问题和医院的意见建议，不断健全完善运行机制。2015 年，正式引入经纪公司参与，对接政府需求，加强数据基础建设，并拟增加医责险经营主体，促进市场竞争，提高医院主体自主选择权。

截至 2015 年底，解决医责险发展中遇到的困难，研究完善医责险运营模式。北京市累计有 3 599 家次医疗机构投保医责险，累计处理医患纠纷 4 647 件，支付已决赔款 3.6 亿元，充分体现了医责险在化解医疗纠纷、分担医疗机构经济赔偿压力、协助政府管理等方面的积极作用。

（四）创新开展养老机构综合责任保险，护航首都养老事业发展

2012 年，北京市民政局、财政局先后下发《关于推行养老服务机构综合责任保险的意见》（京民福发［2012］347 号）和《关于推行养老服务机构综合责任保险有关事项的通知》（京民福发［2012］424 号），正式启动养老机构综合责任保险。一是政府支持，财政补贴。市财政对保险缴费按照 80% 给予财政补贴，投保企业自己承担 20% 的保费。二是商业运作，共保机制。引入经纪公司，通过招标确认 1 家经纪公司和 3 家保险公司，采用共保模式承保，实施统一条款费率。三是优化服务，防范风险。经纪公司通过日常走访进行风险查勘，就养老机构存在风险隐患和风险点提出相应的整改意见，并与养老机构交流互动，共同研究风险控制的手段，有效提高养老机构的风险防范水平。

截至 2015 年底，北京市养老机构综合责任保险累计为 1 079 家次养老机构提供风险保障 23. 2 亿元，支付已决赔款 990. 9 万元。

（五）积极开展承运人责任保险，辅助交通运输管理

2014 年 5 月，根据国家相关文件精神，北京市交通委运管局下发《关于做好道路运输承运人责任保险工作的通知》，正式启动北京地区承运人责任保险统保项目，要求市旅游客运、省际客运、危险货运投保，条款及费率采用国家统颁条款，采取共保模式开展业务。截至 2015 年底，承运人责任共保项目累计为 1. 1 万辆运输车辆提供风险保障 167. 3 亿元，支付赔款 110. 8 万元。

（六）推动环境污染责任保险试点，减少环境污染隐患

2013 年 9 月，北京保监局与北京市环保局联合转发《保监会、环保部关于开展环境污染强制责任保险试点工作的指导意见》（京环发［2013］130 号），提出重点在北京市重金属排放单位、危险化学品生产经营单位、危险废物产生单位、危险废物经营许可单位等环境风险较高的企业范围内开展环境污染责任保险试点工作。两部门积极配合，加强调研和宣传，督促引导保险及相关行业积极做好相关工作。目前保险公司销售的产品主要承保意外事故导致的环境污染责任，涵盖依法应承担的赔偿责任、补救费用及法律费用，不承保渐进性保险责任。

（七）持续开展校方责任保险，有效保障在校学生安全

“十二五”期间，校方责任保险（以下简称校责险）在前期发展基础上不断提高保障水平，满足校方保险需求。一是政策支持，扩展责任。2013 年秋季起在北京市原有校责险基础上附加无过失责任保险，进一步扩展责任，避免矛盾纠纷。二是促进竞争，优化产品。2015年，北京市教委对经纪公司、保险公司重新招标，引入新的保险主体，进一步促进公司改进服务。招标后，在保费不变的前提下，取消每生每次赔偿限额，同时提升每生每年累计赔偿限额，提升附加无过失责任保险每生每次赔偿限额。

2012—2015年底，北京市共有超过700万人次投保了校责险及附加无过失责任保险，实现了公立中小学和幼儿园的100%投保，累计已处理案件3 100件，支付赔款1 617.2万元。

三、责任保险重点险种发展经验

（一）政府推动、政策支持是有力保障

在目前我国法制建设不健全、保险意识不强的环境下，政府的支持对责任保险的发展至关重要，目前北京地区主要有以下形式。一是政策支持。各险种发展过程中，均由主管部门牵头下发相关文件，效力程度不同。如承运人责任保险要求“两客一危”强制投保，医责险要求一级及以上公立医院必须投保，大部分文件提出鼓励性要求，但均对相关行业的发展起到显著主导作用。二是财政支持。如政府公责险、校方责任保险均由财政全额出资，养老机构责任保险由市财政给予保费80%的财政补贴，有效降低保险公司经营成本和个人投保支出，可以快速推动业务发展。三是行政介入。政府通过行政手段对险种推动进行引导，如安责险的政府介入力度最大，多个区县召开部署工作会，并下达一定指标，或与保险公司联合召开宣传会，为供需双方提供交流平台，宣传保险知识，对推动工作起到事半功倍作用。四是部门协作。安责险、医责险等险种均设立主管部门、保监局及相关部门的联席会议，定期召开会议，解决发展中遇到的问题。

（二）对接客户需求、完善产品和机制是内生需要

保险公司在发展过程中主动走访政府、企业，调研客户需求，不断完善产品设计，服务客户需求，健全运行机制，才能够真正提高保险自身吸引力，真正拓宽市场。一是对接政府需求，充分提供保障，真正激发市场活力。大部分险种的发展均根据市场实际进行了责任扩展，更好地满足客户需求。如安责险中增加安全事故中的过失责任、未发生事故的疏散救助费用、附加扩展恐怖活动、犯罪行

为等条款，使保障责任范围更广。政府公责险增加了自然灾害和见义勇为等救助责任保险，并根据区域特点扩展了恐怖活动救助、火灾爆炸救助、食品安全事故救助、传染病救助、煤气中毒救助等多种附加责任。二是建立健全运行机制是保险有序开展的重要保障。如费率浮动机制，是保费发挥杠杆作用，促进投保单位提高风险意识；如安责险建立事故预防费提取制度，提取专门资金对投保企业开展风险查勘，有效降低事故发生率；如医责险建立中立的医疗调解机制，及时化解矛盾纠纷，为理赔提供重要依据等。

（三）加强风险查勘、减少事故隐患是重要目标

为维护首都稳定的大局，责任保险在处理纠纷、补偿损失的同时，更重要的是要发挥风险管理的作用，以便真正辅助社会管理、体现保险功能。北京保险业在发展责任保险过程中高度重视风险防范工作。一是培养建立专业的服务团队。如安责险由经纪公司和保险公司人员共同组建运营服务中心，并聘请外部专家，根据业务合理安排服务力量，主动上门排查风险、加强宣传，在工作中逐渐培养队伍。二是采取多种措施，加强事故风险防范。对投保企业定期举行风险安全教育、风险管理及保险相关知识培训，提高企业风险管理水平，培养企业的风险意识，切实降低事故发生率。

天　津

“十二五”期间，在中国保监会和天津市政府的领导支持下，天津财产保险业紧密结合地区实际，积极争取政府支持，抢抓机遇，促进重点领域责任保险进一步深化，一批特色责任保险险种稳步发展，逐步成为政府转变职能、创新社会治理的重要工具，成为改善民生保障、促进经济提质增效的有力支撑。

一、责任保险总体发展情况

“十二五”期间，天津保监局积极贯彻落实中国保监会及天津市政府各项政策措施，在原有工作基础上，与各有关行业主管部门积极配合，指导行业不断完善现有体制机制，推动医疗卫生、教育、安全生产等领域险种持续发展。一是医疗责任保险、校方责任保险等已有统保险种进一步发展完善。二是安全生产责任保险、道路运输承运人责任保险等险种实现行业统保。三是食品安全责任、环境污染责任、养老机构责任等与公众利益密切相关的险种不断推进。四是产品责任、雇主责任等传统险种以及诉讼保全等新兴险种蓬勃发展。天津市责任保险呈现出重点险种更加深入、与公众利益密切相关险种有序推进、传统责任保险种蓬勃发展的良好局面。

“十二五”期间，天津市责任保险发展取得明显进展，整体规模不断扩大，保费收入由2010年的1.85亿元增长到2015年的3.94亿元，增幅达113%，年均增长率16.32%。2015年天津责任保险保险金额达到7 785.82亿元。责任保险逐步成为政府转变职能、创新社会治理的重要工具，成为改善民生保障、促进经济提质增效的有力支撑。

二、责任保险监管工作开展情况

（一）不断完善医疗责任保险制度

“十二五”期间，为适应医疗纠纷新形势和新变化，在中国保监会和天津市政府的领导下，天津保监局会同天津市卫计委、司法局、公安局、财政局等有关部门，坚持从天津实际出发，在《天津市医疗纠纷处置办法》（2009年市人民政府令第15号）基础上开拓创新，不断完善这一机制：

一是修订完善费率及承保方案，建立健全利用费率浮动奖优罚劣的长效机制。针对《侵权责任法》实施后对医疗纠纷赔偿带来的影响，指导医责险承保公司按照“保本微利、公平合理、共同分担”的原则，建立保险费率浮动奖优罚劣机制，并于2011年全面铺开。奖优罚劣机制将每家医院的保费与上年的赔付情况挂钩，有效提升医疗机构的风险意识和管理水平。对管理精细、赔付率低的医疗机构，续保系数优惠可达50%；对管理混乱、赔付率高的医疗机构，保费涨幅最高是上一年的3.5倍。实践证明，这项制度充分调动了医疗机构改善管理的主动性，因纠纷数量少、赔偿数额低而降低保费的医院数量从2011年的25家增长到2015年的37家，占全部投保医院的45%。

二是不断规范医疗纠纷调解工作流程。天津保监局与天津市卫生局、市司法局联合印发《天津市医疗纠纷人民调解专家咨询委员会咨询工作管理办法》（津司发［2012］46号）以及《关于规范医疗纠纷人民调解协议书的意见》（津司发［2012］45号），提高人民调解工作规范化、制度化水平。

三是推动《天津市医疗纠纷处置办法》上升为地方法规。2015年1月，天津市人大通过实施《天津市医疗纠纷处置条例》，为维护正常医疗秩序，保护广大患者、医疗机构和医务人员的权益提供了法律保障，以医疗纠纷人民调解和医责险为支柱的医疗纠纷处置模式得到了进一步完善。

“十二五”期间，医疗责任保险取得深入发展，纠纷处置、保险理赔、事故预防等机制更加健全完善。“十二五”期间，医责险累计为全市全部二级以上公立医疗机构提供风险保障5.55亿元，保费收入2.19亿元，处理赔案3 484件，赔付支出2.06亿元（含未决赔款）。

（二）推动高危行业安全生产责任保险统保

2011年6月，为贯彻落实2010年颁布实施的《天津市安全生产条例》精神，在原有《关于在天津市高危行业推行安全生产责任保险以及其他商业保险的实施意见》（津安监管法字［2007］84号）试点基础上，天津保监局与市安监局联合印发《天津市安全生产责任保险实施办法》（津安监管法［2011］39号），共同召开全市安全生产责任保险工作会议，在矿山、道路交通运输、建筑施工、危险化学品、烟花爆竹等行业正式启动安全生产责任保险和团体意外伤害保险，实行差别费率和浮动费率机制，通过政府招标以共保形式统一承保。“十二五”期间，安全生产责任保险共承保企业9 253家次，参保115 977人次，实现保费收入3 257万元，累计提供安全生产公众责任风险保障91.47亿元，有效增强了高危行业抵御风险的能力，促进了经济生产能力和人民生活秩序的快速恢复重建，充分发挥了社会“稳定器”和经济“助推器”作用。

（三）抓重点险种，不断拓宽服务领域

“十二五”期间，天津保监局指导财产险公司与相关行业主管部门积极沟通，密切配合，依据相关文件规定，积极推动社会需求强烈、关系公众利益的险种发展。

一是实现承运人责任保险行业统保。2013 年，按照《中华人民共和国道路运输条例》相关要求，天津保监局与交通主管部门密切配合开展道路危险品货运承运人责任保险及道路客运承运人责任保险统保项目招投标工作，实现行业统保，指导行业及中标公司做好相关承保及后期服务工作。“十二五”期间，天津保险业承运人责任保险业务规模由 2011 年的 7 503 万元增长到 2015 年的 13 220 万元。

二是加大食品安全责任保险宣传力度。联合天津市食品安全委员会办公室开展食品安全宣传周系列活动，举办食品安全责任保险主题论坛，提高全社会对食品安全责任保险的认识。加强与食品安全主管部门联系和配合，积极推动食品安全责任保险试点工作落地。

三是营造环境污染、养老机构等责任保险健康发展政策环境。与天津市环保局、市民政局等职能部门密切配合，以天津市水污染防治、大气污染防治政策为契机，牵头推动环境污染强制责任保险政策出台；配合民政部门进行养老机构责任保险统保招投标工作，指导行业做好产品设计和保险服务工作。

三、责任保险重点险种发展经验

（一）创新“医责险”模式，努力构建和谐医患关系

2009 年，天津市率先以省级政府令形式颁布实施了《天津市医疗纠纷处置办法》。2015 年 1 月，《天津市医疗纠纷处置条例》发布实施。几年来，在中国保监会和天津市人民政府的领导下，天津保监局会同天津市卫计委、司法局、公安局、财政局等有关部门，坚持从天津实际出发，建立了以地方立法为制度保障、以医疗纠纷人民调解委员会为独立第三方调解平台、以商业保险分散医疗机构风险为重要手段的医疗纠纷处置机制，做出了“天津特色”，取得了良好社会效果，在全国也产生了积极影响。

“十二五”期间，在机制内共处理医疗纠纷 3 210 件，平均调解成功率达到 86%，所有调解完结的医疗纠纷未出现一例当事人反悔或者重新起诉、信访闹访的案件。天津医责险覆盖全市所有二级以上医疗机构，累计提供风险保障 5. 55 亿元，保费收入 2. 19 亿元，处理赔案 3 484 件，赔付支出 2. 06 亿元（含未决赔款），综合赔付率

93%，考虑12%的费用支出后，整体综合成本率105%，处于微亏状态，实现了社会效益和经济效益的平衡，得到患者、医疗机构以及医调委等多方认可。

2012年时任国务院副总理李克强同志做出重要批示，对天津医疗纠纷调处机制给予积极肯定。同年，中国保监会项俊波主席来津视察调研期间，也对天津市医责险工作给予充分肯定。2014年5月5日，国家卫计委、司法部、中央综治办首次在津召开全国医疗纠纷人民调解工作现场会，会上天津保监局代表天津市作为先进代表进行了经验交流。

2012年9月24日，中国保监会主席项俊波在天津市政府领导陪同下调研以医疗纠纷调处和医责险为支柱的天津医疗纠纷处置机制

（二）着重食品安全宣传，营造良好发展环境

为贯彻落实保险业新版国十条和《食品安全法》精神，切实加强食品行业生产、经营、流通环节风险管理，保障消费者合法权益，天津保监局和天津市食品安全委员会办公室于2015年6月联合主办天津市食品安全责任保险论坛。论坛以“尚德守法，全面提升食品安全法治化水平”为主题，聚焦食品从田间地头到餐桌的全链条风险保障。天津保监局副局长罗艳君、天津市食品安全委员会办公室食品总监李志勇等领导出席论坛并发表致辞。

论坛邀请了南开大学风险管理与保险研究中心、天津卫生监督所、天津工业许可证审查中心专家学者分别作主题演讲。3位专家学者分别从餐饮食品的监管，食品责任保险的国际经验比较，保险企业参与食品安全的经济价值与社会价值，以及在企业经营中面临的风险点等不同维度阐述了食品安全责任保险开展的必要性。天津某牧业有限公司代表食品生产企业分享了风险保障及与保险机构合作情况。在互动环节，演讲嘉宾与各参会企业针对食品安全责任保险进行了充分交流，加深各参会企业和社会公众对食品安全责任保险的认识了解。

河 北

一、责任保险总体发展情况

“十二五”期间，河北保监局从发挥保险功能作用、构建和谐社会出发，加强与河北省金融办、省卫计委、食安办、环保厅、民政厅、教育厅等单位沟通协调，积极推动环境污染、食品安全、医疗责任等责任保险发展，取得积极成效。“十二五”期间，河北责任保险保费收入逐年稳步增长，由期初的3.82亿元增长到“十二五”末的8.05亿元，年均增长20.48%。保险责任限额由7 266.64亿元提高到20 189.89亿元。责任保险发展的政策环境改善，保险覆盖面不断提高，功能作用得到有力发挥。

二、责任保险监管工作开展情况

（一）环境污染责任保险

2011年11月，河北保监局与河北省环境保护厅、河北省金融工作办公室积极推进试点工作，率先在保定市开展了环境污染责任保险（以下简称环责险）试点工作，以有毒有害化学品生产、涉铅重金属排放、危险废物生产储运企业为参保主体，取得了初步成效。当年，共有3个行业52家企业投保，承保责任限额5 900万元。

2014年4月，河北保监局与河北省环保厅、河北省金融办联合印发《关于开展环境污染强制责任保险试点工作的实施意见》（冀环［2014］3号），在涉重金属企业、重污染高风险企业和排污或污水处理相关企业启动环责险试点，并成立了由三部门组成的领导小组。

2014 年 10 月 23 日至 11 月 5 日，河北省环保厅组织了环责险经纪公司比选，确定 4 家机构为经纪服务机构，并划分了服务区域。

2014 年 11 月 19 日至 12 月 1 日，河北省环保厅组织了省环责险承保公司比选，4 家公司参与河北省环责险推进工作。

2015 年 1 月 28 日，召开了全面启动动员部署会。截至 2016 年 1 月 31 日，河北省投保企业 456 家，保费收入 1 453 万元，在保责任金额 10.34 亿元。在全省 11 个设区市、2 个省直管县除个别市尚未取得实际工作成效外，环责险均已起步、开局。保定、石家庄、邯郸完成年度任务的近 90%，衡水、承德等市完成试点任务的 2/3 以上。

（二）食品安全责任保险

2014 年 9 月，报经河北省政府同意，河北省人民政府食品安全委员会办公室、省金融工作办公室、河北保监局联合印发《河北省食品安全责任保险试点工作指导意见》（冀食安办［2014］65 号）。2014 年 11 月，通过招投标比选，选定 2 家保险经纪公司；3 家保险公司中标全省食品安全责任保险试点项目。

（三）医疗责任保险

2011 年 6 月，河北保监局会同河北省综治办、省高院、卫生厅、公安厅、司法厅、财政厅 6 部门联合下发了《关于有效预防和妥善处理医疗纠纷维护正常医疗秩序的意见》（冀综治办［2011］25 号），在全省范围内建立以医疗责任保险为依托的医疗纠纷调解机制，由卫生行政部门组织公立医疗机构投保医疗责任保险，鼓励其他各类医疗机构参保。

2011 年 2 月，石家庄市以政府令的形式下发《石家庄医疗纠纷预防和处置暂行办法》（石家庄市人民政府令［2011］174 号），要求公立医疗机构投保医疗责任保险。

2012 年 9 月，在各有关部门推动下，秦皇岛市实现了全市 28 家公立医院医疗责任保险统保。

2013 年 5 月，河北保监局与河北省综治办、司法厅、卫生厅、公安厅、财政厅等部门联合召开河北省医疗纠纷人民调解工作现场会。会后，唐山市医调委下发《唐山市医疗纠纷人民调解和医疗责任保险投保工作方案》，实行全市医疗责任保险统保。

2014 年 3 月，河北保监局配合河北省卫计委、省综治办、公安厅、司法厅组成督导小组，对全省 11 个设区市党委政府“平安医院”创建等情况进行了督导。

2014 年 8 月，河北省卫计委、财政厅、司法厅、河北保监局、省中医药管理局联合印发《河北省卫生和计划生育委员会等五部门关于印发河北省推进医疗责任保险工作实施方案的通知》（冀卫医函［2014］48 号）。

（四）养老机构责任保险方面

2014 年 8 月，河北省民政厅、财政厅、老龄工作委员会办公室、河北保监局联合印发《关于推进养老机构责任保险工作的意见（试行）》（冀民［2014］77 号）。

经河北省民政厅统一招标，确定 3 家保险公司为全省养老机构责任保险承保机构。

2015 年 6 月，河北省民政厅下发《关于做好养老机构责任保险工作的通知》（冀民［2015］45 号），明确“省级财政对参加养老机构责任保险的养老机构给予补贴，每保险年度每床位补助 80 元”。

（五）首台（套）重大技术设备保险

2015 年 8 月，河北保监局与河北省财政厅、工信厅三部门联合印发《河北省财政保险合作支持首台（套）重大技术装备生产企业实施办法》（冀财金［2015］29 号）。

2015 年 10 月底，河北保监局与河北省财政厅、工信厅组织由共保体单位和生产首台（套）重大技术装备企业参加的推进会议，进行宣传。

（六）其他责任保险种

在校方责任保险、实习学生责任保险等险种已经实现全省统保的基础上，继续协调做好相关工作。

三、责任保险重点险种发展经验

（一）大力发展医疗责任保险，助推医疗事业稳健发展

“十二五”期间，河北省大力发展医疗责任保险，参与河北省“创建平安医院”建设，实现医疗责任保险业务较快发展。秦皇岛市自2012年开始，通过招标方式选择由共保方式统保秦皇岛全市市内所有二级以上医院的医疗责任保险。

1. 特色工作。

（1）成立专营机构。在各地市成立了医疗责任保险专营机构，全面对接和服务本辖内医疗责任保险项目。

（2）积极配合主管部门工作。保险公司从建立医疗调解赔偿保障机制出发，积极与地市司法、卫生部门对接，参与当地医疗纠纷人民调解机制的推动工作，为医疗责任保险统保项目的推进打下良好基础。

（3）加大对产品的改造和优化。长期以来，河北省医疗责任保险的经营情况都不容乐观，特别是在2010年之前，一直处于亏损状态。2010年后，保险公司对该险种条款和费率均进行了调整和改造，同时加大了承保条件的审核，经营情况得到改善。秦皇岛统保项目在运营3年后基本实现了盈亏平衡。

（4）加强医疗责任保险宣传。一是制作医疗责任保险宣传折页和服务手册发放各医疗机构；二是配合卫生局、医调委拍摄各类宣传片，印制医疗纠纷调解工作方面的相关宣传材料；三是与地市卫生局、医调委建立医责险统保项目工作例会制度，加强沟通协调，及时解决存在的问题。

2. 典型案例。

患者齐某2012年12月12日因“发热一个月，眼黄、尿黄7天，加重伴腹痛2天”到秦皇岛市第一医院就诊，初步诊断为“梗阻性黄疸，壶腹部占位性质待查”。12月20日行ERCP术，术后病理诊断为“十二指肠壶腹腺癌，中度分化”，12月29日进行胰头十二指肠切除术，术后患者出现发热、消化道瘘、肠管坏死等症状，2014年5月12日患者死亡。医患双方产生医疗纠纷。

案件经秦皇岛市海港区人民法院判决，审理过程中查明，秦皇岛市第一医院诊断正确，术式选择正确，但外请专家没有诊查记录，存在过错。另外，患

者病情为恶性肿瘤手术难度极大，需要“四种器官的切除，三种器官的吻合”，术后出现胰腺和肠道、胆道和肠道、胃和肠道吻合口漏的发生是最常见的并发症，但最关键的是发生了胰漏，胰酶严重损害腹腔和器官，造成其他吻合口漏，并导致严重腹腔感染。最终法院判决秦皇岛市第一医院一次性赔偿死者家属1 517 652 元。

该案件在判决完毕后，由于判决金额极大，对秦皇岛市第一医院造成巨大困难，面对100余万元的判决金额，保险公司在收集完毕所有手续后，及时在保单限额内支付了50万元赔款。

（二）积极推动食品安全责任保险，守卫“舌尖上”的安全

为强化食品安全事故风险管控和有效保护消费者合法权益，增强食品生产经营企业（单位）质量安全意识，防范事故发生，促进食品产业持续健康发展，2014年9月，经河北省人民政府同意，河北省食品安全委员会办公室（以下简称食安办）、河北省金融办、河北保监局联合印发了《河北省食品安全责任保险试点工作指导意见》（冀食安办［2014］65号），决定自2014年9月至2015年12月在石家庄、张家口、唐山、秦皇岛、邢台5个设区市实施食品安全责任保险试点工作，引导规模以上、高风险食品生产企业和大型超市、餐饮服务单位、校园食堂积极投保食品安全责任保险，并鼓励试点市除上述企业（单位）以外的企业（单位）以及非试点市的食品生产经营企业（单位）积极投保。

2014年11月，通过招投标，3家保险公司中标全省食品安全责任保险试点项目。2015年，经办公司食责险业务取得初步成效。试点地市中，唐山市取得了较大突破，全年实现保费收入130余万元，占全省整体规模的50%以上。

一是持久关注，奠定前期基础。自2013年起，保险公司即与唐山市政府食安办保持紧密联系，持久关注政府政策及相关法律动态。迁安、滦县先行对食责险的推动进行了摸索，为后续工作开展奠定了基础。

二是落实政策，扎实推进统保工作。4月9日，保险公司协助市食安办举办唐山市食品安全责任保险启动仪式暨食品安全责任保险培训班，各县支公司抽出人手或动用团队按照试点单位清单逐家走访。

三是制定简便易行、可操作性强的承保方案。唐山市根据全省统保协议，结合自身实际，优化承保方案，使方案更具有可操作性，得到了政府部门的充分认可。

四是设定目标，分步推进。第一阶段主要集中在学校食堂，其中已在丰南、玉田、乐亭、遵化等地实现统保，第二阶段主要向重点行业、重点企业进行推进。

山 西

“十二五”期间，山西省责任保险呈现出国家政策引导、地方政府推动、企业积极参与、社会各方共同推进的良好局面。具体表现为责任保险业务显著增长，服务领域不断扩大，保障功能明显增强，在医疗卫生、教育、消防、煤炭、交通运输以及环保等多领域多层面充分发挥了经济补偿及社会管理功能，有效增强了社会抵御风险的能力，起到了社会“稳定器”和经济“助推器”的作用。

一、责任保险总体发展情况

“十二五”期间，山西省责任保险累计实现保费收入25.88亿元，年均增幅14.62%，已决赔款10.15亿元，为社会提供责任风险保障34 147.60亿元。2011—2013年，随着山西省社会治理体系化、制度化程度的不断提高，以及经济转型升级过程中伴生出的保险保障需求，山西省责任保险发展空间逐步提升，业务发展稳步增长；2014—2015年，在经济下行压力之下，山西省责任保险业务发展受到影响，保费收入有所下降（见图1）。

2011年，责任保险实现保费收入3.17亿元，同比增长38.97%。随着《侵权责任法》的落实和工伤赔付标准的提高，客运单位风险意识增强并主动提高投保保额，承运人责任保险累计实现保费收入9 227.03万元，同比增长20.48%，在责任保险中的结构占比达29.07%。雇主责任保险实现保费收入6 316.67万元，同比增长26.43%。医疗责任保险在产品费率上调的情况下，累计实现保费收入2 757.56万元，同比增长28.55%。校方责任保险正常实现续保，累计实现

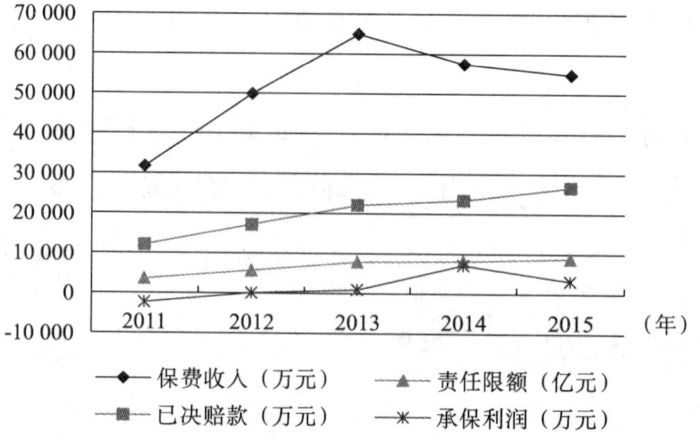

图1 “十二五”期间山西责任保险年度概况

保费收入 1 774. 72 万元，同比增幅为 3. 2%。由于部分煤企尚处于改扩建期间，煤矿雇主责任保险和煤矿安全生产责任保险均出现不同程度下滑。2011 年 8 月试点启动的环境污染责任保险累计实现签单保费 2 254 万元，签单 103 笔。

2012 年，责任保险实现保费收入 4. 99 亿元，同比增长 57. 16%，增速位居全国第二，其中：煤矿安全生产责任保险实现保费收入 1. 05 亿元，同比增长 83. 97%；环境污染责任保险承保 233 家企业，实现签单保费 4 633. 53 万元，同比增长 105. 57%；承运人责任保险实现保费收入 1. 08 亿元，同比增长 16. 73%；医疗责任保险实现保费收入 3 920. 88 万元，同比增长 42. 19%；校方责任保险实现保费收入 2 622. 83 万元，同比增长 47. 79%；产品责任保险实现保费收入 1 938. 24 万元，同比增长 305. 98%。

2013 年，责任保险实现保费收入 6. 49 亿元，规模居全国第 11 位，同比增长 30. 16%，增速位居全国第七位，其中：煤矿安全责任服务保险实现保费收入 1. 55 亿元；环境污染责任保险签单 334 笔，实现签单保费 4 774. 31 万元；承运人责任保险实现保费收入 1. 2 亿元，同比增长 71. 11%；医疗责任保险实现保费收入 5 468. 25 万元，同比增长 43. 42%；火灾责任保险实现保费收入 1 087. 76 万元，同比增长 23. 47%。

2014 年，责任保险实现保费收入 5. 75 亿元，同比下滑 11. 49%，全国平均增速为 16. 92%。保费规模和增速分别位居全国第 16 位和第 36 位。其中，2014

年12月当月保费同比下滑27.89%，全国同比增长22.90%。

2015年，责任保险实现保费收入5.48亿元，同比下滑4.67%，全国同比增长19.17%。规模和增速分别位居全国第20位和第36位。责任保险薄弱领域的保险保障机制建设步伐加快，火灾责任保险签单保费同比增长546.15%，校方责任保险签单保费同比增长20.65%，另外，医疗责任保险、旅行社责任保险和职业院校学生实习责任保险也得到较快发展。责任保险已决赔款2.67亿元，同比增长13.8%，为保障公众安全、促进社会和谐贡献了力量。在业务下滑的险种中，保费占比较高的公众责任保险、雇主责任保险下滑明显。

二、责任保险监管工作开展情况

山西保监局始终将保护消费者利益作为重点工作，引导保险机构加强市场调研，不断满足消费者的保险需求，并出台鼓励保险机构积极创新的具体举措，坚持“谁先创新、谁先受益”的理念，鼓励和支持保险公司创新产品、创新服务、创新发展。同时，加强与多部门的沟通协调，在高危生产行业、医疗、环保、教育、公共安全等责任纠纷多发领域不断引入保险机制。

（一）联合发文共同推动

“十二五”期间，山西保监局主要在环境污染责任保险、高危行业安全生产责任保险、煤矿安全责任服务保险、食品药品安全责任保险以及科技保险等领域，与相关部门联合发文，共同推动责任保险在全省开展，充分发挥责任保险的辅助社会管理功能，为山西经济建设和社会稳定保驾护航。

2011年8月，山西保监局与省环保厅联合下发《关于试行环境污染责任保险工作的通知》（晋环发［2011］194号）和《山西省环境污染责任保险实施方案》（晋环发［2011］209号），将污染物排放总量和环境风险因素较大的82家大型企业，如煤矿采选、化工、非煤矿山采选、冶金、焦化、电力、医药、建材等高环境污染风险企业先纳入试点范围。

2012年10月，山西保监局与省安监局联合下发《关于在非煤矿山、危险化学品、烟花爆竹等高危行业开展安全生产责任保险试点工作的实施方案》（晋安监发［2012］59号），推进非煤矿山、危险化学品、烟花爆竹等高危行业开展安全生产责任保险。2012 年，山西保监局与省煤炭工业厅联合下发《关于推行煤矿安全责任服务保险的指导意见》（晋煤安发［2012］1539 号），完善煤炭行业安全生产机制，推动煤矿安全责任服务保险发展。

2013 年 7 月，山西保监局与省科技厅联合下发《关于在我省大力推行科技保险工作的通知》（晋科财发［2013］89 号），要求相关单位进一步提高认识，高度重视科技保险的发展与实施，稳步开展科技保险的推行工作，促进科技保险工作取得长足发展，逐步完善高新技术保障机制，营造大力发展科技保险的氛围。

2014 年 7 月，山西保监局与省食药监局联合下发关于印发《山西省食品药品安全责任保险制度试点工作实施方案》的通知（晋食药监［2014］144 号），确定了山西省食品药品安全责任保险制度试点工作实施方案的指导思想、承保单位、试点期限、总体方案、实施步骤、工作要求等具体内容。

2015 年 5 月，山西保监局与省食品安全委员会办公室、省食药监局联合转发《国务院食品安全办食品药品监管总局保监会关于开展食品安全责任保险试点工作的指导意见》的通知（晋食安委办［2015］12 号），鼓励开展食品安全责任保险试点工作，推动建立食品安全责任保险制度，推进食品安全责任保险试点工作，完善食品安全社会治理体系。

（二）重点领域成效显著

“十二五”期间，山西省责任保险进入快速发展阶段，基本上年年推出新品种，年年迈上新台阶。为山西省煤炭、交通运输、学校、医院、消防、环保以及其他高危行业的正常生产、工作、学习和生活消除后顾之忧、提供安全保障起到了积极作用。

“十二五”期间，山西省责任保险累计实现保费收入 25.88 亿元（不含交强险），年均增幅 14.62%，其中，承运人责任保险实现保费收入 5.88 亿元，年均增幅 8.28%；医疗责任保险实现保费收入 2.61 亿元，年均增幅 24.70%；校方责任保险（2013—2015 年）实现保费收入 1.07 亿元，年均增幅 9.74%；火灾公众责任保险 0.83 亿元，年均增幅 44.70%。另外，2013—2015 年，环境污染责任保险实现保费收入 1.16 亿元，安全生产责任保险实现保费收入 0.92 亿元，旅行社责任保险实现保费收入0.12亿元（见图2）。

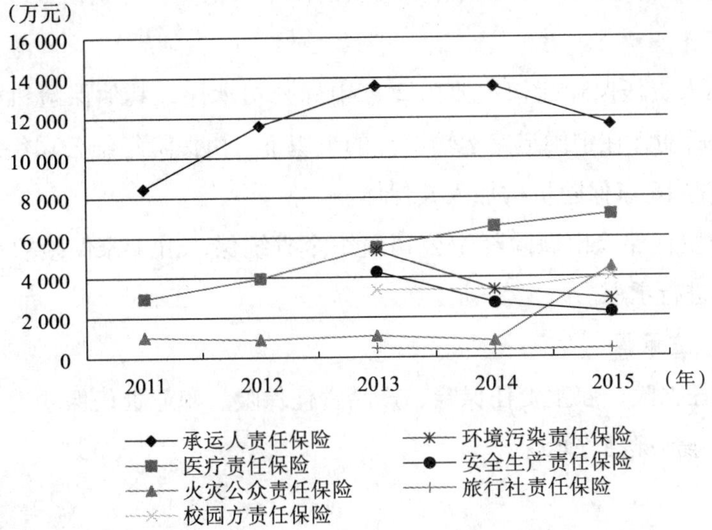

图2 “十二五”期间山西责任保险（部分险种）签单保费增长趋势

三、责任保险重点险种发展经验

山西省责任保险发展坚持“政府支持，政策引导，市场运作，稳步推进”的原则，运行模式主要有以下3种：

（一）试点承保

在山西省实施试点承保的责任保险主要包括环境污染责任保险和非煤矿山、危险化学品、烟花爆竹安全生产责任保险，煤矿安全责任服务保险和食品药品安全责任保险。这些新险种试点开办初期，由于存在风险不确定等因素，优先选择创新积极、实力较强、机构网络均衡的保险机构独家试点承保。

（二）集中统保

山西省实行集中统保的责任保险主要包括旅行社责任保险、医疗责任保险、承运人责任保险和校方责任保险。

1. 旅行社责任保险由保险经纪公司组织实现全国统保，山西省由6家主体组成共保体。

2. 医疗责任保险最初由一家保险经纪公司组织实现全省统保，后经过多次调整，形成由两家保险经纪公司分别牵头的两个共保体，分别由 6 家主体和 2 家主体组成。

3. 承运人责任保险起初主要由 2 家中标公司承保，其他保险机构或多或少均有参与。后期，在中国道路运输协会的组织下，由保险经纪公司组织实现区域统保，山西省 16 家保险机构加入共保体。

4. 校方责任保险由保险经纪公司组织全省统保，由 4 家保险机构划分区域和学校类别进行承保。

（三）独立承保

公众责任保险、雇主责任保险、产品责任保险、职业责任保险等均由各保险机构根据实际情况独立承保。

内蒙古

一、责任保险总体发展情况

“十二五”期间，内蒙古自治区立足区域特色，夯实既有优势，拓展服务领域，责任保险服务全自治区社会管理创新的能力与水平显著增强。一是业务发展大步跨越。责任保险承办主体由 2010 年的 14 家增长到 21 家，责任保险保费收入实现翻番，年均增长率 24.53%，超过同期财产险市场增速 13 个百分点，2015 年责任保险保费达到 3.63 亿元，全年责任保险承担风险保障 6 485 亿元，责任保险已成为内蒙古车险、农险、企财险之后的第四大财产险险种。二是发展环境明显改善。“十二五”期间，自治区政府出台《关于加快发展现代保险服务业的实施意见》（内政发［2014］122 号），政府与各有关厅局印发促进责任保险发展的政策文件十余个，内蒙古保监局与食药监局、环保厅、卫计委等多部门建立协调联动工作机制，发挥责任保险社会管理功能，着力完善配套政策，加快推动各类责任保险试点和推广。三是服务领域逐步拓宽。承保签单的险种由 2010 年的 10

余个增加至百余个，产品涵盖环境保护、食品安全、交通运输、学校教育、安全生产、经营管理、法律诉讼、公众、雇主、产品等各保险领域，保险在灾害管理和风险防控方面的独特作用充分发挥。四是重点推动成效初显。食品安全责任保险为1 490 家规模以上重点食品生产企业和经营单位提供风险保障12 亿元，呼和浩特市和包头市医疗责任保险为694 家次医疗机构的6 万张床位提供风险保障10 亿元、支付赔款3 234 万元，环境污染责任保险纳入自治区重金属污染综合防治体系，旅行社责任保险实现907 家旅行社全覆盖，为168 起意外案件支付保险赔款1 020 万元。

二、责任保险监管工作开展情况

（一）扎实调研，为责任保险推动积累第一手资料

一是会同有关厅局开展联合调研，推动项目启动落地。会同司法、卫生部门赴基层调研医疗纠纷人民调解机制建设，与卫生部门开展全区医疗机构基本情况摸底调查和信息共享工作，服务于全区医责险统保费率测算和项目风险评估；启动与质监部门特种设备责任保险监管合作，开展起重机械车辆承保政策和风控需求联合调研；与自治区食药监局开展食品安全责任保险调研督导。二是深入盟市、旗县实地走访调研，通过与公司座谈，拜访环保、安监、交通管理、投保企业等单位，调研环责险等关系公众重大利益责任保险的开展运行。三是开展运行现状书面调研。尤其自2014 年以来，内蒙古保监局就医疗责任保险、环境污染责任保险、产品质量安全责任保险、特种设备责任保险等多个险种进行书面调研，深入剖析问题，提出政策建议，为与相关厅局开展互动交流、推进制度和机制完善奠定良好基础。

（二）加强沟通，为责任保险发展营造有利环境

发展责任保险，需要政府积极作为，需要行业主管部门有力推动。“十二五”期间，内蒙古保监局通过拜访、去函、召开会议、联合调研、共同发文等形式，加强与政府和行业主管部门协调配合，形成齐抓共管、联动协作、共同推进的工作局面。一是以落实2014 年8 月10 日国务院《关于加快发展现代保险服务业的若干意见》（国发［2014］29 号）为重点，推动自治区政府下发《关于加

快发展现代保险服务业的实施意见》（内政发［2014］122号），并召开全区保险工作会议，为责任保险发展释放了巨大政策红利。二是与卫生、司法等部门联合推动建立和完善以医疗责任保险（以下简称医责险）为支撑的医疗纠纷人民调解机制。就开展医责险统保试点和医疗纠纷人民调解机制进行会商，跟踪各盟市医责险招投标工作，并参加部分盟市医疗纠纷人民调解机制文件制定工作。联合召开构建和谐医患关系工作会议，对医责险工作进行部署。三是与自治区环保厅、金融办联合印发环境污染责任保险试点工作方案，在内蒙古自治区重点区域涉重金属企业推行环境污染责任保险的建议得到自治区发展改革委采纳，环境污染责任保险纳入自治区重金属污染综合防治体系。四是与自治区食药监局联合制定《食品安全责任保险实施方案》（内政发［2016］49号）并经自治区政府办公厅印发，全区全面推进试点工作。五是与自治区民政厅就养老机构责任保险进行多次对接，拟定养老机构责任保险实施方案，积极争取政策支持，将建立养老服务机构政策性保险制度写入《内蒙古自治区人民政府关于加快发展养老服务业的实施意见》（内政发［2014］57号）。六是推动自治区高院印发文件，明确保险公司具备诉讼财产保全担保主体资格，诉讼保全责任保险在内蒙古自治区诉讼保全工作中开展。七是与自治区质监局联合发文在全区范围内开展产品质量安全责任保险以及特种设备责任保险工作，并启动全区电梯责任保险统保工作。八是与自治区运输管理局沟通道路承运人责任保险规范发展，积极协调提高道路客运承运人责任保险和危险货物承运人责任保险的承保率和单位保障水平。九是参加自治区防火安全联席会议，积极建言推进火灾公众责任保险全区统保工作。十是首台（套）重大技术设备综合保险等新兴业务推动工作与经信委等有关单位接洽，2016年内推动落地。

（三）多措并举，提升责任保险服务能力与水平

一是鼓励责任保险服务领域创新。“十二五”期间，内蒙古保监局因地制宜、因势利导，先后就高危行业安全生产责任保险、食品安全责任保险等项目，对先行先试公司给予特定时间和区域的创新试点保护。二是持续跟进创新试点工作，组织主要承办公司积极参与食品安全周、安全生产月的责任保险宣传工作。三是组织行业做好重大灾害应急演练，积极引导保险公司加强对投保企业全过程风险管理。为环境污染责任保险、安全生产责任保险的投保客户提供安全生产、技术培训、隐患排查、设施设备检验检测等服务。四是做好重大突发事件的事故处理工作。在“8·26 特大交通事故”等处理中，内蒙古保监局指导行业迅速行动，配合政府和有关部门做好事故处理工作，确保责任保险在灾害事故中发挥应有作用。

（四）守土尽责，积极开展责任保险日常监管工作

一是向中国保监会反馈重要文件修改意见、上报专题报告，反馈对《会计师事务所职业责任保险暂行办法》等多份征求意见稿修改意见。二是办结有关养老机构责任保险等多个政协提案。在向自治区人民政府、相关厅局反馈拟发文件修改意见时，积极建言优化校车承运人、火灾公众、安全生产等责任保险发展环境。三是按照非车险业务相关保险监管制度，做好多家财产险公司的安全生产责任保险开办报备批复工作，对涉重金属及其他高风险行业环境污染责任保险统保招标业务、通辽校方责任保险公司提出的不实行见费出单申请进行批复并提出监管要求。四是指导保险行业协会完善行业财产保险业务数据统计报表，在 2016 年将诉讼保全、产品质量安全、电梯等 5 个自治区重点新兴领域责任保险品种纳入统计报表，统计报表中的责任保险子险种数量近 20 个，报表实现主要责任保险关键业务数据统计全覆盖。

三、“十二五”期间责任保险重点险种发展经验

（一）构筑保险防护网，保障百姓“舌尖上的安全”

内蒙古自治区积极运用保险机制创新食品安全社会共治，在全区开展食品安全责任保险试点工作，累计为 1 490 家规模以上重点食品生产企业和经营单位提供风险保障 12 亿元。一是高度重视，认真调研。自治区党政主要领导先后两次就食品安全责任保险工作进行批示，食安办、食药监、保监等有关厅局经过深入调研形成试点方案，经自治区政府印发。二是精心组织，加强领导。召开全区食品安全责任保险专项部署会，确立了由食安办牵头，食药监局、金融办、保监局指导，首批在全区遴选 103 家试点单位重点推广。三是摸清需求，大力宣传。按行业类别、特点细化保险方案；通过上门服务、专题讲座、短信微信等形式，向

食品生产经营主体开展宣传。保监局在2015年食品安全周期间组织行业开展专项宣传，增强了经营者的风险意识、责任意识，提升了群众的法律意识、维权意识，激发了社会正能量。四是强化服务，分类推进。按行业类别、特点细化保险方案，组建专业团队未雨绸缪，对重点企业开展风险隐患排查，进行风险提示和重点管控。各盟市结合区域实际分类推进，巴彦淖尔市选择学校食堂为突破口，鄂尔多斯以承办全国少数民族体育运动会为契机，将承担保障任务的酒店、食堂和食品供应商纳入重点参保单位。五是加强管理，完善机制。探索建立第三方食品安全责任认定方式，完善风险评估、事故查勘、责任认定、损害鉴定评估，参保理赔各项制度。六是强化督导，确保实效。自治区有关厅局多次深入基层，加强督查指导。将试点工作列为盟市政府食品安全工作和食药监部门工作考核的重要指标，季度报送，半年汇总，及时通报进展，一级抓一级，层层抓落实，确保取得实效。

开展食品安全责任保险业务宣传

（二）打造内蒙古自治区旅游行业安全保障与风险管理体系

2011年来，内蒙古立足于旅游大省优势，大力推动旅行社责任保险统保示范项目实施，有效发挥了责任保险在社会管理中的积极作用。内蒙古保监局、旅游局大力支持组建服务团队，主动上门宣讲，发放风险白皮书等使旅行社风险管理意识逐年增强，自治区旅责险投保率连续7年100%，单均保费与保额逐年提高。内蒙古旅行社责任险统保示范项目中创新引入调赔结合机制，自2011年建立旅行社责任险调解处理中心以来，累计接报案件830起，结案168起，未决122起，注销540起，赔款金额1 020万元，估损金额500万元。通过调赔结合，及时化解事故纠纷，有效保障受害者权益，在大案的处理中也发挥了积极作用。在不断优化示范项目的同时，内蒙古保险业有针对性地推进旅游有关保险项目，2011年旅意险开始推广，2014年导游综合险在辖区突破，2015年景区责任保险试行。结合国家旅游局推出的全域旅游新观念，吃、住、行、游、购、娱旅游风险产业链条中的风险通过保险逐一化解。

在推动旅行社责任保险统保示范项目过程中，内蒙古保险业有几点心得体会：一是示范项目是以点带面，从解决社会行业纠纷，化解旅游产业链风险，保障全行业良性发展的角度进行推广与运作。二是紧跟行业发展与国家对旅游产业的战略方针及相关政策指导，用保险协助旅游行业规范经营扩大发展。三是保监、旅游等各方主管部门需加强联系沟通，积极协调共保体之间的有效工作联系，维护各方利益，建立良好沟通环境，实现合作共赢，为全域旅游、全境保险做出积极贡献。

（三）内蒙古保险业积极应对“8·26”特大交通事故

2012年8月26日2时30分，内蒙古呼运（集团）有限责任公司蒙AK××××号宇通卧铺客车沿包茂高速公路由北向南行驶至延安市安塞县化子坪服务区，与河南省焦作孟州市汽车运输有限责任公司重型罐式半挂汽车（主车豫HD××××，挂车豫HD×××A）发生追尾碰撞，导致罐式半挂车内甲醇泄露并起火，造成大客车内36人当场死亡（含驾驶人）、2人重伤、1人轻伤、大客车报废、罐式半挂车严重受损和部分公路设施被损毁的特大道路交通事故。经查，事故客车承运人责任保险由人保财险内蒙古分公司承保。内蒙古保监局指导行业迅速行动，配合政府和有关部门做好事故处理工作。一是局主要负责人第一时间听取情况汇报，要求有关保险公司全面排查事故车辆和死伤人员投保情况，迅速开展应急处置工作；二是责成承保公司开通绿色通道，立即开展查勘、救援和理赔服务工作；三是及时向中国保监会报告事故有关情况，积极跟进案件理赔进展，确保保险发挥应有作用。

人保财险内蒙古分公司按照自治区保监局部署，积极开展此次特大交通事故保险理赔工作。一是主要领导亲自挂帅，紧急成立专项联合查勘小组，第一时间深入事故现场，对损失情况、事故原因等保留了详细的第一手查勘记录；二是充分发挥理赔垂直管理、理赔资源调度能力增强的优势，由总公司整合系统理赔资源，与出险当地分公司服务资源有效衔接，为理赔顺利推进提供技术保障；三是案中伤亡人数多，损失金额巨大，案件处理周期长，为让伤者得到及时救治，安抚死者家属，公司及时受理了被保险人提出的预付申请，并且突破预付金额不得超过损失金额50%的常规限制，预付赔款760万元，有效缓解了被保险人的燃眉之急。经过后期协商，人保财险内蒙古分公司与被保险人内蒙古呼运（集团）有限责任公司达成赔偿协议结案，本案最终赔付金额为760万元。

辽 宁

一、责任保险总体发展情况

“十二五”期间，辽宁保监局认真贯彻中国保监会的有关要求，结合辖区实际积极推动责任保险发展，发挥责任保险化解矛盾纠纷的功能作用。2011—2015年，辖区责任保险保费收入由3.64亿元增加至6.63亿元，2015年保费收入达到2011年的1.82倍（见图3）；保险金额由2011年的8 487.35亿元增加至2015年的17 186.42亿元（见图4）。

二、责任保险监管工作开展情况

（一）推动政策立法

早在2011年，辽宁省人大就出台了《辽宁省辽河流域水污染防治条例》（辽宁省人民代表大会常务委员会公告第39号），鼓励有水污染物排放的工业企业参加环境污染责任保险。2011年，辽宁省政府出台《辽宁省企业安全生产主

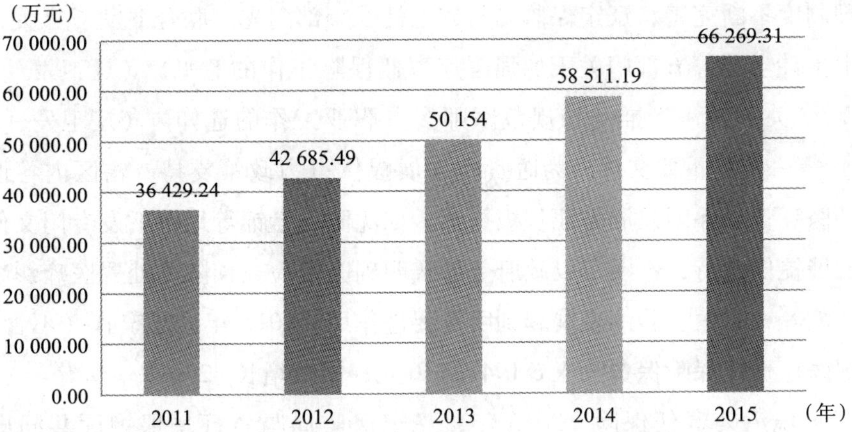

图 3 "十二五"期间责任保险保费收入情况

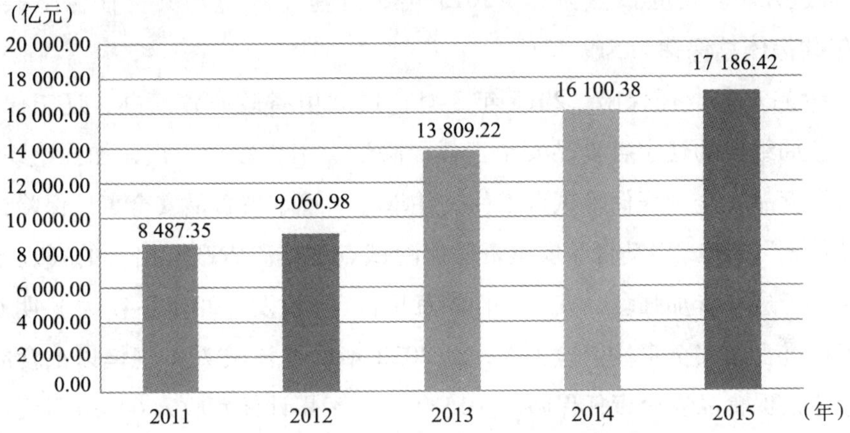

图 4 "十二五"期间责任保险保险金额情况

体责任规定》(辽宁省人民政府令第 264 号),明确提出企业应当依法参加工伤社会保险,为从业人员缴纳保险费。除法律另有规定外,根据安全生产工作的需要,参加安全生产责任保险,建立安全生产与商业责任保险相结合的事故预防机制。

(二)提升监管合力

在多个重要领域与相关政府部门加强沟通联系,共同推进责任保险发展。

1. 医疗责任保险。"十二五"以来,辖区"三调解一保险"的医疗纠纷预防与处理制度不断完善，辽宁保监局与省卫计委等部门先后联合下发了《关于转发国家卫生计生委等五部门关于加强医疗责任保险工作的意见》（辽卫发［2015］14 号）、《关于进一步推动和规范医师多点职业工作的通知》（辽卫发［2015］33 号）等一系列重要文件，为医责险发展提供有力政策支持。辖区内各地市也在推动医疗责任保险发展方面积极探索，如沈阳、盘锦等地市下发专门文件对医责险发展提供支持，本溪市以政府令形式明确医责险在预防及处置医疗纠纷工作中的功能等，对医责险的发展起到明显促进作用。2015 年，辽宁省（不含大连）共实现医疗责任保险保费收入 6 194. 21 万元，同比增长 42. 39% 。

2. 环境污染责任保险。2013 年，辽宁保监局与省环境保护厅共同出台了《关于开展环境污染强制责任保险试点工作的实施意见》（辽环发［2013］34 号），推进开展环责险试点工作。2013 年 5 月建立环境污染责任保险共保体，2015 年共保体总保费为 519 万元。

3. 食品安全责任保险。2015 年 3 月，成立由省政府食安办、辽宁保监局、省食药监局组成的辽宁省食品安全责任保险试点工作领导小组，加强组织领导，统筹指导食品安全责任保险试点工作，并举办“辽宁省食品安全责任保险试点工作启动仪式”，正式启动食品安全责任保险试点工作。省政府出台的《辽宁省人民政府关于进一步加强食品安全工作的意见》（辽政发［2015］42 号）明确提出要积极推进食品安全责任保险工作，到 2020 年重点领域 70% 规模以上食品生产经营单位投保食品安全责任保险。2015 年，辖区累计保费收入 64. 86 万元。

（三）鼓励产品创新

积极鼓励各保险主体创新产品和服务，助力地方经济社会发展。

1. 养老机构责任保险。2014 年，辽宁组建养老机构责任保险共保体。2015 年共保体已决赔款 454 万元。

2. 道路运输承运人责任保险。2012 年，在辽宁建立道路危险货物承运人责任保险共保体，2015 年共保体已决赔款 747 万元；还建立道路客运承运人责任保险共保体，2015 年共保体已决赔款 2 478 万元。

3. 安全生产责任保险。2012 年，辽宁建立安全生产责任保险共保体，2015 年共保体总已决赔款 890 万元。

此外，部分地市还开展了物业管理责任保险、电梯责任保险等共保试点；诉讼财产保全责任保险等保险业务也实现了快速发展。

三、责任保险重点险种发展经验

通过不懈努力，“十二五”期间，辖区涌现出一批经验和亮点，为下一步责任保险发展提供了有益探索。

（一）积极推动医责险发展，助推“平安辽宁”建设

“十二五”期间，辽宁积极运用“三调解一保险”医疗纠纷预防与处理机制，有效发挥医疗责任保险在化解和分担医疗风险方面的重要作用，助推“平安辽宁”建设。辽宁保监局加强与省卫生计生委、司法厅等相关部门的沟通协作，积极支持沈阳、盘锦、本溪等地区先行先试，着力推动医责险发展，得到当地政府的充分肯定以及医患双方的良好赞誉。沈阳地区在推动医疗责任保险方面采取“调赔结合”模式，设立沈阳市医患关系人民调解委员会，负责万元以上的沈阳地区医患关系调解工作，并以调解结果作为主要依据落实理赔责任。该模式在沈阳地区实施以来，效果显著。2015 年，沈阳地区医疗责任保险保费收入占全辖区的 27%，成为全辖区医疗责任保险规模最大的地区。盘锦地区在推动医疗责任保险方面将全市一级及以上医院参保医疗责任保险与新农合的定点医疗机构资格结合，形成“参加保险 + 新农合定点医院”模式。2015 年，盘锦地区医疗责任保险实现突破式发展，保费规模居于全省第二位。本溪地区以政府令形式明确医责险在预防及处置医疗纠纷工作中的功能，推进各级医院投保医疗责任保险。2015 年，本溪地区实现了医疗责任保险在一级医疗机构、乡镇卫生院、社区诊所、村级卫生所和个体诊所等各级医疗机构领域的覆盖，形成“各级医疗机构全覆盖模式”。

经过不懈努力，辽宁医疗责任保险发展成效显著，呈现医疗纠纷调解成功率和医患双方满意度双提升，涉医违法犯罪案件和医疗纠纷数量双下降，医疗风险分担覆盖面全面延伸的“两升两降一延伸”良好局面。

（二）创新开展补充工伤责任保险，提升企业职工保险保障程度

葫芦岛市人民政府于 2012 年 12 月 3 日下发《葫芦岛市人民政府办公室关于

印发葫芦岛市补充工伤保险实施办法的通知》（葫政办发［2012］85号），并在2012年12月20日召开葫芦岛市补充工伤保险实施大会。这一创新项目属于雇主责任保险业务，是由葫芦岛市人民政府主导，采取商业运作模式运行的一项民生工程，是工伤保险（社保）的完善和补充，本着收支平衡、保本微利、定期核算、动态调整的原则开办。

目前，该业务已连续开展4年，年均保费规模1 000万元。虽然企业增加了保费支出，但减轻工伤赔付负担，也给员工提供了进一步的有力保障，深受广大企业和职工的认同，也得到葫芦岛市市政府的肯定。

吉　林

一、责任保险总体发展情况

“十二五”期间，吉林保监局把与公众利益关系密切的安全生产、消防安全、医疗卫生等领域作为发展重点，积极推动责任保险发展。2011—2015年，责任保险保费收入由1.35亿元增至3.67亿元，平均增长率为28.41%，高于吉林省财险全险种平均增速12.58个百分点；市场份额由1.92%增至2.90%；共支付赔款4.68亿元。

从保费收入来看，承运人责任保险由2 527万元增至9 169万元；医疗责任保险由3 096万元增至6 529万元；校方责任保险由1 256万元增至2 100万元；安全生产责任保险由255万元增至1 215万元。责任保险的发展为社会和谐稳定做出了较大贡献。

二、责任保险监管工作开展情况

（一）营造有利环境，切实推动责任保险发展

责任保险具有较强的社会效应，是保险业参与社会治理的有效途径。为扩大责任保险的覆盖面，吉林保监局积极协调相关部门采取措施，推动责任保险

发展。

一是积极与政府沟通，提升对责任保险的重视程度。2011 年以来，吉林保监局多次主动向省政府和省金融工作办公室提交推动责任保险发展的报告，积极争取政策支持。2013 年，向吉林省政府报送《关于大力推进安全生产责任保险工作的报告》（吉安监管法规字［2009］257 号）、《关于进一步推动医疗责任保险发展有关情况的报告》和《关于推进吉林省环境污染责任保险试点工作的报告》（吉政办发［2015］23 号），提出了推进安责险、医责险发展的相关建议以及在全省范围内大力推动环境污染责任保险试点的工作建议，其中推动环责险试点的报告得到吉林省委、省政府领导批示和圈阅。针对吉林省“6·3”宝源丰禽业有限公司特大火灾事故，向吉林省政府报送《关于强力推进火灾公众责任保险工作的报告》，提出强力推进火灾公众责任保险的具体工作建议，进一步推进火责险发展。吉林省委、省政府领导批示：请省金融办研究提出意见。另外，吉林保监局于 2013 年向吉林省金融工作办公室报送了《关于发挥保险功能作用加快构建安全生产长效机制的报告》，建议在全省大力推进责任保险工作。2015 年，省政府印发《吉林省人民政府关于加快发展现代保险服务业的实施意见》（吉政发［2015］9 号），明确提出要“强化政府引导、市场运作、立法保障的责任保险发展模式。探索推动与公众利益密切相关的责任保险试点”。二是积极协调相关部门，共同推动责任保险业务发展，引导政府各部门重视本领域的责任保险推动工作。吉林保监局先后与省安监局、省卫计委等部门联合下发文件，保证相关领域责任保险业务规范有序发展。三是积极推动立法，寻求立法保障。在吉林保监局的积极推动下，2012 年，省人大法工委修订《吉林省消防条例》，将吉林省火灾公众责任保险推动工作由倡议性条款调整为义务性条款，对吉林省火灾公众责任保险发展具有重要的现实意义。

（二）关注重点领域，拓宽责任保险覆盖面

一是深入调研，夯实基础。2013 年向各财产险公司省级分公司下发通知，对各公司环责险经营情况、承办意向及开办建议等进行书面调研，向省环保厅了解了吉林省涉重金属企业数量，通报各财险公司开办意向，形成推动环境污染责任保险试点工作的报告。

二是试点先行，稳步推进。吉林保监局积极协调四平市政府发布《关于在四平市开展食品安全责任保险试点工作实施方案》（四政办发［2013］19号），将保险机制引入食品安全管理，开展食品安全责任保险制度试点工作，开创了吉林省政府推动食品安全责任保险的先河。

三是完善机制，保证成效。2014年，国家卫生计生委、中国保监会等联合下发《关于加强医疗责任保险工作的意见》（国卫医发［2014］42号）后，吉林保监局立即与省卫计委等部门联合制定下发《吉林省“平安医院”创建工作考核办法及考核标准》和《关于进一步加强全省医疗责任保险工作的通知》（吉卫联发［2014］68号），加大了医疗责任保险的推动和考核力度，“明确到2015年底，全省三级公立医院参保率达到100%，二级公立医院参保率达到90%以上”的工作目标，提高医疗机构投保医疗责任保险的积极性。

（三）加强市场监管，积极防范风险

一是依法发展。为防止安全生产责任保险经办模式与《反垄断法》相违背，吉林保监局于2014年向各财产险公司省级分公司下发《关于规范安全生产责任保险工作规避垄断经营风险的通知》，要求安责险各经办机构要严格按照《中华人民共和国反垄断法》及《反价格垄断规定》（发展改革委令第7号）相关要求开展经营管理工作，严禁具有竞争关系的机构达成固定或者变更商品价格的垄断协议；严禁具有市场支配地位的机构从事没有正当理由，限定交易相对人只能与其进行交易或者只能与其指定的机构进行交易等滥用市场支配地位的行为。文件下发后，相关公司高度重视，积极整改。目前，安责险市场平稳，相关业务由各公司独立经办。二是预防风险。为防范诉讼财产保全责任保险业务开办中可能存在的风险，吉林保监局组织各财产险公司召开诉讼财产保全责任保险座谈会，提示相关业务风险和法律风险。

三、责任保险重点险种发展经验

（一）吉林省将医责险纳入“平安医院”考核项目逐步建立“三调解一保险”工作制度

“十二五”期间，吉林保监局按照省委、省政府的决策部署，会同吉林省卫计委等相关部门，充分发挥商业保险的风险补偿和社会管理职能，大力推行医疗责任保险，将医疗机构参加医责险纳入“平安医院”创建工作的重要考核项目，为完善医疗风险分担机制，构建和谐医患关系发挥了积极作用，为逐步建立适合吉林省实际的“三调解一保险”制度体系奠定了基础。

1. 主要工作。

（1）联合下发文件，明确工作目标。2014 年，吉林保监局与省卫计委等部门联合制定下发了《吉林省“平安医院”创建工作考核办法及考核标准》《关于进一步加强全省医疗责任保险工作的通知》（吉卫联发［2014］68 号）等4 份文件，加大了医责险的推动和考核力度，明确到2015 年底，全省三级公立医院参保率达到100%，二级公立医院参保率达到90%以上的工作目标，提高医疗机构投保医疗责任保险的积极性。

（2）召开联席会议，完善工作职责。2015 年4 月，吉林保监局与省卫生计生、司法、公安等部门召开了“平安医院”创建联席会，详细分析吉林省医疗风险分担机制建立过程中存在的问题，并对下一步规范医责险理赔流程等提出了具体要求。

（3）开展工作调研，了解薄弱环节。2015 年7 月，吉林保监局联合省卫生计生委对吉林省部分地区“三调解一保险”落实情况进行调研，深入了解各地在推进医责险工作中存在的问题和面临的困难，了解医务人员的保险需求，了解个别医疗机构积极性不高的原因，为规范医疗责任保险工作、指导保险公司推行新险种和规范理赔流程奠定了基础。

2. 工作成效。

吉林省各市、州积极推行医疗责任保险制度。其中，辽源市包括村卫生所在内的各级各类医疗机构均参保医责险；吉林市医调委与保险公司工作人员联合办公，及时审理医疗纠纷案件，缩短了理赔流程；白山市引入经纪公司第三方调解模式，并在全市推行医责险统保工作。

吉林省医责险业务规模不断扩大，参保率不断提高。截至2015 年底，全省845 家医疗机构参加了医疗责任保险，其中：三级医院41 家，参保率100%；二级医院155 家，参保率60.55%；二级以下医疗机构658 家，参保率3.46%。

2015 年，医责险保费收入同比增长 10.68%；签单数 5 255 件，同比增长 19.76%；为参保医疗机构提供风险保障 11.91 亿元，同比增长 5.96%；发生理赔案件 1 261 件，其中已决 604 件，赔款支出 4 082 万元，未决 657 件，估损 6 033 万元。

黑龙江

一、责任保险总体发展情况

（一）业务规模发展较快

2011—2015 年，黑龙江省责任保险业务年平均增速 14.41%。随着不断加大责任保险工作力度，全省责任保险驶上了持续快速发展的轨道。2015 年，责任保险保费收入已达 3.12 亿元，比 2010 年翻了近一番，增长 93.96%。

（二）承保覆盖面不断扩大

近年来，黑龙江省责任保险服务领域不断拓展，从主要集中在承运人、雇主等几个传统的责任保险领域，逐步拓宽到环保、食品安全、医疗、教育、交通、安全生产、旅游、火灾公众、产品质量、动物饲养责任等十几个领域，保险覆盖面和渗透度进一步扩大。

（三）重点险种在部分地区取得突破

在七台河市二级以上医院和全省农垦系统医院实现 100% 投保，以地区卫生局为投保单位，将个体和村镇卫生所纳入医疗责任保险保障范围，解决了小诊所保费负担重、不愿投保的问题；齐齐哈尔市开展餐饮企业食品安全责任保险试点工作；环境污染责任保险覆盖面由大庆地区拓展至佳木斯地区。

（四）保障能力和社会认知度逐步提升

2011—2015 年，黑龙江省责任保险为国民经济各行业的企业单位以及个人分别提供了 2 869 亿元、3 925 亿元、4 873 亿元、5 815 亿元和 6 092 亿元的保险保障。企业和个人主动利用责任保险工具防范化解自身风险的意识逐步增强，对责任保险已由最初的不了解逐步转变为主动了解和参与，风险意识和保险意识明显增强。

二、责任保险监管工作开展情况

（一）建立部门协调沟通机制

一是与卫生、交通、环保、食品安全、教育、司法、财政等多部门协调、沟通、联系，分析责任保险发展中存在的问题，并就存在的问题提出相关建议。二是联合印发文件，先后印发了食品安全、质量安全和养老机构责任保险试点工作等多个文件，明确各部门的责任分工、工作任务、展业要求、工作举措等。

（二）引导行业积极发展

一是发挥保险社团组织作用，搭建各相关部门信息交流平台，积极跟踪相关责任保险业务开展情况，对存在问题及时提出相关建议，规避了各种法律风险和道德风险。二是鼓励保险公司加大产品研发力度，开发有针对性、有地域特色的责任保险产品，为逐步扩大责任保险覆盖面奠定基础。

（三）密切跟踪监测

一是通过非现场监管和统计分析系统对相关责任保险各项指标进行监测，发现问题及时与相关部门沟通解决。二是通过保险行业协会对中国保监会统计信息系统未细化的数据进行统计，把责任保险相关内容进行细化，为推动责任保险健康发展提供数据支撑。

从几年间的经验看，发展责任保险要靠多方努力、共同推动。一是政府各职能部门推动是关键。政府各职能部门积极推动地方立法，并出台相关配套措施及实施细则；同时，将责任保险工作开展情况作为地方考核的内容，才能调动相关基层单位开展工作的主动性和积极性。二是创新责任保险产品服务是核心。产品服务创新是提高保险企业核心竞争力的重要途径，通过产品服务创新，保险公司不仅取得良好的经济效益，责任保险也将有很大发展。三是保险宣传是基础。针对目前社会各界对责任保险普遍认识不到位的情况，充分利用各种公众媒体，采取多种形式，主动宣传开展责任保险的重大意义，使企业充分认识到投保的重要性和对自身的益处，逐步形成企业主动投保的氛围。四是风险防范是保障。将责任保险的风险预防、风险控制和损失补偿的功能体现到风险事前、事中、事后全过程管理中，减少灾害事故发生，提高保险企业的盈利能力，促进责任保险业务不断发展。

三、责任保险重点险种发展经验

（一）创新医疗纠纷调赔结合　化解医患矛盾关系显现

1. 黑龙江医疗责任保险稳步推进。一是黑龙江医疗责任保险保费收入逐年递增，2015 年同比增长达 39.12%。二是承保覆盖面逐步扩大，由 2011 年承保医疗机构 177 家，到 2015 年承保 476 家。三是保险保障功能作用愈发显现，2015 年为全省医疗机构提供风险保障 2.65 亿元，比 2011 年提高了 1.59 倍。

2. 工作开展情况。

（1）政策引导，营造良好发展环境。近年来，黑龙江保监局与卫生、司法等部门先后联合印发《关于创建“平安医院”推动医疗纠纷人民调解和医疗责任保险工作的意见》（黑卫医发［2014］150 号）、《关于印发黑龙江省维护医疗秩序打击涉医违法犯罪专项行动方案的通知》（黑卫医发［2014］17 号）等一系列文件，明确了各部门的责任分工，指明了医疗责任保险的发展方向，创造了良好的外部环境。

（2）强化合作，搭建部门间沟通协调机制。黑龙江保监局主动协调沟通各政府相关职能部门，积极向政府相关部门汇报保险行业化解医疗纠纷的作用，创建“平安医院”工作部门协调会议制度，明确小组成员和部门责任，共同研究解决推动过程中存在的问题、提出解决问题的方法、分享并推广成功经验，努力提高医疗责任保险提高覆盖面和保障程度。

（3）创新发展，引导保险公司提供多样化服务。结合黑龙江实际，深入分析保险需求，加快开发适销对路的保险产品；建立第三方调解机制，提早介入医疗纠纷调解程序，实现调赔结合，提高纠纷解决效率；加强队伍建设和人才培养，引导和培训专业技术人才，为投保客户提供风险咨询、安全培训、防灾检查等专业服务。

（4）加强监管，规范医疗责任保险健康发展。建立数据报送及重大事项报告制度，指派专人跟进医疗责任保险大型承保项目，监测条款责任、费率执行和相关程序合规性，切实保护投保人利益，维护行业公正性。通过加强监管，发现了变更保险条款和超地域范围经营的问题，责令相关保险公司限期整改，确保医疗责任保险合法合规经营。

（二）多措并举加快推动承运人责任保险发展

1. 基本情况。

（1）业务情况。保费规模逐年增加。2011—2015 年，黑龙江承运人责任保险保费收入年均保持20%以上增速，保费收入分别为 8 109.03 万元、10 174.17 万元、12 317.88 万元、1.41 亿元、1.38 亿元。

（2）项目推进模式。黑龙江省对 2014 年全省道路客运承运人责任保险进行公开招标，承保对象为班车客运、包车客运、旅游客运、临时加班客运，政府职能部门推动。在省道路运输出租工委调研和考察基础上，考虑到区域经济和营运环境不同，承保方案采取保费分级、区别对待的方法，将出租车道路客运承运人责任保险每座责任限额分为 25 万元、35 万元和 50 万元 3 档进行承保。“十二五”期间，承运人责任保险累计赔款支出 2.16 亿元，提供风险保障近 1 000 亿元，对转移道路运输经营者的责任风险，保障人民群众的合法权益起到了积极作用。

2. 工作开展情况。

（1）建立部门协调沟通机制。一是与省交通运输厅、财政等部门协调沟通联系，分析道路运输承运人责任保险发展中存在的问题，并就存在的问题提出相关建议。二是联合印发文件，印发《关于转发交通运输部中国保险监督管理委员会关于做好道路运输承运人责任保险工作的通知》，明确各部门的责任分工、工作任务、展业要求等，进一步规范和完善承运人责任保险制度。

（2）引导行业积极发展。一是要求行业协会发挥作用，搭建各相关部门信息交流平台，积极参与承运人责任保险招投标工作，对招投标过程中存在的问题及时提出相关建议，规避了各种法律风险和道德风险。二是要求保险公司创新保险机制，加大产品研发力度，开发有针对性、有地域特色的承运人责任保险产品，积极为投保人提供便捷服务；加强队伍建设和人才培养，提高销售能力和理赔服务能力等，为逐步扩大承运人责任保险覆盖面奠定了基础。

黑龙江省交警总队联合开展百日安全驾驶竞赛大型公益活动

（三）率先试行食品安全责任保险 保障“舌尖”上的安全

1. 加强统筹协调，积极与政府部门建立合作。2013 年，黑龙江保监局多次开展调研，鼓励保险公司开展食品安全责任保险，构建良好发展环境。2014 年，按照政策引导、政府推动、市场运作、专业辅助的原则，齐齐哈尔市组织食品企业参加保险产品宣导会，相关政府部门领导积极宣传和鼓励企业投保，推进会共签约保费约 10 余万元，总保障金额达 1 050 万元。2015 年，黑龙江保监局与黑龙江省食安办联合印发文件，明确在全省范围开展食品安全责任保险试点。

2. 探索承保新模式，实施食品安全责任保险共保。齐齐哈尔市食品安全责任保险采取商业化运作模式，对全市各餐饮企业提供风险保证，主要对投保人列明的经营场所内生产、销售食品，或者现场提供与其营业性质相符的食品时，因疏忽或过失致使消费者食物中毒或发生其他食源性疾患，或因食物中掺有异物造成的消费者人身伤亡或财产损失进行赔偿，不仅使得消费者能够在第一时间获得赔偿，而且在化解企业风险的同时也减轻政府的压力。

3. 与地方政府加强沟通，形成合力共同推进。2015 年，黑龙江省政府印发《关于黑龙江省 2015 年食品安全重点工作安排的通知》（黑政办发［2015］23 号），将食品安全责任保险纳入 2015 年食品安全重点工作，明确开展食品安全责任保险试点，探索建立政府、保险机构、企业、消费者多方参与互动的激励约束机制和风险防控机制。联合省食安办印发试点文件，明确组织领导、参保对象及开展模式，扎实推进黑龙江食品安全责任保险快速发展。开展2015年食品安全宣传周活动，举行“餐桌上的安全、舌尖上的保险”系列宣传报道活动，组织相关媒体市地开展调研采访，利用网站、微博、微信宣传试点工作进展情况。

4. 各地市及公司创新发展。大庆市保险行业协会与市政府食安办、食药局联合印发文件，重点在绿色食品、乳制品、酒类等行业及校园学生用餐服务开展食品安全责任保险试点；七台河市开展中小学校食堂食品安全责任保险，覆盖率达47%。2015年第一季度，全省共计制作食品安全责任保险挂牌1 000个，并下发至各市公司，此种做法一方面可吸引餐饮消费者到“放心店”用餐，加大餐饮企业客流量，另一方面可扩大产品宣传面，同时增加客户黏度。挂牌下发后反响较好，保费收入同比增长202%。

上　海

一、责任保险总体发展情况

“十二五”期间是上海责任保险“大发展、快发展”的关键时期，得益于中国保监会的正确领导和上海市委、市政府的大力支持，上海保监局积极开拓，充分激发行业积极性，不断释放市场活力，责任保险取得了长足进展。“十二五”期间，上海市责任保险累计实现保费收入98.92亿元，累计承保金额达到11.19万亿元，为64.58万起事故支付赔款63.98亿元，责任保险服务社会治理、解决矛盾纠纷、保障社会平稳运行成效突出。

经过“十二五”期间的大力发展，上海市责任保险已逐步形成下列几大特点：

（一）覆盖面广

“十二五”期间，上海市责任保险进一步加大推进力度，多项涉及国计民生的责任保险项目实现了全市覆盖。一是立足民生实事工程，以责任保险为依托，融合财产险和意外险的社区综合保险项目实现全市17个区县、208个街道（乡镇）全覆盖，实现全市2 400余万常住人口“人人有保险、户户有保障”。二是推进养老机构责任保险发展，实现全市公立养老机构12万张床位全覆盖。三是实现校方责任保险在本市1 600余所中小学全覆盖，为超过150万名中小学生提供有效保障，深得校方及家长的欢迎。四是实现上海市旅行社责任保险全覆盖，为年均1 400万人次国内游及360万人次出境游客安心出游提供了全面风险保障，并被国家旅游局高度关注及认可，在全国推广。

（二）创新力强

在着力推进“保民生、促保障”的基础上，上海保险业以创新为动力，促改革谋发展，坚定不移创新研发推出责任保险品种。一是在全国率先试点建筑工程质量潜在缺陷保险（IDI），依托保险机制优势，发挥风险管理和经济补偿功能，切实提升房屋建筑质量，切实保障中小业主权益；IDI项目已被住建部高度重视及认可，并将在部分省市试点推广，上海成为首批试点地区；得益于中国保监会项俊波主席的亲自推动和上海市政府主要领导的重视，上海保监局联合上海市住建委、上海市金融办联合起草了《关于本市推进商品住宅和保障性住宅工程质量潜在缺陷保险的实施意见》，市政府将正式发布，在浦东新区和保障房领域推行。二是上海防汛设施（墙）综合责任保险项目试点第一阶段正式启动，为长达282公里的黄浦江、苏州河公用岸段提供单次事故4 000万元、累积限额3亿元的风险保障，这是全国第一个防汛设施专项保险，保障范围广、特点突出。三是创新推出无船承运业务经营者保证金责任保险，有效替代“缴存保证金”的模式，大幅减轻无船承运人的资金压力和政府监管压力，深受各方欢迎，有力助推上海国际航运中心建设。

（三）社会管理职能突出

“十二五”期间，上海保险业多措并举，充分发挥责任保险的社会管理职能，运用保险机制服务社会管理，依托社会管理进一步提升保险业影响力。一是依托承运人责任保险，构建了上海市省际客运第三方监测平台。保险机构出资出人，借助“GPS + 大数据 + 移动互联”技术，将上海1.1万余辆长途客运大巴及旅游包车纳入24小时监控，关口前置，及时提示车辆超速、连续行驶、禁行时段行驶等行为，切实实施风险源头控制，运行两年来确保重大交通事故零纪录。同时，依托大数据分析，将违章多发企业、车辆报告至运管、交警等部门，有效提升了行政管理部门精准执法。该项目得到交通部的高度肯定。二是大力推进食品安全责任保险、环境污染责任保险、危险化学品责任保险等险种，与相关政府部门建立了多种有效的合作途径，通过保险风险管理提升主管部门管理效率，确保“十二五”期间本地未发生重大食品安全、环境污染、危化品泄漏事故事件。三是依托医疗责任保险解决医患纠纷，实现三级医院100%和二级医院90%以上的投保率，开创“长宁模式”及“医调驻点”模式，解决医患纠纷案件1.4万余件，有效缓解了医患矛盾，保障医疗机构平稳运行和病患合法权益。

二、责任保险监管工作开展情况

上海保监局深入贯彻落实“抓服务、严监管、防风险、促发展”的十二字方针，立足上海实际，以服务上海“四个中心”建设和建成全球具有影响力的科创中心为己任，切实发挥保险风险管理和经济补偿功能，全力推进上海市责任保险发展。

（一）合理布局，统筹发展

上海保监局一直以来将责任保险发展放在重要位置上，注重合理布局、科学谋划、统筹发展，积极落实中国保监会和上海市委、市政府相关要求。创新了监管推进责任保险发展模式，采取责任保险发展“推广扩大一批+试点落地一批+研究探索一批”的工作模式，确保年年责任保险领域实现现有险种覆盖面进一步扩大、创新险种落地试点、前沿险种研究取得突破。

（二）主动出击，积极突破

上海保监局带领上海保险业主动出击，深挖民生需求，紧跟社会变化，主动增强保险产品供给侧供给水平。上海保监局负责人争取各种机会争取政策支持，并主动联系对接各相关政府职能部门和区县政府，大力推广责任保险发展，为具体工作的开展营造了良好氛围。上海责任保险在多个领域成为国内首创，并被公安部、住建部、交通部、国家旅游局等部委肯定及认可。

（三）严格监管，好事办好

上海保监局在大力推进责任保险发展的同时，也十分重视对责任保险的监管，特别是创新险种，本着“大胆创新、谨慎操作、不留瑕疵”的原则，持续关注责任保险发展。项目推出必须经过充分论证，政策制定确保全面完整，关口前移，提前化解风险隐患。向市场持续灌输“好事办好”的理念，对各种扰乱市场、侵害消费者合法权益的行为“零容忍”，确保责任保险市场风清气正。

三、责任保险重点险种发展经验

（一）上海积极推进 IDI 发展

2015 年 3 月，应上海市政府邀请，中国保监会项俊波主席做“保险业的改革与发展”专题报告，并与韩正书记、杨雄市长进行会谈。项主席高度评价了上海市 IDI 项目的重要意义，得到上海市领导的高度关注。

近 20 年来，我国房地产业迅猛发展，建筑工程的质量与安全问题随之日益凸显。现行的建筑工程质量管理体系主要存在以下问题：一是建设单位不能全面管控建筑工程质量，监理单位独立性缺失。二是物业保修金无法统筹使用，一旦出现重大事故，存在明显资金缺口。三是大量分散的小业主被动承受建筑工程质量问题后果，难以维护应有权益。

世界各国在城市化发展进程中也普遍遇到建筑工程质量管控的难题，因此通过不断尝试和完善，逐步探索出了 IDI 保险模式。IDI 不但对建筑工程潜在质量缺陷提供了保障，更为监督建筑工程流程、管控建筑工程质量建立了一种有机、有序、有效的保障体系，在国际上已经比较成熟。

上海市政府认识到我国现行建筑工程监理模式的制度性缺陷，一直研究探索学习国际先进经验进行建筑工程质量管理制度创新。因此，2012 年起在全国率先推出了 IDI 的试点，并在地方立法中予以明确。上海 IDI 试点也项目得到了住建部的高度关注。

2015 年起，为进一步落实相关要求，更好地做好上海 IDI 项目，上海保监局积极联合市住建委等部门研究扩大推广 IDI 相关工作。一是切实摸清制约 IDI 发展的客观因素，并努力寻求政策突破点。二是联合制定《关于本市推进商品住宅和保障性住宅工程质量潜在缺陷保险的实施意见》，在浦东新区的商品房和全市保障房领域全面推行IDI保险。三是建立了IDI项目组，研究制定IDI承保方案、风险管理机构（简称TIS）管理、理赔服务流程等具体实施细则，为IDI在上海的开展做好各项准备工作。

（二）社区综合保险作为上海市政府十大实事工程之一助推和谐社会建设成效明显

随着上海市社会经济的发展，社区活动的内容日益丰富，人口流动性加大，社区环境日趋复杂，人民群众面临的生命财产损失风险也显著增大。上海通过社区综合保险，有效防范和化解了社区一线大量的矛盾、纠纷和风险，为构建和谐社区做出了积极贡献。

（三）找准三个新特色，对接政府职能转变，上海保险业创新服务社会治理体系新路子，推动客运交通安全管理模式重大革新

政府职能转变为保险业发挥社会管理功能、参与社会治理体系创造了广阔的空间。上海保险业以客运承运人责任保险为试点，整合资源，立足专业，依托信息化平台，利用大数据技术，切合政府部门职能转变要求，发挥保险风险管控的优势，运用保险费率价格浮动的市场化机制，成为政府管理市场、调控市场、服务市场的新手段，有效推动上海客运交通安全管理模式改革，为保险业服务社会治理体系探索新路径。

上海现有省级客运站34个，长途客运班车、包车经营业户共计140余家，全行业营运客车1.1万辆，经营线路3 400余条。经营主体数量多、规模小，公司化、集约化和品牌化程度以及整体运输组织水平和效率还不高。部分客运企业对于承包经营缺少必要的严格管理，部分驾驶员不按规定路线行使和站点停靠，超载、中途揽客、甩客等违规行为时有发生，安全事故隐患频现，重特大事故时有发生。

为控制上海客运市场的整体风险度，推动保险公司履行社会责任，有效发挥风险保障功能并能实现合理的经济效益，上海保监局主动协调上海市城市交通运输管理部门，提出以GPS技术、移动互联数据网络、大数据、云计算为依托，以"立足源头、关口前移、监管覆盖、保承双赢"为目标原则，建设上海市省际客运行业第三方安全监测平台（以下简称平台），全天候监测省际客车行驶风险，以承运人责任保险费率浮动为经济杠杆，以交通运管部门刚性约束为行政杠杆，齐步共管落实省际客车安全行驶。

平台由上海市省际客运人责任保险共保体出资建设和维护，2014 年 1 月 1 日正式上线运行。80 名工作人员通过 4 班轮班对沪上 140 余家省级客运运输主体，对万余辆班车和旅游包车行车过程中出现的超速、早晨 2 点至 5 点的禁行时段行驶、GPS 掉线、疲劳驾驶和线路异常 5 项指标实施 24 小时实时监测。在监测过程中，对出现的违规情况，平台将立即提醒车辆驾驶员并通知相关企业安全人员，要求相关驾驶员及安全人员立刻采取整改措施，从源头上最大限度地消除事故隐患。

通过建立与行业管理部门的合作机制，平台汇总的数据将作为省际客运企业诚信考核、从业人员信誉考核和后续行政管理政策出台的基础信息和重要依据，使政府管理部门的管理手段有的放矢，切实起到辅助社会管理的作用。同时，通过平台定期上报的监控数据，运输管理部门和交警部门可以有效发现违法违规行为，并采取针对性的行政管理措施，通过约谈、处罚、吊销牌照、停办业务等方式倒逼风险高、经营差的车辆和企业退出市场，累计限制、处罚、清理违法违章行为严重的车辆近百辆，有效净化了市场，规范了经营。

得益于平台管理和行政手段相结合，上海班车包车违法违章行为大幅降低，平台上线后车辆超速、禁行时段行驶的行为降低了 50% 以上，客运人责任保险出险率降低了 30% 以上，平台上线两年多来上海未发生任何一起重大客运交通事故。

江 苏

“十二五”期间，江苏保险业围绕服务江苏“两个率先”大局，主动适应经济社会发展新常态，准确把握责任保险在社会治理中的定位，积极落实“新国十条”明确的“政府引导、市场运作、立法保障”责任保险发展模式，促进了责任保险快速健康发展。

一、责任保险总体发展情况

“十二五”期间，江苏从地方经济社会发展需要，创新推动了医疗责任保险、环境污染责任保险、安全生产责任保险、食品安全责任保险等责任保险险种发展，取得了良好成效。一是保费规模实现快速增长。全辖责任保险保费从2011年的12.67亿元增长到2015年28.66亿元，4年实现翻番，为社会提供了9.2万亿元的责任风险保障。二是保险产品日益丰富，由原来较为单一、粗放的状况，不断精耕细作，创新了多样化的各类责任保险险种近30个，较好满足了社会方方面面的责任风险保障需求。三是责任保险的功能作用得到体现。责任保险在校园风险、医疗风险、环境风险、社区风险等责任风险管控中发挥了不可或缺的作用，成为各领域社会治理体系重要的组成部分。

二、责任保险监管工作开展情况

（一）加大宣导力度，推动政策创新

推动责任保险，需要处理好政府与市场的关系，发挥好政策的引领作用。一是主动与相关行业主管部门沟通协调，向地方政府请示报告，宣导责任保险防范化解风险、辅助社会管理的功能作用，推动政策文件制定出台。近年来，行业呼吁和期待政府在多领域通过立法强制推动责任保险，江苏保监局一方面运用好国家层面法律法规，并积极推动省市立法，另一方面注意发挥政策引领作用，单独或联合向省政府提交责任保险相关请示、报告，多次得到省政府领导批示。积极推动有关部门单独或联合下发推进责任保险的指导性文件，得到省政府转发。如早期江苏保监局联合省安监局推动省政府转发《关于在全省高危行业推行安全生产责任保险的意见》（苏政办发［2011］30号），有力促进该险种在全省范围内迅速开展。二是建立新闻发布会制度，加强与各主管部门开展相关领域责任保险的新闻宣传工作，提高公众责任风险意识。近年来，人民日报、新华日报、中国保险报及中央电视台等媒体报道江苏责任保险发展的各类文章、报道近百篇（次），为责任保险的发展营造了良好的政策环境和舆论氛围。江苏组建了以专

家学者为主体的江苏保险知识普及宣讲团，每年完成宣讲 20 多场次，责任保险是其重要内容之一。三是推动责任保险理论研究工作，为进一步出台政策、推动发展提供理论支撑。江苏省保险学会设立了责任保险研究专项基金，省保险行业协会成立了责任保险专业委员会。

（二）结合险种特点，推动模式创新

市场经济条件下推动责任保险发展需要关注不同主体的利益关系诉求。一是以主管部门考核评价为抓手。江苏在推动医责险过程中，将医责险纳入“平安医院”的考核体系，是否投保医责险成为考核医院医疗风险防控水平的重要评价指标。2015 年江苏承保各类医疗机构 3 900 多家，二级以上公立医院参保率达到 100%。江苏保监局推动省社会信用体系建设领导小组将参保环责险纳入《全省环保信用体系建设纲要（2016—2020）》（苏环办发［2016］10 号），在企业环保信用评价标准中，企业参保环责险的加 5 分。二是以管理机构的管理责任为抓手。在推进环责险中，借力工业园区、化工园区管委会对污染风险的管控责任，主动帮助管委会开展培训、设计污染风险防控体系，推动了多地化工园区的环责险统保业务。在设计电梯责任保险方案时，以省质监局作为项目采购人，检验检测机构作为投保代理人并提供保费补贴（商业电梯补贴 20%，住宅电梯补贴 50%），简化了流程、明确了责任、增强了公信力。三是以推动地方惠民政策落实为抓手。苏州借力政府“惠老工程”，设计了以养老机构综合责任保险、居家养老服务组织责任保险为主体的惠老保险方案，苏州市民政局用福彩公益金给予 80% 的保费补贴，保障了民生，惠及更广泛老年群体，截至 2015 年底，累计为 95 个街道、近 20 万张次床位提供了总额达 700 多亿元的风险保障。

（三）紧盯市场需求，推动产品创新

责任保险产品的生命力在于满足客户需求，在于不断创新。一是拓宽传统险种保障范围，增强适应性。江苏校方责任保险在开办之初只适用于中小学，后来进行产品创新，拓宽保险责任，率先在全国全面覆盖了幼儿园、中小学、职业学校、大学在校 1 300 多万名学生。二是优化保险产品组合，推陈出新。在原有险种基础上，创新开发新的责任保险险种。早期，江苏在推动安全生产责任保险时并没有狭义的安全责任保险产品，只有高危行业火灾公众责任保险和雇主保险等产品，且相关产品责任范围还存在交叉。为此，江苏保监局指导保险机构根据企业风险保障需求，在综合和优化原有公众责任保险和雇主责任保险基础上，创新开发了狭义的安全生产责任保险，得到企业的欢迎和政府的认可。三是创新开发新险种，填补空白。江苏保监局在积极引导保险公司在做好既有险种的同时，深入调查分析群众需求，研究创新险种，连续创新开发了家政雇佣责任保险、社区居（村）委会责任保险、农村食品安全示范店商品责任保险、校园餐饮责任保险等保额较低、投保理赔简单的责任保险险种，受到社会广泛关注，得到包括央视新闻联播等媒体的报道。2015 年，江苏保监局又推动保险公司结合科技创新需要，试点开展了遥控航模责任保险。

2011 年 3 月，江苏保险业向全省中小学赠送
《公共安全教育读本》150 万册

（四）发挥专业优势，推动服务创新

提升增值服务和客户体验是责任保险可持续发展的重要保证。一是从事前风险预防入手，创新增值服务。在环责险推动中，江苏保监局指导保险公司发挥风险管理的专业优势，聘请专家团队对投保企业开展环境污染风险评估，截至“十二五”末，累计对 3 000 多家企业进行了环境风险勘查评估，出具评估报告 3 000 多份，汇总 14 大类、118 个小类的问题，帮助企业排查出较大环境污染隐患 3 033 万余个、发现问题 16 005 个，提出环境安全相关建议 19 038 个，培训企业安全环保人员4 000多人次。在2015年度环保部公布的名单中，江苏投保企业占60%以上，涉及化工、污水处理等20多个高污染风险行业。二是从事中风险控制入手，创新增值服务。保险公司参与医患纠纷“保调结合”机制不畅、不能有效地将医患纠纷处置引出医院，一直是影响医院投保医责险的一个重要因素。启东市依托“社会大调解”背景，顺应社会矛盾重点发生转换的形势，创新探索“医责险+”的新模式，在大调解体系内，运用市场化机制，解决了医调委资金无来源“钱的问题”，调解队伍不专业、主动性不强“人的问题”，实现了医疗纠纷处置的快速反应，破解了医患矛盾化解难题。2015年启东市医责险保费同比增加了近一倍，“医闹”次数、出警次数、赔款金额同比下降一半。央视财经栏目对启东经验进行了报道。三是从事后风险评估入手，创新增值服务。为进一步发挥保险的社会管理功能，协助学校提升风险管理水平，江苏保监局对2007年以来全省校方责任保险死亡案件进行了调研分析，发现小学生死亡赔案中前四位的死亡原因为溺水、体育运动过激、坠楼、交通事故；中学及职校死亡赔案中前四位的死亡原因为疾病猝发、溺水、体育运动过激、嬉戏打闹及打架伤害。据此，江苏保监局向教育部门提出加强学生体检建档与体质跟踪、加强学校周边水塘及教学楼二楼以上栏杆安全防护、加强学生法制教育安全教育等建议，对全省进一步加强校园风险管理、消除校园风险隐患发挥了积极作用。

三、责任保险重点险种发展经验

（一）创新服务举措，优化运营模式，无锡充分发挥环责险在环境风险防控中的作用

“十二五”期间，无锡按照“政府主导、市场运作、专业经营、风险可控、多方共赢”的原则，通过采取政策扶持、服务支撑、创新引领等措施，进一步推进环境污染责任保险向更广领域拓展，向更深层次聚焦，进一步加强各类环境风险防范，在构建绿色无锡的新进程中发挥了重要作用。保险公司在企业投保前和投保后，聘请环保专业技术人员组成专家团队，深入企业逐一为企业进行“环保体检”，覆盖冶金、制药、造纸、火力发电等24个行业。

一是完善环境风险服务体系，提高企业防范能力。积极加强与第三方专业机

构（第三方机构由相关行业及院校专家组成）的合作，利用他们的专业力量、技术优势和服务平台，定期深入参保企业，广泛开展现场风险勘察和评估，及时出具风险评估报告和风险隐患提示函，帮助企业抓好队伍培训和整改，提高企业风险防范能力，切实把各类环境风险消灭在萌芽状态，最大限度控制各类风险事故的发生。

二是构建环境风险监管网络，全程抓好风险督查。针对不同行业、不同区域环境风险的特点，建立全市环境风险数字地图和数据库，便于环保部门适时了解全市环境风险情况，有针对性地抓好督导。保险公司协调第三方机构定期出具全市参保企业环境风险评估报告，深入分析全市环境风险中存在的各类隐患及需要重点解决的问题，环保部门根据评估报告，及时抓好对重点企业、重点行业的督导，不断提高工作效率。建立“互联网 + 环责险”环境信息云平台，嵌入投保企业环保管理信息及处理装置运行、应急物资、应急处置等相关资源，切实做好承保单位的事前、事中风险评估和风险控制，充分发挥信息网络对环责险的推动作用。

三是提升环境风险服务水平，有效控制环境风险。坚持服务队伍专业化，抽调基层业务骨干重组环境污染责任保险专业团队，通过邀请专家培训、案例剖析、与专业公司合作等方式，积极提高服务人员的专业技术水平。坚持服务保障常态化，建立了参保企业分管领导、公司专业团队、行业专家联席会议制度，对参保企业逐一进行风险评估，帮助企业深入查找风险点，做好各类防范措施。坚持服务形式多样化，聘请行业专家为 430 家企业的相关人员进行环境污染风险培训，印制和发放资料 10 000 多份，帮助企业加强防灾防损，提升企业污染治理和环境管理水平。

推动环境污染责任保险落地生根，为各级有效防范各类环境风险构建了“防火墙”和“保护伞”，在推进经济社会健康可持续发展中发挥了重要作用。2013 年 9 月 10 日，中国经济导报、中国证券报、科技日报、法制日报、经济观察报、中央电视台财经频道等媒体到无锡采访环境污染责任保险“无锡模式”。

（二）启东“医责险+”模式，有效介入医疗纠纷防范化解工作

医疗纠纷频发严重影响了医疗机构的正常医疗秩序，影响社会和谐。2014年，江苏启东市依托“社会大调解”平台，借力医疗责任保险保障，引入“专业第三方”，探索创新了一条专业化、市场化的医疗纠纷化解之路，在不增加政府公共支出的情况下，实现了医疗纠纷处置的快速反应与妥善解决，破解了医患矛盾难题，主要做法：

一是政府牵头组织，实现多方联动。该项工作由政法委牵头，市政法委书记亲自挂帅，成立由医疗卫生、公安、法院、司法等部门参加的医疗纠纷调处领导小组，专门下发文件，明确各部门职责，建立联动机制，对工作不力的予以“一票否决”，有效地调动了公检法及各方社会资源，实现了纠纷的快速、合理处置。

二是创新机制模式，实现市场运作。引入在医疗纠纷调处方面具有丰富经验的“专业第三方”保险经纪公司，接受政府委托，并拿出50%的经纪费用于医疗纠纷人民调解委员会调解专家和工作人员的聘用以及日常运作经费，节约了政府的财政支出和人员编制。

三是创新保险服务，兼顾各方利益。兼顾“医、患、保”三方利益，因地制宜地设计统保方案，扩大保障范围，提升保障金额。专门成立医学和法学专家库，纠纷案件的评鉴工作由医学专家、法学专家、医调委、保险公司、保险经纪人五方共同参与，保证了评鉴结论的专业性和权威性。

四是加强风险防控，提升医疗质量。“专业第三方”依托其专业经验，采取“走出去”“请进来”“送上门”等途径，积极为投保的医疗机构开展培训，提供风控建议，查找风险点，促进医疗安全管理、医疗质量水平提升。

初步成效：启东“医责险+”模式为政府有效化解医疗纠纷提供了经验借鉴。一是为政府分了忧。模式创新一年多来，全市共发生医疗纠纷案件110件，其中3件经行政调解，8件向法院诉讼，医调委受理102件，调解成功99件，调解成功率97%，大大节省了行政资源。二是初步实现医疗纠纷由院内转向院外。一旦发生医疗纠纷，医调委及时派出相关专家前往医院协调处理，基于其专业性、独立性、权威性，促使医疗纠纷处理转向院外，维护了良好医疗秩序。2014—2015保险年度，启东“医闹”事件仅仅发生1件，比机制创新前一年度

的6件减少5件，下降83.3%。三是维护了患方的合法权益。医调委调处结果不偏不倚、公正公平，得到患方的认可。2014年8月以来，医调委共计为患者争取损害赔偿金554万元，患者的合法权益得到有效保护。一年多来，医调委收到患者、医院赠送的锦旗9面。

“启东模式”是当前形势下行之有效的医疗纠纷化解机制，推进了医疗纠纷调解工作的市场化、专业化、多元化、法治化，维护了医患双方的合法权益，维护了社会和谐稳定。

浙　江

一、责任保险总体发展情况

2011年以来，浙江省责任保险进入快速发展期，在政府有关部门的支持下，通过发文推动、财政购买等措施，先后在食品安全、交通运输、医疗卫生、公共教育、养老机构、自然灾害等领域推广责任保险，针对市场需求，积极发展公众类、雇主类、产品类、职业类等责任保险产品，努力扩大服务领域，积极参与社会治理，取得了初步成效。2015年，浙江省责任保险提供风险保障达6.2万亿元。其中，财政的杠杆效应明显，如丽水市各级财政2015年共出资316万元购买自然灾害公众责任保险，为全市265.7万名城乡居民提供了近300亿元的风险保障。

二、责任保险监管工作开展情况

在中国保监会的正确领导下，在省政府的大力支持下，浙江保监局在“十二五”期间肩担属地责任，一手推动各级政府加强对保险的认识，建立顺畅工作联系，一手推动保险行业加强保险创新，不断加大供给侧改革力度，夯实了责任保险深入发展的基础，有助于进一步发挥保险的社会管理功能，服务地方经济健康平稳发展。主要表现为：

一是积极推动，获得省政府的大力支持，与相关厅局建立工作联系机制。“十二五”期间，浙江保监局积极努力的工作获得了省政府的肯定和认可，在保险业“国十条”出台后不久，即率先出台了“省十条”，并提出 18 项政保合作项目，其中责任保险占 11 项；出台了第一个落实《农业保险条例》（浙江省人民政府令第 331 号）的地方性法规，并纳入涉农保险，包括相关责任保险。同时，浙江保监局也与相关厅局建立了工作联系机制，共同推动相关领域责任保险发展。据不完全统计，浙江保监局参加了约 40 个各项工作推动领导小组。

二是鼓励创新，搭建平台，推动保险公司积极参与。“十二五”期间，浙江保监局鼓励保险公司根据自身发展战略和优势积极参与政保合作项目，在浙江保监局建议省政府成立的保险专家人才库组建时，引导保险公司及时加入，配合相关项目的推进工作。一方面，浙江保监局多次与相关厅局牵线搭桥，组织召开首台（套）保险、食品安全责任保险、专利保险等保险公司与相关行业的对接会，搭建供需双方合作平台，为深入合作奠定基础；另一方面，鼓励保险公司创新“接地气”的保险产品，鼓励中介公司发挥积极作用。经过“十二五”期间的拓荒发展，一些责任保险由原先零散的、保险公司自主发展的模式，升级为政府引导、市场运作的模式。

三是加强研究，规范发展，确保政保合作项目健康发展。一手促发展，一手抓监管。“十二五”期间，浙江保监局着眼于责任保险可以持续地健康发展，多次组织相关部门、公司、专家，深入研究如何因地制宜地发展责任保险，在全省各地先后开展了环境污染责任保险、医疗责任保险、食品安全责任保险、电梯安全责任保险、火灾公众责任保险等试点工作，在推动政保合作深入发展的同时，督促辖内保险公司在开拓创新的过程中要坚持依法合规，坚持可持续健康发展。

三、责任保险重点险种发展经验

（一）食品安全责任保险

2015 年，在省级相关部门的大力支持下，浙江省食品安全责任保险工作扎实推进，初步实现了服务食品安全工作和促进保险业可持续发展的“双赢”。截至2015年底，全省（不含宁波，下同）投保单位共4 168家，保险公司实现保费收入1 672万元，保障金额近110亿元。从总体上看，社会影响不断扩大，食品生产经营主体自觉参保、主动参保的氛围正在逐步形成，责任保险助推食品安全工作的各项机制也在逐步发挥作用。

一是多方互动。报经省政府领导同意，联合制定《浙江省开展食品安全责任保险试点工作的指导意见》（浙食安办［2015］4号）。指导意见结合浙江实际，开创性地提出了建立事前、事中、事后服务体系的“六个一”措施（建立一支队伍、提交一份风险评估报告、建立一个数据库、第一时间参与应急救助、简化一套理赔程序、设立一个公益资金项目）。多部门联合举办了全省食品安全责任保险工作对接会，全省市、县（市、区）食安办负责人，各市金融办负责人，12家省级保险机构及1家保险风险管理公司约180人参加，并邀请10余家主流媒体现场报道，取得了良好效果。

二是健全机制。组建联席办公室，制定下发《浙江省食品安全责任保险试点工作联席会议办公室2015年工作计划》和《浙江省食品安全责任保险试点工作联席会议制度》。建立季度督查通报制度。浙江省政府年初与各市政府签订了2015年度食品安全工作目标管理责任书，要求各地“在学校食堂、校园大宗食品统一配送单位、大中型餐饮服务单位率先开展食品安全责任保险试点工作，各市不少于5家”。

三是创新模式。联席会议办公室会同第三方风险管理机构、省食品安全责任保险专家组及市县食安办人员，根据食责险发展情况、市场需求和原保险条款的修改意见等，联合出台了一份食品安全责任保险示范性合同条款（建议）。各地结合实际大胆创新，积极探索食品安全责任保险参保方式。如台州通过界定“公商属性”（公益性与商业性），建立以市场运作为主体、政府公益购买为辅助的“政企同推”的投保模式。仙居等地引入第三方风险管理机制，进行承保前风险评估，并联合保险机构设立“二金、三库”，即食品安全风险管理基金、协同共管专项资金，参保单位数据库、督导员信息库、专家智囊库等。海曙区则加大财政支持力度，按照1∶1的比例补贴保费。

四是加强宣传，定期编发简报，拍摄全国首部食品安全责任保险题材公益微电影《爱的保险单》，社会反响良好。

（二）承运人责任保险

浙江省承运人责任保险的规模化承保始于2004年，目前是浙江省责任保险中规模最大的险种。2015年浙江省该险种保费达到2.65亿元，占责任保险总保费的1/5，赔款支出1.23亿元，全省共处理赔案4 635件，案均赔款2.65万元。

1. 发展历程。浙江省承运人强制责任保险已走过10年的发展历程，经历了破题、合法化和市场化3个阶段。

2004—2005年：2004年9月1日起，以浙江省交通厅道路运输管理局出台《关于组织实施营运客车承运人强制责任保险制度的通知》（浙运［2004］86号）为标志，浙江省领跑全国，在全省范围内全面实施营运客车座位强制保险制度，由两家保险公司组成共保体。

2006—2009年：2006年1月1日起，浙江省人大常委会通过修订后的《浙江省道路运输管理条例》（浙江人大第35号令）开始实施，其中第二十九条规定，“旅客运输经营者、危险货物运输经营者应当分别为旅客或者危险货物投保承运人责任保险”，为承运人强制责任保险提供了法律依据。

2009—2015年：2009年，人保浙江省分公司不再牵头组织共保体，其他保险公司也开始介入该业务领域。其中，2013年交通运输部和中国保监会联合下发了《关于做好道路运输承运人责任保险工作的通知》（交运发［2013］786号）后，浙江保监局联合省交通运输厅及时转发，本着就高不就低的原则，要求“高速、快客班线客运车辆，每座承运人责任保险最低投保限额维持50万元不变”。

目前，客运险的经办模式基本分为两种：一种为依托保险经纪公司；另一种由保险公司直接向客运企业进行展业。危货险则基本由保险公司直接向危货运输企业展业承保。

2. 主要特点。一是市场集中度较高。目前辖内共有27家财产险公司开展了承运人责任保险业务，其中年保费规模在1 000万元以上的有4家。二是产品责任覆盖面广。道路运输承运人责任保险分为客运险和危货险两种。其中，近9成的份额为客运险。三是社会管理作用明显。在市场化运作的大背景下，该险种发展总体良好，获得了投保企业和各级政府的认可，在损害赔偿、企业风险管理和辅助社会管理等方面都发挥了一定的积极作用。尤其在发生大案时，保险公司通过开通理赔绿色通道等方式，向投保企业及时预付赔款，对于稳定事故受害方情绪、协助地方政府进行事故善后工作起到较大作用，得到投保企业和政府的好评。例如：2010 年萧山机场高速公路上雪天空载大客车冲撞对向行驶的满载旅游大巴，造成 8 死 18 伤的恶性事故，该事故为近年来浙江省伤亡情况最严重的事故之一。事故发生后，承保满载旅游大巴承运人责任保险的承保公司按照先赔付后追偿的原则，累计赔付 235 万元，为妥善处理事故起到重要作用。

安　徽

“十二五”期间，安徽保监局按照中国保监会“抓服务、严监管、防风险、促发展”的方针指引，深入贯彻落实保险业新“国十条”，积极引领和推动责任保险领域健康发展，大力推进安全生产、医疗责任等与公众利益密切相关的责任保险，努力探索保险业服务国家治理体系和治理能力现代化，为安徽经济社会发展保驾护航。

一、责任保险总体发展情况

“十二五”期间，安徽省责任保险持续快速发展。2011—2015 年，全省分别实现责任保险保费收入 3.21 亿元、3.94 亿元、5.24 亿元、6.06 亿元、7.37 亿元，年均增长 23.1%，每年迈上新台阶。累计提供 4.33 万亿元风险保障，年均增长 21.56%，责任保险风险补偿力度持续加大。“十二五”期间，责任保险累计赔款支出 11.17 亿元，赔案件数 13.12 万件，风险补偿作用得以充分发挥，参与经济社会风险管理的能力进一步增强。

二、责任保险监管工作开展情况

2014年8月，国务院发布《关于加快发展现代保险服务业的若干意见》（国发［2014］29号）。2015年3月，安徽省政府出台关于加快发展现代保险服务业的实施意见，淮南、阜阳、含山等相继出台实施意见。随着新“国十条”政策红利的加快释放，安徽保监局顺应形势需要和政策要求，紧抓责任保险发展重点方向，主动争取政策支持、健全工作机制，协助地方政府运用保险机制提升社会管理能力和经济发展动力。

（一）强化合作，营造良好政策环境

责任保险的发展离不开各级政府的引导和政策的支持，安徽保监局始终把营造发展环境、搭建合作平台作为引领发展的重要途径。一方面，坚持政策先行，夯实制度基础，更好地发挥政府作用。通过联合下发文件、建立联席会议机制、共同指导试点等方式，与政府部门共同推进工作、研究对策，实现了行业发展意愿与政府工作要求的紧密结合。“十二五”期间，先后会同省环保、卫计、综治、司法、安监、质监、食药监等部门出台了10余项推动责任保险发展的政策文件。另一方面，强化后续跟踪，确保政策落地，重视市场在资源配置中的决定性作用。定期对重点险种推进和政策落地情况进行跟踪督导，采取专题会议、实地走访等方式，听取基层部门、保险公司和投保主体意见建议，及时查摆不足、解决问题。同时，总结推广行之有效的实践经验，先后形成了医患纠纷调解的“蚌埠经验”等模式。

（二）抓住重点，创新发展顺应要求

“十二五”期间，特别是在贯彻落实新“国十条”进程中，责任保险发展驶入“新车道”，重点险种创新发展，呈现良好局面。医疗责任保险方面，通过“人民调解＋保险理赔”模式，保险业深度参与全省各地医患纠纷预防处置工作及“平安医院”建设，为全省5 500余家各级医疗机构提供了年均20亿元的医疗风险保障，缓解医患矛盾、防范化解医疗纠纷、维护社会和谐稳定方面的作用不断增强。安全生产责任保险方面，积极参与安徽省安全保障能力建设，打通安全生产风险抵押金向安责险过渡的政策通道，推动危险化学品、非煤矿山等重点

高危领域统保工作，逐步建立健全安全生产保障和突发事件应急保险机制。环境污染责任保险方面，通过3年试点，培育形成保险参与的环境风险治理机制，做到了三个“率先”，率先以工业园区为单位的环责险统保示范，率先建立全国首个环境污染责任保险第三方专家库，率先运用红外遥感和无人机技术辅助投保企业进行环境风险管理。食品安全责任保险方面，在宿州市探索食责险区域投保，有效破解皖北地区集体餐饮卫生安全难题，构建公共食品安全保险保障机制。养老机构责任保险方面，实现全省公办养老机构25万张床位应保尽保，主动协助有关部门开展全省范围内参保养老机构风险排查，体现风险管理服务。其他责任保险方面，道路承运人责任保险和旅行社责任保险实现全面覆盖，律师、会计师、医师多点执业等职业创新型业务领域保险有序开展，特种设备责任保险涵盖压力容器、游乐设施、电梯轿厢等特种设备，有效覆盖社会公众风险敞口。责任保险为“美好安徽”“平安安徽”提供全方位的风险保障。

养老机构责任保险签约仪式

（三）注重实效，监管工作强调效果

责任保险推进过程中，保险监管坚持按照保险业“十二五”目标规划，引导行业关注政策导向、民生目标、焦点领域，在服务国家治理体系和治理能力现代化的进程中发挥实效、贡献力量。一是强监管出实招，保险监管在监督保险产品发挥经济补偿作用的同时，主动要求保险主体通过服务参与事前风险管理。例

如，在校方责任保险实现全覆盖的情况下，督促公司开展校园区域风险检查和安全教育宣传，防范校园集体安全风险。二是善监管重实际，保险监管持续对接供给侧结构性改革，增强发展的内生动力。例如，环境污染责任保险试点中，根据市场反馈及时会同省环保厅调整承保名录，督促共保体公司优化服务方案和条款费率，建立环境污染损害鉴定专家库，最大限度发挥减损功能作用，努力推动险种从低水平保费供需平衡向高水平保障供需平衡过渡。三是严监管求实效，责任保险监管探索过程坚持放管结合，充分运用外部沟通、政策宣讲、监管提示等手段，打造依法有序竞争环境。一方面，坚持责任保险发展过程中“宽的更宽”，鼓励市场主体在责任保险领域的一系列创新，通过合理的容错机制让市场充分发挥能动作用；另一方面，坚持责任保险合规“紧的更紧”，严守条款费率和偿付能力底线红线，切实规范责任保险危险单位划分，始终强调责任保险服务与业务的匹配协调。

三、责任保险重点险种发展经验

（一）安徽环境污染责任保险立足创新、行稳致远

2012 年 10 月，安徽保监局会同省环保厅制定《关于推进环境污染责任保险试点工作的实施意见》（皖环函［2013］25 号），2013—2015 年，对全省采矿业、危险化学品等 6 大类行业名录企业开展环责险试点工作。本着“政府推动、市场运作、突出重点、风险可控、动态管理、双赢发展”的实施原则，由 3 家保险公司组成共保体承办服务。试点期间成果显著，企业参保率逐年提升，保险公司创新服务不断升级、“会 + 推 + 追”的安徽试点模式成为全国典范。

1. 承保理赔顺利开展。试点期间，依照环保部门企业名录分期分批试点承保。截至 2016 年 3 月，参保企业 419 家，参保率 78%，覆盖铜陵有色、马钢等省内超大型企业，共计承担风险保障 9.75 亿元。3 年期间共发生保险理赔案件 13 笔，赔款金额 34.90 万元，承保理赔工作获得客户认可。

2. 创新服务亮点纷呈。2015 年 9 月 7 日至 8 日，共保体组织运用无人机、红外检测等最新科技，在六安市捷通达化工所在工业园区开展环境风险评估管理。同时，聘请的环境污染灾害风控专家进行现场风控管理示范讲解，为投保企

业提供风险管理增值服务，得到企业欢迎。安徽保监局、省环保厅及当地环保局见证了环境监测高科技技术在化工企业生产一线的实际应用，《中国保险报》《新安晚报》等媒体全程参与报道。

3. “会 + 推 + 追”安徽模式得到认可。3 年试点期间，安徽保监局与省环保厅多次组织共保体公司商谈改进保险服务方案，先后召开 3 次全省启动大会及多次试点工作推进会。多次组织联合督导组赴各市现场督导，深入重点企业听取企业意见建议。通过召开“启动会”“现场推”和“联合追”三步走的方式，共同推进环责险的发展，取得了重要突破，形成环责险“安徽模式”。

（二）食品安全责任保险的“宿州样本”

2016 年 1 月 13 日，安徽保监局联合省食安办、省食药监局、省金融办出台了《安徽省食品安全责任保险试点工作实施方案》（皖食安办［2016］5 号）。本着“政策引导、市场运作、惠民利民、共赢发展”的原则，探索完善安徽区域内的食品安全社会管理体系，强化食品生产经营主体首负责任，有效防控食品安全风险，保证食品安全事故中的受害人得到及时补偿，维护消费者合法权益。

1. 重点覆盖高发防控。根据方案，安徽选取了涉及食品安全生产和流通的重点行业领域作为试点范围，具体涵盖食品生产加工环节的肉制品、食用油、酒类、保健食品、婴幼儿配方乳粉、液态奶、软饮料、糕点等企业和经营环节的集体用餐配送单位、餐饮连锁企业、学校食堂等。

方案首次将食品安全纠纷易发高发的各类网络食品交易第三方平台的入网食品经营单位纳入保险保障视野，还针对安徽各地特有的、食品安全事故高发的行业和领域予以制度安排，鼓励其他领域食品安全生产经营单位积极投保。

2. 试点推动卓有成效。方案发布后，位于皖北地区的宿州市先期启动试点。宿州市政府与 2 家保险公司签约食品安全责任保险项目，市财政出资 450 万元，为全市城乡 700 万人统一购买食品安全责任保险保障服务，重点覆盖城市大排档餐饮、农村集体聚餐及受害人自救能力不足等食品安全事故，实现了保险行业整体性承接政府社会管理服务需求的新突破。

食责险承保期间，承保机构不断完善食品安全风险管控服务，从保费中按比例计提食品安全专项经费，于 2016 年 4 月 5 日在市县辖区举办食品安全救助保险专项培训，详细介绍食品安全救助保险方案，理赔操作流程及风险防范措施。印制食品安全救助保险宣传单发放城乡民众，发挥当地主流媒体正面宣传和引导作用，使食品安全责任保险深入人心，为试点工作进一步深化营造良好的舆论环境和社会氛围。

福 建

一、责任保险总体发展情况

（一）业务规模稳步增长

“十二五”期间，福建省（不含厦门，下同）责任保险累计实现保费收入27.23亿元，年平均增幅15.8%，高出同期财产险公司总保费平均增速1.3%。责任保险为福建省财产险第三大险种，占比3.3%，仅列车险和企财险之后（见图5）。

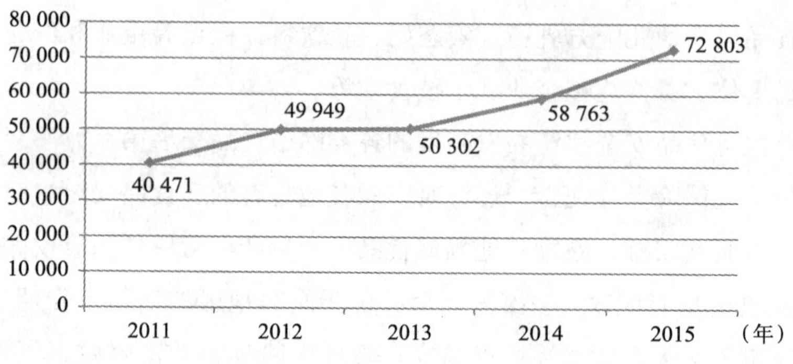

图5 福建省责任保险保费收入情况图

分险种看，传统险种仍然占主流，雇主、承运人、医疗和产品责任保险等险种保费收入合计占比接近6成，其中雇主责任保险保费收入8.1亿元、承运人责任保险4.3亿元、医疗责任保险2.2亿元、产品责任保险1.2亿元。新型险种中，自然灾害公众责任保险保费收入2.3亿元，在责任保险中的占比达到8.3%，其他险种发展较为缓慢（见图6）。

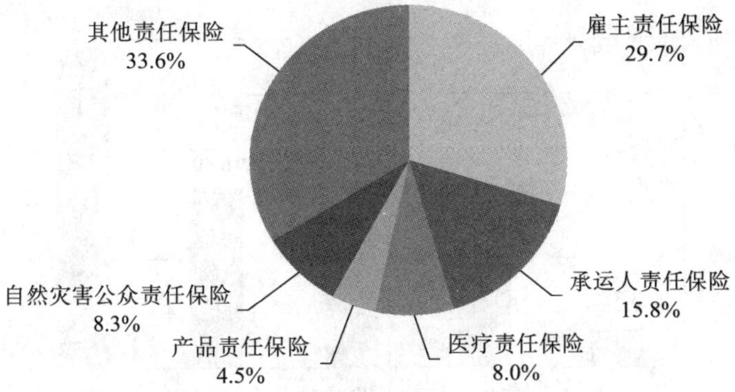

图6 “十二五”期间责任保险主要险种保费占比

（二）服务领域逐渐扩大

责任保险产品日趋丰富，服务领域进一步拓宽。从传统的公众责任保险、雇主责任保险起步，承运人责任保险、医疗责任保险等发展较为迅速；自然灾害公众责任保险基本实现各县区市全覆盖；电动车责任保险、食品安全责任保险等进一步推进或探索开展，同时在安全生产、食品安全、环境污染、诉讼财产保全等领域实现新的突破，责任保险日益渗透到与人民生活、生产密切相关的各个领域。

（三）功能作用进一步增强

责任保险在快速发展的同时，经济补偿、社会管理等功能作用逐步得以发挥。“十二五”期间，福建省责任保险累计为全省提供7.4万亿元的风险保障，年平均增幅72%；责任保险赔付21.13亿元（已决赔款+未决赔款），抵御风险作用进一步增强（见图7）。

（四）政策环境有效优化

随着业务推进，各级政府部门和社会公众对责任保险关注程度明显提升，尤其是《国务院关于加快发展现代保险服务业的若干意见》（以下简称新国十条）出台后，各级政府及有关部门对保险业的重视程度和推动力度进一步加大。2014年12月，福建省人民政府出台《关于加快发展现代保险服务业十二条措施的通知》（闽政［2014］60号）（以下简称省十二条），提出要发挥责任保险保障功能，重点发展与公众利益关系密切的环境污染、食品安全、医疗责任、医疗意

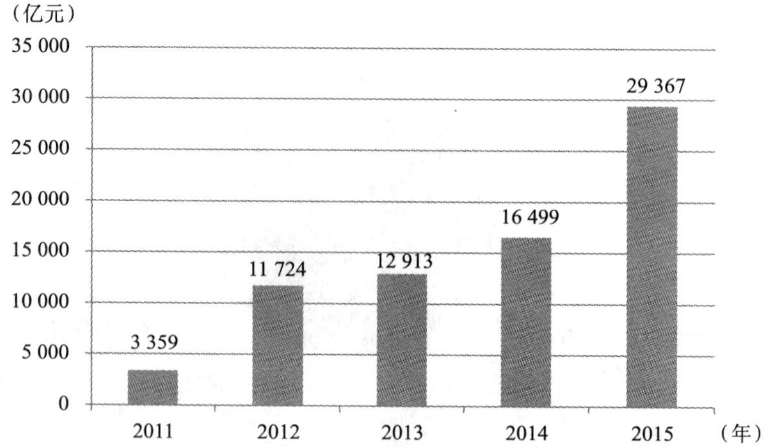

图7 保险责任限额情况

外、安全生产等领域的责任保险，同时明确了政府各部门的责任分工。借此契机，福建保监局主动加强与政府相关部门的沟通协作，相继与质检、安监、卫计委、食药监、住建等部门联合下发多份推动相关领域责任保险发展的政策文件，促进业务发展环境有效优化。

二、责任保险监管工作开展情况

（一）强化沟通合作

“十二五”期间，福建保监局主动加强与相关部门的沟通协调，推动出台相关领域责任保险政策推动文件，明确工作目标、推进步骤及各部门工作职责。累计下发文件15份；其中2015年出台了6份文件，涵盖产品质量安全、电梯、气瓶、安全生产、医疗、食品安全和环卫工人雇主责任保险等方面，有力推动责任保险业务领域拓展。

（二）推动行业积极创新

针对当前社会公众普遍关注的相关领域行业，福建保监局指导保险公司开展调研，从市场出发，鼓励行业创新。“十二五”期间，福建省养老机构、食品安全、诉讼保全、环境污染等责任保险从无到有，一经推出便受到高度关注，业务发展稳中趋好。以2015年新推的诉讼保全责任保险为例，当年内为1 381人次诉讼保全当事人提供67亿元的风险保障，实现保费收入2 188万元。创新险种逐步成为业务增长的重要方面，产品创新成效较为明显。

（三）强化业务跟踪和监管

一是建立责任保险专人负责制。福建保监局相关业务处室调整了人员分工，指定专人负责责任保险工作，加强日常责任保险的统计分析和业务跟踪。二是加强重点领域业务监管。一方面，加强责任保险领域招投标业务监管，通过事先指导、事中跟踪和事后监管确保业务开展依法合规。另一方面，针对“省十二条”涉及的环境污染、食品安全、医疗责任、医疗意外、安全生产等领域的责任保险，建立季度报告制度，及时了解业务推动情况和需要协调解决的问题，适时与相关部门沟通反馈，有序推动工作进展。三是强化窗口指导。鼓励保险公司积极开发更加贴近市场需求的保险产品，并将此作为评价保险公司服务经济社会能力的指标之一。同时，通过建立微信群、召开业务座谈会等方式，加强行业内责任保险专业人员的沟通交流，促进行业整体专业技术水平和客户服务能力的提升。

三、责任保险重点险种发展经验

福建自然灾害公众责任保险基本实现全省覆盖。

福建地处沿海且80%地区属丘陵地貌，时常遭受台风、暴雨、泥石流、冰雹等自然灾害侵袭，群众因灾返贫、因灾致贫现象比较突出。各级政府在救灾救济上投入了大量人力、物力和财力，负担比较重。针对这种情况，保险公司积极探索、创新保险产品，推动政府运用市场机制转移和管理风险，开发推广自然灾害公众责任保险。该险种自2006年在龙岩市上杭县试点，后向全省推广，截至2015年末，已覆盖全省（不含厦门，下同）75个县（市、区），基本实现全省覆盖。“十二五”期间，福建省自然灾害公众责任保险保障居民1.55亿人次，累计支付赔款4 146万元。

（一）投保人和被保险人

自然灾害公众责任保险由政府全额出资，统一投保。福建省各县（市、区）政府或市（县）政府指定的民政局、财政局等单位均可作为投保人和被保险人。

（二）责任范围

自然灾害公众责任保险的责任范围是在保险期间内，投保人所辖户籍的自然人或所辖行政区域具有暂住资格证明的居民（以下简称居民）由于暴风、暴雨、崖崩、雷击、洪水、龙卷风、台风（热带风暴）、海啸、泥石流、突发性滑坡、冰雹灾害，以及在上述自然灾害中的抢险救灾中导致的人身伤亡及其救助责任，同时扩展见义勇为责任保险，保险人按合同约定进行赔偿。

（三）责任限额

自然灾害公众责任保险的责任限额分为每人人身伤亡责任限额、每人医疗费用责任限额和累计责任限额，由投保人与保险人协商确定，并在保险合同中载明。

（四）赔款支付

保险公司将赔款支付给被保险人，或者经被保险人同意，将赔款直接支付给受害人或有权提出索赔的受害人近亲属。

（五）典型案例

2013 年 3 月 20 日，夏道运输公司闽南平渡 4195 号渡船翻沉，造成 15 人遇难。案发后 30 小时，人保产险南平分公司即支付自然灾害公众责任保险赔款 150 万元，受到南平市人民政府及相关部门的充分肯定。

“十二五”期间，福建省自然灾害公众责任保险得到进一步发展：一是覆盖面有效提升，保障全省 96% 的人口。二是保障程度稳步提高，每人保障金额已由 6 万元普遍提高到 10 万—20 万元。三是社会管理职能充分发挥，及时为受灾户提供经济补偿，有效缓解政府部门的救助压力，并推动政府将自然灾害公众责任保险纳入应对突发重大自然灾害紧急救助体系。实践证明，自然灾害公众责任保险的实施有效提高了政府灾后救助的效率，提高了政府资金的使用效益，更好地实现了服务人民的宗旨。

江 西

一、责任保险总体发展情况

“十二五”期间，江西省责任保险保费收入实现较快增长。2011—2015 年，江西省分别实现责任保险保费收入 3.09 亿元、3.52 亿元、3.97 亿元、4.05 亿元、4.95 亿元，年均增长 12.04%，责任保险整体发展态势良好。责任保险风险补偿力度持续加大，5 年间累计赔款支出 8.45 亿元，提供 4.88 万次理赔服务，风险补偿作用得以充分发挥，责任保险风险保障能力逐步增强。“十二五”期间，江西省责任保险累计为江西经济社会提供 3.21 万亿元风险保障，年均增长 4.11%，参与经济社会各项风险管理活动的能力进一步提高。

二、责任保险监管工作开展情况

江西保监局将责任保险作为服务地方经济社会发展的重要工作持续推进，特别是“新国十条”出台后，2015 年 2 月江西省人民政府出台《江西省人民政府关于加快发展现代保险服务业的实施意见》（赣府发［2015］7 号）。随后，全省各地相继出台符合当地实际的落实意见，均明确提出发挥责任保险化解矛盾纠纷的功能作用，责任保险成为社会治理工作中不可或缺的一项重要工作。

（一）加强沟通协调，不断优化责任保险发展环境

“十二五”期间，特别是在贯彻落实新“新国十条”进程中，政策红利不断释放，责任保险不仅成为行业新的增长点，也成为承担社会责任、服务社会发展的主要抓手。一是高度重视。江西保监局多次召开专题会议研究责任保险发展工作，多次赴省政府金融办、环保厅、科技厅、综治委、食监局等相关部门沟通协调，为责任保险发展搭桥铺路、夯实基础。二是政策支持。“新国十条”出台后，江西保监局带领全省保险业认真调研、积极协调，将政府工作要求、社会发展需要和行业发展意愿紧密结合起来，并先后会同环保、卫计、综治、教育、司

法、安监、食药监等部门出台了十余项推动责任保险发展的政策文件，为责任保险发展提供坚实的政策支持。三是加强督导。为确保各项政策顺利实施，江西保监局加强了调研和督导，针对环境污染责任保险、医疗责任保险、校方责任保险等重点险种，以专题会议、实地走访等方式，听取保险公司、投保主体和基层部门的意见建议，及时查摆不足、解决问题，不断总结实践经验，并进行适时推广。

（二）创新工作方法，主动顺应发展要求

医疗责任保险方面，通过“人民调解 + 保险理赔”模式，将“三调解一保险”医疗纠纷处理体系纳入“平安医院”建设活动等政府规划和考核体系中，特别是 2014 年推动出台《江西省医疗纠纷预防与处理条例》，使江西省成为全国首个将医疗责任保险纳入地方性法规的省份。“十二五”期间，全省二级以上医疗机构实现医疗责任保险全覆盖。仅 2015 年，医疗责任保险为各级医疗机构提供风险保障 19. 91 亿元，赔付支出 2 967. 67 万元；全省受理医疗纠纷 2 132 起，调解成功 1 900 起，调解成功率达到 89. 1%，在缓解医患矛盾、防范化解医疗纠纷、维护社会和谐稳定等方面发挥的作用不断增强。环境污染责任保险方面，2013 年，江西保监局与省环保厅联合印发《江西省环境污染强制责任保险试点工作实施方案》（赣环法字［2013］4 号），确定了 3 个行业 61 家企业进行环责险试点工作。截至 2015 年底，环境污染责任保险累计为全省 66 个参保企业提供风险保障 4. 1 亿元。校方责任保险方面，推动在《江西省学校学生人身伤害事故预防与处理条例》中写入校方责任保险辅助社会管理的相关内容，促使江西省成为全国首个校方责任保险立法的省份。食品安全责任保险方面，在赣州、吉安两市开展试点，至 2013 年底累计承保学校 232 所，为 25. 4 万名师生提供风险保障 2. 2 亿元，有效保障了校园食品安全。其他责任保险方面，引领保险业积极探索创新型业务领域，道路承运人责任保险有效保障了全省 4 500 万人出行出游安全。积极开办律师、会计师、医师多点执业等职业保险，通过保险手段合理分担特殊职业风险。

（三）加大监管力度，推进工作强调效果

引导保险业围绕社会治理体系建设、维护社会和谐承担责任、发挥功能。一是强化服务意识，推动保险业在发挥经济补偿作用的同时，主动参与事前风险管理。例如，在推动医疗责任保险实现省级统保后，要求保险公司定期对医疗纠纷案件进行汇总、分析，掌握高风险科室、人员、环节等因素，并责成医院进行责任追究和整改落实。二是强化法治观念，例如，在推动校方责任保险入法过程中，立足保险实际，与省人大、教育、财政等多单位多次沟通协调，成功促使校方责任保险入法，成为政府运用保险参与社会治理的又一成功案例。三是强化监管支撑，在5年的责任保险监管探索过程中，监管部门始终坚持"促进险种发展"和"维护市场稳定"双轮驱动，坚持放管结合，鼓励市场创新，同时严格监管，督促公司合规经营，切实维护行业形象。

三、责任保险重点险种发展经验

（一）创新推行校园食品安全责任保险

江西保监局积极引领辖内保险业开展绿色安全为主基调的保险创新，推动校园食品安全责任保险试点，引起政府和社会的高度关注。2013年，新华社等媒体对江西保监局、江西省食品药品监督管理局和承保学校等相关单位进行了专访，《瞭望》第1534期刊发《校园食品安全再响警钟》文章，对采取保险机制化解校园食品安全风险的做法给予充分肯定和积极建议，引起高层领导的关注和重视。

1. 基本情况。江西校园食品安全责任保险由学校或食品供应企业作为投保人，保险公司承担企业疏忽和过失导致的学生食物中毒或食源性疾病；或食品中有异物，造成学生人身损害和财产损失，保险公司在限额内予以补偿，最高可向学生支付每人每次20万元的赔偿。2012年，该险种在江西赣州、吉安两市开展试点，至2013年底累计承保学校232所，为25.4万名师生提供风险保障2.2亿元，有效保障了校园食品安全。为更好地推广校园食品安全责任保险，江西保险业还采取了一系列措施：在媒体上宣传关于校园食品安全责任保险的基本知识，争取食品药品监督、教育等主管部门支持，普及校园食品安全常识等。

2. 取得的成效。校园食品安全责任保险开启了保险业参与校园安全管理、促进政府职能转变的新模式，取得了积极成效。

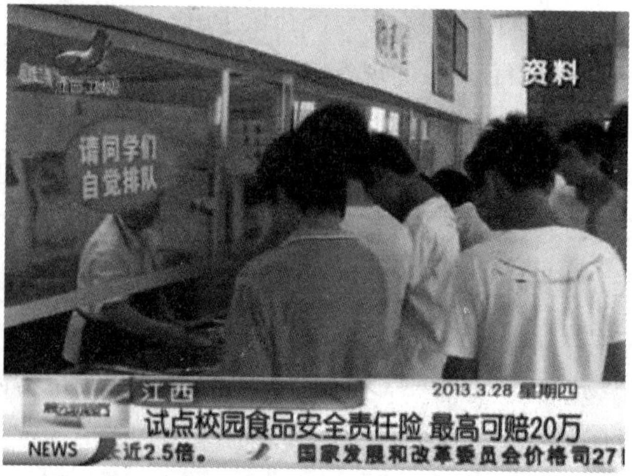

江西卫视报道校园食品安全责任保险

一是保障了校园食品安全。江西高中、初中和小学学生在学校食堂用午餐，幼儿园的孩子在学校用午餐和辅餐。由于校园餐饮服务行业以中小企业为主，食品安全问题仍较突出。特别是农村义务教育学生营养改善计划已全面启动，但农村地区学校供餐条件普遍较差，仍存在较大的食品安全风险。投保校园食品安全责任保险后，保险公司主动介入校园食品安全监督和预防，使校方和家长都对学生用餐安全吃下了“定心丸”。发生事故由保险公司统一赔偿，为校园安全提供了又一层保护网。目前，试点地区学校纷纷将投保食品安全责任保险作为食堂招投标硬件条件之一。

（二）推动了政府职能转变

以前，一旦发生校园食品安全事故，食品供应企业难以承担赔偿责任，普遍存在“企业肇事、政府买单”的现象。校园食品安全责任保险为政府提供了运用保险机制化解校园食品安全风险的新途径，是保险公司协助校方和政府职能部门开展校园安全管理的一项有益尝试，有利于促进政府职能转变，降低行政管理成本。赣州、吉安试点后，南昌和景德镇也高度关注，南昌市多次来江西保监局磋商，有意向就开展校园食品安全强制责任保险给予一定政策支持。教育部和江西省发展改革委在单位主页上专门进行登载。

（三）强化了食品企业风险管理

一方面，保险公司定期前往学校食堂和食品企业进行安全评估和风险提示，以专业技术手段参与食品安全领域的防灾防损工作。另一方面，通过设置浮动费率倒逼食品企业提升安全标准，加大设备资源投入，主动开展风险隐患排查，提高安全生产标准，化解食品安全风险。这些举措完善了食品企业安全生产风险防范机制，促进企业提升了管理水平。2013 年，人保财险赣州、吉安市分公司分别为 100 余所学校提供风险评估服务，帮助企业排查风险隐患，对企业及时化解食品安全生产风险起到了积极作用。

（四）开创医疗责任保险“新余模式”

1. 开办背景。随着我国医疗卫生改革深入城镇化进程的推进和城乡居民对物质生活需求的不断提高，医疗纠纷案件成倍增加，已经严重影响到正常的医疗秩序和社会稳定。面对这种严峻的形势，2011 年 4 月 22 日，新余市政府下发《新余市人民政府关于印发新余市医疗纠纷预防与处置暂行办法的通知》（余府发［2011］13 号），明确要求引进医疗责任保险机制；2011 年 6 月，新余市卫生局和新余市保险行业协会联合下发《关于印发新余市医疗责任保险承保方案的通知》，要求在全市开办医疗责任保险。至此，政府主导、市场运作的“政策性”险种医疗责任保险全面启动。方案确定如下 4 个原则：一是严格遵守“公正公平、服务群众、保本微利”原则；二是合理厘定初保和续保费率；三是实行保本微利经营原则；四是实行理赔预备金制度。

2. 经营情况介绍及工作成效。2011 年 6 月以来，新余市逐年扩大医疗责任保险覆盖范围，市本级、分宜县、渝水区、高新区、仙女湖区、孔目江区所有公立医疗机构（含乡镇卫生院、社区卫生服务机构）及个体诊所全部实现了统保，2015 年度，全市 47 家医疗机构已投保，共收取年度签单保费 330.2 万元，除分宜县外，其他区 482 家乡村诊所均已投保，年度签单保费 25 万元，渝水区 36 家个体诊所投保，年度签单保费 9.17 万元。

截至“十二五”期末，新余市医疗纠纷人民调解委员会有专职调解员 5 名，兼职 2 名，书记员 2 名，与保险理赔 2 名、医学会 1 名同志合署办公；共受理医患纠纷或因非正常死亡引发的纠纷 395 起、成功调处 386 起，调解成功率为

97.7%。累计赔付1 445.84万元。经调处的纠纷，没有发生一起当事人反悔或重新起诉、信访闹访的案件，满意率达100%。调解工作中，始终做到把化解医患纠纷和社会矛盾当作送上门的群众工作，把专门工作与群众路线结合起来，注重突出接待受理便民化、工作衔接无缝化、司法指导常态化、调解过程人性化、调解流程规范化的做法，实现了人民调解与保险理赔无缝对接，成功走出了一条有效处理医患纠纷的新路子，《法制日报》《江西日报》《新余日报》，电台、电视台等新闻媒体纷纷报道，被誉为“新余模式”。

山 东

一、责任保险总体发展情况

山东省的责任保险增长速度较快，在“十二五”建设期间，保费规模取得了2.5倍的增长，在财产险领域所占比重也稳步增加，占比从2011年的1.72%增长到2015年的2.46%。“十二五”期间，山东省责任保险共实现保费收入41.08亿元，承保各类型风险5.81万亿元。在历次重大安全事故善后处理中发挥了重要作用，有效减轻了政府灾后救助负担，稳定了企业的生产经营，保障了受灾群众的利益。责任保险涵盖的领域广，险种多，发展阶段与业务模式差异很大，发展较好的险种有承运人责任保险、校方责任保险、安全生产责任保险；有政策支持，正在顺利开展的有医疗责任保险、环境污染责任保险、食品安全责任保险等；缺乏政策支持，发展状况不甚理想的有特种设备责任保险、火灾公众责任保险等。

二、责任保险监管工作开展情况

（一）与政府及职能部门协调沟通，争取政策支持

政府和相关职能部门的推动对责任保险发展具有重要意义。山东保监局高度重视与相关部门的协调沟通工作，积极宣传责任保险功能作用，争取政策支持。

“十二五”期间，与省安监局、质监局、环保厅、卫生厅等相关部门联合发文10份，努力为责任保险的发展营造一个良好的政策环境。特别是“新国十条”下发以后，山东保监局党委班子成员分头赴16个地市进行政策宣讲，有效增强了地方政府运用商业保险工具，创新社会管理手段的意识，极大推动了责任保险各项试点工作在基层的落实。

（二）鼓励督促公司积极参与承保，摸索业务模式

在责任保险推广初期，投入大、见效慢、规模小的特点比较突出，并且风险较大，赔付率高，保险公司往往承保积极性不高。山东保监局在业务推广初期，积极争取相关职能部门支持，通过召开动员会议等形式，鼓励公司积极承担社会责任，有条件的公司先行试点，调动公司承办责任保险业务的积极性。

（三）广泛调研与深入检查相结合，稳定市场秩序

“十二五”期间，山东保监局对责任保险开展各种形式的调研工作28次，全面掌握业务发展情况，为向中国保监会、山东省政府提出政策建议和日常监管工作提供了依据；同时深入开展专项检查，以及借助在综合性现场检查机会，对业务规模较大、市场反应较突出的险种进行调查，促进责任保险市场秩序的基本稳定。

三、责任保险重点险种发展经验

（一）率先开展财政补偿式首台（套）技术装备产品责任保险

2014年8月5日，山东省经信委、省财政厅、省保监局联合印发了《关于开展2014年山东省首台（套）技术装备及关键核心零部件保险补偿试点工作的通知》（鲁经信装［2014］372号），确定从2014年起开展首台（套）技术装备及关键核心零部件保险补偿试点工作。

试点工作本着先行先试的原则，建立以政府引导、市场化运作的省级首台（套）技术装备及关键核心零部件保险补偿机制，涵盖产品质量保险及产品责任保险两个险种，对因产品质量引发的设备损失及对第三者的伤害提供风险保障。凡经省经信委、省财政厅认定的山东省重点领域首台（套）技术装备企业及关键核心零部件生产企业生产的首台（套）技术装备及关键核心零部件产品，投保上述专业险种的，可享受省级财政专项补贴。省财政厅将保险费补偿纳入第二年财政预算，确定保费补偿比例，引导鼓励首台（套）技术装备及关键核心零部件生产企业投保，通过市场化运作为生产企业和使用单位分散风险。2014年试点方案规定对保费进行财政补贴。首台（套）技术装备产品根据入围时间，2011年度认定产品补贴比例为首年度保险费的20%，2012年度认定产品比例为40%，2013年度认定产品比例为60%；关键核心零部件对销售额在1亿元以内的产品保费进行补贴，比例为首年度保险费的70%。

（二）预付赔款帮助某民爆事故处置

2013年5月20日，济南章丘市发生一起特大安全生产事故，某民爆经济有限公司爆炸品生产车间发生剧烈爆炸。事故发生后，党中央国务院高度重视，成立了国务院事故调查组赶赴现场。事故造成33人死亡，19人受伤的严重后果，企业厂房倒塌，财产损失严重。保险在事故善后处置中发挥重要作用，具体详见本书第80页“安全生产领域”部分。

河 南

一、责任保险总体发展情况

“十二五”期间，在各部门的协调配合下，河南省责任保险取得较快发展，主要呈现如下特点：

（一）业务规模逐年增长

2011—2015年，河南省责任保险保费收入分别为4.32亿元、4.84亿元、5.86亿元、6.82亿元、8.64亿元，年均保持20%的增幅，其中2015年的增幅达到26.69%。

（二）覆盖领域稳步拓宽

经多年发展，河南责任保险已涵盖医疗责任、食品安全、生产安全、承运人、校园安全、环境污染、火灾安全、旅行社等领域，责任保险覆盖面逐年扩大，其中承运人责任保险覆盖面连续多年保持在95%以上，校方责任保险的投保率也达到100%，基本实现了应保尽保。

（三）保障作用日渐凸显

“十二五”期间，河南责任保险累计为社会提供风险保障约8万亿元，支付赔款13.83亿元，责任保险化解矛盾纠纷、参与经济社会管理的功能得到有效发挥。

（四）创新发展取得突破

一是焦作探索开展医疗责任保险新模式试点。截至2015年底，焦作市三甲以上公立医院医疗责任保险参保率达到100%。二是食品安全责任保险创新试点顺利开展。2014年末，在安阳汤阴开展食品安全责任保险试点，截至2015年底共签单150笔，保费收入178.79万元，提供风险保障3.58亿元。

二、责任保险监管工作开展情况

（一）注重调查研究

通过联合相关厅局开展各种形式的调研工作，了解责任保险发展情况，为出台相关政策提供参考。一是加强医疗责任保险调研。先后深入洛阳、焦作、驻马店等地市调研医责险发展情况，了解医疗责任保险发展的具体情况、存在的问题等，总结经验教训，为医疗责任保险更好发展提供参考。二是深入调研承运人责任保险并提出推动建议。先后联合省道路运输管理局、省道协、保险公司组成联合调研组，围绕全省道路运输车辆投保情况、承运人责任保险运行状况、保险产品开发等方面开展调研；通过组织召开座谈会，广泛收集保险公司、运输企业、政府部门对承运人责任保险发展的意见建议。三是组织相关主体开展环境污染责任保险调研。组织一些保险公司的省级分公司学习兄弟省市在推动环境污染责任保险方面好的做法，征求相关企业对环境污染责任保险条款设计、费率厘定方面的意见和建议，为进一步推动环境污染责任保险发展做好准备。

（二）优化发展环境

积极与相关厅局沟通协调，共同推进责任保险发展。一是召开会议共同部署工作。与河南省卫计委、交通厅、安监局等厅局共同研讨安排医责险、食品安全责任保险、承运人责任保险、安全生产责任保险等推动措施。二是联合下发文件。“十二五”期间，先后联合河南省安监局、卫计委、环保厅等相关厅局制定下发《关于规范安全生产责任保险工作的通知》（豫保监发［2011］20号）、《关于开展环境污染强制责任保险试点工作的实施意见》（豫环文［2014］234号）等，为安责险、环责险、医责险的发展提供政策指导。

（三）加强工作指导

一是积极引导保险公司加强与总公司的汇报沟通，争取总公司的支持政策，开发具有地方特色的责任保险产品。保险公司先后结合河南实际，研究开发了承运人责任保险、医疗责任保险、食品安全责任保险产品。二是加强对创新业务的工作指导。密切关注责任保险领域的创新发展，加强对医疗责任保险、食品安全生产责任保险的指导，及时纠正责任保险发展过程中出现的问题，确保责任保险发展的稳定性和持续性。

三、责任保险重点险种发展经验

作为河南省责任保险的重点险种，食品安全责任保险的发展具有重要经验。河南省汤阴县作为全国食品工业强县，积极落实“新国十条”和三部委文件精神，率先引入保险机制，通过政府补贴，鼓励企业购买食品安全责任保险协助企业转移食品安全风险，最大限度保障消费者权益。截至2015年9月，共签单160余笔，保费收入160万元，为160家企业、商场、学校提供风险保障3.60亿元。具体情况详见本书第34页“食品安全领域”部分。

湖 北

一、责任保险总体发展情况

（一）保费规模快速增长

“十二五”期间，湖北省责任保险保费规模共计33.72亿元，从2011年的4.32亿元增长到2015年的9.47亿元，保费规模实现翻番，平均增速达24.22%。湖北省13个市、州中，随州（37.48%）、武汉（30.06%）、鄂州

(29.59%)、襄阳(29.15%)、咸宁(27.19%)、孝感(24.91%)、荆州(24.65%)七地平均增速高于全省平均水平。责任保险占全国责任保险市场份额逐年上升，从2011年的2.92%上升为2015年的3.14%。

(二)保险产品日益丰富

“十二五”期间，湖北省责任保险服务的范围和领域不断拓展，从公众、雇主、产品、职业等几个传统领域逐步拓宽到安全生产、医疗卫生、校园安全、食品安全、诉讼保全、特种设备、养老机构等新兴领域。部分公司已开办保险产品达179个，湖北省责任保险保险产品日益丰富，为经济社会各行业和领域利用责任保险这一市场化手段化解风险提供了丰富的渠道和途径。

(三)功能作用不断发挥

“十二五”期间，湖北省责任保险累计提供6.14万亿元风险保障，平均增速达66.55%；已决赔款14.95亿元，平均增速达24.07%。湖北省不断拓宽责任保险服务领域，用经济杠杆和多样化的责任保险产品化解民事责任纠纷，完善湖北省社会治理体系。

二、责任保险监管工作开展情况

(一)统筹推动，营造政策环境

一是沟通协调，营造良好发展环境。“十二五”期间，湖北保监局主动加强与相关厅局的沟通联系，强化政府引导、市场运作、立法保障的责任保险发展模式。2010年以来，湖北保监局与湖北省卫生和计划生育委员会、湖北省环境保护厅、湖北省质量技术监督局等厅局相继成立6个试点工作领导小组，共同推动相关领域责任保险发展。5年间，湖北省涉及责任保险的联合发文15个，其中医疗责任保险5个，安全生产责任保险3个，环境污染责任保险和食品安全责任保险各2个，承运人责任保险、火灾公众责任保险和特种设备责任保险各1个，为各领域责任保险发展营造良好政策环境。

二是扩大宣传，营造正面舆论氛围。湖北保险业以“新国十条”和“省九条”出台、武汉保险示范区建设、中国保监会湖北省合作备忘录签订、食品安全周、“7·8”保险公众宣传日为契机，大力宣传责任保险化解矛盾纠纷的功能作用，主动将责任保险融入地方经济建设和群众生活的方方面面。2015 年 7 月，湖北保监局联合《湖北日报》开通《湖北贯彻落实保险“新国十条”、“省九条”》专栏，对责任保险作专题报道，并专门采访湖北省食品药品监督管理局、湖北省质量技术监督局等厅局领导，对食品安全责任保险、特种设备责任保险等险种的推行情况做了专题介绍。

三是加强调研，推动理论研究工作。为进一步推动责任保险发展，湖北保险业在行业内广泛开展调研，将理论研究作为发展工作的基础。如，2015 年，湖北保监局与湖北省保险学会、高校、部分保险公司一同展开《“平安武汉”自然灾害与公众安全责任保险方案》课题，设定火灾爆炸、拥挤踩踏等 13 个保险责任模块，针对中心城区、远郊城区等不同地理位置制订 3 套承保方案，并以此为基础，向地方政府提出相关建议。

（二）勇于创新，发挥服务优势

一是模式创新，惠及地方群众。2011 年，湖北保险业将责任保险险种进行组合，开发出具有“低保费、高保额、广覆盖”特征的“一元民生保险”。地方政府将“一元民生保险”实行“全民统保”，即各地区由政府、民政部门或综合治理部门作为投保人，按照地区户籍人口 1 元/人的标准向保险公司投保，主要保障居民因见义勇为或自然灾害导致的人身伤害损失。政府通过向商业保险公司购买服务的方式，在公共服务领域运用市场化机制，充分发挥责任保险化解矛盾、保障民生的功能作用。目前，湖北省 11 个市、州开办“一元民生保险”，累计参保居民达 6 397 万人次，其中 2015 年全省参保人数为 2 097 万人，约占全省户籍人口的 41%。

二是制度创新，建立第三方服务安全生产工作机制。2013 年，湖北省政府印发《关于进一步强化制度建设确保安全生产的决定》（鄂政发［2013］34 号），明确要求在矿山、危险化学品、烟花爆竹、民爆器材、冶金 5 类高危行业强制推进安全生产责任保险。2015 年，湖北省政府印发《关于进一步加强安全生产工作的意见》（鄂政发［2015］72 号），将建筑施工、金属冶炼加工、水上运输等高风险行业纳入全面实行安全生产责任保险领域。湖北省全面建立起商业保险参与安全管理和事故赔付的工作机制，明确规定投保安全生产责任保险的生产经营单位，将不再缴纳安全生产风险抵押金，进一步推动湖北省安全生产责任保险。"十二五"期间，湖北省安全生产责任保险实现签单保费4.13亿元，为高风险企业提供风险保障710.02亿元。

三是产品创新，拓宽保险服务领域。为提高特殊领域抵御风险能力，湖北省保险业着力填补养老机构、诉讼财产保全等领域空白。在养老机构方面，湖北保监局积极争取养老机构责任保险补贴政策，实现城市公办养老机构保费列入财政预算、专款专用，民办养老机构保费从上级补助资金和各级留存福彩公益金中按实际应缴保费的50%给予定额保费补贴，鼓励和引导养老机构参保。2015年，湖北省养老机构责任保险保费收入103.77万元，提供风险保障2.9亿元。在诉讼财产保险方面，湖北省创新试点诉讼财产保全责任保险，有效化解当事人因经济状况不利而导致权益受损现象发生，化解矛盾纠纷，确保司法公正。

（三）完善监管，规范险种发展

一是加强招投标业务监管。为规范责任保险招投标市场秩序，湖北保监局指导湖北保险行业协会搭建大型商业风险招投标项目信息管理平台。该平台自动记录公司上报投标项目的时间，有效督促公司严格执行招投标项目事前报告和事后备案的监管要求。同时，信息管理平台设置投诉模块，保险公司可直接反映市场不正当竞争行为，加强行业监督。

二是加强非现场监管。湖北保监局始终保持监管的高压态势，将责任保险作为月度监测、季度分析的重点内容。每季度收集全省及重点地区责任保险数据，统计环境污染责任保险、食品安全责任保险、安全生产责任保险等16类责任保险的发展情况。

三是加强保险服务监管。"十二五"期间，湖北保监局不断指导保险公司协助政府完善社会保障体系和灾害事故防范救助体系，将保险公司服务创新、产品创新等作为分类监管、行政审批的参考依据。

三、责任保险重点险种发展经验

（一）推进医疗责任保险，建立风险分担转移机制

为推动医疗责任保险工作的顺利进展，湖北保监局积极协调相关部门，不断探索保险业和医疗卫生行业的深层次合作。湖北医疗系统的“平安医院”创建活动协调小组定期举办协调会议，将医疗责任保险工作落实情况列入“平安医院”建设年终考核，督促各单位落实医疗责任保险统保工作。在基层医疗机构方面，2014 年底，全省 25 398 个乡镇卫生院、社区卫生服务中心、村卫生室、社区卫生服务站购买医疗责任保险，参保率达到 95.15%；在公立医院方面，截至 2015 年 8 月，共有 253 家二级及以上医疗机构参加医疗责任保险，参保率达 64.38%，其中荆门、荆州、随州、天门等地市二级及以上医疗机构全部参保。以荆州市为例，2014 年 9 月重新组建医疗纠纷人民调解委员会，成立由 131 名来自医疗机构、司法鉴定机构及律师事务所专家共同组成的咨询委员会；同时大力发挥保险专业优势，由保险公司向委员会派驻理赔专家，提供宣传、沟通、查勘、调解、理赔等“一站式”保险服务，有效将医患矛盾引到院外解决，全力推动医疗纠纷顺利调解。调解结案纠纷中无一当事人反悔，无一未履行到位，无一被诉讼到法院，医疗责任保险工作获得了地方政府的高度认可。“十二五”期间，湖北省医疗责任保险实现保费收入 3.49 亿元，为全省医疗机构提供风险保障 65.7 亿元，建立起医疗责任保险全面覆盖网络，充分发挥以商业保险化解医疗纠纷的重要作用。

（二）推进食品安全责任保险，服务食品安全社会共治

为贯彻落实党中央、国务院关于全面深化改革、加强食品安全工作决策部署，湖北保监局积极推动建立食品安全责任保险制度。2014 年，湖北保监局联合湖北省食品药品监督管理局下发《湖北省食品安全责任保险试点工作实施方案的通知》（鄂食药监文［2014］78 号），选择餐饮服务类、食品生产类、食品经营类等重点企业开展食品安全责任保险试点。2015 年，湖北保监局联合湖北省食品药品监督管理局下发《关于印发湖北省食品安全责任保险实施细则（试行）的通知》（鄂食药监文［2015］36 号），制定了由食品安全责任保险为主险，场所责任保险为附加险的保险方案，针对不同的食品领域制定了食品生产企业、食品流通企业、学校或单位食堂、餐饮服务企业、小餐饮店、农村聚餐餐饮 6 类指导方案，有效化解食品经营者因食物侵害消费者权益的风险，全面提供食品经营场所的意外风险保障。2015 年，湖北省食品安全责任保险已覆盖全省 13 个地市，累计签单4 007笔，保费收入554.51万元，为食品消费者提供50.02亿元风险保障。

（三）推进环境污染责任保险，建立强制责任保险试点机制

通过发挥政府的主导推动作用，利用市场机制防范环境风险，湖北省环境污染责任保险保障范围不断扩大，逐步由商业性试点稳步过渡到强制试点：以涉重金属企业及高风险行业企业为试点行业，以“两库三区”（三峡库区、丹江口库区、神农架林区、大别山区、武陵山区）和国家环保重点城市（武汉、宜昌、荆州）为试点地区，实行环境污染强制责任保险，并建立了由第三方承担的环境污染损失评估和责任认定体系。“十二五”期间，湖北省环境污染责任保险实现签单保费3 193.39万元，累计提供风险保障47.14亿元。

湖 南

一、责任保险总体发展情况

“十二五”期间，湖南省保险行业不断加快推进服务地方经济建设和社会发展的责任保险等重点险种试点扩面，有效发挥保险保障与社会管理功能，为完善湖南社会管理体系、维护社会稳定、服务“两型”社会建设等方面做出了积极贡献。到“十二五”期末，责任保险已成为湖南省仅次于车险、农业险的第三大财产保险险种。

（一）政府推动有力

“十二五”期间，湖南保监局就推动环境污染责任保险、火灾公众责任保险、安全生产责任保险、食品安全责任保险、职业院校学生实习责任保险等关系国计民生的重点责任保险险种发展，积极与相关职能部门沟通协商，争取湖南省政府及相关职能部门支持，推动湖南省政府办公厅转发文件2件，与相关职能部门联合发文5件，推动相关职能部门发文4件。政策的有力支持推动了责任保险尤其是部分重点险种在湖南顺利推进。

（二）保障功能显现

“十二五”期间，湖南省责任保险已全面覆盖与地方经济建设和社会发展紧密相关的各个行业。“十二五”期间，湖南省责任保险累计实现保费收入37.22亿元，提供责任风险保障7.28万亿元，累计支付赔款13.57亿元，责任保险保障功能凸显。各公司积极贯彻“综合治理理赔难”工作要求，提升承保理赔服务水平，切实履行保险合同。一些责任保险典型理赔案例也引起社会各界广泛关注。如2013年3月常德鼎城先锋烟花爆竹公司发生烟花爆炸后得到保险公司及时赔付，《中国安全生产报》就此案例进行了专项宣传报道。

（三）服务能力提升

“十二五”期间，在资源配备上，各保险公司逐步加大投入、整合资源，部分保险公司组建了专业管理团队，为投保企业提供专业风险管理服务。在业务管理上，各公司按照湖南保监局要求，形成了对重点险种按季度分险种统计、分析、报送的日常管理机制，为下一步精细化管理与核算奠定了基础。在交流合作上，部分公司加强与政府职能部门的沟通，探索建立长效合作机制。目前，相关保险公司已就环境污染责任保险、安全生产责任保险等重点险种在省级层面试点开发了统一的合作应用信息平台。

二、责任保险监管工作开展情况

（一）政策支持

责任保险的发展推行离不开政府的大力支持和政策的有力引导，为此，湖南保监局加强与湖南省政府及其相关部门沟通协调，积极争取政府支持，做好责任保险发展的顶层设计。2011年，湖南保监局与湖南省安监局联合制定《关于在全省重点行业推行安全生产责任保险的意见》，并于11月22日由湖南省政府办公厅转发，确定在重点行业全面推进安全生产责任保险。“十二五”期间，安全生产责任保险逐步覆盖安监部门监管的矿山、危险化学品等行业，交通运输部门监管的高速公路施工行业，住建部门监管的建筑施工行业等重点行业，湖南省安全生产责任保险推广成效显著。

（二）试点先行

大胆探索，试点先行是做好责任保险发展工作的重要途径。为此，湖南保监局根据国家相关部委的安排部署，积极争取，加大协调，试点开展环境污染责任保险、食品安全责任保险、火灾公众责任保险。通过加强前期调研、完善实施方案、精心组织实施、有效做好服务，相关责任保险试点取得较好成效，为下一步全面推开打下良好基础。

1. 环境污染责任保险。2007 年，环保部、中国保监会发布对环境污染责任保险工作的部署。2008 年，湖南省在全国率先启动地方试点，在长沙地区推行环境污染责任保险试点工作，当年承保企业 5 家，并处理全国首例环境污染责任保险赔案，成功化解株洲昊华公司由于污染事件引发周边 120 多户村民投诉的环境污染事故。2009 年 8 月 6 日，湖南省政府办公厅下发《湖南省人民政府办公厅转发省环保局湖南保监局〈关于开展环境污染责任保险试点工作的指导意见〉的通知》（湘政办发［2009］51 号），确定在长株潭地区化工、有色、金属矿采选、砷制品、涉镉等高环境污染风险企业开展环境污染责任保险试点工作。2012 年，在湖南保监局和湖南省环保厅的推动下，《湖南省湘江保护条例》（2012 年 9 月 27 日湖南省第十一届人民代表大会常务委员会公告第 75 号公布）第四十四条规定，“鼓励湘江流域重点排污单位购买环境污染责任保险或者缴纳环境污染治理保证金，防范环境污染风险”，“湘江流域涉重金属等环境污染高风险企业应当按照国家有关规定购买环境污染责任保险”，在全国第一个将环境污染责任保险写入地方性法规。2013 年，环保部、中国保监会发文推动环境污染强制责任保险试点。湖南保监局与湖南省环保厅联合印发《关于贯彻落实〈关于开展环境污染强制责任保险试点工作的指导意见〉的通知》（湘环发［2013］28 号），进一步加大试点推动力度。环境污染责任保险已在湖南省各地市全面铺开。大型企业、涉重金属企业的保险责任限额相对较高，保险保障程度不断增加。2015 年，环境污染责任保险累计签单保费 926 万元，为湖南省 420 家企业提供了 3.7 亿元的风险保障。

2. 食品安全责任保险。2013 年，湖南省食品安全委员会办公室明确将食品安全责任强制保险试点工作纳入湖南省政府食品安全工作考核范围，为食品安全责任强制保险试点工作提供了较好的政策和制度保障。2014 年 7 月 7 日，湖南保监局联合湖南省食药监局印发《关于开展食品安全责任强制保险试点工作的指导意见》(湘食药监发［2014］20号)，在全国率先开展食品安全责任保险试点。2014年9月4日，湖南省食品药品监督管理局召开全省食品安全责任强制保险试点工作会议，统一发布食品安全责任强制保险试点湖南地区专属产品，组织首批参保企业现场签约。地方政府部门积极参与推动试点。湖南省14个市、州出台试点实施方案，部分市、州组建试点工作推行办公室，召开试点启动工作会议。湖南省食品安全责任强制保险试点进展顺利，产品和服务体系逐步完善，试点当年签单1 371笔，其中食堂897笔、生产企业417笔、餐饮57笔，签单保费336.60万元。2015年，签单7 614笔，签单保费2 241万元，累计为5 517家企业提供了143.76亿元的风险保障。

3. 火灾公众责任保险。2012年8月2日，湖南省政府办公厅转发湖南省政府金融办、湖南保监局、湖南省公安消防总队等单位《关于开展湖南省火灾公众责任保险试点工作的实施方案》(湘政办发［2012］74号)，确定于2012年8月至2014年8月在湖南长沙、株洲、湘潭、衡阳、岳阳、常德、益阳、娄底8市城区范围内的公众聚集场所、易燃易爆场所和其他人员密集场所开展火灾公众责任保险试点。2013年3月25日，湖南保监局与湖南省政府金融办、湖南省公安消防总队联合下发了《关于深入开展火灾公众责任保险试点的通知》(湘政金发［2013］10号)，进一步明确细化试点工作要求。2013年4月26日，湖南省火灾公众责任保险试点启动仪式在长沙举行，长沙、株洲、湘潭“3+5”城市群的公众聚集场所、易燃易爆场所和其他人员密集场所率先启动试点，湖南省政府领导出席仪式。2015年全年签单577笔，签单保费153万元，累计为502家企业提供了8.38亿元的风险保障。

(三) 履行责任

做好保险服务，履行社会责任是实现责任保险良性发展的有力保障。湖南保险业主动作为，积极行动，回馈社会。在稳步推进医疗责任保险中，湖南保险业全面贯彻落实湖南省政府令《湖南省医疗纠纷预防与处理办法》(令2012年第263号)，按照应赔尽赔、应赔快赔的原则，优化承保、理赔业务流程，积极参与医疗纠纷调解工作，不断提高理赔效率。2015年，湖南省医疗责任保险签单保费9 749万元，累计为9 104家医疗机构提供了24.29亿元的风险保障。在大力推进安全生产责任保险中，保险行业联合相关政府部门于2015年1月在湖南长沙设立“湖南安全生产责任保险关爱基金”。该基金每年从安全生产责任保险防灾防损经费中提取部分资金捐入湖南省青少年发展基金会，定向用于资助因参保企业发生安全生产责任事故造成困难的部分家庭。首批资助对象共计40个家庭，每个家庭获得6 000元资助。

三、责任保险重点险种发展经验

“十二五”期间，湖南省安责险发展迅速，投保企业越来越多，责任范围越来越广，保障水平越来越高，构筑了湖南安全生产的有力屏障。2015年全省安责险签单保费3.44亿元，共为7 623家企业提供风险保障3 016.20亿元。湖南保监局把做好安责险发展作为服务安全生产工作的重要抓手，在积极推动和加强管理两个方面施力，促使全省安责险扩面、提质。

（一）政府推动、市场化运作，推动安责险全面铺开

1. 出台文件，顶层设计。根据《国务院关于进一步加强企业安全生产工作的通知》（国发［2010］23号）和《湖南省安全生产条例》，制定在全省重点行业推行安责险的指导意见，并由省政府办公厅以湘政办发［2011］79号文件的形式予以转发，为安责险在全省重点行业的推行奠定了政策基础。

2. 分步推进，有序实施。2011年11月22日，《湖南省人民政府办公厅转发湖南省安监局湖南保监局〈关于在全省重点行业推行安全生产责任保险的意见〉》（湘政办发［2011］79号），确定在湖南省依法设立的煤矿、非煤矿山、尾矿库、冶金行业企业和烟花爆竹、危险化学品生产经营单位等重点行业全面推进安全生产责任保险。2012年8月30日，湖南省交通运输厅印发《关于在全省交通运输系统重点行业推行安全生产责任保险的意见》（湘交安［2012］434号），确定在全省高速公路施工行业先行开展安全生产责任保险。2013年5月30日，湖南省住建厅印发《关于切实做好建筑施工行业安全生产责任保险工作的通知》（湘建［2013］165号），召开建筑施工行业安责险启动大会，在建筑施工行业开展安全生产责任保险。目前，正在研究在交通运输部门监管的道路水路运输

行业和公路水运工程建设施工领域推行安责险。

3. 加强监管，规范发展。加强对保险公司安责险经营的监督管理，鼓励和引导保险公司积极进行产品创新和服务创新，依法运用综合手段，督促保险公司规范经营，切实查处扰乱市场、无理拖赔拒赔等损害投保企业权益的违法违规行为，维护规范有序的安责险市场秩序。

（二）主动服务、精细化操作，提高承保理赔服务水平

1. 加强投保服务。指导和督促保险公司根据企业需求加大产品开发创新力度，设计出更多针对不同行业、不同地区、不同企业的附加险产品，逐步形成服务安全生产的专业化责任保险产品体系。鼓励保险公司运用保险费率杠杆的激励约束机制，在不同行业、不同企业实行差别费率和浮动费率，促进企业改进安全生产管理，降低安全生产风险。指导保险公司简化投保流程和手续，提高承保效率，为企业提供方便快捷的投保服务。

2. 加强防灾防损管理。指导和支持保险公司联合重点行业安全生产监管部门成立行业防灾防损办公室，鼓励和支持聘请相关专家、技术人员参与企业安全生产管理评估与风险排查，发挥安责险灾害事故事前预防的功能作用。严格要求保险公司的防灾防损费用确保用于安全生产宣传、教育培训、隐患排查整治、应急救援演练、相关设施设备配置等预防性投入，为投保企业提供切实有效的防灾防损服务。

3. 加强理赔服务。建立快速反应机制，督促保险公司在接到企业安全事故报案后及时配合开展抢险救灾，尽量减少损失损害。建立快速理赔机制，督促保险公司主动、迅速、准确开展查勘定损，及时核定赔款，快速支付赔款，切实做到应赔尽赔、应赔快赔，保障投保企业合法权益。

广　东

“十二五”期间，广东保险业积极探索参与社会管理的渠道和途径，以责任保险为抓手，通过引入商业手段提高解决社会纠纷效率，有效降低了社会成本，维护社会和谐稳定。

一、广东省责任保险发展情况

（一）保费规模与经营效益兼顾，业务实现快速增长

2011 年，广东省（不含深圳，下同）责任保险保费收入 12.94 亿元，在财产险保费中占 3.39%；已决赔款 5.62 亿元。2015 年，责任保险保费收入 27.70 亿元，是 2011 年的 2.15 倍；在财产险保费中占 3.98%，同比提高 0.59 个百分点；已决赔款 11.50 亿元，是 2011 年的 2.05 倍；承保利润由负转正达 3 641.99 万元（详见图 8、图 9）。

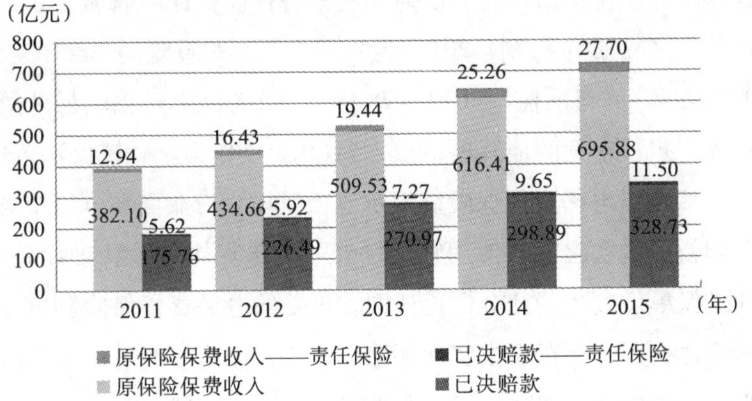

图 8　广东“十二五”期间责任保险保费收入和赔付情况

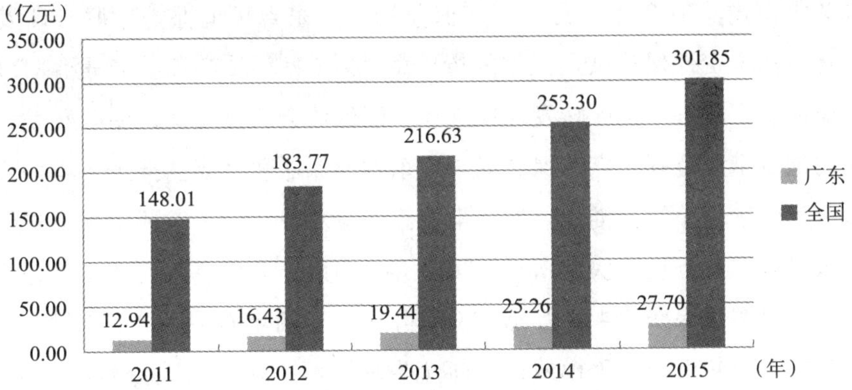

图 9　广东与全国责任保险发展情况对比

（二）政策推动与市场运作结合，经营模式不断创新

特定险种由政府及保险监管部门牵头推动，出台有针对性的指导意见，形成专项方案，探索科学有效的运作模式，形成了统保、共保及市场化竞争等多种形式并存的市场形态，积累了一定的经验。

一是共保和非共保模式共同推进，相互补充。2012 年 3 月，广东保监局、广东省质监局联合下发了《关于开展推行特种设备责任保险工作的通知》（粤质监特函［2012］41 号），倡导和鼓励广东全省特种设备使用权单位或产权所有者投保特种设备第三者责任保险，引导相关单位投保特种设备检验检测责任保险和维保单位责任保险。广东保监局与省质监局建立特种设备保险联席会议制度，不断优化政策环境，完善工作机制。2012 年 4 月，广东省质监局出台《广东省电梯安全监管改革方案》（粤质监［2012］78 号），明确提出建立电梯事故责任保险制度，并选择广州、东莞两地开展试点，到 2013 年作为全省统保示范项目。“十二五”期间，广东以电梯责任保险统保示范项目树立行业标准，以市场竞争促进产品和服务创新，建立起以“使用管理权者”为参保主体，特种设备生产企业、检验机构和维保单位参与、社会广泛认同和接受的电梯责任保险制度。电梯责任保险覆盖面迅速扩大，保费规模实现了稳步增长，保障程度进一步提高。

二是以共保模式进行初期开发，条件成熟后回归市场竞争模式。广东的环境污染责任保险经历了两年的共保模式试点后，业务实现稳定增长，试点期满后回归市场竞争模式。2012 年 6 月，广东保监局与广东省环境保护厅联合印发《关于开展环境污染责任保险试点工作的指导意见》（粤环［2012］47 号）。2013 年广东保监局、广东省环保厅转发环保部和中国保监会联合发文，明确环境污染责任保险的试点企业范围。广东保监局与广东省环保厅联合成立推进环境污染责任保险试点工作领导小组，推进环境污染责任保险发展。广东省环境污染责任保险发展成效显著，业务规模快速增长。2013 年 7 月，广东省环境污染责任保险共保体成立，当年实现保费 454.4 万元。2015 年 7 月，两年的共保试点期满，共保体解散，各公司回归市场竞争模式，当年全省环境污染责任保险保费收入 1 691.3 万元，比 2013 增长 2.72 倍。经过几年的宣传和推广，各级政府保险意识明显增强，广东省政府将环境污染责任保险试点工作列入重点督办工作。

（三）经济效益与社会效益并重，行业形象得到提升

近年来，各类突发事件和事故频发，社会安全、人民权益成为媒体和公众关注的焦点。广东保险业在为社会公众提供各类责任保险保障的同时，充分发挥社会管理功能，积极参与调解各类社会纠纷，得到了各级政府和社会公众的肯定。如在化解医疗纠纷方面，广东依托保险行业提供风险保障，并在此基础上成立了医疗纠纷调解委员会，建立“保、调、赔、防”四位一体的纠纷调解机制，在化解医患纠纷、维护社会和谐稳定方面取得了良好的效果。

一方面，提高医疗责任保险保障范围。2011 年，广东省启动医疗责任保险共保，通过招投标的方式选取保险公司组成共保体。2015 年，医责险保费收入 1.62 亿元。其中，共保业务保费收入 1.16 亿元，投保医院 873 家；非共保业务保费收入 4 663.42 万元，投保医院 946 家。另一方面，成立第三方调解机构。2010 年，广东省司法厅、卫生厅、广东保监局联合印发《关于加强医疗纠纷人民调解工作的实施意见》（粤司［2010］243 号）。2011 年，广东省成立了广东和谐医患纠纷调解委员会（以下简称广东医调委），由医疗责任保险共保体提供运作经费。广东医调委积极协助处理医疗纠纷调解，保障医患双方合法权益。5 年间，广东医调委累计受理医患纠纷案件 7 221 件，现场处置“医闹”案件 1 127 件，经劝解 90% 的案件进入调解及法律程序，其中受理案件已结案 6 471 件，结案率 89.61%，成功调解 5 443 件，调解成功率 84.11%。

二、责任保险监管工作开展情况

（一）以政策法规为基石，着力优化外部环境

广东保监局通过加强沟通汇报、完善合作机制，广东省各级政府对责任保险的功能作用了解越来越全面。广东省政府已将推动责任保险发展作为促进广东省公共安全体系建设的重要途径，力求通过责任保险对第三方受害人提供经济补偿的属性，防范分散社会公共风险，创新社会管理模式。一是健全法律体系，推动责任保险进入地方法规。如推动火灾公众责任保险地方立法工作，《广东省实施〈中华人民共和国消防法〉办法（2010 年修订）》（2010 年 7 月 23 日广东人大第二十次会议修订）第三十八条规定，公众聚集场所的经营管理者和生产、储存、

运输、销售易燃易爆危险品的企业应当投保火灾公众责任保险。2014 年 9 月底，广东安全生产委员会下发《广东省安全生产委员会关于印发〈广东省全面深化安全生产领域改革试点实施方案〉的通知》（粤安［2014］18 号），将安全生产责任保险制度纳入改革试点内容；2015 年，广东省政府印发《广东省安全生产责任保险实施办法》（粤府令第 215 号），首次以“省政府令”形式出台针对一个特定责任保险险种的地方政府规章；《广东省环境保护条例（修订）》（2015 年 1 月 13 日广东省第十二届人民代表大会常务委员会第十三次会议修订通过）鼓励和支持保险企业开发环境污染责任保险，企业事业单位和其他生产经营者投保环境污染责任保险，在重点区域、重点行业依法实行强制性环境污染责任保险；《广东省电梯使用安全条例》（2015 年 5 月 28 日广东省第十二届人民代表大会常务委员会第十七次会议通过）明确建立电梯公众责任保险制度，鼓励、支持按照国家和广东省的有关规定投保电梯公众责任保险；《广东省特种设备安全条例》（广东省第十二届人民代表大会常务委员会公告第 34 号）鼓励投保特种设备公众责任保险；《广东省实施〈校车安全管理条例〉办法》（粤府令第 208 号），明确将购买承运人责任保险作为校车使用许可审核的条件之一。二是完善政策体系，推动广东省政府及相关部门出台指导性文件。如广东省政府办公厅转发省金融办、广东保监局《关于加快发展责任保险促进我省公共安全体系建设实施意见的通知》（粤府办［2012］104 号），与广东省教育厅、省卫生厅、省质监局、省环保厅等主管部门联合发文推动校方责任保险、医疗责任保险、特种设备责任保险、环境污染责任保险等险种的发展。三是印发《广东责任保险》发展工作指引，促进责任保险工作。印发《广东责任保险发展工作指引》，引导辖区保险机构做好环境污染责任保险等责任保险工作，对加强承保和经营管理、提升服务和保障能力、推进宣传工作等提出具体的指导性意见。

（二）以部门合作为抓手，着力形成政策合力

各行业、领域的政府主管部门加强沟通合作，广东省环保厅、质监局、保监局等部门建立联席会议制度和常态联动工作机制，共同推动重点险种的推广。相关主管部门不但联合发文推动相关工作，而且积极开展宣传教育，采取有力措施推动、引导重点行业、企业运用保险机制分散自己生产经营过程中的风险，极大提高了社会公众对保险的认识。一是成立环境污染责任保险领导小组。环保主管部门、保险监管部门联合成立推进环境污染责任保险试点工作领导小组。二是建立特种设备责任保险联席会议机制。广东省质监局、广东保监局建立了特种设备责任保险联席会议机制，定期召开会议推进特种设备责任保险的推广工作，协调解决工作中存在的问题和困难。必要时，广东省保险行业协会、部分地市质监部门、部分保险机构也会列席会议。三是成立广东省校方责任保险工作领导小组。广东省教育厅、财政厅、保监局等联合成立领导小组，负责全省校方责任保险的组织协调工作。广东省教育厅定期组织召开全省防范校园风险工作会议，其中，校方责任保险是防范校园风险的重要手段。

（三）以宣传教育为平台，着力扩大社会影响

一是组织全省宣讲活动。2013 年 5 月，选拔保险行业环境污染责任保险方面的专家组成 5 个宣讲小组，在全省 20 个地市开展宣讲，向各级政府部门和生产企业详细讲解环境污染责任保险的功能作用。16 个地市的市领导、20 个地市的环保部门和金融管理部门负责人、1 500 家纳入环境污染责任保险试点范围的企业及 150 余个县区环保部门相关负责人参加了宣讲活动，电视、电台、报纸等进行了宣传。

二是制作简明易懂的宣传手册。组织保险业内专家编写制作环境污染责任保险宣传手册，内容包括环境污染责任保险政策法规、产品功能作用、广东省试点企业范围、承保理赔流程及注意事项等。各保险机构也制作了宣传册，向投保人发放。

三是开展教育培训。部分政府主管部门也十分重视保险知识宣传教育工作，如一些地市旅游局组织保险专家在旅行社举办安全讲座，开展安全管理培训，通过对旅行社责任保险事故典型案例的分析，强化旅行社安全责任意识。在 2015 年食品安全宣传周活动中，广东保监局主导了食品安全责任保险的宣传工作。各保险机构、保险经纪机构根据投保企业、单位的性质和风险特点，组织客户进行保险知识、风险管理等方面的教育培训。

三、责任保险重点险种发展经验

“十二五”期间，广东在社会公共管理和责任事故多发的重点领域，针对不同险种的发展状况和特点，因地制宜采取各种措施，实现重点险种突破，从而带动责任保险整体快速发展。

（一）推动重点领域实施共保，规模效应初步显现

广东保监局加强与地方厅局的沟通合作，形成几个由政府主导且运作较为成熟的产品。相关险种由政府招标、统一委托，几家保险公司共保，经纪公司参与，在主管部门的有力引导下，保费快速增长，取得了较好社会效应，如校方责任保险、旅行社责任保险、医疗责任保险、电梯责任保险等。

（二）制定重点险种示范条款，引导相关险种有序发展

一是相关部门共同就重点险种指导保险行业制定示范条款，如环境污染责任保险、电梯责任保险等。示范条款重点包括承保、理赔和服务标准等内容。这一措施在很大程度上有利于险种发展初期的市场规范，尤其是对理赔服务提出了较高的质量要求，有利于保护消费者的合法权益。二是广东保险行业协会制定食品安全责任保险、安全生产责任保险的全省“五个统一”示范条款。该方案包括示范标准产品、示范标准服务、示范标准理赔、示范标准预防、示范标准标识，作为各财产险公司执行的基本标准；省保协对各公司产品是否符合“五个统一”标准进行实时监控，通过行业自律规范辖区责任保险健康发展。

广　西

“十二五”期间，得益于全国保险业蓬勃发展的大好形势，广西保监局着力加强与自治区有关部门的协调沟通，充分发挥保险经济助推器和社会稳定器的作用，努力推动责任保险发展，服务地方经济建设，功能作用不断发挥，社会影响日益扩大。责任保险为政府解决了切实问题、缓解了社会矛盾，成为加强社会管理、防范风险、处理社会矛盾纠纷的重要抓手。

一、“十二五”期间广西责任保险发展情况

（一）业务发展速度快，险种种类不断丰富

“十二五”期间，广西责任保险保费、保额整体均呈上升趋势，发展较好。2011—2015 年，广西责任保险保费收入由 2.98 亿元增长到 5.24 亿元，增幅达 76%；累计处理赔案 4.48 万件，切实减少企业、个人损失，缓解了社会矛盾；责任保险种类已逐步拓宽到环保、食品安全、医疗、教育、产品质量等多个领域，发展数十个产品类群，越来越紧密地融入经济社会的方方面面。

（二）发展环境不断优化，服务领域不断拓宽

“十二五”期间，广西保监局把责任保险发展列入保险业重点发展的领域之一予以力推。从覆盖面看，广西的责任保险已由过去主要局限于工业生产领域逐步普及到服务业，涉及金融、教育、医疗、环保、运输、养老等社会生活的各个方面；在产品的设计开发方面，责任保险的种类更加丰富、保障对象更加普及、保障程度不断提高。

（三）功能作用明显，发展潜力巨大

“十二五”期间，责任保险为广西各行业提供了 3.3 万亿元的保险保障，累计支付赔款 7.8 亿元，充分发挥了参与灾害救助、化解矛盾纠纷、推动和谐社会建设的社会管理作用，目前已成为广西灾害救助的主要渠道之一。近几年，通过广西保监局的积极沟通，广西政府和各相关部门主动出台推动政策措施，积极给予财政补贴，在校方责任保险、养老机构责任保险等领域取得了较好成效。

二、监管工作开展情况

（一）积极协调，主动沟通

“十二五”期间，广西保监局认真贯彻落实中央各部委、中国保监会和地方政府出台的各项责任保险政策精神，主动加强与自治区交通厅、教育厅、卫生厅、民政厅、各地市政府等有关部门的沟通协调，有效推动了责任保险发展。“十二五”期间，共推动环境污染责任保险、产品质量责任保险、医疗责任保险、安全生产责任保险、电梯安全责任保险、校方责任保险、食品安全责任保

险、诉讼财产保全责任保险 8 大险种在广西开展试点工作，推动自治区政府、各相关部门出台《广西壮族自治区人民政府办公厅关于加快发展现代保险服务业的实施意见》（桂政发［2015］4 号）等责任保险政策文件 15 份，为广西责任保险的发展营造良好的发展环境。

（二）加强指导，鼓励创新

“十二五”期间，广西保监局积极引导保险公司参与和服务社会经济建设，不断挖掘传统险种发展潜能，指导保险公司创新保险产品，认真谋划新兴保险领域，充分发挥责任保险的社会管理职能及化解矛盾纠纷的作用。2012 年，广西保监局指导部分保险公司先行先试，探索开展养老机构责任保险，累计为广西 700 多家县级以上养老机构、36 605 名入住老人提供养老机构责任保险服务，成效较为明显，获得民政部门、养老机构、入住老人及家属的一致赞誉。2014 年，广西保监局联合民政厅、老龄办出台《关于推进广西养老机构责任保险工作的实施意见》（桂民发［2014］61 号），将养老机构的参保范围扩大到经民政部门设立许可并依法登记的养老机构，含社会福利院、托老所、光荣院、老年公寓、农村养老服务中心等养老机构，实现各类养老机构责任保险的广泛覆盖。

（三）加强调研，听取意见

广西保监局多次以书面调研、现场座谈及实地走访等方式对自治区相关部门、各地市政府及保险公司进行调研，了解掌握当前广西责任保险开展情况及推动过程中遇到的难点和相关建议，为下一步出台责任保险政策奠定基础，同时对于调研中发现的问题，广西保监局及时为保险公司提供政策指导，并督促其改进保险服务。尤其是 2012 年，广西保监局牵头自治区金融办、环保厅及保险公司组成调研组，赴柳州、河池开展环境污染责任保险专项调研，听取当地金融办、环保局、涉污企业和保险公司等代表意见建议。根据调研情况，广西保监局联合自治区环保厅出台了《关于环境污染责任保险工作的实施意见》，提出在涉重金属、涉铅蓄电池及再生铅等行业实行环境污染责任保险试点工作，为推动广西开展环境污染责任保险试点工作奠定了良好基础。

三、责任保险重点险种发展经验

（一）广西推动养老机构责任保险经验

一是政府主导，启动实施早。广西民政厅牵头，与部分保险公司合作，积极探索转移养老机构责任风险的制度创新。2011 年，在广西各类国办养老机构尝试通过老年人意外伤害保险转移养老机构风险，政府出资约 40 万元，为首批试点的 80 多家国办养老机构近 5 000 名 60 周岁以上的入住老人购买意外伤害保险。在养老机构老年人意外伤害保险试点经验的基础上，2012 年正式启动广西养老机构责任保险项目，项目保险期限为一年。

二是财政支持，公益为重。为了不额外增加养老机构和入住老人负担，自治区财政将养老机构责任保险项目资金全额纳入财政预算，每年出资 100 余万元，对项目保费进行 100% 补贴。保险业在参与养老机构责任保险项目过程中，以公益为重，重视社会效益，坚持“安全第一、预防为主、积极赔付”，通过发挥专业风险管理职能和保险杠杆功能，协同政府探索利用保险机制服务社会管理，积极履行社会责任。

三是省级统筹，统一投保。广西实行省级统筹、公办民营一体化的养老机构责任保险制度，参保范围覆盖自治区民政厅直管的县级以上各类公办及民办养老机构，含社会福利院（中心）、老年公寓、光荣院等。整个养老机构责任保险项目以自治区民政厅为投保人、县级以上各类公办及民办养老机构为被保险人出具一张保单，实行一张保险单、统一保险费率、统一服务标准的“三一”原则。

四是控制成本，覆盖基本。结合广西经济社会发展水平、养老服务水平和保险经营管理水平，养老机构责任保险项目遵循低保费、保基本、广覆盖的原则。以床位为基础，每张床位保费控制在 100 元。在确保入住养老机构的老年人人人享有基本意外风险保障的基础上，保险对象范围扩展至进入养老机构经营区域的家属、访客等第三人。保险责任涵盖养老服务面临的基本风险，覆盖死亡伤残、医疗费用及相关法律费用，入住老人赔偿限额 2 万元，第三者赔偿限额 5 万元，每次事故赔偿限额 50 万元，保单累计赔偿限额 100 万元。

（二）广西开展食品安全责任保险试点经验

近年来，食品安全问题已成为社会关注的热点问题。为防范食品安全风险，为消费者营造更加安全的食品消费环境，广西保监局与自治区食药监局联合推进广西食品安全责任保险试点工作，并取得积极成效。目前，广西已经有超过100家食品企业完成投保或正在办理投保手续。

广西食品安全责任保险试点工作主要采取引入保险经纪机构提供专业服务，采取多家保险公司共同承保的方式，将食品安全责任、意外及公众责任等一并纳入保险方案，在以下5类食品企业中开展试点：一是年主营业务收入在2 000万元以上的独立核算的食品生产企业；二是乳制品、肉制品、食用植物油、白酒、保健食品、婴幼儿配方食品、鲜湿米粉、食品添加剂、饮料9类获得食品生产许可证的企业；三是店铺实际营业面积在6 000平方米以上，以顾客自选方式兼营（主营）食品，并向顾客提供相关服务的（食品）零售企业；四是集体用餐配送单位、中央厨房、特大和大型餐馆；五是重大活动保障专供食品生产经营单位。与统保项目开展前市场上存在的食品安全责任保险产品相比，统保产品主要有以下特点：

一是保障更加全面。原有的食品安全责任保险产品主要保障食品企业因疏忽或过失致使消费者食物中毒或其他食源性疾病，或因食物中掺有异物造成消费者人身伤亡、财产损失和产生的法律费用。统保后的食品安全责任保险重点改进了附加险，增加了附加上游原料责任条款、附加护理费或陪护人员误工费条款、附加赠品安全责任保险条款、附加无过错责任保险条款等16项条款。附加险种的调整不仅更好地保护消费者利益，也大大降低食品企业的赔付压力。

二是保费更加低廉。广西食责险统保试点工作每次事故每人基准赔偿限额为20万元，赔偿限额最低10万元，上不封顶，企业可以根据自身情况自由选择。以年营业额500万元的食品生产企业为例，原有食品安全责任保险的费率在4‰以上，统保后，由于投保企业增加，保险的大数法则作用得到有效发挥，保险费率降为1.35‰，仅为原有费率的1/3。同时，在16项附加条款中，有10项不再单独收取保费，保障范围扩大的同时，最大限度降低了投保企业的经济负担。

三是服务更加到位。对投保食品安全责任保险的企业，保险公司会授予牌匾等相关标识，消费者通过标识判断企业是否投保了食品安全责任保险，方便消费选择。为了更好地保护保险消费者利益，统保的食品安全责任保险增加赔偿金预付功能，对估损金额在20万元以上的案件，可先预付赔偿金的60%，减轻消费者医疗等方面的经济负担。

海 南

一、责任保险总体发展情况

“十二五”期间，海南省责任保险保费收入规模逐年稳步增长，从2010年的0.43亿元增长至2015年的1.41亿元，年均增长26.81%。海南省责任保险覆盖领域不断拓宽，涵盖生产安全、交通运输、校园安全、旅游服务等领域；保险保障作用日益增强，仅2015年，海南省责任保险即支付赔款1.18亿元，化解矛盾纠纷的功能作用得到有效发挥；业务发展不断突破，医疗责任保险发展模式形成海南特色，安全生产责任保险统保项目顺利开展。

二、责任保险监管工作开展情况

“十二五”期间，海南保监局根据中国保监会的相关部署和指示精神，认真贯彻落实国务院《关于加快发展现代保险服务业的若干意见》（国发［2014］29号）、《海南省人民政府关于加快发展现代保险服务业的实施意见》（琼府［2015］29号）以及《海南保险业发展“十二五”规划纲要》相关要求，结合海南省内保险市场实际，积极推动保险业参与“五大体系”建设以及国际旅游岛建设，创新责任保险险种，发挥责任保险化解矛盾纠纷的功能作用，把与公众关系密切的医疗责任、安全生产、校方责任、食品安全等领域作为责任保险的发展重点，帮助政府排忧解难，完善社会治理体系，取得了良好的社会效果。

（一）注重沟通协调，大力营造良好政策环境

“十二五”期间，海南保监局积极与各有关部门沟通联系，推动责任保险的发展，多次联合下发文件或推动出台一系列法规和指导性文件，涵盖安全生产、

校园安全、电梯安全以及食品安全等方面，积极争取财政补贴、机制保障以及宣传保障等政策，为责任保险的发展营造了良好的外部政策环境。

（二）认真调查研究，努力做好部分险种的前期调研

与海南省食品安全委员会办公室、海南省食药监局的沟通合作，对全省食品安全责任保险发展现状及市场需求进行调研，认真总结先行试点经验，稳步推进，并于2015年5月在总结琼海食品安全责任保险试点工作成功经验的基础上，将海南省食品安全责任保险试点地区由2014年琼海一地扩展至三亚、文昌和海口市琼山区；参加省发展改革委环境污染第三方治理实施细则工作方案座谈会，并就推动海南省环境污染责任保险开展试点提出建议；加强与省工信厅的联系，积极推动首台（套）重大技术装备保险补偿机制在海南省落地；与省综治办共同开展社会治安综合保险的前期全省调研，争取早日启动相关险种业务，惠及民生。

（三）加强业务指导，积极鼓励险种模式创新发展

密切关注责任保险领域的创新发展，积极引导行业参与国际旅游岛经济建设，通过不断创新险种模式，充分发挥责任保险的社会管理职能；建立了“政府推动、市场运作、全省统保、调赔结合”的医疗责任保险新模式；指导建立了“统一险种、统一费率、统一保障范围、统一赔偿标准、统一操作、统一服务”的“六统一”海南安全生产责任保险运营模式，同时对险种也进行了创新；推动保险助力司法创新，积极引入诉讼财产保全责任保险；鼓励行业探索建立社会救助制度与保险模式互补共融的新型灾害救助机制，开展自然灾害公众责任保险业务。

（四）强化业务监管，密切关注险种发展和变化

一是建立责任保险专人负责制，海南保监局相关业务处室指定专人负责责任保险工作，通过非现场监管以及统计信息系统进行责任保险的统计分析。二是利用搭建微信群、定期召开业务座谈会等方式，加强业务监管政策的宣传以及提高日常信息报送的效率，及时掌握险种发展变化，有效提高监管效率。三是加强责任保险领域招标业务的监管，通过事前事后的依法依规监管，规范市场秩序，促进责任保险的有序健康发展。

三、责任保险重点险种发展经验

（一）积极探索第三方调处机制、引入保险机制处理医患纠纷，不断探索具有海南省特色的医疗责任保险

海南省于2010年正式推行以医疗责任保险为基础的医疗纠纷人民调解机制，“十二五”期间形成了“调”“赔”相结合的良好工作格局，有效解决了海南省的医患纠纷问题。2012年，时任国务院副总理李克强对此做了重要批示，海南省委领导也分别做了批示。卫生部相关领导也于2012年3月到海南就医疗纠纷调解新模式进行了专题调研。

2011年，海南医疗责任保险正式启动。2013年，海南省率先在全国实现两个“全覆盖”：一是实现全省18个市县和洋浦经济开发区的地域全覆盖，二是实现从三级医院到乡村卫生院的医疗机构的类型全覆盖。2015年全省医疗责任保险保障37.56亿元，较2011年增长1 168.92%，赔款金额2 373.53万元，较2011年增长141.16%。截至2015年末，全省三级公立医院参保率达到100%，二级公立医院参保率达到90%以上。同时，医疗责任保险保障范围扩大至医务人员和救护车。

1. 海南省医疗责任保险的特点。海南省医疗责任保险的开展确定了“政府推动、市场运作、各方参与、专业调解”的工作思路。一是以医疗损害作为保险责任，不需要确定是否为医疗事故。二是以海南省医调委的调解结果作为保险理赔的依据，解决医疗纠纷的保险赔偿问题不需要进行医疗事故技术鉴定和法律诉讼。三是各级医疗机构参保意愿较强。在海南省卫计委的大力推动宣传下，结合创建平安医院的考评工作，投保医院总量逐年增加，保费规模也从2011年的2 000多万元增至2015年的3 600万元左右。四是建立奖优罚劣机制。根据赔付率水平，确定5级调整系数。

2. “十二五”期间取得的成效。一是建立了医疗责任保险新模式。建立了“政府推动、市场运作、全省统保、调赔结合”的政策性保险运作模式，既有利于扩大险种覆盖面，也有利于提供更广泛的保险保障（包括精神赔偿等）。截至2015年底，共有1 827家医疗机构投保，实现全省18个市县和洋浦经济开发区

的地域全覆盖以及从三级医院到乡村卫生院的医疗机构的类型全覆盖。二是有效化解医患纠纷。2011—2015 年，海南省医调委共受理纠纷 2 406 例，已调解成功 2 011 例，成功率高达 83. 58%，平均结案时间 18 天。三是实现了多方共赢。医疗责任保险使患者能得到较为充分和及时的赔偿。医疗机构在投保前需要花费大量的人力、物力和财力化解医疗纠纷，投保后成本支出没有明显变化，却得到了切实的风险保障。地方政府在资金方面基本没有负担，既能化解医疗事件带来的不确定经济风险，又能减轻维稳压力。保险机构既实现市场化经营，又树立了公司和行业的良好形象，实现了经济效益和社会效益的统一。四是扩大了保险业的社会影响。随着海南省医疗责任保险作用的逐渐显现，地方政府、医疗机构及社会公众对保险了解的进一步加深，保险的社会影响不断扩大。

（二）利用特区立法权强制推行安全生产责任保险，积极推动危险行业安全生产责任保险的落实

2011 年，海南省被国家安监局确定为安责险推行试点的省份之一。2011 年 5 月，海南省安监局在征求海南保监局意见后下发《关于开展海南省安全生产责任保险投保工作的通知》（琼安法［2011］82 号），明确自 2011 年 5 月 1 日起，在全省范围内启动安责险投保工作，同时规定海南省内矿山开采企业、危险化学品、烟花爆竹、民用爆破器材生产和经营单位 4 大类企业必须投保安全生产责任保险。安责险是海南首例地方立法强制保险，在国内亦属首创，实现了风险抵押金向责任保险制度的跨越。

1.“十二五”期间安责险发展情况。2015 年，安责险承保企业 3 871 家，较 2011 年增加 3 203 家；2015 年赔付款金额 244. 46 万元，为高危行业企业提供保险保障 88. 87 亿元。

2. 主要做法与经验。一是通过立法强制推行。2010 年 1 月 1 日实施的《海南经济特区安全生产条例》规定，矿山开采企业、危险化学品、烟花爆竹、民用爆破器材生产和经营企业应当投保安责险，其他生产经营单位可以根据实际需要投保。这是全国第一个通过地方立法形式强制推行安责险制度的省份。二是采取“六统一”运营模式。海南省安责险制度采取统一险种、统一费率、统一保障范围、统一赔偿标准、统一操作、统一服务的“六统一”运营模式。海南省安责险的“六统一”运行模式在全国是唯一的，也是针对海南特点量身打造的。每人赔偿标准为40万—80万元，每次事故累计赔偿限额200万—2 000万元，高于国内现行一般标准，费率则处于全国较低水平。此外，安责险是工伤保险的一种补充，如果算上工伤保险，单人最高赔偿额可达百万元以上。三是创新产品设计。一是以安全生产事故作为保险责任，不需要确定为被保险人的责任事故，甚至有可能包括意外事故和不可抗力事故，只要属于安全生产事故，都属于赔偿范围，可以说保险责任范围大；二是赔偿的受害人包括被保险人的从业人员和第三者。四是建立安保互动机制。充分发挥保险公司的风险控制优势，积极开展风险评价和防灾减损工作，同时充分发挥保险费率的杠杆激励作用，在不同行业之间实行差别费率，同行业企业之间根据安全状况实行浮动费率，督促企业加强安全管理和投入，改善安全生产条件。五是构建便捷有效的赔偿处理机制。为了迅速、有效地处理保险事故，突出安责险索赔及时、便捷、灵活的特点，建立了保险赔偿处理中心及保险事故鉴定委员会，保证处理结果的公正、公平，减少索赔纠纷，促进企业稳定经营，有助于在实际操作中解决理赔难、理赔慢等问题。

（三）不断扩大校方责任保险覆盖范围，实现各级各类学校全覆盖

2012年9月，海南保监局与省教育厅、财政厅经联席会议多次讨论，下发《关于进一步做好校方责任保险工作的通知》（琼教［2012］90号），将学生每人每年人身伤害赔偿限额提高到40万元，保障范围不断扩大。在业务经营上取消简单的共保模式，引入服务竞争，实行动态管理，引导保险公司从价格竞争向服务竞争转变，有效提高了整体服务质量，在防范学生伤害事故和妥善化解各类学生伤害事故责任方面起到有效作用，较好维护了学校的正常教育教学秩序，保障了广大学生的权益。2014年10月，海南保监局与省教育厅和财政厅经过多次密集调研讨论，再次联合下文，将校方责任保险的覆盖范围由此前的公办普通中小学扩大至全省各级各类学校，校方责任保险的保障范围不断扩大，妥善化解了各类校园安全事故责任风险。2015年，海南省校方责任保险当年已实现保费收入894.52万元，同比增长23.18%，已决赔款364.37万元，为全省2 379所各级各类大中院校、中小学幼儿园的178.91万名学生提供风险保障118.95亿元（按每所学校最高赔偿限额500万元计算）。

重 庆

一、责任保险总体发展情况

（一）业务规模不断扩大

2011—2015 年，重庆市责任保险保费收入从 35 279. 27 万元增至 65 102. 41 万元，“十二五”末的责任保险保费收入是“十二五”之初的 1. 85 倍，年均增速达 16. 6%（见图 10）。

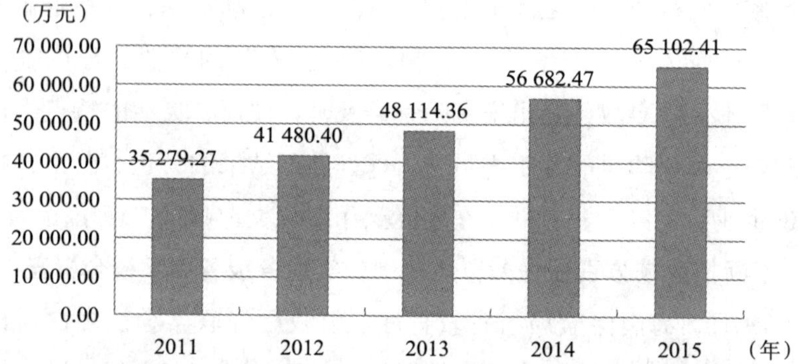

图 10 “十二五”期间重庆市责任保险保费收入情况

从保费增速看，责任保险保持与财产险总体保费同步增长，高于重庆同期 GDP 增长率 5 个百分点以上（见图 11）。

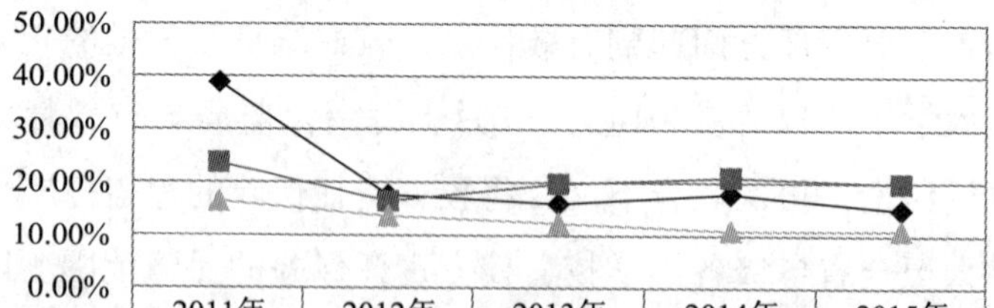

	2011年	2012年	2013年	2014年	2015年
责任险保费同比增速	38.86%	17.58%	15.99%	17.81%	14.85%
产险业保费同比增速	23.70%	16.42%	19.75%	21.00%	19.87%
GDP增速	16.40%	13.60%	12.30%	10.90%	11.00%

图 11 “十二五”期间重庆责任保险保费、产险业保费和 GDP 增速

（二）市场竞争更加活跃

"十二五"期间，重庆市财产保险公司从17家增长到21家。随着市场主体的增多，保费集中度呈现逐渐下降趋势，市场竞争日趋活跃。2015年底，责任保险保费收入前3家公司市场份额合计63%，比2011年底下降4.18个百分点，市场集中度逐渐下降（见图12）。

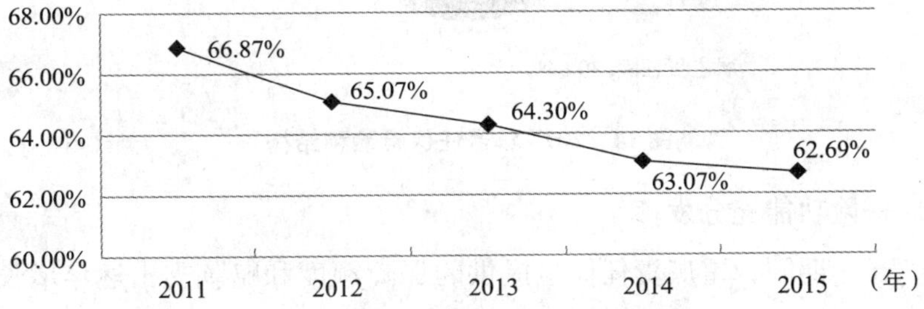

图12　重庆市责任保险市场份额前3位公司保费占比变化

（三）业务结构稳中有变

"十二五"期间，各类责任保险险种保费规模均实现了不同程度增长，其中职业责任保险以年均28.5%的增速位列第一，雇主责任保险以15.96%的年均增速紧随其后。经过5年的发展，公众责任保险仍是责任保险第一大险种，但比重大幅降低，险种结构稳中有变（见图13、图14）。

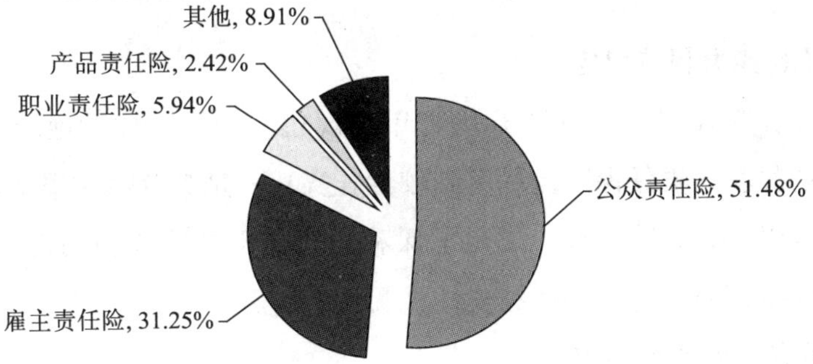

图13　2011年责任保险险种结构

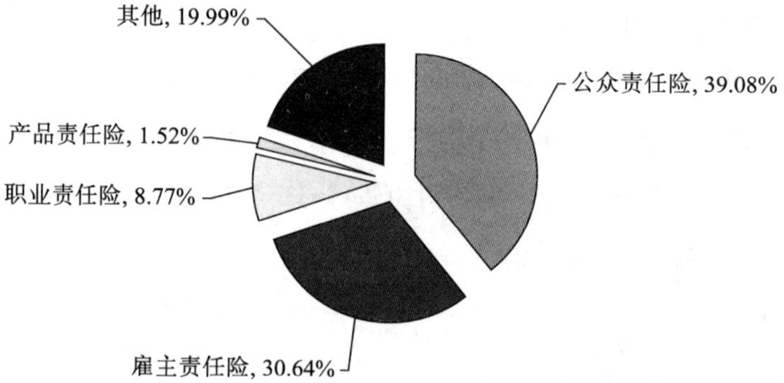

图14　2015年责任保险险种结构

（四）保险功能充分发挥

“十二五”期间，重庆责任保险提供的保障额度和赔款支出逐年增长。保障额度和赔款支出年均增幅分别为21.11%和20.15%，均高于同期16.6%的保费增幅，责任保险的补偿作用日益明显，保障功能得以充分发挥（见表1）。

表1　“十二五”期间重庆责任保险保障限额、赔款情况

项目＼年份	2011	2012	2013	2014	2015
保障限额（亿元）	3 039.68	4 180.99	5 788.67	5 175.18	6 538.49
赔案件数（万件）	1.17	1.66	2.01	2.54	3.04
赔款支出（亿元）	1.31	2.05	2.10	2.77	2.73

（五）盈利能力保持稳定

重庆责任保险在“十二五”开局之年实现扭亏为盈，此后连续5年保持盈利。从经营情况看，责任保险盈利基础较为扎实：一是综合赔付率平均低于产险业4个百分点以上，风险可控；二是承保利润率高于产险业利润近3个百分点，且业务发展保持相对的稳定性和独立性（见图15）。

（六）重点领域取得突破

“十二五”期间，重庆市责任保险一些重点领域和重点险种取得了突破性发展。2011年底启动的自然灾害公众责任保险试点现已扩大到8个区县，截至2015年底，累计保额27亿元，保障人口800余万人；2013年8月，在全市117

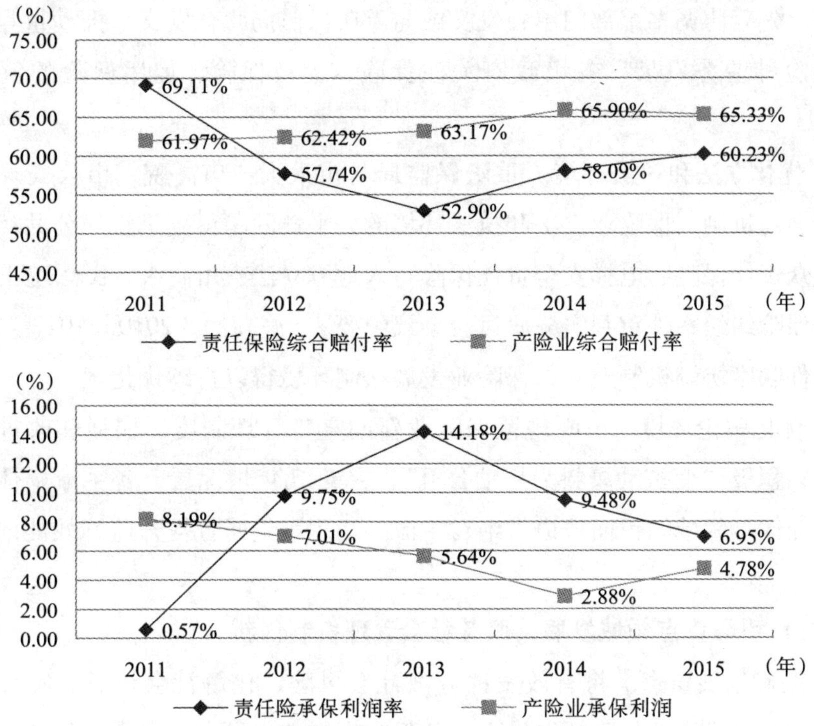

图 15　重庆市“十二五”期间责任保险、产险业综合赔付率、承保利润

家重点污染企业开展环境污染责任保险试点；2014 年 4 月，市政府发文强制火灾高危单位投保火灾公众责任保险，11 月底全市二级以上公立医疗机构医疗责任保险实现全市统保。

二、责任保险监管工作开展情况

（一）积极优化发展环境，拓宽责任保险服务领域

1. 优化发展政策环境。一是争取市委市政府对保险业的大力支持。2010 年，推动市政府出台《关于大力发展责任保险的实施意见》（渝办发［2010］159 号），在全市五大领域数十个行业全面推行责任保险，开创了省、市政府部署责任保险发展的“先河”。2014 年，保险“新国十条”印发后，重庆市政府迅速出台保险“渝十条”，明确提出要“运用责任保险化解矛盾纠纷。强化政府引导、市场运作、立法保障的责任保险发展模式”。二是协调相关政府部门推动险种业

务发展。先后协调多个部门单独发文或与重庆保监局联合发文，推动重点领域责任保险险种业务发展。各级政府关注保险、支持保险、运用保险的氛围逐步形成。

2. 优化立法和司法环境。重庆保监局与市人大、市高院、市公安局等建立了工作会商机制，保险业立法和执法环境的公平性问题得到重视。公共场所投保火灾公众责任保险、电梯安全责任保险写入地方立法；市高级人民法院出台《全市法院保险纠纷案件审判实务研讨会会议纪要》（渝高法［2010］101号），金融纠纷案件联席协调机制建立，保险业发展法制环境得以持续优化。

3. 优化舆论环境。不断规范保险业新闻宣传管理制度、加强和改进宣传方式方法，积极“变被动爆料为主动公开”。从近几年情况看，各主流媒体关于重庆市责任保险领域的正面报道占绝对主流，运用舆论监督提升监管效能的局面初步形成。

（二）引导重点领域发展，服务社会管理机制创新

1. 明确发展重点。将有效发挥分散社会风险、化解社会矛盾、减轻政府压力、维护社会稳定的保险功能作为责任保险发展的出发点，将高危行业、易发生污染事故行业、公共聚集场所、特种设备使用行业和医院等五大行业确定为责任保险优先发展领域，探索保险参与公共服务和社会管理创新、应对突发事件应急和社会矛盾调解机制。

2. 搭建政策平台。加强和市政府相关部门的协作配合，走出一条“政府引导、市场主导，政府推动、市场运作”的责任保险发展之路。

3. 发挥主体作用。在责任保险的促发展工作中，始终围绕如何更好发挥市场机制和市场主体作用做文章，鼓励市场竞争和创新，通过创新产品、创新服务、创新工作机制，推动保险机制参与社会管理机制创新。在医疗责任保险理赔服务中，鼓励保险公司创新理赔工作机制，探索保险机制与医疗纠纷调解机制、医疗纠纷处置工作机制实现无缝衔接，创新医疗纠纷调处工作机制。

（三）加强市场行为监管，提升发展的质量和效益

“严监管、促发展”，通过加强监管促进规范发展，提升发展的质量和效益。2014年重庆保监局开展辖内承运人责任保险专项检查，查实虚假费用、虚挂绩效等一批违法违规问题。同时，深挖违法违规问题产生的制度根源，推动政府完善管理。检查成果受到中国保监会领导和重庆市政府领导的肯定。该项检查极大震慑了市场，遏制了责任保险发展中违法违规的苗头，为重庆市责任保险市场健康发展创造了条件。

三、责任保险重点险种发展经验

（一）大力发展医疗责任保险，创新医患纠纷调处机制

"十二五"期间，在重庆市委、市政府的正确领导和有关单位的大力支持下，重庆医疗责任保险较快发展，为化解医疗纠纷、构建和谐医患关系做出积极贡献。

重庆市医疗责任保险理赔服务中心组织医院、患者家属和保险公司进行医责险理赔三方协商

1. 基本情况。

（1）业务规模持续较快增长。保费收入从2011年的1 123万元增长至2015年的4 854万元，3年年均复合增长率44%，比同期行业全险种保费收入增长水平高20个百分点。2011—2015年，医疗责任保险提供的风险保障金额从2.75亿元增长至15.9亿元，年赔款支出从739万元上升至2 660万元。同时，保险公司

依据《侵权责任法》，进一步扩大保障范围。

（2）保险覆盖面稳步提高。开展医疗责任保险的区县从 9 个扩大至 34 个。承保医疗机构数量从 624 家增加至 947 家。江津、开县已实现对乡镇卫生院的全覆盖。

（3）保险功能逐步发挥。通过创新服务手段，保险机制正在成为重庆市医疗行业风险管理的重要手段。

2. 主要做法。

（1）政企合作模式。采取“政府发文、企业运作”的方式，采取强制或半强制的形式，实现区域内统保。

（2）分散投保模式。各医疗机构按照市场化原则自主自愿和保险公司达成投保协议。保险公司注重风险控制，赔偿限额在 25 万元以内，医疗机构对保险服务满意度较高。

（3）统保共保相结合模式。通过政府或医疗行政管理机关发文并组织医疗机构统一参保。医疗机构组成“联席会”统一投保，保险公司组成“共保体”，统一提供服务。

3. 主要经验。

（1）政府主导推动是医责险发展的重要基础。政府部门出台多部政策办法，明确医责险发展政策目标，完善财政补贴配套机制和“考核评价机制”的激励体系，为医责险扩面夯实了基础。

（2）行业积极创新是医责险发展的内生动力。保险公司积极探索、大胆创新，在保险产品和理赔服务上不断优化助推医责险的快速发展。

（3）坚持调保结合是医责险发展的重要保障。“开展三方协商”“保险机制与调解机制相结合”的工作机制已经作为医责险理赔制度的基本内容得到确认和固化，医责险案件调解成功率 80% 以上。

（二）试点自然灾害公众责任保险，完善民生救助体系

重庆保险业于 2011 年启动自然灾害责任保险试点，经过 5 年的发展，该责任保险机制已成为地方政府自然灾害救助体系重要组成部分。

1. 基本做法。

（1）政府全额出资，逐步推进。2011 年在彭水县、璧山县两地启动自然灾害公众责任保险试点，以区县为单位向保险公司投保，保费为财政全额补贴。2015 年底，开办区域扩大到 8 个区县，实现了渝东南片区的全覆盖。

（2）低保费、广覆盖。该险种保险责任主要是因暴雨、洪水、泥石流等自然灾害导致的人身伤亡以及由此支出的医疗费用。人均保额为 3 万—10 万元，保费按当地常住人口计算，人均仅 1—2 元。截至 2015 年底，保障人口达 800 余万人。

2. 取得的成效。

（1）完善了政府灾害管理和民生救助体系。保险的介入有利于政府“财政民生”向“社会民生”转变，丰富了政府灾害管理和民生救助方式，提高了地方政府应对突发事件的能力。

（2）提高了民众的安全感。政府通过较少的财政支出为民众构建了一道“安全防护网”，民众的生活安全感更强。

（3）为重庆市巨灾保险发展奠定了基础。自然灾害公众责任保险试点的成功，为重庆市责任保险发展奠定了良好的社会基础，也为重庆市巨灾保险试点积累了经验。

四　川

一、责任保险总体发展情况

（一）保费收入持续平稳增长

据四川保监局统计，2011—2015 年四川省责任保险共实现保费收入 59.72 亿元，且保费收入呈现逐年增长的态势，年均增长率达到 20.2%，2015 年责任保险保费收入比 2011 年翻了一番多，是财产险公司业务快速增长的领域之一（见图 16）。

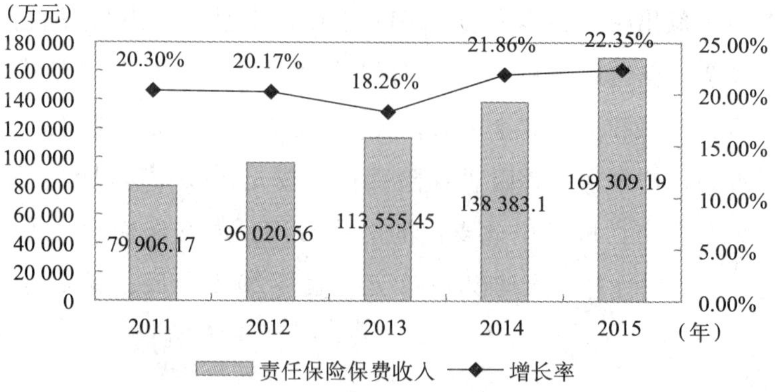

图16 "十二五"期间四川省责任保险保费收入情况

（二）保障面不断拓宽

"十二五"期间，四川省责任保险产品进一步丰富，服务领域进一步拓宽，医疗责任保险、校方责任保险、承运人责任保险、环境污染责任保险、雇主责任保险增长较为迅速，旅行社责任保险、火灾公众责任保险、安全生产责任保险、食品安全责任保险等险种进一步拓展。以2015年数据为例，校方责任保险为1.3万多所学校，近1 600万名学生提供了接近9 200亿元的风险保障，覆盖了全省近60%的大、中、小学校；医疗责任保险不断扩大参保对象范围，除二级以上医疗机构外，扩大对乡村诊所、村卫生室（站）等小型医疗机构覆盖范围，共为全省4 586家各级医疗机构提供26.8亿元风险保障；食品安全责任保险为468家食品生产企业、390家食品流通企业、3 511家餐饮单位提供156亿元的风险保障；旅行社责任保险为全省600余家旅行社提供了22亿元的风险保障，覆盖面超过90%；安全生产责任保险承保企业3 000余家，提供风险保障507亿元；首台（套）重大技术装备保险实现零突破，签署保单4笔，已为中国二重、东方电气等省内重大技术装备制造企业提供风险保障4亿元，责任保险为四川省经济社会建设提供了较为全面的风险保障，责任保险的渗透率进一步提高。

（三）经济补偿和社会管理功能有效发挥

"十二五"期间，四川省责任保险共支出赔款21.87亿元，在全省各类重特大安全事故的处置中，保险业均能积极参与，主动提出处置建议，第一时间筹集赔款，助力事故的妥善处理，既减轻了各级政府处置重大突发事故的压力，又较好维护了人民群众的合法利益。2012 年，在四川省攀枝花肖家湾煤矿“8·29”特别重大瓦斯爆炸事故中 45 人死亡，四川省保险业在事故发生次日即启动赔款预付程序，提前支付赔款 800 万元，保障了事故处理工作的顺利进行，得到省政府领导的肯定，最终赔付达到 1 000 多万元。责任保险在保障公众合法权益、维持企业正常生产、转变政府职能、维护社会稳定方面的作用不断显现。

（四）盈利能力稳步提升

“十二五”期间，四川省责任保险共实现经营利润 1.6 亿元，2015 年的利润总额比 2011 年翻了一番多，是财险业务的主要营利性险种（见图 17）。

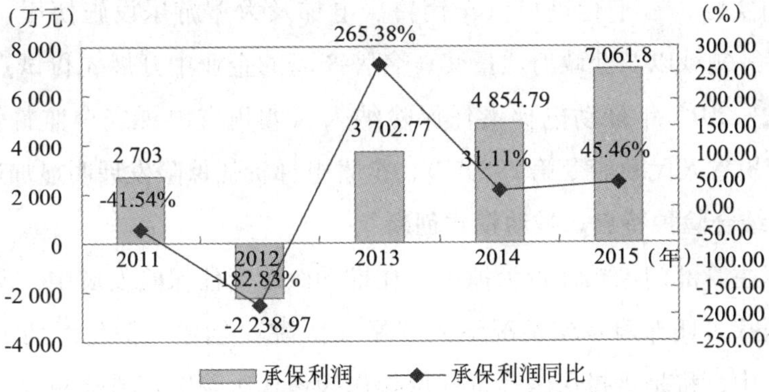

图 17 “十二五”期间四川省责任保险承保利润情况

二、责任保险监管工作开展情况

（一）搭建发展平台，推动政策创新

一是统一思想。在深入调研，广泛听取意见建议的基础上，2015 年四川保监局制定了《四川保监局关于推进责任保险工作的通知》（川保监发［2015］92 号），对四川责任保险推进工作进行规划，并突出发展重点，以与人民群众生产生活密切相关的医疗责任保险、安全生产责任保险、食品安全责任保险、产品质量责任保险等为重点险种，通过政策引导，市场运作的方式，促进责任保险在重点领域实现突破性进展。二是争取支持。搭建平台、创造环境，是保险监管部门引领推动行业发展的着力点和切入点。2011 年以来，四川保监局积极与相关部

门沟通协调，多次与省卫计委、省食药监局、省安监局等部门举行专题会议和联席会议，就如何进一步推动责任保险发展进行深入研究，协同有关部门制定或转发推进责任保险的政策支持文件23个，明确推动发展的具体措施和要求，为发展营造了十分有利的外部环境。2015年，四川保监局联合省财政厅、省经信委下发通知开展四川省重大技术装备首台（套）保险补偿试点工作，明确对于符合工业和信息化部目录的投保产品，在申请并获得中央财政补贴的基础上，省级财政再给予核定保费10%的补贴，最高补贴达到90%；在与省质监局联合出台的《关于开展产品质量安全责任保险工作的通知》（川质监发［2015］18号）中结合四川实际，在平行进口汽车销售、电梯及大型游乐设施使用、强制认证（3C）产品等领域以及获政府质量奖、名牌产品的企业中开展先行试点。三是积极推动立法。2015年推动电梯责任保险纳入《四川省电梯安全监督管理办法》（2015年四川省人民政府令第298号），全省电梯责任保险发展明显加速。

（二）结合险种特点，推动模式创新

一是以主管部门考核评价为抓手。在推动医疗责任保险发展中，明确各级卫生部门将医疗责任保险承保情况纳入“平安医院”创建与深化医药卫生体制改革考核体系中，将是否投保医疗责任保险作为考核医院医疗风险防控水平的重要评价指标，2015年各级医院参保率明显提高。二是以制定激励约束措施为保障。在环境污染责任保险推动中，与环保部门密切配合，将企业投保情况与环保部门的环保专项资金申请、绿色信贷、排污许可证、环境信用评价等体系紧密结合，鼓励企业积极投保。三是以创新社会治理为契机。四川保监局与省公安厅、经信委、工商局、质监局紧密配合，在出台的《四川省电动自行车综合整治方案》（川公发［2015］20号）中将电动自行车保险纳入全省电动自行车综合整治计划，通过各部门联合推动，四川已有11个市、州出台了电动自行车保险的具体实施办法，2015年电动车第三者责任保险实现了跨越式发展，2015年实现保费收入7 393万元，比2014年翻了接近4番，提供总保险保障金额超过729亿元。四是以推动地方惠民政策落实为依托，引导政府直接购买责任保险服务，如由政府按每人每年缴纳1元保费，被保险人享受“自然灾害公众责任保险”和“见义勇为救助责任保险”的“一元民生保险”逐步发展，四川凉山、遂宁、阿坝等地实现了统保，责任保险的社会“正效应”被充分发挥。

（三）紧盯市场需求，推动产品创新

一是拓宽保障范围。在食品安全责任保险推动中，四川保监局指导保险公司主动适应企业需求，在保险责任中扩充了食品包装材料不合格、恶意投毒，以及受害人及其近亲属提出的精神损害赔偿和法律费用等；在联合环保厅出台的《关于继续推进环境污染责任保险试点工作的通知》（川环函［2015］1137 号）中将保险责任进一步拓展，明确将自然灾害、运输途中、管网破裂、地下储存罐意外导致的环境污染责任纳入保险赔偿范围。二是优化产品组合。在原有险种基础上，创新开发新的责任保险险种，如医疗责任保险在原有基础上增加了医疗机构场地责任、外请、进修医务人员、执业过失、手术意外等附加险品种，食品安全责任保险增加了附加检验、检测费用，食品召回费用，危机应对费用等条款，进一步丰富了产品供给。三是创新开发险种。针对食责险投保覆盖率不高的问题，四川保监局指导公司深入调查分析群众需求，不断改进产品，结合四川农村地区乡村游厨多、“坝坝宴”安全隐患多的特点，开发了“乡厨”食品安全责任保险。在医责险推动中，四川保监局指导保险公司针对各类医疗机构特点量身定做保险方案，有效提高了对乡村诊所、村卫生室（站）等小型医疗机构的覆盖率。

02 要闻·省内

我省推进完善环境污染责任保险试点工作

重污染高风险企业纳入强制保险试点

环污险试点企业范围

“蜀巴文史翰墨”诗书画印艺术展开幕

省人大常委会听取省高院上半年工作汇报

坚持公正廉洁司法 维护社会公平正义

媒体报道四川省推进完善环境污染责任保险试点工作

（四）健全内控机制，推动服务创新

四川保监局督促保险公司改进服务，通过为投保人提供专业、热情、快捷、周到的服务，提高保险业的社会形象。各保险公司均已配备专人负责保险业务咨询，专职服务人员上门办理承保手续、协调处理保险事故及理赔，理赔服务创新方面，有的保险公司建立了责任保险重大事故预赔制度，有的保险公司开发绿色理赔通道，实现对小额案件的一天赔付甚至5秒极速到账，有的保险公司开发了在线理赔、微信自助服务平台、理赔进度全程网络查询等，极大提升了客户服务体验。

三、责任保险重点险种发展经验

（一）乡厨家宴有保险

犍为县位于川西平原西南边缘，面积1 375.4平方公里，辖12个镇、18个乡，截至2012年总人口为58万人。经调查，全县有233支“坝坝宴”服务队，其中乡村游厨300多人，下乡服务队从业人员近千人，常年在所在区域从事“坝坝宴”服务活动。全县每年举办“坝坝宴”几千场，包括婚丧嫁娶、做生请酒等红白喜事，少则几桌，多则几十上百桌。这些“坝坝宴”的经营者和消费者普遍食品安全意识淡薄，对脏乱差的消费环境不太关注。总体来说，“坝坝宴”呈现出规模大、次数多、办宴环境差、安全隐患多的特点。一旦发生食品安全事件，则牵涉人员众多，社会影响十分重大。保险公司主动与当地政府部门对接，开发了“乡厨”食品安全责任保险，主要承保乡厨在现场提供宴会食品时因疏忽或过失致使用餐人员食物中毒或其他食源性疾患而造成用餐人员的人身损害，年基准保费为1 200元，累计赔偿限额50万元，每次事故赔偿限额20万元。2014年，累计为近233位乡厨提供了1.17亿元的保险保障，社会反响良好。另外，保险公司积极开展消费者教育，累计为260余人次提供了食品安全责任保险的产品培训，协助政府做好保险知识普及，用生动的案例让参训人员真正理解和接受食品安全责任保险对自身经营风险的转嫁作用。

（二）汶川县自然灾害公众责任保险服务社会民生

汶川县是2008年“5·12”大地震核心区域，遭受过巨大人员伤亡与财产损

失。强震过后，余震频繁，山土松垮，洪水、泥石流、山体滑坡等次生灾害高发频发。2013 年，汶川县又遭遇了“7·10”特大山洪泥石流灾害侵袭，人民群众生命财产安全再度受到威胁。四川保险公司结合汶川实际，量身定制汶川自然灾害公众责任保险服务方案，保险对象为汶川户籍人员及在汶川经商、务工、读书具有暂住资格证明的自然人，保险责任包括：汶川境内发生暴风、暴雨、崖崩、雷击、洪水、泥石流、突发性滑坡、冰雹等自然灾害造成的人员伤亡及在上述自然灾害中的抢险救灾人员伤亡，保险期限一年一签，由汶川县民政局集中采购，每人每年保费 5 元，每人人身伤亡责任限额 10 万元，医疗费用 1 万元，每次累计责任限额 160 万元，全年保额累计责任限额 600 万元，超出部分由汶川县财政兜底买单。汶川自然灾害公众责任保险探索了在财政支持下，以商业保险为平台、多层次风险分担为保障的重大突发自然灾害紧急救助体系。作为汶川县改善民生帮扶三大攻坚行动之一，汶川自然灾害公众责任的实施首次将保险机制纳入防灾减灾体系，人身死亡赔偿标准由过去的 5 000 元提高到 10 万元，起到将财政救灾资金效果放大 20 倍的功效，体现了保险业为提升社会救助能力、更好地服务县域经济发展所做的努力。有了保险撑腰壮胆，免除了干部职工急难险重任务冲锋在前、干在一线的后顾之忧；把群众生命安全摆在优先位置，体现和尊重了以人为本的新型城镇化建设思路，写下了经济新常态下社会政策要托底的生动注脚。

贵 州

一、责任保险总体发展情况

“十二五”期间，贵州省财产保险公司实现责任保险保费收入 199 593. 87 万元，占总保费的 4. 10%，保费收入同比“十一五”期间增长 188. 86%。

（一）保费规模不断扩大

2011—2015 年，贵州省责任保险保费收入分别为 2. 98 亿元、3. 41 亿元、

3.78 亿元、4.43 亿元、5.36 亿元，分别同比增长 37.89%、14.53%、10.9%、17.12%、20.94%，"十二五"末的责任保险保费收入是"十一五"末的 2.48 倍，年均增速达 19.93%。

（二）保险功能不断增强

2011—2015 年，贵州省责任保险保障金额和赔款支出不断增加，保障金额从"十一五"末的 7 286.56 亿元提高到"十二五"末的 18 258 亿元，年均增速 20.17%；赔付支出从"十一五"末的 9 126.38 万元提高到"十二五"末的 23 344.93 万元，年均增速 20.66%。责任保险服务社会的功能不断增强。

（三）服务领域不断突破

"十二五"期间，与公众利益密切相关的责任保险稳步扩面，新业务领域责任保险险种实现突破。2011 年，校方责任保险实现全贵州省覆盖，2015 年，启动校方无过失责任保险；2012 年，职业院校实习责任保险在贵州中等职业学校开始推行；2013 年，环境污染责任保险在 12 类企业开始试点，2015 年转入全面推广阶段；2015 年，食品安全责任保险在贵州省食品生产环节、食品流通环节、餐饮服务环节、保健食品生产企业 4 个重点领域启动试点；2015 年，医疗责任保险实现全贵州省统保，保险服务贵州医疗体制改革迈出坚实一步；2015 年，诉讼财产保全责任保险启动，保险服务司法实践取得突破；2015 年，《贵州省养老服务机构综合责任保险试点实施方案》出台，试点工作启动。旅行社责任保险、烟花爆竹企业安全生产责任保险、火灾公众责任保险等险种覆盖面不断扩大，服务能力不断提升。

（四）重点领域位居前列

2015 年底，医疗责任保险实现统保，目前实现签单保费 1.22 亿元，位居全国第 5 位；承运人责任保险实现签单保费 2.72 亿元，位居全国第 6 位；校方责任保险实现签单保费 0.47 亿元，位居全国第 14 位。

二、责任保险监管工作开展情况

（一）认真开展调查研究，谋划责任保险发展布局

"十二五"期间，贵州保监局多次开展调查研究，谋划全省责任保险发展布

局。2013 年，为促进安全生产责任保险发展，贵州保监局开展了多次调研，调研成果得到国务院领导人批示，安监总局领导、省领导也多次批示，同时在调研工作基础上形成的《贵州试行“矿山联保”化解安全生产风险 扩面增效面临难题》稿件被新华社《国内动态清样》采用，引起相关部门的高度重视，极大促进了安全生产责任保险的发展。2015 年贵州全省安全生产责任保险签单保费 1 432.86 万元，是2013 年底的 1.98 倍，年均增速达到 40.86%，在全省建立实施生产经营单位安全生产责任保险制度也提上了议事日程。2012 年起，为促进环境污染责任保险的发展，开展了大量调查研究，为《关于开展环境污染强制责任保险试点工作的指导意见》（黔环通［2013］220 号）、《关于全面推进环境污染责任保险工作有关事项的通知》（黔环通［2015］92 号）等一系列政策文件的出台提供了第一手材料。

（二）加强沟通协调，营造良好政策环境

“十二五”期间，贵州保监局主动与贵州省高院、省卫计委、省教育厅、省食药监局、省环保厅等相关行业主管部门、监管部门沟通协调，联合出台了 13 个关于责任保险发展的文件，营造出良好政策环境，极大促进了相关领域责任保险的发展。2011 年，贵州保监局与省教育厅联合出台了《贵州省教育厅贵州保监局关于在普通高等学校中等职业学校普通高中幼儿园全面推行校方责任保险管理工作的通知》（黔教安稳发［2011］170 号），决定在全省普通高等学校、中等职业学校、普通高中、幼儿园实行校方责任保险，实现了校方责任保险全省覆盖。在校方责任保险良好运行基础上，校方无过失责任保险在全省推广。2013 年，贵州保监局会同卫生、司法等部门联合起草了《贵州省医疗纠纷人民调解处理办法》（黔府发［2013］30 号）并以省政府文件形式下发，以独立的一章明确了医疗责任保险在全省医疗纠纷排查化解机制中的作用。2014 年，贵州保监局又会同卫生、司法部门制定了《贵州省医疗责任保险实施方案》（黔卫计发［2013］42 号，以下简称《实施方案》），明确了一系列工作目标。2015 年，贵州保监局积极协调相关部门尽快落实《实施方案》的工作要求，促使全省医疗责任保险实现统保。2015 年，贵州保监局联合贵州省高院出台了《关于诉讼财产保全责任保险担保的会议纪要》（黔高法［2015］122 号），明确诉讼财产保全责任保险是有效的担保模式，全省各级人民法院应接受诉讼保全责任保险担保，该规范性文件在全国高级法院中都属于首创，极大促进了全省诉讼财产责任保险的发展。

（三）坚持分类监管政策，引导责任保险科学发展

贵州保监局结合各责任保险险种不同的特点，采用差异化的监管方式，确保各领域机制设计科学合理。对于产品成熟、保险双方积极参与的政府推动型业务（如环境污染责任保险、承运人责任保险等），贵州保监局指导行业采取“去中介化”方式，尽最大努力向消费者提供保障充足、费率合理的保险服务。对于产品与市场实际脱节、保险双方重视程度不高、市场机制失灵的医疗责任保险、食品安全责任保险等业务，贵州保监局推动地方政府按照“保本服务”的原则比选经纪机构，搭建交流平台，协调各保险公司总公司加大产品创新、提高基层公司承保积极性，解决了供需双方信息不对称的问题，促进了责任保险迅速发展。

三、责任保险重点险种发展经验

（一）医疗责任保险主要发展经验

据贵州保监局统计，2015 年贵州全省正式实现医疗责任保险统保，目前投保 5 136 家医疗机构，实现签单保费 1.22 亿元，其中省、市、县、乡四级政府办医疗机构参保率 100%，民营医疗机构参保 319 家，共提供 177 亿元风险保障，参与医患纠纷调解 379 件，已支付赔款 1 975.87 万元。保险业在维护医疗秩序构建和谐医患关系中发挥了积极作用，初步探索出在欠发达省区运用责任保险机制辅助社会管理的宝贵经验。

1. 政策上支持，优化发展环境。一是贵州保监局积极主动建言献策，促成省政府将医疗责任保纳入全省医疗纠纷排查化解机制，并会同卫生、司法等部门组成《贵州省医疗纠纷人民调解处理办法》（黔府发［2013］30 号，以下简称《办法》）联合起草小组，将医疗责任保险机制融入全省医疗纠纷调处整体制度。《办法》对建立省级统筹的医疗责任保险统保机制、医疗责任保险承保方式、承保主体、保费列支、经营原则等做出明确规定，为医疗责任保险发展提供了制度基础，有效解决了以往年度保险、卫生部门推动力度不足，效果不明显的问题。

二是由贵州保监局牵头制定的《贵州省医疗责任保险实施方案》（黔卫计发［2013］42号）进一步明确了医疗责任保险工作的任务书、路线图和时间表，为医疗责任保险有序开展提供了基本路线。三是贵州保监局引导协调有关省直部门建立“贵州省医疗责任保险统保项目”领导小组，协调各相关部门政策，组织各保险机构积极参与医疗责任保险统保项目，破解了以往各保险机构因医疗责任保险业务品质不高造成的缺乏经营积极性、对政策理解不一、执行不一等困局。

2. 发展上引导，解决供需矛盾。一是市场规律、政府指导“两手并用”。工作启动初期，针对各保险机构因风险管控能力不足、经营经验普遍亏损而形成的懈怠甚至是不愿参与等问题，贵州保监局引导省有关部门按照“保本服务”的原则比选、引入专业保险经纪机构，在明确业务性质半公益化的前提下搭建医疗机构和保险公司之间的交流平台，有效破解了国内医疗责任保业务普遍存在的“保险机构承担风险、经纪公司坐收其成、参保医院成本居高”的困局，同时也对医疗纠纷调解组织的运营成本形成有效监督。在此基础上，贵州保监局联合省卫计委、省司法厅等部门组织经纪机构开展现场调研，设计出既满足医疗机构需求，又不突破保险边界的险种。二是承保理赔“三个统一”。组织省卫计委、省司法厅等部门按照“三个统一”的工作机制制定了医疗责任保险实施方案，即：统一投保，由卫生行政部门统一组织医疗机构开展投保工作；统一方案，由保险经纪机构统一设计医疗责任保险承保理赔方案全省适用；统一承保，通过招标选择6家保险公司组建共保体共同承担风险。“三个统一”的工作机制为保险“大数法则”的有效发挥创造了有利条件。

3. 监管上加力，确保服务质量。加强监管，对医疗责任保险理赔服务工作提出了明确的要求：一是要求提升服务能力，承保保险公司要配备专人、专岗开展理赔工作；二是要求坚持“重合同、守信用”的原则，做到应赔尽赔；三是要求优化流程、简化手续，建立规范透明的医疗责任保险理赔规程；四是要求加强业务培训，提高理赔人员处理医疗纠纷案件的能力和水平；五是加强窗口指导，明确要求政策性业务“保本微利”原则不仅适用于承保公司，保险经纪机构也必须遵循，实现了投保人、保险人、经纪人多方共赢。

（二）诉讼财产保全责任保险主要发展经验

2015年，诉讼财产保全责任保险在全省启动。虽然属于新生事物，但发展迅速。截至2015年底，贵州已有超过50家法院接受财产保全责任保险诉讼，保全金额超过20亿元。

1. 政策支持是推动诉讼财产责任保险发展的重要前提。诉讼财产保全责任保险是保险机构根据社会需求推出的一项创新性险种，针对各级人民法院对诉讼财产责任保险是否属于有效担保的问题，贵州保监局积极与贵州省人民法院沟通，达成创新金融险种和手段、服务社会经济发展的共识，出台了《关于诉讼财产保全责任保险担保的会议纪要》（黔高法［2015］122号）（以下简称《纪要》），明确规定当事人可以通过购买的诉讼财产责任保险保单提供担保，保险机构应当在其责任范围内承担赔偿责任。为诉讼财产保全责任保险参与司法实践提供了政策依据。

2. 监管引导是诉讼财产保全责任保险健康发展的有力保障。诉讼财产保全责任保险健康发展对保险业更加深入参与司法实践，树立保险行业形象具有重要作用。贵州保监局充分发挥监管优势，引导诉讼财产保全责任保险健康发展。一是通过官网定期公布已按照法律程序报备产品的诉讼财产保全责任保险机构名单，对险种条款、险种责任进行规范。二是借鉴商业车险费率市场化市场秩序监管经验，协调获取公司产品精算报告，进一步规范费用水平，引导各公司合理、有序发展诉讼财产保全责任保险。

3. 市场机制是推动诉讼财产保全责任保险顺利发展的有效途径。为了解决保险机构提供的险种和服务不能充分满足司法实践实际需求的问题，贵州保监局积极引入保险公司参与诉讼财产保全责任保险推动工作，利用保险公司险种设计、专业咨询的能力，充分发挥市场作用，激发保险机构、司法部门和监管机构等各方参与积极性，推动了《纪要》的早日出台，有效促进了全省诉讼财产保全责任保险顺利发展。

云 南

一、责任保险总体发展情况

“十二五”期间，云南财产保险共实现保费收入812.64亿元，其中责任保险共实现保费收入20.91亿元，占比2.57%；责任保险提供保险金额共168 637.38亿元，已决赔款共9.57亿元。

从各年度看，责任保险保费收入呈现逐年递增的趋势，增幅均在15%以上，年均增长23.63%，高于全国平均水平2.53个百分点。2011年责任保险保费收入达2.81亿元，同比增长38.06%，2015年责任保险保费收入达5.87亿元，同比增长23.70%，是“十二五”期间云南责任保险增速最快的两年。2012年、2014年云南责任保险保额同比增长最快，分别达到262.24%和74.13%，远高于保费增速。责任保险已决赔款逐年递增，基本与责任保险保费收入增长趋势一致。

二、责任保险监管工作开展情况

云南保监局认真贯彻落实中央精神，会同云南各有关部门，在与社会民生紧密相关、公益性强的领域，大力推动责任保险发展。

（一）发文与宣传并进，发展环境不断优化

“十二五”期间，云南省政府发布的《关于进一步发挥保险功能作用促进经济社会发展的意见》（云政发［2015］23）等文件明确责任保险在服务社会治理体系中的作用，为推动责任保险发展提供了良好的制度环境。云南保监局会同交通运输厅、卫生厅、司法厅、质量技术监督局、教育厅等云南省级厅局和部门联发了关于推动承运人责任保险、电梯责任保险、医疗责任保险、学校保险等相关责任保险发展的文件。云南省人民政府下发关于推动环境污染责任保险发展的文件。

（二）学习先进经验，产品创新有所突破

在云南保监局的引导下，云南辖内财险公司积极创新，开展差异化竞争，在全国率先推出财产保全责任保险，具备无须提供现金、实物或其他担保，花钱少、成本低、办理速度快等特点，较好地保障诉讼案件中弱势群体的利益。

（三）争取财政资金支持

云南保监局多次与省财政厅、省环境保护厅等单位积极沟通，争取开展环境污染责任保险、医疗责任保险的财政支持；在保监局积极争取下，2015 年 7 月，玉溪市政法委为全体市民投保见义勇为责任保险，财政资金借助保险工具降低见义勇为的风险，弘扬社会正气。

（四）推动责任保险覆盖范围不断扩大

旅游组合保险已将单人赔偿责任限额、单次事故责任限额分别提高至 120 万元和 5 000 万元；野生动物公众责任保险已由西双版纳州推广至全省统保；环境污染等领域的责任保险也在积极推进中。

三、责任保险业务发展经验

（一）因地制宜，开展旅游组合保险

云南省交通状况和气候条件较为复杂，交通事故在旅游安全事故中的比例较高，云南保险业优化旅游组合保险，为云南地区旅游发展提供了较为完善的保险保障，成为全国此类业务的示范工程。内容详见旅游服务领域本书责任保险发展相关内容。

（二）开拓创新，试点野生动物肇事公众责任保险

随着云南省生态环境明显改善，生态植被逐步恢复，野生动物种群数量逐年增加，野生动物损害造成的经济损失和人员伤亡也逐年增加。为妥善解决野生动物肇事补偿问题，相关政府机构在实现野生动物肇事保险全省覆盖、充分发挥保险保障民生作用上采取了一系列措施。一是 2009 年，云南提出开展野生动物公众责任保险的工作构想，在西双版纳州首先推进野生动物公众责任保险试点，首年保费 285 万元全部由省级财政拨付。二是 2014 年，省林业厅下发《云南省重点保护陆生野生动物造成人身财产损害补偿办法》（云南省政府令第 67 号）、

《云南省财政厅、云南省林业厅关于下达2014年野生动物肇事公众责任保险补助的通知》、《云南省林业厅关于加快开展野生动物公众责任保险试点工作的通知》（云财农［2014］143号）等文件，推进和规范野生动物肇事公众责任保险运行。三是省财政厅和林业厅共同筹集野生动物肇事公众责任保险补助资金5 200万元，用于云南全省16个州、市开展专项保险工作，保险责任为承保区域范围内受保护野生动物肇事造成的人员伤亡（人员死亡保险金额为20万元）和房屋建筑、农户饲养家畜、农作物等财产损失。

开展野生动物肇事公众责任保险后，野生动物肇事损失赔偿由原先单一的政府赔偿转变为商业保险赔付的模式，探索出保险参与社会治理体系建设的新途径，在以下方面取得重要进展：一是大大减轻政府救灾压力。“十二五”期间，保险公司累计提供风险保障5.36亿元，支付野生动物肇事赔款1.39亿元，8.34万余农户从中直接获益。二是受灾群众赔偿金额大幅提高。保险介入后，野生动物造成的人员伤亡事件，每人死亡赔偿限额由从过去的补偿3万—5万元，提高到购买保险后的20万元；粮食作物、经济作物和其他财产损失案件则由过去20%—30%的补偿提高到购买保险后由保险公司全额赔偿，人民群众真正得到实惠。

西　藏

一、责任保险总体发展情况

“十二五”期间，西藏财产保险共实现保费收入49.69亿元，其中责任保险共实现保费收入3.93亿元，占比7.90%；责任保险已决赔款共1.11亿元，承保利润共1 543.45万元。从各个年度看，责任保险保费收入呈现出逐年递增的趋势，年均增长19%，发展较快。

二、责任保险监管工作情况

基于情况特殊，西藏的保险监管工作不能简单“移植”全国的监管要求，既要做好全国统一监管政策在西藏的落地工作，又要搞好与西藏特殊情况的结合。

（一）促团结、维稳定，实行差异化监管

责任保险监管工作从防范政治风险出发，要求保险公司站在维护社会稳定的高度，做到“快出、快处、快撤、快赔、快息”，提高理赔工作效率，决不允许惜赔、拖赔、无理拒赔，防范可能引发的群体性事件等风险。

（二）推政策、抓宣传，推动责任保险快速发展

一是积极推动有关部门单独或联合下发推进责任保险的指导性文件。如2013年西藏自治区环保厅与西藏保监局联合印发《西藏自治区环境污染责任保险试点工作实施意见》（藏环发［2013］462号），在西藏涉重金属行业等高环境风险行业实施环境污染责任保险。二是积极向自治区领导推荐责任保险，争取政策支持，并主动联系对接各相关政府职能部门和地区政府，大力推广责任保险。三是大力宣传责任保险。除通过广播、电视、网络、宣传手册等传统方式广泛宣传外，借助西藏强基惠民驻村工作队和村党支部第一书记助理等平台，开展责任保险宣传进村、进牧区活动，不断拓宽宣传渠道，使责任保险意识深入民心。

（三）紧盯市场需求，推动产品创新

从西藏市场实际出发，针对西藏市场需求鼓励西藏各保险公司开发适合西藏的新型责任保险。当地保险主体开发诉讼保全责任保险、机动车辆延长保修责任保险、小微企业乐享系列责任保险等险种，满足不同客户多样化的保险需求。其中，小微企业乐享是针对餐饮业、住宿业、娱乐业等一般营业场所专门定制的一款套餐保险，覆盖财产损失、三者责任、人身伤害等方面，保障面广，出单简单快捷，保费低于常规“一揽子”保险，客户乐于接受。当地体保险主体自2014年开始承保西藏自治区教育厅所辖全区大中专院校，中、小学及内地西藏班学生的校（园）方责任保险，年均保障人数超过50万人，共受理大、中、小学校人身伤害案件16件，赔付金额55.55万元，有效助力学校安全管理水平的提升，防范和妥善化解各类校园安全责任事故。

三、责任保险重点险种发展经验

在重大责任保险事故的处理上，取得宝贵经验。2014年，西藏连续发生

“8·09”“8·18”两起重特大交通事故，造成重大人员伤亡和经济损失。事故发生后，西藏保监局立足本地区的特殊区情，从维护稳定大局的角度出发，在第一时间会同相关保险公司赶赴现场查勘，采取实际行动积极配合自治区事故救治处置领导小组做好善后处置工作。

一是组织保障。先后成立西藏保险业“8·09”“8·18”重特大善后处置领导小组，带领区内各家保险机构在自治区领导小组的统一部署下开展善后处置工作，严肃纪律，统一行动；建立24小时值班制度，保证与自治区领导小组及相关单位的信息畅通。二是资金保证。协调承保公司对“8·09”特大事故预付赔款1 000万元；协调承保公司分别对“8·18”重大事故预付赔款500万元、200万元，为善后安抚工作提供了有力资金支持。三是投保排查。通过自治区旅游局、交通厅、公安厅及本地保险机构等多渠道，迅速掌握涉事企业和罹难者投保情况及保险公司承保情况，并及时向自治区领导小组汇报，为保险索赔的顺利进行做好准备。四是统筹协调。协调多方落实赔偿资金来源，保险赔款到位前主要靠地方财政垫付、保险公司预付赔款及运输公司自有资金赔付，保险赔款兑现后进行相应冲抵；为减少环节、提高效率，协调自治区旅游局召集自治区内外39家涉事旅行社，共同出具同意相关保险公司直接将赔款打入政府指定账户、统筹安排的书面声明。

2014年“8·18”西藏重特大交通事故现场

西藏保险业在自治区党委、政府的统一领导下，顾大局、识大体，按照早介入、早参与的要求，积极着手保险理赔服务，为善后处置工作的顺利完成提供有力支持和保障，发挥不可替代的作用，得到自治区党委、政府的充分肯定。

陕 西

一、责任保险总体发展情况

（一）市场规模快速增长

2011—2015 年 5 年间，陕西省推动发展责任保险产品 70 多个，责任保险保费年均增长 24.45%，领先于保险市场整体增速 9.2 个百分点，保费收入由 2011 年的 2.42 亿元逐步增加至 2015 年的 5.80 亿元，责任保险保费收入占全省财产险保费收入的比重由 2.3% 提升到 3.2%。

（二）服务领域不断拓展

“十二五”期间，陕西责任保险服务领域不断扩大，由原来的旅游、运输等领域逐步扩大到医疗卫生、环境保护、电梯安全、食品安全、养老服务等领域。2015 年全省责任保险增速排名居全国第五位，其中旅行社责任保险、校方责任保险、承运人责任保险等实现 100% 全覆盖，环境污染责任保险规模排名全国第三位。

（三）功能作用有效发挥

2011—2015 年，陕西责任保险累计为社会提供风险保障 38 279.10 亿元，累计支付赔款 6.71 亿元，在一些重大交通事故、医疗事故、环境污染事故、旅游纠纷事故、校园安全事故的处理中发挥重要作用，责任保险的资金经济补偿、矛盾纠纷介入化解、协助开展防灾防损等功能得到社会的高度认可。

二、责任保险监管工作情况

（一）主动作为，营造良好的政策环境

“十二五”期间，陕西保监局贯彻落实国家关于行业发展的指导精神，高度重视与行业主管部门的沟通联系和协调配合，先后与省环保厅、民政厅、卫计委、安监局等各部门保持密切沟通联系，大力宣传保险业的功能作用，实现主管部门从不了解保险到主动运用保险的明显转变。通过沟通协调，陕西保监局与有关部门联合下发多份文件：2011 年与省安监局联合向省政府上报《关于批准〈关于推行全省高危行业企业安全生产责任保险的实施意见〉的请示》，拟在全省安全生产领域推行安全生产责任保险；2012 年与省环保厅联合印发《陕西省环境污染责任保险试点工作实施意见》（陕环发［2012］108 号），推动全省重金属、石油天然气等重点行业领域参加环境污染责任保险；2014 年与省卫计委等部门印发《陕西省推进医疗责任保险工作方案（试行）》（陕卫医发［2014］296 号），要求全省二级以上公立医院全部参加医疗责任保险。2014 年推动省科技厅下发《陕西省科技保险保费补贴资金使用管理办法（试行）》（陕科产发［2014］40 号），推动全省科技保险发展。2015 年与省食药局联合转发《关于开展食品安全责任保险试点工作的试点意见》（陕食安委办发［2015］3 号），提出在全省推广食品安全责任保险，目前已完成经纪公司推荐等前期启动工作。2015 年推动西安市质监局等部门下发《关于在西安市推行电梯安全责任保险示范项目的通知》（市质监发［2015］119 号）等。

陕西保监局积极推动政策落实。一方面，陕西保监局与各部门联合召开各项会议推动政策落实，如与省环保厅联合召开了环境污染强制责任保险新闻发布会，落实环污险各项政策；与质监局等部门联合召开电梯责任保险启动会，宣传电梯责任保险工作；与省民政厅联合召开养老机构责任保险启动会等。另一方面，组织开展实地督查工作，联合省卫计委赴部分市、县医疗机构实地督查医疗责任保险投保情况；联合省环保厅对应投保而未及时投保的试点企业采取降低企业环境行为信用评价等级等措施；推动省旅游局将投保统保示范产品纳入全省旅游业管理部门考核指标等。

（二）抓好引导，积极推动责任保险创新

责任保险面对多个行业和不同地区，需因地制宜地设计保险产品和业务模式，以满足保险消费者的不同需求。陕西保监局积极引导保险公司在发展责任保险时开展业务创新。一是保险产品创新。如旅行社责任保险设计公共责任赔偿限额，当旅行社投保的每次责任事故限额不足以支付赔偿时，可按规定申请公共责任限额予以赔偿；食品安全责任保险在原有基础上附加推出了食品召回责任，扩大市场需求；校方责任保险附加无过失责任，扩大保障范围。二是业务模式创新。对处于发展培育期，行业特性强，且处于试点期间的责任保险品种，探索采用“主管部门+经纪公司+保险公司共保+监管部门”的发展模式，即行业主管部门引导企业投保，经纪公司设计产品并协助保费收取和理赔工作，保险公司组成共保体承担赔付风险，监管部门督促保险公司做好理赔服务，共同促进责任保险发展。三是理赔服务创新。除足额、及时向被保险人或第三者支付保险赔偿款外，陕西保险业还建立责任保险重大事故垫付、预付制度，保障受害人及时得到救助。如旅行社责任保险建立专项保证金制度，通过垫付、预付等方式，解决重大事件后的赔偿支付问题；医疗责任保险由经纪公司出资在铜川市建立了医疗纠纷调解委员会，积极为医疗机构提供矛盾纠纷化解服务。

（三）加强监管，促进责任保险市场有序经营

当前，由于保险市场竞争激烈，一些保险公司在责任保险经营中存在恶性竞争问题。陕西保监局狠抓责任保险的健康有序发展，将责任保险的费率执行情况作为现场检查重点，督促保险公司严格执行备案的责任保险条款费率，严禁恶意降费、虚列中介业务等违法违规行为。如 2013 年 12 月交通部、中国保监会联合下发《关于做好道路运输承运人责任保险工作的通知》（交运发［2013］786 号），陕西省保监局组织对全省承运人保险开展情况进行监督检查，对公司违规退保、低于限额标准进行承保等问题进行风险预警。同时，加强费率执行的非现场监管工作，由专人定期对费率执行情况进行分析，每季度召开非现场监管委员会进行研究讨论，多次向责任保险费率执行异常的公司下发质询函，要求公司分析原因并采取具体有效的措施，及时向陕西保监局书面报告。

三、责任保险重点险种发展经验

（一）环境污染责任保险

在多次沟通、论证、调研的基础上，陕西保监局与环保厅联合下发《陕西省环境污染责任保险试点工作实施意见》（陕环发［2012］108号），正式在陕西启动环境污染责任保险试点工作。陕西环境污染责任保险采用“主管部门+经纪公司+保险公司共保+监管部门”的发展模式，共同促进环境污染责任保险市场发展。试点之前，陕西环境污染责任保险市场规模基本为零，2013年引入该模式后，立即对全行业进行专项培训，当年业务即实现跨越式增长，保费收入一跃达到1 286.73万元。2015年底，该险种保费收入达到1 747.64万元，在全国排名第三位。2014年，陕西榆林某化工企业因暴雨导致污染物外泄，周边村庄土地被污染，保险公司及时赔付196.47万元，得到投保企业认可。

（二）电梯安全责任保险

为贯彻落实国务院《关于加快发展现代保险服务业的若干意见》，积极应对电梯安全风险，陕西保监局与西安市质检局等单位联合召开西安电梯安全责任保险示范项目启动会，正式在西安市启动电梯责任保险试点工作。与以往不同，西安市电梯责任保险大大扩大保险责任，保险期间既保正常运行期间，又保维修保养期间，保障人员既保外来人员，又保维保人员、检验人员和自身雇员，保障责任既保责任事故，又保其他意外事故。试点启动以来，累计参保企业达到213家，累计投保电梯12 707部，正在投保准备中的电梯5 000多部，累计收取保费104万元。投保单位涉及物业公司、电梯维保公司、电梯企业、学校、医院等，共计为参保单位提供保险保障380多亿元。截至2016年4月30日，西安市电梯安全责任保险统保示范项目共计发生索赔案件7起，结案3起，共计支付赔款5.27万元。已发生案件中的第一笔索赔案件系电梯扶手意外拱起原因造成的人身伤害，保险公司在接到索赔申请后7日内结案并支付了赔款，得到客户、电梯主管部门的一致好评，《中国质量报》进行专题报道，社会反响良好。

甘 肃

一、责任保险总体发展情况

“十二五”期间，甘肃省责任保险总体呈现业务规模平稳增长、责任保障范围不断扩大、险种领域不断取得新突破、功能作用进一步发挥、社会认可不断提高的良好态势。

（一）保费规模平稳增长

甘肃省责任保险保费规模从2011年的1.89亿元发展到2015年的4.02亿元，年均增速22.88%，占全部财产险业务的份额从2011年的3.94%上升到2015年的4.13%，保持了平稳较快发展。

（二）保障能力不断扩大

甘肃省责任保险保障能力在“十二五”期间也不断扩大。仅2014年至2015年，责任保险保险金额就从5 012.69亿元增至10 395.28亿元，增长幅度达107.38%；同期，保费收入增长幅度为16.6%，说明各责任保险种的责任限额较以往有较大涨幅。

（三）功能作用得到发挥

“十二五”期间，甘肃责任保险累计已决赔款7.18亿元，赔款金额从2011年的9 249万元增至2015年的1.85亿元，5年来赔款金额增长一倍，年均增速24.18%。各责任保险险种覆盖面不断扩大，逐步渗透到社会生产生活的方方面面，为社会经济发展和群众生活提供了较好的风险保障，充分发挥保险经济损失补偿功能。

二、责任保险监管工作开展情况

甘肃保监局结合全省实际，坚持“一险一策”分类指导原则，对有效需求高、配套政策比较完善的重点险种进一步完善产品服务和业务运作模式，促进其加快发展，如承运人责任保险、校方责任保险、医疗责任保险等；对目前有效需求不高、相关配套政策措施有待完善的险种，重点加大政策引导、社会宣传和组织推动的力度，通过小范围试点探索发展机制、完善相关政策配套措施。"十二五"期间，环境污染责任保险、食品安全责任保险、特种设备责任保险等险种都取得了较大突破。

2013 年，甘肃保监局与甘肃省环保厅联合下发《关于开展环境污染责任保险试点工作的意见》（甘环发［2013］19 号），确立"中介 + 保险"的运作模式，从 2013 年 1 月 28 日起开展环境污染责任保险试点工作。在产品设计上，将环境保护重点监控企业分为 4 类，提供额度不同的风险保障，并根据行业风险不同设定 6 档费率。2015 年，共有 202 家涉危涉重企业投保环境污染责任保险，实现保费收入 498 万元。

2014 年 9 月，甘肃保监局与甘肃省食品安全委员会办公室、甘肃省食品药品监督管理局联合下发了《关于开展食品安全责任保险试点工作的指导意见》（甘食安办发［2014］11 号）。2015 年 2 月，由甘肃保监局、省食药监局、牵头承保保险公司以及部分食品餐饮、生产企业代表召开食品安全责任保险座谈会，6 月 16 日启动食品安全宣传周活动，多方动员、密集行动，在甘肃试点推动食品安全责任保险，保障人民群众"舌尖上的安全"。截至 2015 年底，全省投保笔数 727 笔，总保费 133.38 万元，保障额度达到 26.07 亿元。甘肃省食品安全责任保险项目正在初步构成全省食品安全领域"高保障、低收费、广覆盖"的食品安全预防体系。

2015 年，甘肃保监局与甘肃省质监局联合印发《关于开展产品质量安全责任保险工作的通知》（甘质监质联［2015］1 号），推动在产品"三包"领域及获省政府质量奖、甘肃名牌产品企业以及电梯使用单位先行试点产品质量安全责任保险。2015 年，甘肃省在首台（套）重大技术装备保险方面也取得突破。中国科学院近代物理研究所控股公司兰州科近泰基新技术有限责任公司投保了其自主研发、制造的具有自主知识产权的医用重离子加速器，单笔签单保费 1 650 万元，保额 5.5 亿元，为目前全国首台（套）重大技术装备保险最大一笔保单。兰州高压阀门有限公司投保了长输管线高压大口径紧急切断球阀产品，签单保费

73.13 万元，保额 2 437.77 万元。

三、责任保险重点险种发展经验

（一）甘肃保监局推动食品安全责任保险落地，保障人民群众"舌尖上的安全"

2014 年底，甘肃保监局会同甘肃省食品安全委员会办公室、甘肃省食品药品监督管理局联合下发了《关于开展食品安全责任保险试点工作的指导意见》（甘食安办发［2014］11 号），正式在甘肃省启动食品安全责任保险试点工作。

2015 年 2—4 月，甘肃保监局和省食品药品监管局多次联合召开地市食药监局、食品企业代表参加的方案研讨会，多方协商、反复论证甘肃省食品安全责任保险试点推动方案，成立推进领导小组，下发《甘肃省食品安全责任保险方案（试行）》，为全省食品安全责任保险的施行明确了发展方向并提供了政策依据。按照政府引导、市场运作原则，由 6 家保险公司组建全省食品安全责任保险共保体，建立全省食品安全责任保险的战略合作机制。

食品安全责任保险试点工作启动之后，甘肃省各市、州政府部门、共保体高度重视，积极行动，各市、州食药监局牵头共保体成员单位和食品生产销售企业代表召开食品安全责任保险联动座谈会，结合各地区的发展需求，布置工作目标和细化具体试点工作措施，引导各地区食品安全责任保险工作的良好发展。

2015 年 6 月，为扩大食品安全责任保险的认知度，甘肃省食品药品监督局、甘肃保监局和共保体保险公司积极组织开展了"餐桌上的安全，舌尖上的保险"主题宣传日活动，邀请了餐饮、酒企、清真等食品协会召开座谈会，了解相关企业食品安全状况，统筹引导，调派专项工作人员统一解答食品安全责任保险的相关政策文件与条款，成立专项工作小组，统一宣传食品安全责任保险，并且首次举办"甘肃省食品安全责任保险研讨论坛暨首批食品企业签约仪式"。甘肃省 14 个地、州、市共保体联合进行宣传，切实走进餐饮企业，以进店宣传、发放纪念品、媒体宣传等多种渠道相结合的方式推广食品安全责任保险，为甘肃省该险种的后续发展奠定了良好的舆论基础。

截至 2015 年底，甘肃省投保食责险 727 笔，总保费 133.38 万元，保障额度达到 26.07 亿元。其中餐饮服务企业 539 笔，保费收入 92.88 万元，保额 19.3 亿元（含学校食堂144笔，保费23.41万元，保额4.19亿元，职工食堂16笔，保费2.35万元，保额0.48亿元，餐饮企业379笔，保费67.12万元，保额14.64亿元）；食品生产加工企业129笔，保费收入30.02万元，保额5.49亿元（含农村聚餐6笔，保费700元，保额1 800万元）；食品流通企业59笔，保费收入10.48万元，保额1.28亿元。甘肃省食品安全责任保险项目正在初步构成“高保障、低收费、广覆盖”的食品安全预防体系，同时更彰显保险为社会谋稳定、为群众担风险的社会责任。

（二）甘肃省推动医疗责任保险，化解医患纠纷取得积极成效

2010年10月，甘肃省卫生厅下发《甘肃省实施医疗责任保险工作方案》（甘卫医管发［2010］452号），标志着甘肃省医疗责任保险统保项目正式启动；经省司法厅批准，甘肃省第三方医疗纠纷人民调解委员会（以下简称甘肃医调委）也正式设立，从2011年2月起开始免费受理和调解辖区内医疗机构与患者之间的医疗纠纷。

甘肃省医疗责任保险遵循“政策引导、政府推动、市场化运作和保险经纪人专业辅助”的原则，充分发挥统保方式的优势，委托某保险经纪公司组建甘肃医调委，负责全省医疗责任保险的统保工作（包括产品的设计、保险招标采购、组织医疗机构参保等），并通过项目招标确定了5家财产保险公司组成共保体承保。

甘肃省医疗责任保险推动以来，医院覆盖面不断增加，2011年开办之初，仅覆盖全省二级以上公立医院25家，截至2015年底，已覆盖全省184家二级以上公立医院，占全省所有229家二级以上公立医院的80.35%。保费规模和赔付金额翻了近10倍，保费规模从2011年底的378.3万元增长至2015年底的3 604万元，赔付金额从2011年底的202.7万元增长至2015年底的2 041万元。业务开办以来，医疗责任保险累计为全省医疗机构提供8.12亿元的风险保障，总计赔付5 572.57万元，案均赔款7.2万元，同时将保险责任扩展到包含医疗纠纷、医疗损害等方面，真正起到了为患者和医疗机构提供风险保障的功能作用。

甘肃医调委在做好全省医疗责任保险统保工作的同时，建立了医疗纠纷调解及保险赔偿处理机制，由医学、法律、管理等方面专家组成专业调解队伍，在全省各市州设立调解工作站，统筹做好全省医责险保险理赔和医疗纠纷调解工作。

截至“十二五”期末，全省共有工作站 14 个，调解员、工作人员 73 名，实现市、州 100% 覆盖。

截至 2015 年底，甘肃医调委共接到医疗纠纷投诉案 1 608 起，其中经医调委向投诉方解疑后释惑息诉的 204 起，引导医患双方采取其他合法手段化解纠纷的 26 起，其余 1 292 起案件全部受理，调解结案 1 241 起，结案率达 96.05%。甘肃医调委在调解医疗纠纷时，始终坚持专业性、规范性、公正性三大原则，对每一起案件的调解都将法律依据和科学依据贯彻始终，切实维护了医患双方的合法权益。

甘肃医调委还通过月报、微博、网站、自办期刊、巡回讲座等多种形式加强医疗风险宣传教育，提供保障服务，提出防范建议，增强社会医疗风险防范意识。“十二五”期间，共开展医疗风险防范专题教育 7 次，举办专题讲座 21 场，刊发风险防范和对策建议文章 36 篇，累计通过医评反馈和与医疗机构进行点对点风险防范教育 2 366 人次。

（三）甘肃省环境污染责任保险试点，工作取得积极进展

2013 年 1 月 28 日，甘肃保监局联合甘肃省环保厅印发《关于开展环境污染责任保险试点工作的意见》（甘环发［2013］19 号），启动了全省环境污染责任保险试点工作。试点工作开展 3 年多以来，甘肃保监局与环保部门积极协调推动，保险机构广泛开展社会宣传，共同营造了环境污染责任保险发展的良好环境。2015 年，共有 202 家涉危涉重企业投保环境污染责任保险，实现保费收入 498 万元。

甘肃省环境污染责任保险从产品设计上涵盖了 1 个主险、3 个附加险，主险责任涵盖了第三者责任、清污费用、法律费用等，附加其他相关保险责任。将环境保护重点监控企业分为 4 类，分别提供从 50 万元至 1 500 万元不等的风险保障，划分 6 大类行业，制定相应的费率标准，对应不同的行业风险状况。

甘肃省环境污染责任保险试点确立了“中介 + 保险”的运作模式，由经纪公司拟定实施方案，组织协调保险公司集中承保。通过招标，某保险经纪有限公司甘肃分公司为保险经纪服务提供人，4 家保险主体为承保人。

在工作推动过程中，各部门通力协作、各负其责、上下联动，形成了良好的工作机制。甘肃保监局与甘肃省环保厅建立了联席会议制度，定期汇总、沟通试点工作开展情况，研究解决试点中出现的问题，适时调整完善相关制度措施。各级环境保护部门高度重视，制定上下共管工作方案，把环境污染责任保险纳入当地环境突发事件应急工作体系，并把是否投保环境污染责任保险作为环保审批的参考标准，提高对企业投保的管控力度。保险公司积极整合内部资源，成立专业化的服务团队，开展对试点企业的走访和意见征求工作，为企业量身定制承保方案。

甘肃省环境污染责任保险试点工作开展以来，一是初步形成有利于环境责任保险发展的良好环境。通过政府和保险公司的大力宣传、联合推动，部分企业已认识到了环境污染责任保险的重要意义，积极投保或已经有了投保意愿，企业运用保险机制转移风险的认识增强，形成了政府引导、行业关注、舆论监督的责任保险发展氛围。

二是初步形成促使企业采取措施加强环境保护的倒逼机制。环境污染责任保险的推动，特别是环境污染责任保险的费率杠杆机制的建立，督促企业进一步强化了环境风险管理意识，促使企业加大了环保技术设备的投入力度，提升环境管理水平。

三是初步发挥环境污染责任保险的社会管理功能。运用市场手段使环境污染造成的损害由社会承担，使企业迅速恢复正常的生产经营活动，同时使受害人及时获得经济补偿，稳定社会秩序，减轻政府的负担。

青　海

一、责任保险总体发展情况

（一）业务规模不断扩大

“十二五”期间，青海省各类责任保险发展情况良好，业务保持较快增长，5 年间累计原保险保费收入 4.56 亿元，“十二五”末的责任保险保费收入是“十二五”之初的 1.68 倍，年均增速达 19.47%（见图 18）。

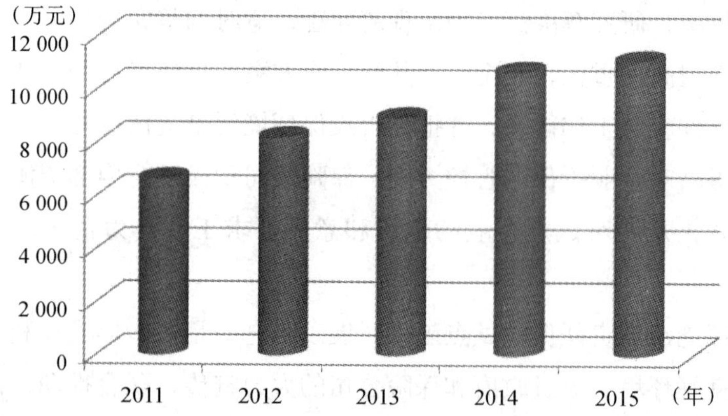

图18 "十二五"期间青海责任保险业务保费收入情况

从保费的平均增速来看，责任保险保费增长波动较大，2013 年以后，由于环境污染责任保险、安全生产责任保险、医疗责任保险等业务的突破和发展，保费呈现增长态势，但增速放缓（见图 19）。

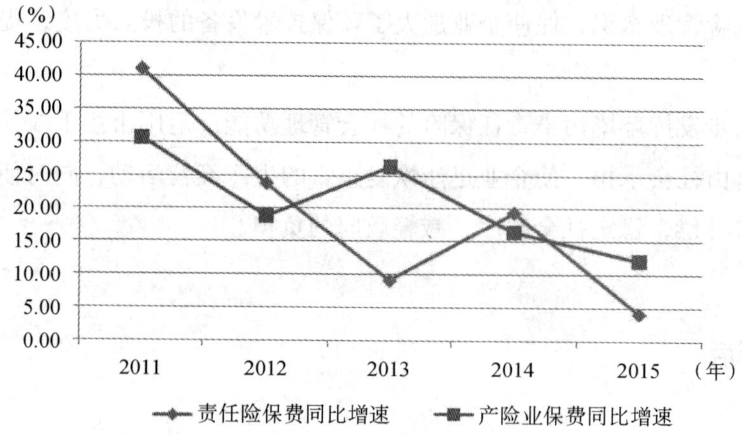

图19 "十二五"期间责任保险保费和产险业保费增速对比

（二）保障功能进一步发挥

"十二五"期间，青海省责任保险提供的保障额度和赔款支出呈现较快增长趋势，保险保障从 2011 年的 553. 86 亿元增长到 2015 年的 1 427. 43 亿元，增长 157. 72%；赔款支出从 2011 年的 3 591. 33 万元增长到 2015 年的 5 553. 38 万元，增长 54. 63%。5 年间累计承担风险保障金额 5 032. 27 亿元，赔款支出 2. 16 亿元，风险补偿作用日益明显，保险保障功能充分发挥（见图20和图21）。

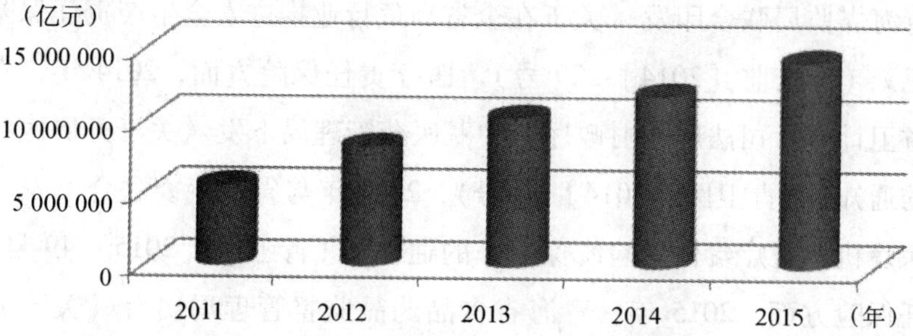

图20　“十二五”期间责任保险保险金额情况

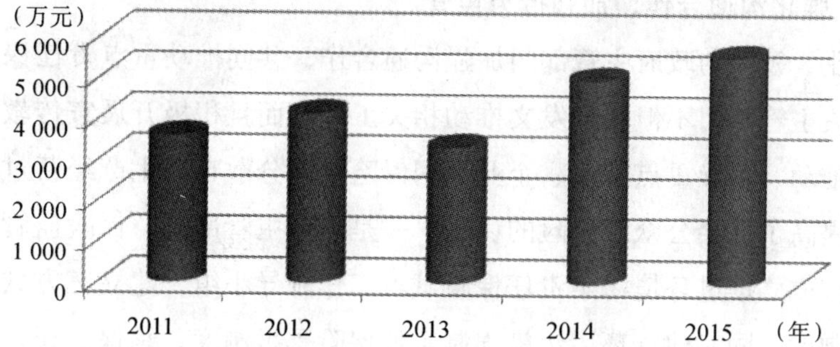

图21　“十二五”期间责任保险赔款支出情况

二、责任保险监管工作开展情况

（一）优化外部环境，拓宽服务领域

责任保险的推动离不开政府的支持，需要处理好政府与市场的关系，发挥好政策的引领作用。青海保监局主动与相关行业主管部门沟通协调，宣传责任保险防范化解风险、辅助社会管理的功能作用，推动政策文件制定出台。承运人责任保险方面，2012年，青海保监局联合省交通厅和省安监局下发《关于进一步规范道路运输承运人责任保险工作的通知》（青交运［2012］53号），在全省范围内实施道路运输承运人责任保险统保制度；2015年，联合省交通厅印发《关于进一步做好承运人责任保险工作的通知》（青交运［2015］92号）。环境污染责任保险方面，2013年，青海保监局与青海省环保厅联合印发《青海省环境污染强制责任保险试点工作实施方案》（青环发［2013］389号），启动全省环境污染

强制责任保险工作。安全生产责任保险方面，2014 年，青海保监局与青海省安监局、青海煤监局联合印发《关于在全省高危行业推进安全生产责任保险工作的实施意见》（青安监［2014］229 号）。医疗责任保险方面，2014 年，青海保监局联合省卫计委、司法厅、财政厅、中藏医药管理局下发《关于开展医疗责任保险工作的通知》（青卫医［2014］67 号），2015 年与省计生委联合下发《关于加快完成医疗机构医疗责任保险统保工作的通知》（青卫医［2015］49 号）。食品安全责任保险方面，2015 年，青海省食品药品监督管理局出台《关于鼓励食品生产经营企业参加食品安全责任保险的指导意见》。

（二）强化沟通合作，加强行为监管

各行业、领域的政府主管部门加强沟通合作，共同推动重点责任保险险种的推广。相关主管部门不但联合发文推动相关工作，而且积极开展宣传教育，采取有力措施推动、引导重点行业、企业运用保险机制分散自己生产经营过程中的风险，极大提高了社会公众对保险的认识。一是环保主管部门、保险监管部门及承保公司联合成立推进环境污染责任保险试点工作领导小组，建立三方共同参与的联席会议制度，同时建立环境污染强制责任保险季报制度，承保公司定期报送承保理赔等相关信息；二是建立由省安监局、煤监局、保监局、经纪机构和承保公司共同参与的安全生产责任保险试点工作联席会议制度，同时省安委会办公室把推进安全生产责任保险，实施安保互动工作纳入对各级政府及有关部门和企业年度安全生产责任考核的重要指标；三是建立责任保险信息员制度，及时掌握各公司责任保险发展情况及动态；四是将责任保险业务纳入现场检查工作，加强对各公司责任保险业务的市场行为的监管力度。

（三）加大宣传力度，扩大社会影响

一是统一部署组织保险公司参加“食品安全周”宣传咨询日活动，利用横幅、宣传展板、宣传资料等形式宣传食品安全知识，利用信息、网络等媒体平台，以通俗易懂和民众喜闻乐见的方式介绍食品安全责任保险知识及食品安全法律常识。通过在保险机构经营场所外悬挂食品安全宣传横幅、摆放宣传展板，以及户外 LED 显示屏滚动播放宣传标语，持续性宣传科学食品安全观念，最大程度扩大宣传范围，营造良好宣传氛围，确保宣传效果。

二是加强安全生产宣传教育工作，进一步普及安全生产责任保险知识，开展“安全生产月”宣传咨询日活动，通过悬挂横幅、布置宣传展板、发放宣传资料等途径宣传安全生产知识，解答安全生产责任保险对于促进安全生产的作用和意义，加强广大群众对于安全生产责任保险的了解。

三、责任保险重点险种发展经验

（一）校方责任保险

青海省校方责任保险工作发展情况良好，保险的广度和深度逐年提高，实现全省100%覆盖。校方责任保险在促进学校安全管理、维护学校和学生利益、保障社会稳定等方面，保险的风险补偿作用得到了有效发挥，也得到了社会的认可。承保公司在学校发生校园安全事故后，认真履行职责，积极协助教育部门办理赔付，提高结案速度，使学校能够尽快得到合理充分的赔付，切实维护广大学生权益，维护学校的正常教学秩序，促进校方责任保险稳定、健康发展。某保险经纪公司青海省分公司为案件理赔的法律指导、理赔维权、争取学校利益最大化等方面做了积极主动的沟通，同时通过举办专题讲座、组织观看录像、发放安全手册、制作宣传板等多种形式，对师生进行风险防范和风险转移的教育，并建立了长效工作机制，联合省教育厅每年召开全省校方责任保险工作会议。

（二）承运人责任保险

青海省道路运输承运人责任保险实施以来，对提升道路运输经营者的抵御风险能力，保障人民群众的合法权益起到了积极作用。特别是2012年实施承运人责任保险统保制度以来，成效显著，充分发挥了整体投保、承保工作的优势，统一规范了投保、承保工作的程序和标准，提升了保险服务质量和保障能力，实现了交通运输行业与保险行业良性互动，达到了投保、承保双方满意，行业健康发展、社会和谐稳定的预期目标。通过统保，每年每座保额最高达到40万元，保费也有所调整，保险公司不断改善服务质量，提高工作效率，赢得运输企业的认可和好评。开展统保工作以来，青海省道路运输协会与保险经纪公司紧密合作，积极配合，做了大量的宣传教育、联系协调、督促检查等工作，制定并下发《青海省道路运输承运人责任保险服务手册》3 000册，帮助各相关方了解道路运输承运人责任保险的法律依据、服务体系、服务内容、保证范围、索赔流程等，使统保工作的各项规定得到全面落实。此外，设立了全省道路运输行业防灾防损及安全教育资金，主要用于企业安全标准化达标、安全宣传与教育培训、动态监控系统的建设、企业安全信息化建设、车辆3G视频升级改造资金补助以及安全先进企业、优秀驾驶员表彰奖励等，有效保证对道路客运、危险货物运输发生重特大事故时超限额赔付部分的资金，进一步增强运输企业抵御重大风险的能力，分担了政府部门、行业监管部门的压力，保障人民群众切身利益，有效维护社会和谐稳定。

宁 夏

一、责任保险总体发展情况

“十二五”期间，宁夏责任保险保费由2011年的3 917.07万元增长到2015年的1.39亿元，年均增速50.77%，年均增量1 988.62万元，保险责任限额由2011年的743.76亿元增长到2015年的2 035.53亿元，年均增速34.74%，年均增量258.35亿元，责任保险保费占全险种的份额由2011年的1.71%上升至2015年的3.16%，年均上升0.29个百分点。5年间，宁夏责任保险在为社会提供风险管理的同时，全面履行经济补偿和给付责任，累计处理赔案13 278件，累计赔款1.54亿元，为重大灾害事故和人民生命财产损失提供了有力保障，保险业对经济社会的保障能力、对经济发展的支持能力和参与社会管理的能力稳步提高。

“十二五”期间，从宁夏主要责任保险险种来看，医疗责任保险累计为全自治区718家次医疗机构提供保险保障金额8.34亿元，承保床位7.2万张，保费收入8 117.23万元，支付赔款5 086.49万元；旅行社责任保险累计为全自治区908家次旅行社提供33.16亿元风险保障，保费收入586万元，支付赔款447万元；安全生产责任保险累计为全自治区82家企业提供12.43亿元风险保障，保费收入 640 万元，支付赔款 175 万元；承运人责任保险累计为全自治区运输企业的 9 万车次、148.2 万座次提供保险保障 2 962.6 亿元，保费收入 16 125 万元，支付赔款 2 206 万元，全自治区客运车辆及危险货物运输车辆始终保持 100% 的参保率；校（园）方责任保险累计为 7 232 家次学校及 554.3 万生次累计提供保险保障 2 645.1 亿元，保费收入 4 258 万元，支付赔款 1 524 万元，全自治区九年制义务教育学校实现应保尽保。随着承保面逐步扩大，理赔额持续增加，责任保险在提供风险保障，维护社会稳定方面的作用日益凸显。

二、责任保险监管工作开展情况

“十二五”期间，宁夏保监局积极推进责任保险服务经济社会大局，重点推进与社会公众利益密切相关、社会关注度高的行业或领域责任保险发展，积极服务于地方经济建设，主要从以下几个方面开展工作：

（一）医疗责任保险

“十二五”期间，宁夏保监局在推动医疗责任保险方面所做的主要工作：一是与自治区卫生厅、司法厅等部门联合下发《关于建立医疗纠纷人民调解工作制度和推动医疗责任保险工作的通知》（宁卫医政［2011］286 号），建立以“政策引导、政府推动、市场运作、专业辅导”为原则的宁夏医疗责任保险统保模式。二是成立自治区级医疗纠纷人民调解委员会，机构属于第三方调解，公平地为医患双方提供专业服务。三是组建专家鉴定队伍，在卫生厅的支持下，组建了 296 名拥有成员的医学专家队伍；在司法厅的支持下，组建了 82 人的法学专家队伍和 16 人的法医类司法鉴定专家队伍，这些强大的专家队伍保证了鉴定的权威性。

（二）旅行社责任保险

“十二五”期间，宁夏保监局在推动旅行社责任保险开展方面所做的主要工作：一是与自治区旅游局建立“旅保合作”工作沟通机制，加强对全自治区旅游保险工作的协调指导。二是要求承保公司严格执行经中国保监会备案的旅行社责任保险和旅游意外保险条款和费率及各项规定，认真做好旅行社责任保险和旅游意外保险的承保理赔工作。三是指导保险公司加快创新旅游保险品种，大力发

宁夏医调委现场调解转移医疗矛盾纠纷

展新型旅游保险和特种旅游保险。

（三）安全生产责任保险

“十二五”期间，宁夏保监局在推动安全生产责任保险开展方面所做的主要工作：一是积极协调自治区安监局等部门，推动建立安全生产责任保险制度，促使《宁夏回族自治区安全生产责任保险试点工作实施方案》（宁安监政法［2014］75号）出台。二是指导保险机构调查了解企业对推动安全生产责任保险的态度以及对保障限额、保障范围、风险因素、保费、保险公司服务水平与专业性、赔偿机制等方案要素的需求。三是指导相关保险机构对安监部门工作人员、企业负责人和企业安全员等人员进行安全生产责任保险功能和防灾防损、转嫁风险为主题的宣讲，进一步提升工矿企业的保险意识和风险防范意识。

（四）承运人责任保险

“十二五”期间，宁夏保监局在推动承运人责任保险开展方面做的主要工作：一是加强与相关政府部门的沟通协调，统一思想认识。二是指导财产保险公司积极发展承运人责任保险业务，并对财产保险公司做好承运人责任保险工作提出要求。三是加强宣传，为承运人责任保险创造良好的发展环境。

（五）校（园）方责任保险

“十二五”期间，宁夏保监局在推动校（园）方责任保险开展方面做的主要工作：一是联合宁夏回族自治区教育厅印发《关于进一步加强教育保险有关工作的通知》（宁保监发［2015］31号），进一步加大对校（园）方责任保险工作的管理力度。二是做好校（园）方责任保险的全区统保工作，指导和督促保险公司和保险经纪公司做好服务。

（六）环境污染责任保险

“十二五”期间，宁夏保监局在推动校（园）方责任保险开展方面做的主要工作：一是会同宁夏环保厅等部门赴江西、湖南进行环境责任保险调研，提出试点推进建议，并多次与环保部门就试点工作进行沟通协调，最终就环责险责任限额、环境污染损害专项赔偿基金、试点工作安排和实施步骤等内容达成一致。二是联合宁夏环保厅印发《关于印发宁夏回族自治区环境污染责任保险试点工作实施意见的通知》（宁环发［2015］107号），自2016年起在全区重点行业和区域开展环境污染责任保险的试点工作。

三、责任保险重点险种发展经验——宁夏医责险“调赔结合”机制破解医患矛盾难题

2014年冬天某夜，某医院发生一起新生儿死亡纠纷，几十名情绪激愤的患者亲属围在产科大闹，严重干扰了诊疗工作。宁夏回族自治区医调委调解员接到报案迅速赶到医院调查了解情况。原来产妇及家属因质疑医生疏于监护错过最佳救治时机而致新生儿死亡，要向医院讨说法。经过调解员耐心的释法说理，患方家属同意申请医调委调解。医调委积极组织医学、法学专家评鉴，厘清新生儿自身疾病、医院诊疗中过失、死亡之间的因果关系，经耐心说理引导，最终促使医患双方达成和解，经法院确认的人民调解协议经保险经纪公司协助，保险公司两个工作日完成对家属的赔付。至此，闹得沸沸扬扬的一场纠纷以医患双方握手言和画上了句号，患者亲属将一面书有“大爱助患，维权有德”的锦旗赠送给自治区医调委，以示对调解工作的肯定和感谢。

医疗风险不可避免，医疗纠纷必然存在。宁夏将人民调解制度引入医患矛盾处理，通过“政策引导、政府推动、市场运作、专业协助”的方式，建立以医疗责任保险统保为支撑的医疗纠纷人民调解体系，采取第三方调解的机制将医疗

纠纷从院内转移到院外，在医学、法学专家鉴定责任的基础上公平快捷地调解解决；再将医疗机构的法定赔偿责任通过医疗责任保险转嫁出去，由保险公司按照调解协议及时赔偿给患者。这种以保险为基础、调解为手段、赔偿为结果、风险防范为目标的由卫生、司法、保监、法院、医疗机构、保险经纪公司、保险公司多方参与、共同化解社会矛盾的“人民调解＋保险赔偿”模式不但可以有效转移医疗执业风险，切实保障医患双方合法利益，还能维护医疗机构正常诊疗秩序，维护健康稳定和谐的医患关系，也通过市场运作方式节约大量行政资源。

宁夏医疗纠纷“人民调解＋保险赔偿”模式是自治区卫生厅、司法厅、保监局三方联合推动，委托保险经纪公司作为专业顾问实施开展的。宁夏“调赔结合”工作将政府推动与市场运作相结合，人民调解与保险赔偿相结合，纠纷化解与风险防范相结合，实行院内调解、人民调解、司法调解、医疗风险分担的“三调解一保险”医疗纠纷处置机制，妥善处理医患纠纷，取得了较好成效。

宁夏保监局牵头，协同综治委、卫生厅、司法厅、新华社等相关部门对医疗责任保险和医疗纠纷调解工作进行认真调研，并形成专题报告。国务院领导针对报告两次就“宁夏调赔结合”模式做出专门批示，国家卫计委、司法部、财政部等部委召开“加强医疗责任保险工作电视电话会议”，特别对宁夏医疗纠纷人民调解工作给予肯定。中国保监会项俊波主席视察了解宁夏医疗责任保险和医疗纠纷人民调解工作开展情况，并在中国保监会以信息简报方式通报保险行业全系统。自治区领导批示“此项工作成效显著，在全国创造了典型示范。要进一步在全自治区扩大覆盖范围，完善运行机制，并扩大宣传，使医疗纠纷的化解和处理纳入法制化轨道。”此外，《中国保险报》《人民日报》《金融时报》《宁夏日报》《新消息报》宁夏电视台等媒体多次对“宁夏调赔结合”机制运行情进行报道。

新 疆

一、责任保险总体发展情况

（一）业务规模稳步增长

“十二五”期间，新疆责任保险保费收入从3.03亿元增加至6.60亿元（见图22），年均增长21.49%，责任保险保费收入在财产险总保费收入中占比也不断上升，由3.87%上升到4.62%。从各险种发展情况来看，传统承运人责任保险保费收入由1.48亿元增加至2.55亿元，但占比不断下降，由48.57%降至38.64%。其他新型责任保险险种取得较快发展，比如2013年开办的环境污染责任保险，2015年实现保费收入0.07亿元，同比增长287.09%。统保的校（园）方责任保险、医疗责任保险、旅行社责任保险、安全生产责任保险不断深入发展。

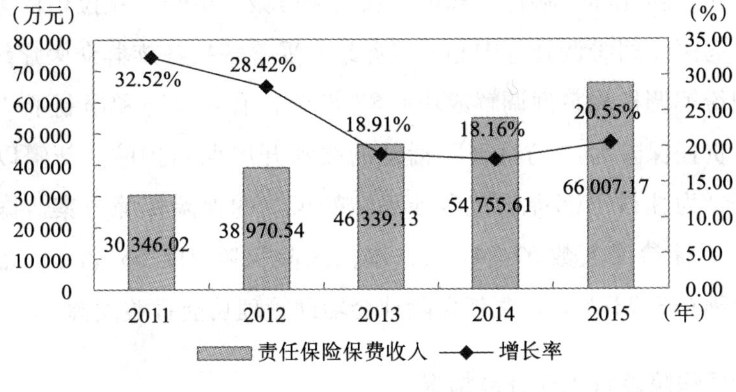

图22　2011—2015年新疆责任保险保费规模及增长情况

（二）服务领域逐步拓展

随着法律法规的完善和政府职能的转变，“十二五”期间责任保险在各领域不断落地。一是在阿勒泰部分市、县的学校食堂和乳业生产企业开展食品安全责任保险试点。二是全国首创法律费用责任保险，为推进法治新疆建设提供了有力保障。三是创新开展涉农环境污染责任保险业务，不断拓深涉农保险服务领域。四是开展电梯责任保险试点，并根据新疆特殊区情（因暴恐活动造成的人身伤亡补偿等责任），为各族群众提供更大范围的风险保障。五是一些紧贴民生的如物业管理责任保险、停车场责任保险等险种也相继破冰，各领域责任保险试点推动发展的势头越来越强劲。

（三）保险保障范围不断拓宽

新疆责任保险覆盖面不断拓宽，保障范围不断扩大，将服务触角延伸到各地州、区、县。到“十二五”末，校方责任保险已覆盖全疆84个市、区（县），九年义务制教育机构投保率达100%，非九年义务制教育机构投保率也已超过95%；医疗责任保险承保各级医疗机构430家，其中二级及以上公立医疗机构202家，参保率超过90%，基本覆盖全疆各地、州；经受暴恐事件对新疆旅游业的严峻考验，实现旅行社责任保险统保率93%，续保率97.53%，均高于全国平均水平。

（四）社会辅助管理功能日益显现

“十二五”期间，新疆已成立自治区和兵团两个省级医疗纠纷调解委员会，并在南疆巴州、阿克苏、喀什、和田以及北疆塔城、伊犁、克拉玛依等少数民族聚居区建立起医疗纠纷调处分中心或服务站，妥善解决各族群众医疗纠纷，2015年各医疗纠纷解调机构案件调解成功率87.87%，有效预防和遏制了“医闹”现象。同时，责任保险为“访惠聚”活动的顺利开展保驾护航。新疆以雇主责任保险为依托，为驻村干部提供包含涉恐涉暴风险的保险保障方案。据不完全统计，2015年累计参保人数57 747人，提供风险保障217.55亿元，赔付111人次，赔款金额613.73万元，责任保险社会辅助管理功能日益发挥。

二、责任保险监管工作开展情况

（一）突出重点，完善制度建设

随着社会效益的日益显现，责任保险的发展受到新疆各级政府越来越多的重视，新疆保监局充分利用有利时机，积极开展协调沟通，“十二五”期间分别与新疆煤监局、环保厅、卫生厅等政府部门联合下发了《新疆维吾尔自治区煤矿企业推行安全生产责任保险的实施意见》（新煤监管发［2011］19号）、《关于深入推进新疆环境污染责任保险工作的通知》（新环法发［2014］245号）、《关于印发新疆维吾尔自治区医疗纠纷预防与处置暂行办法的通知》（新卫医发［2015］34号）等共计10余份推动责任保险发展的政策文件。同时，新疆保监局积极参与地方立法工作，通过不断努力，火灾公众责任保险及环境污染责任保险已分别被写入2011年修订的《新疆维吾尔自治区消防条例》和《新疆维吾尔自治区环境保护条例》之中，以地方立法的形式予以推广，新疆责任保险发展的基础制度建设得到完善和优化。

（二）鼓励创新，创造良好外部环境

一是为险种创新创造良好的政策环境。与自治区教育厅、旅游局等部门对《新疆维吾尔自治区校车安全管理办法》《新疆维吾尔自治区乡村旅游促进办法（征求意见稿）》中的责任保险内容进行研究探讨，不断拓宽责任保险服务领域，推动责任保险创新。二是主动作为，构建良好的合作环境。在医疗责任保险推动工作中，定期了解新疆医调委各项工作的开展情况，不断加大与相关部门的沟通协调力度，营造良好的合作推动环境。在食品安全责任保险推动工作中，与自治区食品安全委员会办公室就新疆食品安全责任保险试点工作联合开展调研，充分论证，为食品安全责任保险试点开展打下良好的工作基础。三是形成强大的宣传声势。积极开展责任保险宣传工作，先后配合政府在“食品安全宣传周”“防灾减灾主题日”等活动中开展了食品安全责任保险、火灾公众责任保险、环境污染责任保险等系列宣传活动，均取得良好的宣传效果，得到有关部门和社会群众的认可和欢迎。

（三）开展检查，有效规范市场风险

新疆保监局在责任保险领域广泛开展检查、调研工作，统筹兼顾，狠抓风险防范。一是加大现场检查力度。开展全疆安全生产责任保险检查工作，对全区安全生产责任保险发展现状进行摸底排查，并对相应保险机构实施监管措施。二是加强市场监测。积极跟踪建筑领域安全生产责任保险存在的问题，多次与自治区住建厅、乌鲁木齐市建委等相关部门磋商，加强建筑领域安全生产责任保险、雇主责任保险协调发展，及时喊停涉嫌违规行为。三是发现问题及时总结汇报。通过专报、信息等形式多次向中国保监会相关部门反映部分险种的潜在风险。

（四）夯实基础，构建长期发展机制

一是组织召开责任保险研讨会，搭建交流平台，共同分析新疆责任保险的发展形势、交流好的经验做法、查找发展中存在的问题。二是建立责任保险数据分析和课题研究机制，形成责任保险业务数据月度分析机制，及时掌握责任保险发展动态，每年完成一项责任保险重点领域课题研究，为推动新疆责任保险发展提供理论支持。

三、责任保险重点险种发展经验

（一）新疆充分发挥医调委矛盾纠纷调解作用

近年来，新疆医疗责任保险覆盖面不断扩大，并参与“平安医院”建设，有效维护了医疗秩序。2015 年，新疆卫计、综治、财政、公安、民政、司法、保监 7 个委办厅局联合印发《新疆维吾尔自治区医疗纠纷预防与处置暂行办法》（新卫医发［2015］34 号），明确建立医疗风险转移与医疗纠纷调解相结合的医疗责任保险制度，将医疗纠纷人民调解工作覆盖所有医疗机构。目前，新疆除设立自治区、兵团医疗纠纷省级调解处理中心外，还优先在南疆巴州、阿克苏、喀什、和田，以及北疆塔城、伊犁、克拉玛依等少数民族聚居区建立起医疗纠纷调处分中心或服务站，妥善解决各族群众医疗纠纷，化解医患矛盾。“十二五”期间，各级医调委医疗纠纷调解成功率达 85% 以上，累计调解赔付近5 000万元。

（二）新疆责任保险参与校园风险管理成效显著

新疆自 2008 年开办校园责任保险以来，不断拓展校园保险服务深度与广度，逐步为全自治区校园提供更加全面的风险保障。一是校方责任保险保障范围不断扩大，目前已覆盖全疆 84 个县、市、区，九年义务制教育机构投保率达 100%，非九年义务制教育机构投保率也已超过 95%；二是作为校方责任保险的补充，新疆 2015 年 9 月在全自治区中小学开展校方无过失责任保险附加险，为学生校园内安全提供“双保险”；三是 2015 年底，自治区人民政府出台《新疆维吾尔自治区校车安全管理办法》（新政办发［2015］153 号），为校车安全保险发展提供政策支持，学生就学的交通安全将得到有力保障。新疆责任保险在分散校园办学风险、辅助社会管理方面发挥了显著作用。

（三）新疆推行特色电梯责任保险统保示范项目

2014年12月19日，新疆正式启动电梯责任保险统保示范项目。该项目有三个特点：一是保险责任范围广，除涵盖伤亡、医疗费用、财产损失、滞留等赔偿责任，还根据新疆特殊情况包含了因暴恐活动造成的人身伤亡补偿金责任；二是风险保障水平高，除投保第三者责任的基本险外，投保人还可投保雇员伤害责任附加险、放弃代位追偿权附加险，以获得更大范围的风险保障；三是建立科学费率浮动机制，根据电梯类型、电梯使用场所、电梯使用年限、投保规模等因素浮动保费。电梯责任保险的推行有利于增强全民安全意识、保障公共安全；有利于预防和化解社会矛盾、减轻政府负担；有利于维护广大群众的切身利益、促进社会和谐稳定。

深　圳

一、责任保险总体发展情况

2011—2015年，深圳辖区责任保险稳步发展，共实现保费收入39.12亿元，年均增长11.5%。责任保险市场份额不断提升，从2011年占深圳财产险市场保费规模的3.9%，到2015年的4.54%。责任保险市场利润状况不佳，承保利润呈逐年下降趋势。

二、责任保险监管工作开展情况

“十二五”期间，深圳充分发挥保险的社会管理功能，以推动责任保险发展为切入点，大力提升保险业服务深圳城市治理体系和治理能力现代化水平，切实为地方经济社会发展提供风险保障。“十二五”期间，深圳辖区火灾公众责任保险、环境污染责任保险、医疗责任保险、校方责任保险等重点领域覆盖面不断扩大，服务水平有效提升，实现良好发展。

（一）开展政策推动，在重点领域采取政府发文的形式开展行政强制或引导

火灾公众责任保险方面，推动深圳市政府印发《深圳市火灾公众责任保险试点工作实施方案的通知》（深府［2009］91号），并在部分公共娱乐场所进行了为期6个月的火灾公众责任保险强制推广，在此基础上，在修订的《深圳经济特区消防条例》中进一步鼓励和引导特定场合投保火灾公众责任保险。环境污染责任保险方面，2012年以来，深圳保监局与市环保等部门联合出台了《深圳市环境污染责任保险工作实施方案》（深人环［2012］167号）、《深圳市环境污染强制责任保险企业名录》（深人环［2012］243号）、《关于充分发挥市场决定性作用 进一步推动环境污染责任保险发展的意见》（深人环［2014］153号）等多份文件，对具有较大环境风险的企业实施环境污染强制责任保险。

（二）推动行业创新，鼓励和引导市场主体积极开展责任保险试点和推广

针对校园安全问题日趋严重的情况，推动保险业不断扩大校方责任保险覆盖范围，在全市统一推行校园“双险”，切实为学校及学生提供保险保障，覆盖全市2 000多所全日制大中小学校、中等职业学校、特殊教育学校、幼儿园及逾百万在校学生，覆盖面达100%。针对各类电梯安全事故多发情况，深圳保监局与市场监督管理部门迅速研究跟进，共同推动深圳市电梯责任保险统保，由相关保险公司、保险经纪公司和深圳市特种设备行业协会三方签订统保协议，电梯责任保险共承保电梯近10万台，占全市在用电梯的80%以上。针对环境污染日益严峻的形势，深圳保监局与环保部门深入研究，确定名录，强制要求部分高污染企业投保环境污染责任保险，进一步扩大了该险种的覆盖范围，为企业发展提供更加切实有效的风险保障。

（三）强化市场监管，积极研究责任保险服务经济社会发展长效机制

“十二五”期间，深圳立足保险功能作用充分发挥和社会发展新趋势，以市场化风险转移机制建设为重点，积极开展保险服务社会治理创新。深圳较早开展医疗责任保险试点工作，具备良好基础。近年来，深圳保监局积极参与医患纠纷有关问题的研究和推动工作，通过人大提案、专题请示报告等方式向政府建言献策，得到人大和政府部门的高度关注。同时，采取“政府引导、市场化运作”的模式，广泛推进新型医疗责任保险试点，得到了政府相关部门、医疗主管机构、医院和患者的广泛认可，社会效益和经济效益均得到较好体现。环境污染责任保险方面，通过试点工作，逐步研究建立环境风险管理的长效机制。在这一机制下，企业开展环境风险评估，确定环境风险等级，实施环境风险管理；保险机构创新承保方式，开展产品设计，扩大覆盖范围，加强专业服务。深圳环境污染责任保险发展的多项工作机制为全国首创，有效提升了城市环境风险防控水平，得到了环保部的高度评价，多次受邀在系统内进行经验交流。

大　连

一、责任保险总体发展情况

（一）保费规模显著增长

“十二五”期间，大连责任保险累计保费收入 8.8 亿元，为环境、医疗、食品等领域提供风险保障 2.13 万亿元。其中，2011 年责任保险保费收入 12 969 万元，2015 年责任保险保费收入 25 896 万元，5 年间保费增长了 1 倍，保费年均增幅达 20%。

（二）保障领域显著拓展

根据社会需求发展多种类型的责任保险，不断拓展责任保险新领域，“十二五”期间，新增安全生产责任保险、环境污染责任保险、医疗责任保险、食品安全责任保险、诉讼保全责任保险、首台（套）重大技术装备保险、汽车延保责任保险、不动产登记责任保险、供电责任保险 9 个责任保险险种，总险种达到 30 余个。“十二五”期间，大连责任保险占总保费的比重从 2.44% 提升到 3.58%，提升了 1.14 个百分点。

（三）功能作用显著提升

“十二五”期间，大连责任保险累计赔付 3.61 亿元，在促进国家创新社会治理机制、化解社会矛盾纠纷、减轻政府社会管理压力等方面发挥了重要作用。例如，校方责任保险累计承保学校 7 640 所次，实现了公立中小学、幼儿园校方责任保险全覆盖，累计提供风险保障 7 585 亿元，累计支付赔款 1 461 万元。安全生产责任保险累计为 3 446 家次企业提供 72 亿元风险保障。承运人责任保险累计为 3. 3 万台次车辆提供 3 554 亿元风险保障，累计支付赔款 3 702 万元。2015 年开展的首台（套）重大技术装备保险为大连华锐重工、瓦轴集团、大橡塑等大型企业的首台（套）装备提供风险保障 8. 9 亿元。

二、责任保险监管工作开展情况

（一）积极争取地方政府部门大力支持

大连保监局积极与大连市政府沟通协调，主动请示汇报，保监局局长和主管副局长 30 余次带队拜访财政局、环保局、安监局、卫计委等部门，积极宣导保险在辅助政府社会管理方面的重要作用，争取政策支持。

（二）努力营造良好法制政策环境

大连保监局紧抓新保险“新国十条”出台的有利时机，确保各项政策在大连落地生根，联合相关部门出台支持责任保险发展的《大连市开展环境污染强制责任保险试点工作方案》（大环发［2013］203 号）等政策文件 10 余份，建立各项责任保险联席会议制度，为行业责任保险平稳、持续、健康发展营造良好的法制政策环境。

（三）大力提升责任保险服务能力

大连保监局在全行业遴选责任保险方面的优秀人才，成立工作组，集中力量研发适合市场需求的保险产品，增强产品的适应力；强化行业承保理赔标准化建设，要求环境污染责任保险、医疗责任保险、校方责任保险等承保公司制定标准化的保险服务方案，保证责任保险的服务水平；加强各保险公司在数据共享、风险评估等方面的沟通与协作，增强行业的核心竞争力。

（四）持续普及责任保险知识

大连保险业每年都开展保险进学校、进农村、进社区、进机关、进企业的教育宣传活动，重点宣传责任保险的功能作用，推动全社会认识保险、支持保险、参与保险，努力形成学保险、懂保险、用保险的社会氛围。

三、责任保险重点险种发展经验

（一）大连校方责任保险有效参与校园安全管理

为加强校园安全事故风险管理，大连市政府积极运用市场机制，采取财政全额出资方式，统一为全市所有公立院校投保了校方责任保险，并为职业学校扩展投保了学生实习责任保险。保险的参与有效防范和转移了校方风险，为妥善处理校园事故、保障学生及学校的合法权益、维护正常教学秩序和社会稳定发挥了积极作用。

1. 政府全额出资，实现保险全覆盖。2012 年，大连市政府将推行校方责任保险作为“为市民办实事”项目，政府提供 100% 的保费补贴，采取“政府推动、多方参与、市场运作、规范管理”的方式，为公办幼儿园、小学、初中、职业高中、工读学校、特殊教育学校等统一投保了学生伤害事故校方责任保险和中等职业学校学生实习责任保险。2015 年，全市 1 257 所公立中小学、幼儿园均投保了校方责任保险，40 所公办中职学校、16 所公办高职和技工学校均投保了学生实习责任保险，涉及学生 63.6 万人，实现了校方责任保险和学生实习责任保险全覆盖。

2. 保障范围宽泛，保障额度充分。校方责任保险是由学校作为投保人，对因校方过失导致学生伤亡事故及财产损失，依法应由学校承担的经济赔偿责任，由保险公司来进行赔偿的保险。大连校方责任保险保障范围较宽，包括校园设施安全事故、药品食品饮水中毒、安全管理疏漏、传染疾病、课外活动事故、火灾爆炸等 17 种情形；保险金额较高，每所学校每次事故最高赔偿 600 万元，每名学生每年累计最高赔偿 60 万元。学生实习责任保险也是校方责任保险的一种，主要保障学生在校外实习训练期间造成的人身伤害，依法应由校方承担的经济赔偿责任，包括学生参加职业技能竞赛、职业演出活动、军事训练、教学见习、半工半读和勤工俭学等过程中发生的意外伤害、工伤及因疏忽过失造成其他第三者的人身伤亡等；每所学校每次责任事故最高赔偿 1 200 万元，每名学生每年累计最高赔偿 60 万元。

3. 服务规范透明，理赔高效便捷。大连市政府每年通过招标方式确定承保公司，并加强监督考核，保证保险服务质量。大连保监局将校方责任保险和实习生责任保险列为重点监管险种，每年通过检查式调研、服务质量暗访、监管谈话等方式，督促保险公司提高服务水平。保险公司与学校及教育主管部门共同制定了重大事故应急处理预案，确保突发事故、群体性事故能得到及时、妥善处置。对属于保险责任范围内的较大事故，按定损金额最高预付30%赔款，尽快恢复教学秩序。实行7天×24小时不间断理赔接待服务，做到出险报案后1小时内现场查勘、达成赔偿协议后7日内支付赔款，并对出险学校进行100%服务满意度回访。为减轻学校处理纠纷的压力，保险公司还建立了保险业务和法律事务咨询热线，并指派律师代理学校出庭应诉。

4. 提高保险意识，注重风险防范。大连保险业采取有效措施，帮助学生和学校提高风险防范意识和能力。一是开展校园保险教育。在中小学校园开展征文比赛，开设保险课程，编写保险教材，编绘保险漫画。在大学和职业院校举办校园保险文化节，开设“保险英才班”，建立保险实践基地。以学生喜闻乐见的活动为载体，向学生传授风险防范、保险及法律知识。二是提供实用避险工具。每年向全市2.5万名小学一年级新生赠送交通避险“小黄帽”，供小学生上下学途中使用，提醒司机注意避让，降低交通事故风险。三是开展校园安全排查。帮助学校落实校园安全责任制，制定安全隐患排查制度，定期组织公安、消防、卫生、保险公估等专家，排查校园周边环境、电力设施、体育设施、食堂、医疗、安保等重点环节风险隐患，指派专人帮助学校整改，将隐患消除在萌芽状态。

“十二五”期间，大连校方责任保险累计支付赔款1 460.7万元，较好地化解了学校的办学风险，减轻了学校因安全事故带来的经济赔偿压力，缓解了学校与家长的矛盾，保障了广大师生的合法权益。

（二）首台（套）重大技术装备保险服务大连工业发展

2015年，在大连保监局和大连市经信委的联合推动下，大连首台（套）重大技术装备保险正式落地，7家保险共保体公司签署共保协议，实现了保险业与大型工业企业的保险服务对接。2015年，大连保险行业累计承保首台（套）重大技术装备保险16台（套、批次），保费收入2 673.66万元，提供风险保障8.91亿元，保费规模在全国开展该项业务的20个省市中排第3位。承保对象涉及大连华锐重工、瓦轴、大橡塑等大型制造企业，承保标的以大型出口施工机械设备和关键配套基础件为主，有效支持了大连市制造业出口贸易发展和国家“一带一路”建设。

（三）大连食品安全责任保险为滨城饮食安全保驾护航

“十二五”期间，大连保监局联合大连市食品药品监管局共同推动食品安全责任保险发展，研究制订食品安全责任保险实施方案，搭建保险公司与大连美食协会合作机制，推动保险公司进驻“餐饮业交易平台”，为餐饮业主和消费者提供双重保障，护航滨城人民餐桌安全。

“十二五”期间，大连食品安全责任保险保费年均增幅达34%，累计为757家餐饮企业提供风险保障2.48亿元，大连老百姓耳熟能详的蟹子楼、巴蜀人家、老鸭私房汤、中山园、李老汤、杨国福等餐饮企业陆续参保。保险公司为餐饮企业提供了高质量的保险服务，协助餐饮企业处理了多起理赔纠纷，降低了餐饮企业运营风险。

宁 波

一、责任保险总体发展情况

宁波作为沿海发达地区，市场发展较为成熟，随着政府、市场和社会对于保险的认识不断深入，尤其是保险创新综合示范区的创建，市场活力进一步被激发，在运作机制、服务模式、产品等方面不断取得创新突破，政府、市场和社会多元共治的社会治理新局面逐步显现。

（一）市场规模和服务领域不断拓展

近年来，宁波市责任保险市场保持较快增长，至2015年，责任保险保费规模达到4.37亿元，5年来平均增长率为17%，高于财产险市场平均增速，已成为继车险、企财险、信用险之后的第四大险种，仅2015年就为宁波市提供风险保障5 997亿元，支付赔款1.88亿元，5年间险种经营基本处于盈亏平衡点，保持了较好的社会效益。

责任保险的保障范围和服务领域不断拓展，已从原先的产品责任、公众责任、雇主责任等商业性领域扩展到医疗纠纷、环境保护、食品安全、安全生产等公共性和社会性领域，产品和服务日益丰富，保险的覆盖面和渗透度大大提高，为经济社会各行业和各领域利用责任保险这一市场化手段化解风险提供了丰富有效的途径。

（二）发展环境不断优化

随着责任保险功能作用的持续发挥，其社会价值和功能定位越来越得到社会和政府的广泛认可，从而推动政府在工作模式、工作方法方面的转变。

一是政府运用责任保险的意识不断提升。政府主动将保险纳入地方产业发展和社会治理的总体框架，通过立法保障、政府购买、平台搭建等多种方式，深入推动责任保险发展，医疗责任保险、食品安全责任保险、养老服务机构综合保险、环境污染责任保险等一系列创新项目不断破题、拓面、提升，医疗责任保险“宁波解法”、食品安全责任保险“宁波模式”等更是走在了全国前列。

二是配套政策不断完善。对于各项保险试点工作，政府持续出台各类支持政策，如出台了全国第一个医疗责任保险地方性法规《宁波市医疗纠纷预防与处置条例》（2011 年 8 月 31 日宁波市第十三届人民代表大会常务委员会第三十四次会议通过，2011 年 11 月 25 日浙江省第十一届人民代表大会常务委员会第二十九次会议批准），建立了覆盖全市三级公立医疗机构的强制责任保险制度，针对食品安全责任保险、环境污染责任保险、养老机构综合保险等险种出台各类工作方案或实施意见等配套文件，构建稳定的责任保险发展制度框架；在险种推动中，政府还给予一定的保费补助资金，如公共性食品安全责任保险由政府全额出资，养老机构综合保险政府给予一定比例保费补助，政策支持和财政补助双管齐下，确保创新试点工作在短时间、大范围内快速推广。

三是跨部门协作机制不断顺畅。在各级政府的推动下，形成政府部门、监管机构和社会主体多方合作、协调互动的工作机制，金融办有效发挥保险与其他政府职能部门间的对口衔接作用，保险监管机构共同酝酿产品研发、制度框架设计和监督管理工作，相关职能部门各自发挥职能作用，有效凝聚各行业力量，对业务进行监督和指导，及时解决试点中遇到的问题和困难，成为政府部门推进保险工作长效机制。

（三）保险服务机制不断完善

政府在社会管理职能转移的过程中，保险积极承接社会服务职能，主动切入政府社会管理工作体系，逐渐成为政府职能转变的有效抓手和治理水平提升的有效支撑。如医疗责任保险项目中，保险行业成立了独立运作的宁波市医疗纠纷理赔处理中心，以更加公开透明的第三方服务方式和商业化运作的市场机制，承接医疗纠纷的调查、评估、协商、赔付等具体事务。

保险理赔与人民调解机制进行有机结合，通过机制创新解决了公正性问题，也提高了纠纷的处理效率和速度。如公共食品安全险项目中，组建专职的食品安全巡查、运营管理和专家咨询三支队伍，开发“宁波市食责险风控系统”，建立事前、事中、事后全流程风险管控机制，为食品安全管理部门提供食品安全风险基础信息，提高政府部门的食品安全管理效能。环境污染责任保险项目中通过聘请宁波市环境保护科学研究设计院及相关专家对80余家次投保企业进行企业环境风险评估分析。政府和其他社会组织的社会治理协同性大大提高，政府单向管理逐步向多元主体协同治理转变。

二、责任保险监管工作开展情况

宁波保监局推动行业借力政府职能转变，切实履行沟通协调和引导把控职责，以监管创新带动行业创新，指导或参与各项创新工作，引领保险业服务大局。

（一）主动协调沟通，营造良好的发展环境

医疗责任保险、食品安全责任保险、安全生产责任保险、环境污染责任保险等每一项创新实施之初，宁波保监局注意把握好自身定位，重点发挥自身桥梁纽带作用，为政府做好组织协调、方案设计、过程管理等基础性工作，为政府决策做好参谋，推动地方政府出台了一系列法规和指导性文件，争取和协调组织机制保障、财政补贴、风险补偿、考核激励、舆论宣传保障等政策出台，既明确了各方权责，又调动了参与积极性，为保险创新持续发展提供了有力保障。

（二）抓好重点和关注点，推动保险产品服务创新

宁波保监局始终立足区域经济社会发展特点，结合企业和居民实际需求，指导辖内保险机构在保险产品和服务等方面进行大胆探索创新。

一是突破旧有经营模式。在医疗责任保险业务开展中，宁波保监局调整传统医疗责任保险主要发挥赔偿功能的思路，指导保险机构成立医疗纠纷理赔处理中心，以第三方身份参与医疗纠纷处理，形成“理赔处理中心 + 人民调解委员会”并行运作、协同调处的有效机制，得到政府、医院和患者多方好评。

二是因地制宜创新产品。面对日益严重的食品安全问题，保监局指导行业根据不同地区的公共食品安全风险，开发定制化的保险方案，建立了“1 + X”的商业食品安全责任保险产品体系，保障食品生产、流通、加工等不同类型的食品安全风险，增强保险产品供给的有效性。在改造校方责任保险过程中，宁波局指导各保险公司有针对性地确定保障范围和费率水平，解决之前条款不一、价格不一、理赔不一的问题，受到学校和家长的欢迎。

三是特事特办给予支持。在推动试点机制创新过程中，宁波局及时给予有力支持。如医疗责任保险、食品安全责任保险理赔服务中心建立时需要单独立账、设立独立经营资格等问题，保监局出面协调人民银行和民政部门给予支持。

（三）严把关促规范，确保创新试点取得实效

针对各项创新业务，宁波保监局着力加强制度设计和风险把控，研究建立切实有效的内控管理制度，有效提高业务操作的规范性和专业性。

一是把好经营关，始终坚持政策性业务保本微利、社会效益最大化的基本原则，严格审核保险创新项目的产品设计和费率水平，以最高的性价比为政府和社会提供服务。

二是把好主体关，在医疗责任保险、环境污染责任保险、食品安全责任保险等险种起步之初，宁波保监局严格控制参与主体，选取服务网点较全、有业务操作基础的保险机构参与，确保参与创新项目的保险机构具有足够的真实意愿、专业水平和服务实力。

三是把好市场秩序关，明确竞争规则，组织好行业协作，确保保险机构在创新项目上有序竞争，激发主体的创新动力和活力。医疗责任保险、安全生产责任保险、环境污染责任保险等在试点中均采取共保形式，有效分散行业风险，防范恶性竞争。

三、责任保险重点险种发展经验

（一）医疗责任保险发展经验：第三方参与化解医闹，合法途径解决纠纷

患者张某，男，43岁，于某年10月11日16时46分因“上腹痛半小时”到宁波某医院就诊。自诉无呕吐，无腹泻，无胸闷胸痛等情况，既往有胃病史，否认高血压及心脏病史。医生初步诊断为急性胃炎，并给予相关治疗。当日下午5点45分左右患者说其出现胸闷，院方对患者紧急诊查心电图示，急查血常规、心肌酶谱、血淀粉酶、凝血功能等项目，并请心内科医生会诊。考虑患者存在“心肌梗死”可能，下午6点20分为排除患者胸主动脉瘤、气胸等其他疾病可能，患者在护士陪同下行胸部CT检查，返回途中患者突然出现抽搐、意识丧失，经抢救无效死亡。

第二天，患者家属集结20余人到医院抬尸闹事，拒绝将尸体移放至殡仪馆，要求一次性赔偿50万元。宁波市医疗纠纷理赔处理中心接到院方报案后，立即调派查勘工作人员到纠纷现场调查处理。当时患方亲属将院方负责接待的医务科领导变相监禁在会议室内，限制其人身自由，并有打砸医院桌椅、门窗等过激行为。医疗纠纷理赔处理中心查勘人员与院方商议后初步认定有医闹参与其中，遂立即与卫生、公安等相关部门沟通联系，反映情况，并设法将患者亲属约至单独会议室，详细告知国家相关法律、法规，向患者亲属耐心、详细地解释医责险理赔服务中心作为第三方服务机构在医疗纠纷调处过程中的独立地位和科学审慎的处置程序，并说明雇用医闹对医疗纠纷处理带来的严重负面作用及政府部门严厉打击医闹行为的决心。在逐渐取得患者家属信任的同时，宁波市医疗纠纷人民调解委员会的工作人员到现场参与纠纷的处理。

经过两天的协商，患者家属终于同意通过正规途径解决纠纷，随后患方向医学会申请了医疗事故技术鉴定。经鉴定：院方未将CT检查过程中可能发生的风险向患方充分告知，存在欠缺，但与患者死亡无因果关系。本病例不属于医疗事故。

根据医学会鉴定结论，医疗纠纷理赔处理中心与患方理赔协商达成一致。医患双方在医疗纠纷人民调解委员会签订调解协议：由院方一次性赔偿患方人民币1万元，纠纷顺利解决，未出现医护人员受到人身伤害的情况，医院的正常医疗秩序得到有效保障。

（二）食品安全责任保险发展经验：宁波市创新食品安全责任保险，首推“公益+商业”模式

2015年，宁波市在全国范围内率先尝试食品安全责任保险“公益+商业”并行新模式。此次创新既是当前保险机制对食品风险保障的有效突破，也是一次以经济杠杆和市场机制协助政府化解食品安全问题的有益尝试，首批试点首先在鄞州、海曙两区落地。创新做法详见食品安全责任保险部分有关内容。

青　岛

一、责任保险总体发展情况

“十二五”期间，青岛保险业积极落实《国务院关于加快发展现代保险服务业的若干意见》（国发［2014］29号），加大责任保险产品创新试点，拓展服务领域，提升服务水平，充分发挥责任保险在事前风险防范、事中风险控制、事后理赔服务等方面的作用，用多样化的责任保险产品化解民事责任纠纷，逐步完善保险机制在社会治理体系中的功能。

（一）保费收入快速增长

“十二五”期间，青岛责任保险保费收入由2011年的1.7亿元，增长到2015年的3.15亿元，5年累计实现保费收入11.9亿元，年均增幅超过16%。

（二）保障领域不断拓宽

“十二五”期间，通过青岛保监局积极协调推动，各方共同努力，青岛责任保险发展迅速，陆续推出环境污染责任保险、医疗责任保险、安全生产责任保险、养老机构责任保险等10余个险种，累计为青岛经济社会发展提供风险保障

3.57万亿元。

（三）创新能力逐步增强

“十二五”期间，保险公司充分发掘社会需求，有针对性地推出一系列创新型责任保险险种，既满足了社会需求，也扩大了自身影响。如为协助地方政府转移突发风险事件的赔偿责任，根据政府需求创新定制推出“政府管理责任保险”；在全省首推“个体诊所医疗责任保险”，扩大了医疗责任保险保障范围；针对特殊家庭，推出“精神病人监护责任保险”；作为校方责任保险的补充，创新推出“学生运动综合保险”；针对电梯事故多发情况，开展“电梯责任保险”试点。

二、责任保险监管工作开展情况

“十二五”期间，青岛保监局针对政府及社会需求，加强与有关部门联系，督促各公司加强市场调研和产品创新，积极推进各类责任保险发展。

（一）推动安全生产责任保险发展

2011年4月，青岛保监局联合青岛市安监局印发《青岛市高危行业企业安全生产风险抵押金和安全生产责任保险推进工作方案的通知》（青安监［2011］55号），将安全生产责任保险纳入各级安监部门工作考核的范围，并分区域下达工作指标，进一步强化工作力度。同时各地安监部门把安全生产责任保险作为许可证年审的重要内容，组织开展检查，督促企业投保、参保，工作扎实推进。

（二）开展乡镇医疗机构医疗责任保险

2011年，青岛保监局推动青岛市出台“乡镇医疗机构医疗责任保险方案”，引入保险机制分散基层医疗机构的医疗事故风险，首先在平度和崂山两个地区试点，当年共承保医疗机构300余家，保费收入450万元，提供风险保障3 900万元，发生赔款600万元。2012年在试点基础上计划扩大承保面，将其他县区的乡镇医疗机构纳入承保范围。

（三）积极开展董事、监事责任保险发展

2012年，青岛保监局创新工作思路，与证监局联合开展上市公司风险需求调研，并将运用保险手段化解上市公司风险的内容纳入上市公司高管人员年度培训课程，推动董监事责任保险发展，为上市公司高管和雇员因工作疏忽和过失行为造成的第三方索赔损失提供保障，帮助上市公司积极应对上市所在国家和地区的诉讼风险，共承保山东省内 27 家（次）上市公司，实现保费收入 581 万元，提供风险保障 18 亿元。

（四）创新开展校车承运人责任保险

2012 年，青岛市采取政府购买服务方式，按照运营成本核算给予校车专业化公司经费补贴，投保道路客运承运人责任保险，每车每座位最高赔偿额度为 50 万元。首批为市、区（县）配置 600 辆专用校车，从根本上解决农村中小学生上学难问题，杜绝“黑校车”等安全隐患。

（五）开展环境污染责任保险试点

2012 年 4 月，青岛保监局与青岛市环保局联合下发《青岛市环境污染责任保险试点工作实施方案》（青环发［2013］3 号），明确将企业参加环境污染责任保险情况与企业建设项目环保审批、环保核查、绿色信贷等环境管理措施挂钩；按照每次突发环境事件赔偿限额及累计赔偿限额为 100 万元、200 万元、500 万元、800 万元和 1 000 万元 5 个档次，由企业按照生产经营规模和环境风险等级进行选择，并根据投保企业上一年度出现理赔情况、守法情况、隐患整改情况以及环境信用评级，对次年保险费率给予上下不超过 10% 的浮动。

（六）扩大深化安全生产责任保险试点

2012 年 5 月，青岛保监局与青岛市安监局联合发文深化安全生产责任保险试点工作。一是扩大试点范围，在原有非煤矿山、危险化学品、烟花爆竹和冶金、有色、建材行业企业之外，增加民用爆破器材、大型机械制造及易产生粉尘爆炸、涉及煤气发生炉使用的行业企业。二是引入竞争机制，增加试点承保公司并由市安委会每年对承保公司安保互动承诺完成情况进行考核，优胜劣汰。三是完善费率调节机制。全市实行统一的安全生产责任保险条款和费率，费率根据参保单位安全标准化验收、安全文化建设、生产安全事故发生情况等上下浮动，但调整累计降幅不超过 30%。

（七）积极开展养老机构责任保险工作

青岛保监局推动保险机构结合政府需求，助力养老机构责任保险发展，该项目由市财政出资80%、养老机构出资20%，共同为全市养老机构的1.7万张床位投保责任保险，人均保费150元，保障范围包括死亡伤残、医疗费用、法律费用等多项内容，每次事故累计赔偿限额为100万元，每家养老机构的累计赔偿限额按规模从200万元到500万元不等。目前投保工作已全部完成。

三、责任保险重点险种发展经验

（一）为政府管理创新定制"管理责任保险"

为协助地方政府转移突发风险事件的赔偿责任，青岛保险业根据政府需求，创新定制推出"政府管理责任保险"，对辖区居民因自然灾害、见义勇为等造成的人身伤害，以及因非营业公共场所突发火灾爆炸导致的居民人身伤害和财产损失，保险公司负责赔偿政府应承担的救助责任。青岛市李沧区首批开展试点，按照每个居民保费5元、保额20万元的标准，出资273万为辖区内约55万居民进行投保。

（二）青岛市治安保险实现区市全覆盖

2015年，青岛市治安保险开办区市达到10个，实现区、市全覆盖。全市治安保险参保居民146万户，同比增加45万户，居民户覆盖率53%，同比提高14个百分点。其中，青岛市北、李沧、黄岛3个区对全区居民实施统保，治安保险惠及家庭分别达到50万户、20万户和36万户，居民户数覆盖率100%。全年累计为参保居民户提供经济风险保障311亿元，同比增加131亿元，保障对象涵盖居民家庭的各类财产，保障范围涉及盗窃、抢劫、火灾、爆炸等主要风险责任。累计赔偿保险事故2 468起，赔偿金额672.6万元，促进了社会矛盾化解，最大限度实现还利于民，补偿功能得到进一步发挥。

（三）青岛市在全省首推"个体诊所医疗责任保险"

2014年，在全市二级以上公立医院医疗责任保险参保率达到100%的基础上，青岛市首次将抗风险能力弱、化解矛盾难的个体医疗机构纳入医疗责任保险承保范围，对个体门诊机构及其医护人员因过失造成的医疗事故和纠纷承担赔偿责任，这种做法在省内尚属首次。目前，全市615家乡镇卫生院和农村诊所、3.7万名医护人员都已纳入保险保障范围。

厦 门

一、责任保险总体发展情况

厦门经营的责任保险业务主要包括承运人责任保险、医疗责任保险、雇主责任保险、公众责任保险等险种，市场整体呈现以下特点：

（一）保费逐年递增，市场份额保持稳定

2015 年，原保费收入为 2.31 亿元，较 2011 年增长 71.34%，市场份额接近4%。

（二）保险责任限额逐年增长，保障程度提高

2015 年，保险责任限额为 9 523.69 亿元，较 2011 年增长 81.57%，同时整体费率由 0.0257% 略下降至 0.0243%，保障程度有所提高。

（三）综合赔付率波动较大，导致承保利润波动显著

如2013 年，受“5·16”强暴雨灾害、“苏力”台风和“西马仑”台风、“6·7”BRT 公交车纵火爆炸等重大自然灾害和公共突发事件影响，厦门责任保险综合赔付率高达 71.6%，导致当年亏损 1 145.57 万元。

二、责任保险监管工作开展情况

（一）推进责任保险发展

“十二五”期间，在厦门保监局积极推动下，关系社会公众利益的以下责任保险项目取得了长足发展：

1. 医疗责任保险。在厦门保监局与市卫生局共同推动下，由厦门市保险行业协会牵头，医疗责任保险共保体与医疗机构签订了《厦门市医疗责任保险保险框架协议》，2011 年 6 月起实施医疗责任保险统保，并推出多项创新服务举措。参保医疗机构达到 57 家，公立医疗机构保险覆盖率达 100%。2011—2015 年度保费收入分别为 806 万元、1 055 万元、1 064 万元、1 248 万元和 1 197 万元。

2011—2014年度共接报案809件，其中已决537件，赔款3 732万元，未决赔款2 192万元，总体赔付率为141.96%，较好地帮助医疗机构转移了医疗纠纷风险。

2. 安全生产责任保险。2015年，在厦门保监局的推动下，厦门市安委会研究出台《2015年厦门市安全生产责任保险制度试点工作方案》（厦安字［2015］11号）。为推动试点工作顺利开展，厦门保监局积极在行业内进行宣导，建立试点工作跟踪机制，定期盘点试点进度。截至2015年11月底，安全生产责任保险项下承保危险化学品等试点行业的企业177家，保额31.94亿元；道路运输承运人责任保险项下承保"两客一危"车辆风险保额514.65亿元；渔工责任保险项下承保渔工2 096人，保额8.26亿元；建筑工程意外伤害险项下承保市管、区管工程建筑555项。此外，在同安区探索开展建筑施工行业安全生产责任保险，承保该区市管、区管工程建筑36项，试点成效显著。

3. 环境污染责任保险。为推动环境污染责任保险试点，2013年，厦门保监局会同福建保监局，与福建省环保厅联合出台《关于开展环境污染强制责任保险试点工作的指导意见》。2014年，厦门保监局再次会同福建省环保厅、福建银监局、福建保监局出台《福建省环境污染责任保险试点工作实施意见》，并按计划率先在泉州、三明两地开展试点。2015年，厦门保监局联合市环保局召开环境污染责任保险试点工作座谈会，并促成市环保局将环境风险企业投保环境污染责任保险情况纳入企业环境信用评价。2015年，厦门钨业、松霖科技、华夏电力、柏恩氏电子等近10家重金属、电子及电力生产企业先后投保了环境污染责任保险，30余家企业与保险公司进行对接并达成投保意向。

4. 电梯安全责任保险。2013年以来，就电梯安全责任保险，厦门保监局与市质监局多次开会讨论，指导保险公司制定符合厦门实际的保险方案，并进行前期保费和赔付估算，做好公共场所电梯安全责任保险统保的准备工作。2015年，厦门保监局联合市质监局，推动市政府通过了《厦门市电梯安全管理办法》（厦门市人民政府令第160号），明确"学校、幼儿园、医院、机场、车站、客运码头、商场、体育场馆、展览馆、公园、电影院、剧院等公共聚集场所使用的电梯应当按照国家、省、市有关规定投保电梯安全责任保险"，为电梯安全责任保险的落地提供政策支持。

5. 自然灾害公众责任保险。在厦门保监局的推动下，自然灾害公众责任保险被列为2009年政府为民办实事项目。自此，自然灾害公众责任保险已在厦门连续开办7年，实现全市360万常住人口100%全覆盖。2014年起，在总结自然灾害公众责任保险的基础上，厦门保监局组织开展巨灾保险调研，并于2015年向市政府金融办提交《关于推进厦门市巨灾保险试点工作的函》及相关工作方案，建议“在厦门市现有自然灾害公众责任保险基础上扩展保障对象、保障灾种以及保障责任，建立有厦门特色的基本巨灾保险制度”，初步获得市政府的肯定和支持。

（二）维护责任保险市场秩序

在推进责任保险发展的同时，厦门保监局及时处理责任保险市场反应的问题和投诉，维护良好的责任保险市场环境。2011—2015年，所有涉及责任保险的投诉案件均得到及时妥善的处理。

三、责任保险重点险种发展经验

近年来，厦门市通过充分发挥医疗责任保险机制的作用，有效转移了医院经营风险、缓解了医患纠纷，为推进“平安医院”建设、构建和谐医患关系奠定了良好基础，取得了积极成效。

（一）基本情况

2011年6月，由厦门市保险行业协会牵头，医责险共保体与医疗机构签订了《厦门市医疗责任保险保险框架协议》，实施医责险统保。目前，参保医疗机构达到57家，公立医疗机构保险100%覆盖。2011—2015年度[①]保费收入合计5 170万元。2011—2014年度共接报案809件，总体赔付率为141.96%。

（二）主要做法

1. 设置自行协商额度，加快理赔处理流程。理赔设置3档自行协商额度，三级医疗机构索赔金额1.5万元以下，二级医疗机构1万元以下，其他医疗机构5 000元以下的，可以由医疗机构与患者及家属协商解决。赔偿限额内，医疗机

---

① 每个保单年度为当年6月30日至次年6月29日。

构和保险机构按51%和49%的比例分担赔偿费用，提高赔款支付效率。

2. 设立医疗纠纷理赔处理中心，实现理赔服务前置。由承保医疗责任保险的保险机构设立医疗纠纷理赔处理中心，改变传统理赔服务后置的模式，保险机构提早介入并全程参与医患纠纷的处理过程。

3. 成立医疗纠纷调解委员会，调解重大医患纠纷。设立由具备法学、医学等专业知识的人员组成的医患纠纷调解委员会，负责受理调解重大疑难医患纠纷。医疗纠纷理赔处理中心依照医调委的调解结果进行理赔。截至2014年底，医调委共调解医患纠纷179件，调解成功率约90%。

4. 设置续保费率调整机制，促使医疗机构加强管理。在医责险费率体系中，针对不同赔付率设置0.8—1.25的续保费率调整系数，从而产生奖优罚劣的效果，促使医疗机构加强管理，提高医疗服务水平。

（三）工作成效

1. 医疗风险的保险转嫁机制已经建立。5年间，医责险累计提供风险保障达2.75亿元，部分中小医院赔付率超过200%。投保医责险有效转移了医疗机构经营风险，为医疗机构经营起到了保驾护航的作用。

2. 医患纠纷处理的效率得到提升。医疗纠纷理赔处理中心参与处理案件，第一时间受理报案，协助医疗机构与患者尽快达成赔偿协议，协议达成后1个工作日内即可支付赔款，大大提升纠纷处理效率；经医调委调解的医患纠纷的平均结案周期不超过30天，大大缩短了理赔结案周期。

3. 保险的社会效益逐渐显现。通过医责险机制的有效运作，大量矛盾纠纷得到及时妥善解决，有效提高了患者满意度，显著减少了“医闹”和与医疗纠纷有关的群访群诉事件，充分显现了保险参与社会治理体系建设的效果。

“十三五”期间中国责任保险发展展望

“十三五”时期中国保险业发展环境

“十三五”时期，世情国情继续发生深刻变化，我国经济社会发展呈现新的阶段性特征。综合判断国内国际形势，我国发展仍处于可以大有作为的重要战略机遇期，但同时面临诸多问题和挑战。

从社会发展来看，我国人口老龄化进程加快，二孩政策全面放开，家庭结构发生变化，养老和医疗保障不足的矛盾凸显，商业保险在社会保障体系中的作用不断提升。随着政府职能逐步转变，社会管理方式不断创新，运用市场化手段满足社会管理和公共服务需求成为必然选择，商业保险成为国家治理体系和治理能力现代化的重要手段。社会发展日趋多元，消费结构不断升级，公众保险意识不断增强，保险需求更加多样，商业保险发展空间更加广阔。

从经济形势来看，我国经济长期向好，各领域改革全面发力，社会大局和谐稳定，为保险业平稳较快发展奠定坚实的经济基础。“一带一路”、京津冀协同发展、长江经济带等国家重大战略部署为保险业带来新的发展机遇。供给侧改革深入推进，供给体系质量和效率逐步提升，经济结构转型升级，企业发展活力和消费者潜力得到释放，保险需求日趋多元。互联网、大数据、云计算等新技术快速发展，催生保险新产品、新技术、新模式不断涌现，为保险业创新发展提供有力支撑。

从国际环境来看，经济全球化深度推进，和平发展、合作共赢仍是当今世界的主流。我国与全球经济的联系和影响日益加深，国际交流合作不断深化，我国经济增长对全球经济复苏的外溢作用逐步明显，为保险业更好地利用国际市场创造了良好环境。全球保险发展日新月异，保险监管的理念和方式不断优化，各国监管部门合作加深，为我国保险业更好地利用国际资本、技术和人才提供了契机。

同时也要看到，全球经济仍处于深度调整阶段，贸易保护主义强化，国际金融市场波动加大，风险的跨境传递加快，经济复苏面临不少新的不确定因素。我国经济正处于“三期叠加”阶段，经济增长新旧动能处于转换之中，长期积累的结构性矛盾逐步显现，经济金融综合经营加快，增加了保险市场稳定运行和风险防范的压力。保险行业发展不平衡、不协调的问题仍然突出，保险发展和监管面临新的压力和挑战。

责任保险市场整体发展展望

一、发展机遇

“十三五”时期，我国责任保险的发展环境将得到进一步改善，责任保险正处于最好的历史发展机遇期，社会经济转型将为责任保险业由大做强提供新的业务增长点和更大的市场空间。

一是新“国十条”的政策推动效应日益显现。2014 年、2015 年，各省级政府结合当地实际情况制定出台了落实新“国十条”的具体方案，这些方案都将有关推动责任保险发展的内容置于重要位置，有些省份还提出了非常明确的政策支持措施。“十三五”期间，各省将在地市层面把推动责任保险发展工作进一步落地。

二是国务院、各部委越来越重视运用责任保险手段完善社会治理体系。“十二五”期间，国务院、国务院部门及国务院议事协调机构出台的多部行政法规、部门规章以及大量的规范性文件中涉及特定领域责任保险的工作内容。预计“十三五”期间，国务院、各部委将在前期工作推动的基础上出台进一步发展、规范特定领域责任保险工作的文件，继续扩大适用责任保险保障的产品或企业目录清单。

三是依法治国的推进将加快市场机制在资源配置中的作用，地方政府通过直接采购商业保险服务民生建设的意愿日益强烈。2016 年 3 月《中华人民共和国国民经济和社会发展第十三个五年规划纲要》提出，“创新公共服务提供方式，推动供给方式多元化，能由政府购买服务提供的，政府不再直接承办；能由政府和社会资本合作提供的，广泛吸引社会资本参与”。“十三五”期间，政府采购类的责任保险将迎来快速发展机遇。

四是新经济、新业态的出现推动新兴责任保险业务需求快速增长。如诉讼财产保全责任保险、网络安全责任保险、与互联网生态圈有关的责任保险。

五是法制环境改善，激发责任保险市场需求。我国法制环境的不断改善为责任保险发展提供了契机，全社会公民保险意识和维权意识逐渐增强，各界对第三者责任险、公众责任险、职业责任险等责任保险的需求越来越大；各种安全事故的频发，企业间竞争进一步加剧，以及企业主保险意识不断提高，各类专业技术人员如律师、注册会计师、医疗人员、金融服务专业人士面临的损害赔偿责任日益增大，等等，都显示了我国责任保险潜在巨大的市场需求。

二、监管推动

2016 年 8 月 23 日，中国保监会《关于印发〈中国保险业发展“十三五”规划纲要〉的通知》（保监发［2016］74 号）对相关责任保险业务提出了明确的推动举措。

一是在服务社会治理创新方面，建立政府引导、市场运作、立法保障的责任保险发展模式，把与公众利益关系密切的环境污染、医疗责任、食品安全、安全生产、建筑工程质量等领域作为责任保险发展重点，探索开展强制责任保险试点。加快发展雇主责任保险、职业责任保险、产品责任保险和公众责任保险，鼓励发展治安保险、社区综合保险等新兴业务，充分发挥责任保险在事前风险预防、事中风险控制、事后理赔服务等方面的功能作用，用经济杠杆化解民事责任纠纷。

二是在支持经济转型升级方面，发挥保险经济补偿功能，服务高端制造装备研发和生产，促进工业经济结构调整，健全首台（套）重大技术装备保险风险补偿机制，助力我国实施制造强国战略。加快发展科技保险，推进专利保险试点，为科技企业自主创新、融资、并购等提供全方位的保险服务。配合国家新能源战略，加快发展绿色保险，完善配套保险产品研发。积极落实“互联网+”行动，鼓励围绕互联网开展商业模式、销售渠道、产品服务等领域的创新，促进互联网保险健康发展。积极发展文化产业保险、物流保险，探索演艺、会展责任保险等新兴保险业务，促进第三产业发展。稳步发展住房、汽车、教育、旅游等领域保险服务，促进居民消费升级。

三是在稳步推进保险中介市场发展方面，夯实保险中介市场基础建设，强化自律管理，构筑市场化的中介职业责任和风险承担体系①。

四是在参与自由贸易区建设方面。鼓励保险机构开展影视文化保险、平行进口车保险、保税仓储物流责任保险等业务创新。

三、整体展望和要求

责任保险产品和服务创新多、社会管理职能强、市场发展空间大，抓住机遇推动责任保险发展，有利于推动政府职能转变和社会治理创新，有利于保险公司经营改革转型和可持续发展。目前，社会各界也对责任保险给予很高期望，在转型升级的关键时期，保险业需进一步树立重点意识、规范意识、创新意识、主动意识，积极推动责任保险发展。

（一）对接行业发展需求，树立重点意识，不断提高发展的精准性和差异化水平

一是扩大发展的覆盖面。积极回应政府部门关切，突出重点、加强沟通、完

① 2016年9月中国保监会关于做好保险专业中介业务许可工作的通知（保监发［2016］82号）提出，申请业务许可的保险专业中介机构投保职业责任保险的，职业责任保险足额有效。

善制度，在医疗卫生、食品安全、环境污染等密切关系社会公众利益的领域加大力度，推动火灾、电梯等社会风险易发高发领域责任保险发展，积极推进诉讼保全、职业责任保险等新业务发展，加大对国家政策重点支持领域的保险跟进力度。二是增强发展的精准性。对已形成规模的业务，重点在于促进服务提质，优化存量；对初具规模，但仍存在长期难以解决的推进难题的领域，充分发挥市场力量，适时运用经纪模式对接需求，引导增量；对具备前景，但因客观原因覆盖面不广、投保率不高的险种，重点打通政策壁垒，健全机制。三是提高差异化发展水平。既鼓励大公司利用自身规模、人员和规范管理优势，发挥标杆作用，也鼓励小公司利用自身机制灵活优势，推动行业创新；既支持发挥政府部门推动及共保优势，扩大保障范围，也支持各公司自主展业，针对不同投保人需求，提供差异化产品与服务。

（二）对接保险创新需求，强化创新意识，不断完善发展模式

一是总结典型经验，鼓励试点创新。责任保险经过多年发展，部分险种如医责险、校责险、旅责险等，已形成较为典型成熟的经验与模式，值得作为典型总结推广。“十三五”期间，应进一步重视典型经验发掘，对在落实新“国十条”过程中政策给力、措施有效、成果显著的，积极宣传，推动试点扩大。二是树立精品意识，支持产品创新。鼓励保险公司结合行业和本地实际，围绕当前发展的薄弱环节，设计更多满足社会公众需要的责任保险产品。鼓励保险公司之间协作，并加强与有关行业主管部门的合作，积极开展课题研究，推动研究成果向产品创新与业务发展转化。指导行业进一步加强产品创新保护机制研究，为产品创新保驾护航。三是监管与创新并重，坚持适度创新。指导保险业在依法合规的前提下开展创新，避免欺骗消费者、承保违法违规、逃避监管等行为发生。

（三）对接经营合规要求，增强规范意识，不断提高规范化经营水平

同传统财产保险相比，责任保险的风险标的受社会经济发展水平和法律环境影响较大，一些保险产品还具有长尾特征，风险定价、风险管理的难度更高。因此，责任保险的发展一定要符合保险原理，确保依法合规经营。一是保持规范发展的定力。严格遵守风险单位划分、准备金提取、风险自留与再保、偿付能力等监管规则，在合规经营的前提下进行业务、市场创新。鼓励保险公司针对责任保险制定差异化考核措施，着重考核服务质量。支持保险公司对短期内发展速度较慢、盈利能力较低的险种，给予一定容忍度。二是加强基础建设。培养专业技术人才，重点加强责任保险风险定价、防灾减损、承保管控、理赔服务等方面的队伍建设。注重数据积累，加强各类数据的收集整理、挖掘运用，提高风险管理的科学化水平。加强内控建设，进一步健全完善产品开发、承保理赔、风险管控和财务核算等制度规范，提高内控管理的信息化水平。三是以监管促规范。责任保险要想做大做强、做精做细，规范与监管不能缺位。下一步，责任保险监管将牢固把握市场化改革方向，牢固把握保护消费者权益的目标导向，牢固把握持续优化环境的政策取向，通过标准化建设、推动行业规范、规范数据统计、加大部门协作、加强社会宣传等方式，为行业持续、稳健发展提供有力支撑。

（四）对接消费者服务诉求，增强主动意识，切实提升保险服务质效

坚持“保险姓保”是保险业体现行业价值的根基。责任保险与公众利益、国家公共管理息息相关，在“保险姓保”方面应当体现得更加彻底。只有按照“保险姓保”要求，回归服务本质，创新服务模式，优化服务质量，才能实现责任保险可持续发展。责任保险灵活多样的服务带来的推广效应，比低廉价格的作用更明显，如医责险的真正作用并不体现在快速支付赔款上，而是体现在有效介入医疗纠纷调处，通过保险参与医疗风险分担、预防化解医疗纠纷上。因此，保险公司应根据供给侧结构性改革总体要求，把责任保险业务转型的重点放在优化自身产品和服务、提升核心竞争力、解决产品供给上，切实满足广大保险消费者具体而多样化的保险需求，让消费者愿意买、买得起，保险公司愿意卖、管得好，产品真正变得适销对路，并不断提升服务能力和水平。

重点领域责任保险发展展望

一、传统领域

（一）生态环境领域

党中央、国务院高度重视生态文明建设。党的十八大做出了把生态文明建设放在突出地位，纳入中国特色社会主义事业“五位一体”总布局的战略决策，十八届三中全会提出加快建立系统完整的生态文明制度体系，十八届四中全会要求用严格的法律制度保护生态环境。

环境污染责任保险作为环境风险管理的一项长效机制，近期已经被纳入党中央、国务院、有关部委的多项重要文件当中。

2016 年 2 月，国家发展改革委、环境保护部印发《关于加强长江黄金水道环境污染防控治理的指导意见》（发改环资［2016］370 号）提出“逐步推广企业环境污染强制责任保险”。

2016 年 3 月，《中华人民共和国国民经济和社会发展第十三个五年规划纲要》提出“严格环境损害赔偿，在高风险行业推行环境污染强制责任保险”。

2016 年 3 月，国务院《批转国家发展改革委关于 2016 年深化经济体制改革重点工作意见的通知》（国发［2016］21 号）提出“制定环境污染责任保险制度方案”。

2016 年 5 月，国务院《关于印发土壤污染防治行动计划的通知》（国发［2016］31 号）提出“有序开展重点行业企业环境污染强制责任保险试点”。

在杭州 G20 峰会召开前夕，2016 年 8 月 31 日，中国人民银行、财政部、国家发展改革委、环境保护部、中国银监会、中国证监会、中国保监会联合印发《关于构建绿色金融体系的指导意见》，再次提出在环境高风险领域建立环境污染强制责任保险制度，并明确提出鼓励和支持保险机构参与环境风险治理体系建设。

可以预见，下一步环境污染责任保险将得到进一步发展：一是制度体系将得到完善。2016 年，中国保监会会同环保部起草了《环境污染强制责任保险制度方案》，并反复征求了相关单位意见，在进一步修改完善后将提交审议。二是保险投保范围将有所扩大，在涉重金属企业、石油化工行业、危险化学品储运等重点领域推行环境污染责任保险工作。三是保险产品和服务水平将进一步提升。监管部门将继续鼓励和支持保险公司根据不同企业的不同环境风险特点，创新开发有针对性的保险产品，简化理赔手续，优化理赔流程，加大对环境污染责任保险业务投入力度，并充分借助环境风险管理评估专业机构力量，做好事前风险管控和事后保险理赔服务工作。

（二）食品安全领域

目前，国内许多保险公司都有与食品安全责任相关的保险产品，但就销售情况来看，我国食品企业多数为满足食品出口国家需求购买。

随着社会进步、经济发展，社会公众维权意识的增强，社会公众对食品安全的要求也越来越高。国家法律法规的完善、地方政府的重视和企业稳健经营的需要使食品安全责任保险投保积极性得到很大提高。食品安全责任保险将在我国食品安全管理体系中发挥更加重要的作用。

一是政策制度不断健全，为完善食责险制度营造良好环境，为完善食责险制度营造良好环境。如《中华人民共和国国民经济和社会发展第十三个五年规划纲要》就提出“实施食品安全战略，完善食品安全法规制度，提高食品安全标准，强化源头治理，全面落实企业主体责任，实施网格化监管，提高监督检查频次和抽检监测覆盖面，实行全产业链可追溯管理。开展国家食品安全城市创建行动。加快完善食品监管制度，健全严密高效、社会共治的食品药品安全治理体系”。二是保险机构将根据不同食品企业特点，创新开发有针对性的保险产品，提高对食品生产、加工、销售、消费各个环节的保险服务能力。三是政府的作用与保险的补偿结合将会更加紧密。通过政府的主导、引导和支持，实现制度创新，鼓励食品生产企业、物流企业、食品销售企业购买食品安全责任保险；保险公司通过专业保险风险管理措施，建立保险对食品企业的监督机制、有效的风险补偿机制，切实保障企业和民众的利益。

（三）医疗卫生领域

“十三五”时期，我国将推进健康中国建设，全面深化医药卫生体制改革、健全全民医疗保障体系是其中重要的工作内容。

2015 年 3 月，国务院办公厅印发《全国医疗卫生服务体系规划纲要(2015—2020 年)》(国办发［2015］14 号)，提出“推行医疗责任保险、医疗意外保险等多种形式的医疗执业保险，加快发展医疗纠纷人民调解等第三方调解机制，完善医疗纠纷处理机制”。

2016 年 3 月，《中华人民共和国国民经济和社会发展第十三个五年规划纲要》提出“优化从医环境，完善纠纷调解机制，构建和谐医患关系。完善医疗责任保险制度”。

2016 年 5 月，国家卫计委、国家发展改革委、教育部、财政部、人力资源社会保障部、国家中医药管理局联合印发《关于加强儿童医疗卫生服务改革与发展的意见》（国卫医发［2016］21 号），提出“大力开展‘平安医院’建设，推进实施院内调解、人民调解、司法调解和医疗责任保险制度，推动医疗纠纷依法解决”。

2016 年 6 月，国家卫计委、中央综治办、中宣部、中央网信办、最高人民法院、最高人民检察院、公安部、司法部、中国保监会联合印发《关于严厉打击涉医违法犯罪专项行动方案》（国卫医发［2016］34 号），提出“推进医疗责任保险县级医院全覆盖。全面推进人民调解和医疗责任保险有效衔接的工作模式。推进医疗责任保险向县域延伸，积极推行医疗意外险，不断扩大医疗风险分担机制覆盖面；保监部门应当指导承保机构创新服务模式，及时快速理赔，提高医疗保险服务满意度”。

2016 年 9 月颁布的《医疗质量管理办法》（中华人民共和国国家卫生和计划生育委员会令第 10 号）提出“医疗机构应当提高风险防范意识，建立完善相关制度，利用医疗责任保险、医疗意外保险等风险分担形式，保障医患双方合法权益”。

可以预见，“十三五”期间，我国医疗责任保险制度将得到进一步完善，并且逐步向县级医院、社区卫生服务机构、乡村医生、医师个人执业、社会办医等领域推行。

此外，值得注意的是，除了医疗责任保险外，医疗卫生领域内其他责任保险也开始逐步启动。如 2016 年 2 月 14 日，国务院常务会议提出，针对药品、医疗器械，探索实施产品质量安全强制商业保险。2016 年 5 月，国务院办公厅《关于印发药品上市许可持有人制度试点方案的通知》（国办发［2016］41 号）提出，科研人员申请药物临床试验、药品研发机构或者科研人员申请成为持有人、注射剂类药品上市销售等情形，应当按照相关要求向其所在地省级药品监督管理部门提交与保险机构签订的保险合同。

（四）职业责任领域

近两年来，政府资格认证进行结构性大调整，共取消300多项职业资格许可和认定事项，进一步降低制度性交易成本，推进供给侧改革。社会也更加倾向于委托专业人士介入解决问题，专业服务市场需求旺盛。同时，2016年6月，中共中央办公厅、国务院办公厅印发《关于深化律师制度改革的意见》提出“推行律师事务所和律师强制职业责任保险”，为部分领域职业责任保险发展营造了良好环境。

预计“十三五”期间，随着国家法律法规的健全完善，专业机构及执业的规范化以及承担责任的明确化，政府对专业职业风险的重视程度将会越来越高，鼓励以商业保险形式替代风险基金的计提，充分发挥商业保险的分散风险、损失补偿原则，增强专业职业领域的抗风险能力等相关政策的进一步实施，未来将有更多的职业责任风险通过商业保险形式转嫁。此外，我国“走出去”战略和“一带一路”相关政策的实施，与周边及沿线国家和区域基础设施的互联互通建设加快，海外投资领域工程项目相关的职业责任保险也将迎来新的发展机遇。

（五）产品质量领域

1. 产品责任保险。“十三五”时期是我国制造业提质增效、由大变强的关键期，我国产业结构将显著改变，完成向更高、更精细化生产的转变，这为产品责任保险的发展提供了良好机遇。

一是《国务院办公厅关于印发贯彻实施质量发展纲要2016年行动计划的通知》，要求“在与社会公众安全密切相关的领域，探索产品质量安全强制责任保险试点”。

二是随着政策的出台，产品责任保险将在部分新兴领域实现突破。如2016年2月14日国务院常务会议部署推动医药产业创新升级，更好地惠民生、稳增长，要求“健全安全性评价和产品溯源体系，强化全过程质量监管，对标国际先进水平，实施药品、医疗器械标准提高行动，尤其要提高基本药物质量。探索实施产品质量安全强制商业保险”；2016年5月26日，国务院办公厅下发《关于印发药品上市许可持有人制度试点方案的通知》（国办发［2016］41号）提出，科研人员申请药物临床试验，药品研发机构或者科研人员申请成为持有人，应当向省级药品监督管理部门提交担保协议或保险合同，将商业保险列为药品上市许可持有人制度改革中的主要风险管理与保障手段；2016 年 7 月 25 日，国家发展改革委等四部门联合下发《关于加快居民区电动汽车充电基础设施建设的通知》（发改能源［2016］1611 号），提出要“开展充电责任保险工作”。

三是随着国家法制建设进程的推进，与产品责任相关的立法将会逐步健全，生产企业会更多地选择购买产品责任保险来转移风险。

四是“一带一路”发展战略的实施，投保产品责任风险成为出口企业提升竞争力的重要手段。

五是随着全球一体化趋势的不断加强，外国企业纷纷在中国设厂办公，中国企业不断走出去，企业安排全球统括保单的需求在产品责任保险方面更加突出。

2. 首台（套）重大技术装备保险。制造业是国民经济的主体，打造具有国际竞争力的制造业是我国提升综合国力、保障国家安全、建设世界强国的必由之路。

在 2015 年 5 月，国务院印发《中国制造 2025》（国发［2015］28 号），作为我国实施制造强国战略第一个十年的行动纲领，提出“开展工业强基示范应用，完善首台（套）、首批次政策，支持核心基础零部件（元器件）、先进基础工艺、关键基础材料推广应用”。

在 2015 年 12 月召开的 2016 年全国工业和信息化工作会议上，工业和信息化部围绕“坚持创新引领发展，培育壮大高端制造业”提出“积极拓展高端装备及新材料应用市场”。为此，将“扩大首台（套）重大技术装备保险保费补偿政策覆盖面”，“研究建立新材料、关键零部件首批次应用保险保费补偿机制”。

2016 年，国务院及相关部委相继印发《关于金融支持工业稳增长调结构增效益的若干意见》（银发［2016］42 号）、《关于促进医药产业健康发展的指导意见》（国办发［2016］11 号）、《机器人产业发展规划（2016—2020 年）》（工信部联规［2016］109 号）、《关于实施制造业升级改造重大工程包的通知》（发改产业［2016］1055 号）、《关于申请首台（套）重大技术装备保费补贴资金等有关事项的通知》（财办建［2016］60 号）、《关于推动积极发挥新消费引领作用加快培育形成新供给新动力重点任务落实的分工方案》（发改规划［2016］

1553号)、《产业技术创新能力发展规划（2016—2020年)》（工信部规［2016］344号)、《关于加快发展康复辅助器具产业的若干意见》（国发［2016］60号）等文件，强调要深入推进首台（套）重大技术装备、新材料和关键零部件保险补偿等试点政策实施，扩大保险保费补偿政策覆盖面，支持企业研发和推广应用重大创新产品。

可以预见，“十三五”期间国家将继续延续首台（套）重大技术装备保险的保费补贴政策，适时修订《首台（套）重大技术装备推广应用指导目录》，扩大保险的适用产品范围。

（六）安全生产领域

2016年3月16日，第十二届全国人民代表大会第四次会议审议通过了《中华人民共和国国民经济和社会发展第十三个五年规划纲要》并于17日正式发布，提出“健全公共安全体系”“牢固树立安全发展观念，坚持人民利益至上，加强全民安全意识教育，健全公共安全体系，为人民安居乐业、社会安定有序、国家长治久安编织全方位、立体化的公共安全网，建设平安中国”。

2016年12月，《中共中央、国务院关于推进安全生产领域改革发展的意见》提出，“建立健全安全生产责任保险制度，在矿山、危险化学品、烟花爆竹、交通运输、建筑施工、民用爆炸物品、金属冶炼、渔业生产等高危行业领域强制实施，切实发挥保险机构参与风险评估管控和事故预防功能”。

可以预见，“十三五”期间安全生产责任保险的发展将体现在以下几个方面：一是安全生产责任保险与安全生产风险抵押金配套改革以及相关立法工作将在全国范围得到进一步推进。目前，安全生产责任保险与安全生产风险抵押金并轨制度在部分省、市得到顺利实施，减轻了企业的经济负担，随着试点工作的不断深化与完善，安全生产责任保险试点范围及试点行业将不断扩大。二是保险业在安全生产领域的直接参与度将进一步提高。从风险管理的角度来看，保险作为化解和控制风险的行业，在国家“十三五”规划中的定位、角色比以往更加突出。保险在服务公共安全、减少重大安全生产事故方面将发挥更大作用。三是保险产品和服务水平将进一步提升。监管部门将继续鼓励和支持保险公司根据不同企业的风险特点，创新开发有针对性的保险产品，加大对安全生产责任保险业务投入力度，并充分借助专业机构力量，做好事前风险管控和事后保险理赔服务工作。四是安全生产责任保险相关法律法规及配套制度将进一步得到完善。党中央国务院对安全生产的重视反映出安全生产对全面建成小康社会的重要程度，这也将进一步促进安全生产责任保险相关法规和制度的出台、完善。

（七）公众安全领域

2015 年 10 月，中央全面深化改革领导小组第十七次会议审议通过了《关于完善矛盾纠纷多元化解机制的意见》（中办发［2015］60 号）中明确提出“加快推广公众责任保险、医疗责任保险、安全生产责任保险、环境污染责任保险、物业损害责任保险等险种”。公众责任保险投保主体具有普遍性、责任范围具有宽泛性，决定了其成为责任保险中最常见、适用最广泛的险种。一是立法的不断完善，公众责任保险在民生建设、社会治安方面发挥的作用越来越突出。二是近年来公众场所群死群伤事故频发，地方政府对责任保险在灾害事故中事前防范、事后经济补偿中的作用有了新的认识，出台了相关的规定，要求在公众聚集场所办理相关保险。三是随着人民群众维权意识和经营者风险防范意识的提升，转移政府在社会治安、自然灾害及公共场所火灾等风险中责任的公众责任保险将快速发展。责任保险参与社会治理的作用、政府政策支持以及社会公众维权意识提升的有效结合，预计在“十三五”期间将有力促进公众责任保险的发展。

（八）养老服务领域

根据民政部的数据，我国人口老龄化趋势不断严重，将在 2050 年左右达到峰值。人口老龄化使得我国人口负担比加重，社会赡养率增大，也为养老机构责任保险的发展带来巨大机遇。一是老龄化的发展引起社会养老需求结构新变化，老年人特殊的生理、心理和行为特征产生了不同于其他人口群体的特殊物质需求和精神需求，对养老机构的经营提出了新的要求，加大了机构的经营风险；二是老龄化不断提速，使机构养老得以快速发展，加大了对养老机构责任保险的需求；三是我国“依法治国”思想的深入，全社会的法制意识大大提升，养老机构的老年人及其家属维权行为越来越多。这些都将促进我国养老机构责任保险的发展。

“十三五”期间，养老机构责任保险将在以下方面取得进展：一是补贴方式上，各地政府将采取保费补贴、公益金等方式，推动加大养老机构责任保险投保力度；二是投保主体上，随着相关主体风险意识的增强，民营养老机构投保责任保险的积极性也将提高；三是风险管理手段上，借助保险机构的风险管理经验，聘请专业人员参与制定风险管理计划，通过日常走访进行风险查勘，就养老机构存在风险隐患和风险点提出相应的整改意见，共同研究风险控制的手段，有效提高养老机构的风险防范水平。

二、新兴领域

（一）工程质量领域

1. 工程质量保险领域发展现状。自2002年开始，保险公司就积极探索推动建设工程质量责任保险，开展了一系列专题研究。2004年，国内保险公司开发了首款全国性建设工程质量责任保险产品，并制定了工程质量检验标准和风险管控方案。2005年，中国保监会和建设部联合下发《关于推进建设工程质量保险工作的意见》（建质［2005］133号），首次提出建设工程质量保险概念，适用于工程建设和使用期间。2006年建设部在全国确立了14个试点城市，启动了建设工程质量责任保险在全国的试点工作，保险公司积极配合当地政府做好业务承保，积累了有关业务经验。如在《厦门市建设工程质量责任保险（试点）工作方案》提出后，保险公司于2005年8月试点承保了厦门市政府重点建设工程同安工业区通用厂房项目，承担风险保障总额1.65亿元，截至2014年已经支付赔款160万元。

近年来，上海、北京、湖南、湖北、山东等地通过政府部门发文支持建设工程质量责任保险工作的落地，特别是《住房城乡建设部关于推进建筑业发展和改革的若干意见》（建市［2014］92号）提出，“积极探索试行工程质量责任保险制度”以来，各地推行力度进一步加快。

在上海，2006年出台了《关于推进建设工程风险管理制度试点工作的指导意见》，明确将在政府投资的建设工程或政府主导的公共建设工程中开展建设工程风险管理制度试点工作，在上海威宁路苏州河桥梁等工程中进行了尝试。2011年12月22日，上海市第十三届人大第31次会议通过《上海市建设工程质量和安全管理条例》，并于2012年3月1日起正式施行，规定“建设单位投保工程质量保证保险符合国家和本市规定的保修范围和保修期限，并经房屋行政管理部门审核同意的，可以免予交纳物业保修金”，成为建筑工程质量潜在缺陷保险（以下简称IDI）的重要法律依据。2012年8月，《关于推行上海市住宅工程质量潜在缺陷保险的试行意见》（以下简称《试行意见》）出台，使得上海成为全国首个对该险种进行明确规定的地区，并明确IDI在上海的试点时间为3年。上海IDI由4家保险公司形成共保体共同承保，保费价格为工程建安总造价的1.5%—1.7%。推广以来，IDI为上海市4个小区4 000多户居民55.41万平方米的房屋提供了总额13.9亿元的房屋质量风险保障，保费收入2 200多万元。

在北京，2007年开展了工程质量保险试点，保险公司与住总开发、首开集团、建工集团、金隅集团4家开发企业签订了建设工程质量潜在缺陷保险合作协议。2010年11月4日，北京市住建委下发了《关于加强我市商品房预售方案管理的通知》，要求自2010年12月1日起，北京地区房地产开发企业在申请商品房预售许可时，需通过担保或保险的方式明确商品房质量责任承担主体。2015年9月25日，北京市第十四届人民代表大会常务委员会第二十一次会议通过《北京市建设工程质量条例》，其中第六十二条规定，“本市推行建设工程质量责任保险制度。从事住宅工程房地产开发的建设单位在工程开工前，按照本市有关规定投保建设工程质量潜在缺陷责任保险，保险费用计入建设费用。保险范围包括地基基础、主体结构以及防水工程，地基基础和主体结构的保险期间至少为10年，防水工程的保险期间至少为5年。鼓励建设工程有关单位和从业人员投保职业责任保险”。第六十三条规定，“已经投保工程质量潜在缺陷责任保险，且符合规定的保修范围和保修期限的，可以不再办理保修担保”。

2014年上半年，商务部为了落实项目质量终身责任制和援外项目管理体制改革的制度设计，决定首次尝试推行对外援助成套项目工程质量缺陷保险制度，作为援外工程体制改革的重要内容，加强我国对外援建工程的风险管理。2015年12月，太平洋保险中标商务部对外援助成套项目，成为该项目的独家承保体，将连续3年为商务部对外援助成套项目提供工程质量缺陷保险保障，承担商务部对外援助成套项目建设单位从建设开始直到交付之后全过程的质量责任风险。这也是该项目首次走出国门，为对外援助成套项目的工程质量加把“安全锁”，也使IDI项目的推进和扩展提升到新高度。

2. 建筑工程质量潜在缺陷保险的发展展望。中华人民共和国商务部令2015年第3号《对外援助成套项目管理办法（试行）》明确规定，“中标的工程总承包企业应在签订合同前向项目管理机构提交以商务部为受益人且覆盖其承包责任范围的职业责任保险和工程质量缺陷责任保险，并承担保费”。这一规定进一步提升了工程质量缺陷保险的作用与地位。住建部工程质量安全监管司在《住房和城乡建设部工程质量安全监管司2016年工作要点》（建质综函［2016］4号）中明确提到：研究推行工程质量保险制度，组织开展工程质量保险试点。2016年2月6日，中共中央国务院《关于进一步加强城市规划建设管理工作的若干意见》正式发布，明确提出要落实工程质量责任，实行施工企业银行保函和工程质量责任保险制度。2016年10月，住建部、中国保监会起草了推进建设工程质量保险发展相关文件的初稿。各地对通过工程质量保险来深化建筑业改革、推动政府职能转变的积极性较高。这些都为工程质量保险的发展营造了良好政策环境。

（二）金融服务领域

2015年《证券法》修订草案中提出推进股票发行注册制改革，其本质是以信息披露为中心，由市场参与各方对发行人的资产质量、投资价值做出判断，发挥市场在资源配置中的决定性作用。

在这样的大背景下，监管的方向和职责都发生了重大改变。在2015年12月中国证监会发布的《积极稳妥推进股票发行注册制改革》一文中，中国证监会表示将调整监管方向，以信息披露为中心，将注册审核的重点转移到督促企业向投资者披露投资决策信息上来，强调事中事后监管。一方面是严厉打击惩罚违法违规行为，加大对欺诈发行和信息披露的惩罚力度；另一方面，要严格实施上市公司退市制度，对欺诈发行和重大违法的上市公司实施强制退市，坚决清除出市场。

因此，从法律制度方面看，法人治理结构越来越健全，董监事及高管的相关权利义务、承担的相关民事责任越来越明确；从法律意识方面看，近年来，股东对公司的投诉及申诉案例数量明显上升，尤其是中小股东、个人投资者的维权意识日益凸现，我国的投资者保障责任保险制度已经初步具备条件。“十三五”期间，正值中国董事民事赔偿责任体系不断完善的过程中，作为分散董事执行职务风险的保障机制，中国的董事、监事及高级管理人员责任保险市场也将会不断创新，迎来更好的发展机遇。

根据2016年中国证监会发布的《公开发行证券的公司信息披露内容与格式准则第1号——招股说明书（2015年修订）》（证监发行字［2006］5号）的明确规定，保荐人承诺因其为发行人首次公开发行股票制作、出具的文件有虚假记载、误导性陈述或者重大遗漏，给投资者造成损失的，将先行赔偿投资者损失。保险行业根据市场需求以及政策文件的变化，已经创新研发出保荐机构先行赔付责任保险，从而切实有效地帮助保荐机构分散风险，同时有利于更好地保护中小投资者权益。预计在“十三五”期间，保荐机构先行赔付责任保险也将迎来更多发展机会。

（三）诉讼财产保全领域

2015年8月27日，最高人民法院副院长江必新在《牢固树立科学理念　准确把握形势任务　深入扎实做好各项执行工作》的全国法院执行工作座谈会上强调“要建立执行工作与财产保全衔接配合机制，加大诉前、诉中保全适用力度，探索实行财产保全保险担保制度”。2016年3月28日，最高人民法院院长周强在十二届全国人大四次会议上报告也指出，“各地法院在探索完善被执行人财产报告制度、委托审计调查、发放律师调查令、悬赏举报、推行财产保全责任保险等制度措施，积极创新财产发现机制”。2016年10月17日最高人民法院审议并原则通过的《最高人民法院关于办理财产保全案件若干问题的规定》对申请保全人可与保险公司订立诉讼保全责任保险合同作为保全担保进行明确。

“十三五”期间，人民法院涉及诉讼财产保险相关政策的实施，将进一步规范人民法院处理财产保全事宜过程中的具体操作流程，加强对当事人和利害关系人合法权益的保护，并极大推动诉讼财产保全责任保险的发展。

附　录

“十二五”期间中央层面印发的责任保险相关法律法规及政策文件

发布日期	实施日期	制定机关或部委	文号	文件名称
2010年10月28日	2011年7月1日	全国人民代表大会常务委员会	令第35号	中华人民共和国社会保险法
2011年4月22日修订	2011年5月1日	全国人民代表大会常务委员会	令第47号	中华人民共和国道路交通安全法
2011年4月22日修订	2011年7月1日	全国人民代表大会常务委员会	令第46号	中华人民共和国建筑法
2011年12月31日	2011年12月31日	全国人民代表大会常务委员会	令第52号	中华人民共和国职业病防治法
2012年10月26日修订	2013年1月1日	全国人民代表大会常务委员会	令第67号	中华人民共和国律师法
2013年4月25日	2013年10月1日	全国人民代表大会常务委员会	令第3号	中华人民共和国旅游法
2013年6月29日	2014年1月1日	全国人民代表大会常务委员会	令第4号	中华人民共和国特种设备安全法
2014年4月24日	2015年1月1日	全国人民代表大会常务委员会	令第9号	中华人民共和国环境保护法
2014年8月31日	2014年12月1日	全国人民代表大会常务委员会	令第13号	中华人民共和国安全生产法
2015年3月15日	2015年3月15日	全国人民代表大会	第十二届全国人民代表大会第三次会议通过	第十二届全国人民代表大会第三次会议关于2014年国民经济和社会发展计划执行情况与2015年国民经济和社会发展计划的决议

续表

发布日期	实施日期	制定机关或部委	文号	文件名称
2015年4月24日	2015年4月24日	全国人民代表大会常务委员会	令第72号	中华人民共和国老年人权益保障法
2015年4月24日	2015年10月1日	全国人民代表大会常务委员会	令第21号	中华人民共和国食品安全法
2015年10月13日	2015年10月13日	中央全面深化改革领导小组	中央全面深化改革领导小组第十七次会议审议通过	关于完善矛盾纠纷多元化解机制的意见
2011年12月1日	2011年12月1日	国务院	令第591号	危险化学品安全管理条例
2012年4月5日	2012年4月5日	国务院	令第167号	校车安全管理条例
2012年10月13日	2013年1月1日	国务院	令第625号	国内水路运输管理条例
2013年5月18日	2013年5月18日	国务院	国发［2013］20号	国务院批转发展改革委关于2013年深化经济体制改革重点工作意见的通知
2013年8月1日	2013年8月1日	国务院	国发［2013］30号	国务院关于加快发展节能环保产业的意见
2013年9月6日	2013年9月6日	国务院	国发［2013］35号	国务院关于加快发展养老服务业的若干意见
2013年9月28日	2013年9月28日	国务院	国发［2013］40号	国务院关于促进健康服务业发展的若干意见
2014年3月16日	2014年3月16日	中共中央 国务院	中发［2014］4号	中共中央、国务院关于印发《国家新型城镇化规划（2014—2020年）》的通知
2014年4月30日	2014年4月30日	国务院	国发［2014］18号	国务院批转发展改革委关于2014年深化经济体制改革重点任务意见的通知
2014年5月2日	2014年5月2日	国务院	国发［2014］19号	国务院关于加快发展现代职业教育的决定

续表

发布日期	实施日期	制定机关或部委	文号	文件名称
2014年6月4日	2014年6月4日	国务院	国发［2014］20号	国务院关于促进市场公平竞争维护市场正常秩序的若干意见
2014年8月10日	2014年8月10日	国务院	国发［2014］29号	国务院关于加快发展现代保险服务业的若干意见
2015年4月2日	2015年4月2日	国务院	国发［2015］17号	国务院关于印发水污染防治行动计划的通知
2015年4月25日	2015年4月25日	中共中央 国务院	中发［2015］12号	中共中央、国务院关于加快推进生态文明建设的意见
2015年5月8日	2015年5月8日	国务院	国发［2015］26号	国务院批转发展改革委关于2015年深化经济体制改革重点工作意见的通知
2015年9月21日	2015年9月21日	中共中央 国务院	中发［2015］25号	中共中央、国务院印发《生态文明体制改革总体方案》
2015年11月19日	2015年11月19日	国务院	国发［2015］66号	国务院关于积极发挥新消费引领作用加快培育形成新供给新动力的指导意见
2015年12月18日	2015年12月18日	国务院	国发［2015］71号	国务院关于新形势下加快知识产权强国建设的若干意见
2013年1月23日	2013年1月23日	国务院办公厅	国办发［2013］7号	国务院办公厅关于印发近期土壤环境保护和综合治理工作安排的通知
2013年2月2日	2013年2月2日	国务院办公厅	国办发［2013］10号	国务院办公厅关于印发国民旅游休闲纲要（2013—2020年）的通知

续表

发布日期	实施日期	制定机关或部委	文号	文件名称
2013年6月16日	2013年6月16日	国务院办公厅	国办发〔2013〕57号	国务院办公厅转发食品药品监管总局等部门关于进一步加强婴幼儿配方乳粉质量安全工作意见的通知
2013年7月18日	2013年7月18日	国务院办公厅	国办发〔2013〕80号	国务院办公厅关于印发深化医药卫生体制改革2013年主要工作安排的通知
2013年12月25日	2013年12月25日	国务院办公厅	国办发〔2013〕110号	国务院办公厅关于进一步加强资本市场中小投资者合法权益保护工作的意见
2014年4月21日	2014年4月22日	国务院办公厅	国办发〔2014〕18号	国务院办公厅关于印发贯彻实施质量发展纲要2014年行动计划的通知
2014年5月13日	2014年5月13日	国务院办公厅	国办发〔2014〕24号	国务院办公厅关于印发深化医药卫生体制改革2014年重点工作任务的通知
2014年10月27日	2014年10月27日	国务院办公厅	国办发〔2014〕50号	国务院办公厅关于加快发展商业健康保险的若干意见
2015年3月2日	2015年3月2日	国务院办公厅	国办发〔2015〕10号	国务院办公厅关于印发2015年食品安全重点工作安排的通知
2015年3月6日	2015年3月6日	国务院办公厅	国办发〔2015〕13号	国务院办公厅关于进一步加强乡村医生队伍建设的实施意见
2015年3月6日	2015年3月6日	国务院办公厅	国办发〔2015〕14号	国务院办公厅关于印发全国医疗卫生服务体系规划纲要（2015—2020年）的通知

续表

发布日期	实施日期	制定机关或部委	文号	文件名称
2015 年 3 月 29 日	2015 年 3 月 29 日	国务院办公厅	国办发［2015］19 号	国务院办公厅关于印发《贯彻实施质量发展纲要 2015 年行动计划》的通知
2015 年 4 月 2 日	2015 年 4 月 2 日	国务院办公厅	国办发［2015］20 号	国务院办公厅关于加强安全生产监管执法的通知
2014 年 12 月 31 日	2014 年 12 月 31 日	中共中央办公厅 国务院办公厅	中办发［2014］69 号	中共中央办公厅、国务院办公厅印发《关于加强社会治安防控体系建设的意见》的通知
2015 年 4 月 23 日	2015 年 4 月 23 日	国务院办公厅	国办发［2015］33 号	国务院办公厅关于全面推开县级公立医院综合改革的实施意见
2015 年 5 月 6 日	2015 年 5 月 6 日	国务院办公厅	国办发［2015］38 号	国务院办公厅关于城市公立医院综合改革试点的指导意见
2015 年 6 月 11 日	2015 年 6 月 11 日	国务院办公厅	国办发［2015］45 号	国务院办公厅关于促进社会办医加快发展若干政策措施的通知
2015 年 7 月 30 日	2015 年 7 月 30 日	国务院办公厅 中央军委办公厅	国办发［2015］60 号	国务院办公厅、中央军委办公厅转发保监会 发展改革委　财政部 总参谋部　总政治部 总后勤部　总装备部关于推进商业保险服务军队建设指导意见的通知
2015 年 12 月 30 日	2015 年 12 月 30 日	国务院办公厅	国办发［2015］95 号	国务院办公厅关于加快推进重要产品追溯体系建设的意见
2013 年 8 月 27 日	2013 年 8 月 27 日	中国保险监督管理委员会	保监发［2013］69 号	中国保监会关于保险业支持经济结构调整和转型升级的指导意见
2013 年 9 月 29 日	2013 年 9 月 29 日	中国保险监督管理委员会	保监厅函［2013］281 号	关于支持中国（上海）自由贸易试验区建设有关事项的复函

续表

发布日期	实施日期	制定机关或部委	文号	文件名称
2014年3月3日	2014年3月3日	中国保险监督管理委员会 北京市人民政府	保监发［2014］20号	中国保险监督管理委员会、北京市人民政府关于加快推动北京保险产业园创新发展的意见
2014年3月21日	2014年3月21日	中国保险监督管理委员会	保监发［2014］23号	中国保险监督管理委员会关于保险业对口支援江西省赣州市定南县等原中央苏区振兴发展的指导意见
2014年3月25日	2014年3月25日	中国保险监督管理委员会	保监发［2014］25号	中国保险监督管理委员会关于印发《保险业服务新型城镇化发展的指导意见》的通知
2014年6月25日	2014年6月25日	中国保险监督管理委员会	保监文明字［2014］3号	中国保监会精神文明建设领导小组关于进一步加强保险业志愿服务工作的通知
2014年7月28日	2014年7月28日	中国保险监督管理委员会 浙江省人民政府	保监发［2014］65号	中国保险监督管理委员会　浙江省人民政府关于在浙江省宁波市建设保险创新综合示范区的通知
2014年12月30日	2014年12月30日	中国保险监督管理委员会	保监发［2014］110号	关于印发《保险机构洗钱和恐怖融资风险评估及客户分类管理指引》的通知
2015年2月2日	2015年2月2日	中国保险监督管理委员会	保监发［2015］15号	中国保监会关于开展首台（套）重大技术装备保险试点工作的指导意见
2015年7月10日	2015年7月10日	中国保险监督管理委员会 天津市人民政府	保监发［2015］65号	中国保监会　天津市人民政府关于加强保险业服务天津自贸试验区建设和京津冀协同发展等重大国家战略的意见

续表

发布日期	实施日期	制定机关或部委	文号	文件名称
2015年9月17日	2015年9月17日	中国保险监督管理委员会	保监发［2015］91号	中国保监会关于深化保险中介市场改革的意见
2015年12月3日	2015年12月3日	中国保险监督管理委员会	保监发［2015］106号	中国保监会关于保险业服务京津冀协同发展的指导意见
2015年12月24日	2015年12月24日	中国保险监督管理委员会	保监发［2015］123号	中国保监会关于保险业履行社会责任的指导意见
2015年12月30日	2015年12月30日	中国保险监督管理委员会等3部门	保监厅发［2015］83号	中国保监会办公厅、北京市金融工作局、北京市石景山区人民政府关于印发《关于加快推动北京保险产业园创新发展的实施办法》的通知
2015年2月2日	2015年2月2日	财政部等3部门	财建［2015］19号	财政部　工业和信息化部　保监会关于开展首台（套）重大技术装备保险补偿机制试点工作的通知
2015年8月26日	2015年8月26日	财政部等3部门	财办建［2015］82号	财政部办公厅　工业和信息化部办公厅　中国保监会办公厅关于首台（套）重大技术装备保险补偿机制试点工作有关事宜的通知
2015年7月1日	2015年7月1日	工业和信息化部	工业和信息化部公告2015年第40号	工业和信息化部再生化学纤维（涤纶）行业规范条件
2015年11月16日	2015年11月16日	工业和信息化部	工信部通信［2015］406号	工业和信息化部关于印发《通信建设工程安全生产管理规定》的通知
2014年4月3日	2014年4月3日	公安部等3部门	公消［2014］99号	公安部、住房和城乡建设部、国家文物局关于印发《关于加强历史文化名城名镇名村及文物建筑消防安全工作的指导意见》的通知

续表

发布日期	实施日期	制定机关或部委	文号	文件名称
2012年3月6日	2012年6月1日	国家安全生产监督管理总局	国安监总局令第48号	职业病危害项目申报办法
2012年3月6日	2012年6月1日	国家安全生产监督管理总局	国安监总局令第49号	用人单位职业健康监护监督管理办法
2013年1月21日	2013年1月21日	国家安全生产监督管理总局	安监总管四［2013］6号	国家安全生产监督管理总局关于印发石膏板饮料调味品酒类（葡萄酒、露酒）服装生产企业和酒店业企业安全生产标准化评定标准的通知
2013年1月29日	2013年1月29日	国家安全生产监督管理总局等7部门	安监总管四［2013］8号	国家安全生产监管总局、工业和信息化部、人力资源社会保障部、国务院国资委、国家工商总局、国家质检总局、银监会关于全面推进全国工贸行业企业安全生产标准化建设的意见
2013年11月12日	2013年11月12日	国家安全生产监督管理总局	安监总厅管一［2013］152号	国家安全生产监管总局办公厅关于印发选矿厂安全生产标准化评分办法的通知
2014年9月4日	2014年9月4日	国家安全生产监督管理总局	安监总政法［2014］98号	国家安全生产监管总局关于学习宣传和贯彻落实修改后的《中华人民共和国安全生产法》的通知
2015年5月6日	2015年5月6日	国家安全生产监督管理总局	安监总管四［2015］55号	国家安全生产监管总局关于深化工贸行业企业安全生产标准化建设的通知
2015年5月26日	2015年5月26日	国家安全生产监督管理总局	国安监总局令第20号	非煤矿矿山企业安全生产许可证实施办法

续表

发布日期	实施日期	制定机关或部委	文号	文件名称
2015 年 7 月 13 日	2015 年 7 月 13 日	国家安全生产监督管理总局	安监总厅管一［2015］65 号	国家安全监管总局办公厅关于印发金属非金属矿产资源地质勘查单位和地下液态开采类矿山安全生产标准化评分办法的通知
2014 年 7 月 9 日	2015 年 1 月 1 日	国家测绘地理信息局	国测人发［2014］8 号	关于印发《注册测绘师执业管理办法（试行）》的通知
2013 年 8 月 16 日	2013 年 8 月 16 日	国家发展改革委员会	发改环资［2013］1585 号	国家发展改革委关于加大工作力度确保实现 2013 年节能减排目标任务的通知
2015 年 5 月 4 日	2015 年 5 月 4 日	国家发展改革委员会	发改地区［2015］924 号	国家发展改革委关于印发湖南湘江新区总体方案的通知
2013 年 2 月 25 日	2013 年 2 月 25 日	国家旅游局	旅办发［2013］42 号	关于印发《2013 年度旅游安全与保险工作要点》的通知
2013 年 3 月 15 日	2013 年 3 月 15 日	国家旅游局	旅办发［2013］56 号	国家旅游局办公室关于印发《旅游企业管理岗位能力培训指引（试行）》的通知
2013 年 3 月 18 日	2013 年 3 月 18 日	国家旅游局	旅发［2013］64 号	国家旅游局关于印发《旅游质量发展纲要（2013—2020 年）》的通知
2013 年 9 月 3 日	2013 年 9 月 3 日	国家旅游局	旅发［2013］283 号	国家旅游局关于印发《贯彻实施旅游质量发展纲要 2013—2014 年行动计划》的通知
2013 年 10 月 30 日	2013 年 10 月 30 日	国家旅游局	旅办发［2013］185 号	国家旅游局办公室关于印发《旅行社责任保险投保信息报送和检查暂行办法》的通知

续表

发布日期	实施日期	制定机关或部委	文号	文件名称
2014年4月14日	2014年4月14日	国家旅游局 国家工商行政管理总局	旅发［2014］72号	国家旅游局、国家工商行政管理总局关于印发2014年版《团队境内旅游合同（示范文本）》《团队出境旅游合同（示范文本）》《大陆居民赴台湾地区旅游合同（示范文本）》和《境内旅游组团社与地接社合同（示范文本）》的通知
2015年7月29日	2015年7月29日	国家旅游局等3部门	旅发［2015］164号	国家旅游局、人力资源和社会保障部、中华全国总工会关于进一步加强导游劳动权益保障的指导意见
2014年12月30日	2014年12月30日	国家煤矿安监局	煤安监技装［2014］50号	国家煤矿安监局关于煤矿安监系统贯彻实施新《安全生产法》的通知
2015年11月26日	2015年11月26日	国家认监委	国认证［2015］76号	国家认监委关于加快发展自愿性产品认证工作的指导意见
2013年2月21日	2013年2月21日	国家体育总局	令第17号	经营高危险性体育项目许可管理办法
2014年1月14日	2014年1月14日	国家体育总局 财政部	体经字［2014］34号	国家体育总局、财政部关于推进大型体育场馆免费低收费开放的通知
2014年7月14日	2014年7月14日	国家体育总局	游泳字［2014］229号	国家体育总局办公厅关于切实做好群众游泳健身活动安全管理工作的通知
2015年1月15日	2015年1月15日	国家体育总局	体经字［2015］36号	国家体育总局关于印发《体育场馆运营管理办法》的通知

续表

发布日期	实施日期	制定机关或部委	文号	文件名称
2014年4月16日	2014年4月16日	国家外汇管理局	汇发［2014］21号	国家外汇管理局关于印发《涉外收支交易分类与代码（2014版）》的通知
2015年1月19日	2015年1月19日	国家外汇管理局	汇发［2015］6号	国家外汇管理局关于印发《保险业务外汇管理指引》的通知
2013年12月13日	2013年12月13日	国家卫生和计划生育委员会等9部门	国卫医发［2013］47号	国家卫生计生委等9部门关于印发《纠正医药购销和医疗服务中不正之风专项治理工作实施意见》的通知
2013年12月20日	2013年12月20日	国家卫生和计划生育委员会等11部门	国卫医发［2013］43号	国家卫生和计划生育委员会、中央综治办、中共中央宣传部、最高人民法院、最高人民检察院、公安部、民政部、司法部、国家工商行政管理总局、中国保险监督管理委员会、国家中医药管理局关于印发维护医疗秩序打击涉医违法犯罪专项行动方案的通知
2013年12月30日	2013年12月30日	国家卫生和计划生育委员会	国卫体改发［2013］54号	关于加快发展社会办医的若干意见
2014年1月27日	2014年1月27日	国家卫生和计划生育委员会	国卫办发［2014］4号	国家卫生计生委关于印发2014年卫生计生工作要点的通知
2014年3月26日	2014年3月26日	国家卫生和计划生育委员会	国卫体改发［2014］12号	关于印发推进县级公立医院综合改革意见的通知
2014年6月17日	2014年6月17日	国家卫生和计划生育委员会	国卫办体改函［2014］504号	国家卫生计生委办公厅关于抓好2014年县级公立医院综合改革试点工作落实的通知

续表

发布日期	实施日期	制定机关或部委	文号	文件名称
2014 年 7 月 9 日	2014 年 7 月 9 日	国家卫生和计划生育委员会	国卫医发［2014］42 号	关于加强医疗责任保险工作的意见
2014 年 11 月 5 日	2014 年 11 月 5 日	国家卫生和计划生育委员会	国卫医发［2014］86 号	关于印发推进和规范医师多点执业的若干意见的通知
2015 年 1 月 12 日	2015 年 1 月 12 日	国家卫生和计划生育委员会	国卫医发［2015］2 号	关于印发进一步改善医疗服务行动计划的通知
2015 年 8 月 12 日	2015 年 8 月 12 日	国家卫生和计划生育委员会	国卫医发［2015］84 号	关于深入开展创建“平安医院”活动依法维护医疗秩序的意见
2015 年 11 月 1 日	2015 年 11 月 1 日	国家卫生和计划生育委员会	国卫办疾控函［2015］1054 号	关于开展预防接种异常反应补偿保险试点工作的通知
2015 年 11 月 17 日	2015 年 11 月 17 日	国家卫生和计划生育委员会	国卫基层发［2015］93 号	关于进一步规范社区卫生服务管理和提升服务质量的指导意见
2015 年 11 月 26 日	2015 年 11 月 26 日	国家卫生和计划生育委员会	国卫办医函［2015］1056 号	国家卫生计生委办公厅关于印发进一步改善医疗服务行动计划考核指标的通知
2013 年 1 月 7 日	2013 年 1 月 7 日	国家邮政局	国邮发［2013］1 号	国家邮政局关于切实做好安全生产工作促进邮政行业科学发展安全发展的意见
2015 年 3 月 30 日	2015 年 3 月 30 日	国家知识产权局	国知发管字［2015］21 号	关于进一步推动知识产权金融服务工作的意见
2013 年 1 月 7 日	2013 年 1 月 7 日	国家质量监督检验检疫总局	国质检特［2013］14 号	质检总局关于进一步加强电梯安全工作的意见
2013 年 2 月 1 日	2013 年 2 月 1 日	国家质量监督检验检疫总局	质检特函［2013］7 号	关于印发《2013 年特种设备安全监察与节能监管工作要点》的通知

续表

发布日期	实施日期	制定机关或部委	文号	文件名称
2013 年 8 月 15 日	2014 年 1 月 1 日	国家质量监督检验检疫总局	总局第 154 号令	国家质量监督检验检疫总局《大型游乐设施安全监察规定》
2014 年 1 月 30 日	2014 年 1 月 30 日	国家质量监督检验检疫总局等 3 部门	国质检质联［2014］60 号	质检总局、发展改革委、工业和信息化部关于加强重大设备监理工作的通知
2014 年 2 月 11 日	2014 年 2 月 11 日	国家质量监督检验检疫总局	质检质函［2014］6 号	关于印发《2014 年质量管理工作要点》的通知
2014 年 3 月 6 日	2014 年 3 月 6 日	国家质量监督检验检疫总局	质检特函［2014］6 号	质检总局特种设备局关于印发《2014 年特种设备安全监察与节能监管工作要点》的通知
2014 年 6 月 13 日	2014 年 6 月 13 日	国家质量监督检验检疫总局	国质检监［2014］314 号	质检总局关于加强消费品质量安全监管工作的指导意见
2014 年 8 月 11 日	2014 年 8 月 11 日	国家质量监督检验检疫总局	国质检特［2014］433 号	质检总局关于推进电梯应急处置服务平台建设的指导意见
2014 年 12 月 30 日	2014 年 12 月 30 日	国家质量监督检验检疫总局 中国保险监督管理委员会	国质检质联［2014］680 号	国家质检总局、中国保监会关于开展产品质量安全责任保险工作的通知
2015 年 1 月 28 日	2015 年 1 月 28 日	国家质量监督检验检疫总局	国质检办［2015］41 号	国家质量监督检验检疫总局关于印发《2015 年质量监督检验检疫工作要点》的通知
2015 年 3 月 2 日	2015 年 3 月 2 日	国家质量监督检验检疫总局	质检特函［2015］6 号	质检总局特种设备局关于印发《2015 年特种设备安全监察与节能监管工作要点》的通知

续表

发布日期	实施日期	制定机关或部委	文号	文件名称
2015年3月13日	2015年3月13日	国家质量监督检验检疫总局	质检办特［2015］197号	质检总局办公厅关于印发《质检总局电梯安全监管大会战工作方案》《全面深化改革创新构建电梯安全监管长效机制工作方案》的通知
2015年8月4日	2015年8月4日	国家质量监督检验检疫总局	国质检监［2015］364号	质检总局关于深化工业产品生产许可证制度改革的意见
2015年8月10日	2015年8月10日	国家质量监督检验检疫总局	国质检质联［2015］366号	质检总局等关于开展2015年全国“质量月”活动的通知
2015年5月4日	2015年5月4日	国家中医药管理局	国中医药办医政发［2015］15号	国家中医药管理局办公室关于印发《大型中医医院、中医专科医院巡查细则》的通知
2014年7月30日	2014年7月30日	国务院安全生产委员会	安委［2014］5号	国务院安委会关于印发在北京等8省份开展全面深化安全生产领域改革试点方案的通知
2014年8月20日	2014年8月20日	国务院安全生产委员会	安委办明电［2014］21号	国务院安委会办公室关于加强开发区安全生产工作的通知
2015年5月13日	2015年5月13日	国务院安全生产委员会	安委办［2015］8号	国务院安委会办公室关于学习推广吉林浙江消防安全隐患治理经验的通知
2015年5月21日	2015年5月21日	国务院安全生产委员会	安委办明电［2015］11号	国务院安委会办公室关于认真贯彻落实国务院办公厅关于加强安全生产监管执法通知的通知
2013年2月28日	2013年2月28日	国务院国有资产监督管理委员会	令31号	国资委发布《中央企业应急管理暂行办法》

续表

发布日期	实施日期	制定机关或部委	文号	文件名称
2015年1月21日	2015年1月21日	国务院食品安全委员会等3部门	食安办［2015］1号	国务院食品安全办、食品药品监管总局、保监会关于开展食品安全责任保险试点工作的指导意见
2015年5月12日	2015年5月12日	国务院食品安全委员会等18部门	食安办［2015］5号	国务院食品安全办等十八部门关于开展2015年全国食品安全宣传周活动的通知
2015年12月25日	2015年12月25日	国务院食品安全委员会	食安办［2015］22号	国务院食品安全办关于进一步强化农村集体聚餐食品安全风险防控的指导意见
2013年1月21日	2013年1月21日	环境保护部	环发［2013］10号	关于开展环境污染强制责任保险试点工作的指导意见
2013年2月7日	2013年2月7日	环境保护部	环发［2013］20号	环境保护部关于印发《化学品环境风险防控“十二五”规划》的通知
2013年4月2日	2013年4月2日	环境保护部	环发［2013］39号	关于印发《环境风险评估技术指南——粗铅冶炼企业环境风险等级划分方法（试行）》的通知
2013年7月30日	2013年7月30日	环境保护部	环发［2013］81号	关于印发《国家重点监控企业自行监测及信息公开办法（试行）》和《国家重点监控企业污染源监督性监测及信息公开办法（试行）》的通知
2013年12月6日	2013年12月6日	环境保护部	环办函［2013］1435号	关于开展环境污染责任保险试点信息报送工作的通知

续表

发布日期	实施日期	制定机关或部委	文号	文件名称
2013年12月18日	2013年12月18日	环境保护部	环发［2013］150号	关于印发《企业环境信用评价办法（试行）》的通知
2013年1月23日	2013年1月23日	交通运输部	令2013年第2号	道路危险货物运输管理规定
2013年9月18日	2013年9月18日	交通运输部	2013年第58号	交通运输部关于完善无船承运管理制度有关问题的公告
2013年9月30日	2013年9月30日	交通运输部	交水发［2013］600号	交通运输部关于无船承运业务经营者保证金责任保险制度操作办法的通知
2013年12月23日	2013年12月23日	交通运输部 中国保险监督管理委员会	交运发［2013］786号	交通运输部、中国保险监督管理委员会关于做好道路运输承运人责任保险工作的通知
2014年5月2日	2014年5月15日	交通运输部	交通运输部公告2014年第16号	交通运输部关于在上海市试点下放无船承运业务管理权限有关事项的公告
2014年7月15日	2014年7月15日	交通运输部	交水发［2014］141号	交通运输部关于实施国内水路运输及辅助业管理规定有关事项的通知
2015年2月15日	2015年2月15日	交通运输部	交办安监函［2015］85号	交通运输部办公厅关于印发2015年交通运输安全生产工作要点的通知
2015年12月18日	2015年12月18日	交通运输部	交安监发［2015］196号	交通运输部关于进一步加强长江等内河水上交通安全管理的若干意见
2014年6月16日	2014年6月16日	教育部等6部门	教发［2014］6号	教育部等六部门关于印发《现代职业教育体系建设规划（2014—2020年）》的通知

续表

发布日期	实施日期	制定机关或部委	文号	文件名称
2014 年 8 月 25 日	2014 年 8 月 25 日	教育部	教职成［2014］9 号	教育部关于开展现代学徒制试点工作的意见
2015 年 1 月 31 日	2015 年 1 月 31 日	教育部	教政法［2015］3 号	教育部关于印发《教育部 2015 年工作要点》的通知
2015 年 4 月 30 日	2015 年 4 月 30 日	教育部	教体艺［2015］3 号	教育部关于印发《学校体育运动风险防控暂行办法》的通知
2015 年 7 月 27 日	2015 年 7 月 27 日	教育部	教职成［2015］6 号	教育部关于深化职业教育教学改革全面提高人才培养质量的若干意见
2015 年 8 月 28 日	2015 年 8 月 28 日	教育部	教职成［2015］7 号	教育部关于印发《职业院校管理水平提升行动计划（2015—2018 年）》的通知
2015 年 1 月 10 日	2015 年 1 月 10 日	科技部	国科发高［2015］3 号	科技部关于进一步推动科技型中小企业创新发展的若干意见
2013 年 2 月 8 日	2013 年 2 月 8 日	民政部	民发［2013］29 号	《民政部关于学习宣传贯彻〈中华人民共和国老年人权益保障法〉的通知》
2013 年 6 月 28 日	2013 年 7 月 1 日	民政部	令第 49 号	养老机构管理办法
2014 年 2 月 28 日	2014 年 2 月 28 日	民政部	民发［2014］47 号	关于推进养老机构责任保险工作的指导意见
2014 年 12 月 23 日	2014 年 12 月 23 日	人力资源和社会保障部	人社部发［2014］96 号	人力资源和社会保障部关于推进技工院校改革创新的若干意见
2013 年 1 月 17 日	2013 年 1 月 17 日	商务部	商服贸发［2013］11 号	商务部关于加快国际货运代理物流业健康发展的指导意见

续表

发布日期	实施日期	制定机关或部委	文号	文件名称
2013年2月18日	2013年2月18日	商务部 环境保护部	商合函［2013］74号	商务部、环境保护部关于印发《对外投资合作环境保护指南》的通知
2014年5月14日	2014年5月14日	商务部	商服贸函［2014］232号	商务部关于印发《家政服务合同》范本的通知
2015年12月9日	2015年12月9日	商务部	商务部令2015年第3号	对外援助成套项目管理办法（试行）
2014年1月30日	2014年3月1日	中国民用航空局	AC－276－TR－2014－03	货物航空运输条件鉴定机构管理办法
2014年1月7日	2014年1月7日	中国人民银行等6部门	银发［2014］9号	中国人民银行、科技部、银监会、证监会、保监会、知识产权局关于大力推进体制机制创新扎实做好科技金融服务的意见
2015年12月11日	2015年12月11日	中国人民银行等7部委	银发［2015］377号	关于印发《吉林省农村金融综合改革试验方案》的通知
2013年2月6日	2013年2月6日	住房和城乡建设部	建市［2013］23号	住房和城乡建设部印发关于进一步促进工程勘察设计行业改革与发展若干意见的通知
2014年7月1日	2014年7月1日	住房和城乡建设部	建市［2014］92号	住房和城乡建设部关于推进建筑业发展和改革的若干意见
2014年9月10日	2014年9月10日	中央国家机关政府采购中心	国机采［2014］16号	关于2014—2015年度中央国家机关车辆租赁定点采购（试行）有关事宜的通知

“十二五”期间地方层面印发的责任保险相关法规及政策文件

北京市“十二五”期间责任保险相关发文

发布日期	实施日期	文件名称	文号
2012年9月1日	2012年9月1日	关于推行养老服务机构综合责任保险的意见	京民福发［2012］347号
2012年9月25日	2012年9月25日	关于进一步规范医疗责任保险工作的通知	京卫医字［2012］228号
2012年10月29日	2012年10月29日	关于推行养老服务机构综合责任保险有关事项的通知	京民福发［2012］424号
2013年7月4日	2013年7月4日	《北京市人民政府办公厅转发市教委等部门关于推进中小学校体育工作三年行动计划（2013—2015年）的通知》	京政办发［2013］34号
2014年11月5日	2014年11月5日	北京市卫生和计划生育委员会等关于加强医疗责任保险工作的通知	京卫医字［2014］71号
2014年10月17日	2014年10月17日	关于建立安全生产责任保险制度试点工作的指导意见	京安发［2014］18号
2015年6月1日	2015年6月1日	关于印发《安责险制度试点工作实施办法》和《事故预防专项费用提取使用办法》的通知	京安办发［2015］26号
2015年12月2日	2016年1月1日	北京市建设工程质量条例	北京市人民代表大会常务委员会公告［十四届］第14号

天津市“十二五”期间责任保险相关发文

发布日期	实施日期	文件名称	文号
2011年6月23日	2011年6月23日	天津市安全生产责任保险实施办法	津安监管法［2011］39号
2012年9月19日	2012年9月19日	关于规范医疗纠纷人民调解协议书的意见	津司发［2012］45号
2012年9月19日	2012年9月19日	天津市医疗纠纷人民调解专家咨询委员会咨询工作管理办法	津司发［2012］46号
2014年11月28日	2015年1月1日	天津市医疗纠纷处置条例	天津市人民代表大会常务委员会公告第22号

河北省“十二五”期间责任保险相关发文

发布日期	实施日期	文件名称	文号
2011年2月11日	2011年4月1日	石家庄医疗纠纷预防和处置暂行办法	石家庄市人民政府令［2011］174号
2012年9月7日	2012年9月7日	河北省人民政府关于加强和改进消防工作的实施意见	冀政［2012］71号
2013年12月17日	2014年1月1日	河北省人民政府办公厅关于印发河北省火灾高危单位消防安全管理规定的通知	冀政办［2013］37号
2014年1月21日	2014年1月21日	承德市人民政府办公室关于认真贯彻落实河北省火灾高危单位消防安全管理规定的通知	承市政办字［2014］11号
2014年4月16日	2014年4月16日	河北省环境保护厅河北省金融工作办公室中国保监会河北监管局关于印发《关于开展环境污染强制责任保险试点工作的实施意见》的通知	冀环［2014］3号
2014年7月18日	2014年7月18日	河北省人民政府关于加快发展现代职业教育的实施意见	冀政［2014］77号
2014年8月10日	2014年8月10日	关于推进养老机构责任保险工作的意见（试行）	冀民［2014］77号
2014年8月26日	2014年8月26日	河北省卫生和计划生育委员会等五部门关于印发河北省推进医疗责任保险工作实施方案的通知	冀卫医函［2014］48号
2014年9月9日	2014年9月9日	关于印发河北省食品安全责任保险试点工作指导意见的通知	冀食安办［2014］65号
2015年1月21日	2015年1月21日	河北省知识产权局关于印发《河北省专利保险试点工作方案》的通知	冀知协［2015］4号
2015年3月8日	2015年3月8日	河北省民政厅河北省财政厅关于养老机构责任保险保费补贴问题的通知	冀民［2015］13号
2015年3月26日	2015年3月26日	唐山市质量技术监督局关于加强电梯安全工作的意见	唐质监字［2015］63号
2015年3月26日	2015年3月26日	唐山市质量技术监督局关于鼓励投保电梯安全责任保险的通知	唐质监字［2015］64号
2015年7月29日	2015年7月29日	唐山市中级人民法院关于进一步规范和改进保全担保工作的通知	唐中法［2015］42号

续表

发布日期	实施日期	文件名称	文号
2015 年 8 月 4 日	2015 年 8 月 4 日	河北省财政厅等三部门关于印发《河北省财政保险合作支持首台（套）重大技术装备生产企业实施办法》的通知	冀财金［2015］29 号
2015 年 10 月 29 日	2015 年 10 月 29 日	河北省财政厅关于首台（套）重大技术装备产品保险保费财政补贴申请有关事项的通知	冀财金［2015］42 号
2015 年 11 月 19 日	2015 年 11 月 19 日	河北省教育厅关于运用保险赔偿机制处理高校学生伤亡事件的意见	冀教安［2015］31 号

山西省“十二五”期间责任保险相关发文

发布日期	实施日期	文件名称	文号
2011 年 8 月 8 日	2011 年 8 月 8 日	山西省环境保护厅 中国保险监督管理委员会山西监管局关于试行环境污染责任保险工作的通知	晋环发［2011］194 号
2011 年 8 月 22 日	2011 年 8 月 22 日	山西省环境污染责任保险实施方案	晋环发［2011］209 号
2012 年 10 月 30 日	2012 年 10 月 30 日	山西省安全生产监督管理局 中国保险监督管理委员会山西监管局关于在非煤矿山、危险化学品、烟花爆竹等高危行业开展安全生产责任保险试点工作的实施方案（试行）	晋安监发［2012］59 号
2012 年 11 月 19 日	2012 年 11 月 19 日	山西省煤炭工业厅 中国保险监督管理委员会山西监管局关于推行煤矿安全责任服务保险的指导意见	晋煤安发［2012］1539 号
2013 年 7 月 15 日	2013 年 7 月 15 日	关于在我省大力推行科技保险工作的通知	晋科财发［2013］89 号
2014 年 4 月 1 日	2014 年 4 月 1 日	山西省环境保护厅 中国保险监督管理委员会山西监管局关于进一步推进环境污染责任保险试点工作的意见	晋环发［2014］47 号
2014 年 7 月 2 日	2014 年 7 月 2 日	山西省食品药品监督管理局 中国保险监督管理委员会山西监管局关于印发《山西省食品药品安全责任保险制度试点工作实施方案》的通知	晋食药监［2014］144 号

内蒙古自治区“十二五”期间责任保险相关发文

发布日期	实施日期	文件名称	文号
2011年4月13日	2011年4月13日	内蒙古自治区安全生产监督管理局关于明确非煤矿山安全生产责任保险有关事项的通知	内安监管一字［2011］89号
2012年9月11日	2012年9月11日	内蒙古自治区关于开展环境污染责任保险试点工作的意见	内环办［2012］201号
2013年3月7日	2013年3月7日	关于进一步推进安全生产责任保险工作的通知	内安监发［2013］8号
2013年8月2日	2013年8月2日	内蒙古自治区环境保护厅关于积极推进环境污染强制责任保险试点工作的通知	内环办［2013］177号
2014年5月21日	2014年5月21日	内蒙古自治区人民政府关于加快发展养老服务业的实施意见	内政发［2014］57号
2014年11月25日	2014年11月25日	内蒙古自治区人民政府关于加快发展现代保险服务业的实施意见	内政发［2014］122号
2014年12月31日	2015年1月1日	关于印发自治区食品安全责任保险试点工作实施方案的通知	内政办发［2014］132号
2015年1月23日	2015年1月23日	内蒙古食品安全委员会办公室关于成立食品安全责任保险试点工作领导小组的通知	内食安办发［2015］5号
2015年5月18日	2015年5月18日	关于在全区范围内开展特种设备责任保险工作的通知	内质监特联发［2015］120号
2015年5月20日	2015年5月20日	内蒙古质监局 中国保监会内蒙古监管局关于开展产品质量安全责任保险工作的通知	内质监质联发［2015］122号
2015年8月28日	2015年8月28日	内蒙古质监局关于印发《内蒙古自治区电梯责任保险统保项目实施方案》的通知	内质监特发［2015］222号
2015年11月18日	2015年11月18日	关于进一步建立和完善校园安全保障体系推进学校商业保险服务工作的通知	内教校安函［2015］45号
2015年12月28日	2015年12月28日	内蒙古自治区高级人民法院印发《内蒙古自治区高级人民法院关于规范保全工作的指导意见（试行）》的通知	内高法［2015］217号

辽宁省“十二五”期间责任保险相关发文

发布日期	实施日期	文件名称	文号
2011年1月11日	2011年4月1日	辽宁省辽河流域水污染防治条例	辽宁省人民代表大会常务委员会公告第39号
2011年12月8日	2012年2月1日	辽宁省企业安全生产主体责任规定	辽宁省人民政府令第264号
2011年12月9日	2011年12月9日	辽宁省交通厅关于进一步规范道路旅客运输承运人责任保险工作的通知	辽交运发［2011］387号
2012年4月16日	2012年5月1日	关于统一实施道路旅客运输承运人责任保险制度的通知	辽交运发［2012］101号
2012年4月20日	2012年4月20日	关于做好全省道路旅客运输承运人责任保险统保工作的通知	辽交运客发［2012］15号
2012年9月12日	2012年9月12日	关于加强医疗纠纷人民调解工作意见	鞍综治委发［2012］9号（保险协会等八部门联合发文）
2012年12月4日	2012年12月4日	葫芦岛市人民政府办公室关于印发葫芦岛市补充工伤保险实施办法的通知	葫政办发［2012］85号
2013年4月22日	2013年7月1日	沈阳市电梯安全管理办法	沈阳人民政府令第41号
2013年5月8日	2013年5月8日	辽宁省环保厅、辽宁保监局关于开展环境污染强制责任保险试点工作的实施意见	辽环发［2013］34号
2014年1月20日	2014年3月1日	《本溪市医疗纠纷预防及处置办法》	本溪市人民政府令第171号
2014年2月20日	2014年2月20日	关于印发《盘锦市全面推行医疗责任保险工作的实施意见》的通知	盘卫字［2014］33号
2014年3月3日	2014年3月3日	沈阳市卫计委关于开展医疗责任保险工作的通知	沈卫［2014］132号
2014年9月24日	2014年9月24日	关于继续推行医疗责任保险工作的通知	盘卫字［2014］366号
2014年11月4日	2014年11月4日	关于申报省财政养老机构责任保险费补贴资金有关问题的通知	辽民函［2014］69号
2015年2月8日	2015年2月8日	营口市医疗纠纷预防与处置办法	营政发［2015］3号
2015年3月27日	2015年3月27日	沈阳市人民政府关于加快发展养老服务业的实施意见	沈政发［2015］10号

续表

发布日期	实施日期	文件名称	文号
2015 年 4 月 22 日	2015 年 4 月 22 日	辽宁省人民政府关于进一步加快现代保险服务业改革发展的实施意见	辽政发［2015］11 号
2015 年 4 月 24 日	2015 年 4 月 24 日	辽宁省人民政府关于加快发展现代职业教育的意见	辽政发［2015］13 号
2015 年 4 月 28 日	2015 年 4 月 28 日	关于进一步推动和规范医师多点职业工作的通知	辽卫发［2015］33 号
2015 年 7 月 28 日	2015 年 10 月 1 日	沈阳市高层建筑消防安全管理规定	沈阳市人民政府令第 52 号
2015 年 6 月 16 日	2015 年 6 月 16 日	沈阳市人民政府办公厅关于印发《沈阳市医疗纠纷预防与处置办法》的通知	沈政办发［2015］39 号
2015 年 10 月 7 日	2015 年 10 月 7 日	辽宁省人民政府关于加强安全生产监管执法的实施意见	辽政发［2015］46 号
2015 年 12 月 4 日	2015 年 12 月 4 日	关于全面推行医疗责任保险统保工作的通知	营卫发［2015］92 号

吉林省“十二五”期间责任保险相关发文

发布日期	实施日期	文件名称	文号
2012 年 3 月 23 日	2012 年 6 月 1 日	吉林省消防条例	吉林省第十一届人民代表大会常务委员会公告第 62 号
2013 年 4 月 3 日	2013 年 4 月 3 日	四平市人民政府办公室关于印发四平市开展食品安全责任保险试点工作实施方案的通知	四政办发［2013］19 号
2014 年 3 月 4 日	2014 年 3 月 4 日	关于印发《吉林省维护医疗秩序打击涉医违法犯罪专项行动方案》的通知	吉卫联发［2014］13 号
2014 年 3 月 4 日	2014 年 3 月 4 日	关于印发吉林省“平安医院”创建工作考核办法及考核标准的通知	吉卫联发［2014］14 号
2014 年 9 月 30 日	2014 年 9 月 30 日	关于进一步加强全省医疗责任保险工作的通知	吉卫联发［2014］68 号

黑龙江省“十二五”期间责任保险相关发文

发布日期	实施日期	文件名称	文号
2011 年 1 月 7 日	2011 年 1 月 7 日	关于印发黑龙江省推进高危行业安全生产责任保险工作方案的通知	黑安监联字［2011］1 号
2011 年 2 月 25 日	2011 年 2 月 25 日	关于创建“平安医院”推动医疗纠纷人民调解和医疗责任保险工作的意见	黑社综医院办［2011］1 号
2012 年 11 月 27 日	2012 年 11 月 27 日	关于开展环境污染责任保险试点工作的通知	黑环办［2012］194 号
2014 年 8 月 29 日	2014 年 8 月 29 日	黑龙江省人民政府办公厅关于印发黑龙江省 2014 年食品安全重点工作安排的通知	黑政办发［2014］43 号
2014 年 10 月 17 日	2014 年 10 月 17 日	关于印发黑龙江省维护医疗秩序打击涉医违法犯罪专项行动方案的通知	黑卫医发［2014］17 号
2015 年 4 月 17 日	2015 年 4 月 17 日	关于开展食品安全责任保险试点工作的指导意见	黑食安办［2015］51 号
2015 年 12 月 17 日	2015 年 12 月 17 日	关于深入开展创建“平安医院”活动依法维护医疗秩序的意见	黑卫医发［2015］210 号
2015 年 12 月 23 日	2015 年 12 月 23 日	关于在全省推行养老机构综合责任保险的实施意见	黑民福［2015］201 号

上海市“十二五”期间责任保险相关发文

发布日期	实施日期	文件名称	文号
2011 年 12 月 28 日	2012 年 1 月 31 日	关于印发《关于完善金融服务支持本市旅游业发展的实施意见》的通知	沪金融办［2011］126 号
2012 年 1 月 10 日	2012 年 1 月 10 日	关于进一步推进本市火灾公众责任保险工作的若干意见	沪公发［2012］11 号
2012 年 8 月 7 日	2012 年 10 月 1 日	关于开展农村集体食品安全责任保险试点的通知	沪食安办［2012］216 号
2012 年 8 月 29 日	2012 年 10 月 1 日	关于推行上海市住宅工程质量潜在缺陷保险的试行意见	沪建交联［2012］1062 号
2012 年 10 月 22 日	2012 年 10 月 22 日	关于本市全面推广危险化学品安全责任保险工作的通知	沪安监管危化［2012］131 号

续表

发布日期	实施日期	文件名称	文号
2013年6月14日	2013年7月1日	上海市人民政府办公厅转发市人力资源和社会保障局等八部门关于本市开展高龄老人医疗护理计划试点工作意见的通知	沪府办发［2013］38号
2013年10月30日	2013年10月30日	上海市人民政府办公厅关于印发《上海市火灾高危单位消防安全管理规定》的通知	沪府办发［2013］62号

江苏省“十二五”期间责任保险相关发文

发布时间	实施日期	文件名称	文号
2011年3月25日	2011年3月25日	省政府办公厅转发省安监局江苏保监局关于在全省高危行业推行安全生产责任保险意见的通知	苏政办发［2011］30号
2012年5月3日	2012年5月3日	关于加强医疗责任保险工作的通知	苏保监发［2012］78号
2013年9月17日	2013年9月17日	关于开展医疗风险互助金试点工作的通知	苏平医学办［2013］3号
2013年10月25日	2013年10月25日	省政府办公厅关于印发火灾高危单位消防安全管理规定的通知	苏政办发［2013］176号
2013年11月15日	2013年11月15日	省政府办公厅关于推行电梯责任保险的实施意见	苏政办发［2013］183号
2014年1月26日	2014年1月26日	关于贯彻落实《省政府办公厅关于推行电梯责任保险的实施意见》的通知	苏质监发［2014］25号
2014年10月9日	2014年10月9日	江苏省民政厅 江苏保监局 省老龄工作委员会办公室关于推进养老机构责任保险工作的指导意见	苏民福［2014］29号
2014年12月15日	2014年12月15日	关于进一步加强全省医疗纠纷人民调解工作的意见	苏司通［2014］150号
2014年12月18日	2014年12月18日	江苏省人民政府关于加快发展现代保险服务业的实施意见	苏政发［2014］124号

续表

发布时间	实施日期	文件名称	文号
2015年1月10日	2015年1月10日	中共江苏省委 江苏省人民政府关于深化医药卫生体制改革建设现代医疗卫生体系的意见	苏发［2015］3号
2015年3月2日	2015年3月2日	关于印发《江苏省深化医改综合试点2015年工作任务及分工》的通知	苏医改办发［2015］1号
2015年5月7日	2015年5月7日	省经济和信息化委、省财政厅、江苏保监局关于开展江苏省重大装备（首台套）保险试点工作的通知	苏经信科技［2015］277号

浙江省"十二五"期间责任保险相关发文

发布日期	实施日期	文件名称	文号
2011年4月6日	2011年4月6日	关于切实组织做好政策性养老机构综合责任保险工作的通知	浙民福［2011］73号
2011年10月24日	2011年10月24日	关于开展火灾公众责任保险工作的通知	衢政办发［2011］123号
2012年2月2日	2012年2月2日	关于在我省科技企业中开展科技保险试点工作的通知	浙科发计［2012］16号
2012年3月31日	2012年7月1日	浙江省道路运输条例	浙江省人民代表大会常务委员会2012年公告第77号
2012年5月8日	2012年5月8日	关于加强和改进消防工作的实施意见	浙政发［2012］40号
2012年11月27日	2012年11月27日	关于调整道路客运车辆承运人责任保险最低投保限额的通知	浙交［2012］301号
2013年3月26日	2013年3月26日	浙江省人民政府关于推动现代装备制造业加快发展的若干意见	浙政发［2013］23号
2013年6月18日	2013年6月18日	关于加强电梯安全工作的意见	浙政办发［2013］82号
2013年7月18日	2013年7月18日	关于开展专利保险试点工作的指导意见	浙科发知［2013］166号
2013年11月6日	2013年11月6日	关于开展2013年浙江省装备制造业首台（套）重大技术装备保险补偿试点工作的通知	浙经信技术［2013］636号

续表

发布日期	实施日期	文件名称	文号
2014 年 4 月 3 日	2014 年 4 月 3 日	关于进一步鼓励和支持家政服务业发展的若干意见	浙人社发［2014］64 号
2014 年 9 月 2 日	2014 年 9 月 2 日	关于进一步发挥保险功能作用促进我省经济社会发展的意见	浙政发［2014］36 号
2014 年 12 月 16 日	2014 年 12 月 16 日	关于印发浙江省医师多点执业实施办法的通知	浙卫发［2014］152 号
2015 年 1 月 5 日	2015 年 1 月 5 日	关于进一步推进专利权质押融资工作发展的若干意见	浙科发知［2015］7 号
2015 年 1 月 22 日	2015 年 3 月 1 日	浙江省实施《农业保险条例》办法	浙江省人民政府令第 331 号
2015 年 3 月 24 日	2015 年 3 月 24 日	关于推进食品安全责任保险试点工作的指导意见	浙食安办［2015］4 号
2015 年 11 月 6 日	2015 年 11 月 6 日	关于推行电梯安全责任保险的通知	浙质联发［2015］19 号

安徽省“十二五”期间责任保险相关发文

发布日期	实施日期	文件名称	文号
2011 年 6 月 24 日	2011 年 8 月 1 日	安徽省促进皖江城市带承接产业转移示范区发展条例	安徽省人民代表大会常务委员会公告第三十五号
2012 年 6 月 4 日	2012 年 6 月 4 日	省综治办、省卫生厅、省公安厅、省司法厅、安徽保监局关于印发《关于建立健全全省医患纠纷预防处置机制的意见》的通知	皖综治办［2012］13 号
2012 年 10 月 11 日	2012 年 10 月 11 日	安徽省人民政府办公厅转发省环保厅安徽保监局《关于推进环境污染责任保险试点工作实施意见》的通知	皖政办秘［2012］165 号
2013 年 1 月 5 日	2013 年 1 月 5 日	省环保厅、安徽保监局关于印发《安徽省环境污染责任保险实施方案》的通知	皖环函［2013］25 号
2013 年 12 月 30 日	2013 年 12 月 30 日	安徽省人民政府关于印发安徽省大气污染防治行动计划实施方案的通知	皖政［2013］89 号

续表

发布日期	实施日期	文件名称	文号
2013 年 12 月 31 日	2013 年 12 月 31 日	安徽省人民政府办公厅关于加强电梯安全工作的意见	皖政办［2013］51 号
2014 年 1 月 8 日	2014 年 1 月 8 日	安徽省人民政府办公厅关于印发安徽省火灾高危单位消防安全管理规定的通知	皖政办［2014］3 号
2014 年 7 月 21 日	2014 年 12 月 1 日	巢湖流域水污染防治条例	安徽省人大常委会公告第十九号
2015 年 1 月 31 日	2015 年 3 月 1 日	安徽省大气污染防治条例	安徽省人民代表大会公告第二号
2015 年 3 月 11 日	2015 年 3 月 11 日	安徽省人民政府关于加快发展现代保险服务业的实施意见	皖政［2015］29 号
2015 年 4 月 18 日	2015 年 4 月 18 日	安徽省人民政府关于推行环境污染第三方治理的实施意见	皖政办［2015］22 号
2015 年 9 月 1 日	2015 年 9 月 1 日	关于印发安徽省医师多点执业管理办法的通知	皖卫医［2015］23 号
2015 年 9 月 30 日	2015 年 9 月 30 日	关于进一步加强全省医疗责任保险工作的通知	卫医秘［2015］506 号
2015 年 10 月 12 日	2015 年 10 月 12 日	安徽省安全生产监督管理局中国保险监督管理委员会安徽监管局安徽省人民政府金融工作办公室关于进一步加强高危行业安全生产责任保险的实施意见	皖安监法［2015］166 号
2015 年 11 月 23 日	2015 年 11 月 23 日	省卫计委、省司法厅、安徽保监局关于推进医责险市级统保的通知	卫医秘［2015］637 号
2016 年 1 月 13 日	2016 年 1 月 13 日	省食安委、省食药监局、省金融办、安徽保监局关于印发《安徽省食品安全责任保险试点工作实施方案》的通知	皖食安委办［2016］5 号

福建省“十二五”期间责任保险相关发文

发布日期	实施日期	文件名称	文号
2011 年 5 月 10 日	2011 年 5 月 10 日	福建省环保厅 福建保监局 厦门保监局关于推进环境污染责任保险试点工作的意见	闽环保法［2011］3 号

续表

发布日期	实施日期	文件名称	文号
2012年7月13日	2012年7月13日	关于继续推行安全生产责任保险试点工作的通知	闽安监政法［2012］114号
2012年9月14日	2012年9月14日	关于推行特种设备责任保险试点工作的通知	闽质监特［2012］429号
2012年12月14日	2013年3月1日	福建省消防条例	福建省第十一届人大常委会第三十四次会议
2013年1月30日	2013年2月1日	关于印发《福建省特种设备责任保险试点工作实施意见》的通知	闽质监特［2013］52号
2014年6月11日	2014年6月11日	关于推行产品质量安全责任保险制度的通知	榕质监政［2014］189号
2014年6月27日	2014年6月27日	关于推行养老机构责任保险的意见	闽民福［2014］306号
2014年12月10日	2014年12月10日	福建省环保厅 福建银监局 福建保监局 厦门保监局关于印发福建省环境污染责任保险试点工作实施意见的通知	闽环保法［2014］130号
2015年7月7日	2015年7月7日	福建省人民政府办公厅关于进一步加强电梯使用安全工作的意见	闽政办［2015］100号
2015年7月10日	2015年8月1日	福建省安全生产监督管理局 福建省财政厅 福建保监局关于在部分高危行业领域推行安全生产责任保险的通知	闽安监政法［2015］43号
2015年7月20日	2015年7月20日	关于全面推进医疗责任保险工作的通知	闽卫医改［2015］81号
2015年8月13日	2015年8月13日	福建省食品安全委员会办公室 福建省食品药品监督管理局 中国保险监督管理委员会福建监管局关于印发福建省食品安全责任保险试点工作方案的通知	闽食安办［2015］17号
2015年9月2日	2015年9月2日	关于统一参保学生安全校方责任补充保险的通知	闽教直［2015］6号
2015年11月13日	2015年11月13日	福建省住房和城乡建设厅 中国保险监督管理委员会福建监管局关于推行环卫工人雇主责任保险试点工作的意见	闽建城［2015］21号
2015年12月23日	2015年12月23日	福州市市场监督管理局、福建保监局关于推行电梯、气瓶责任保险的通知	榕市场监管特［2015］510号

江西省“十二五”期间责任保险相关发文

发布日期	实施日期	文件名称	文号
2012年2月	2012年2月	江西省卫生厅 江西保监局关于在南昌地区实施医疗责任保险的指导意见	赣卫医管字［2012］33号
2012年7月10日	2012年7月10日	关于印发《江西省校方责任保险管理实施办法》通知	赣教勤字［2012］13号
2012年7月	2013年1月	江西省质监局 江西保监局关于在全省推行特种设备责任保险的通知	赣质监联发［2009］9号
2013年6月7日	2013年6月7日	关于印发《江西省环境污染强制责任保险试点工作实施方案》的通知	赣环法字［2013］4号
2014年3月27日	2014年5月1日	江西省医疗纠纷预防与处理条例	江西省人民代表大会常务委员会公告（第32号）
2014年7月14日	2014年7月14日	江西省教育厅关于开展职业院校学生实习责任保险工作的通知	赣教勤字［2014］6号
2015年2月9日	2015年2月9日	江西省人民政府关于加快发展现代保险服务业的实施意见	赣府发［2015］7号
2015年6月15日	2015年6月15日	关于进一步贯彻落实《江西省医疗纠纷预防与处理条例》提升医疗纠纷处理法治化水平的实施意见	赣卫医字［2015］70号
2015年11月20日	2016年1月1日	江西省学校学生人身伤害事故预防与处理条例	江西省第十二届人民代表大会常务委员会第二十一次会议通过

山东省“十二五”期间责任保险相关发文

发布日期	实施日期	文件名称	文号
2011年9月28日	2011年10月至2013年9月	关于进一步深化和完善安全生产责任保险试点工作的通知	鲁安责办发［2011］1号
2012年5月23日	2012年10月1日至2017年9月30日	关于鼓励实行特种设备责任保险工作的通知	鲁质监特发［2012］122号
2013年3月28日	2013年4月1日至2015年3月31日	关于开展环境污染责任保险试点工作的通知	鲁环函［2013］147号
2013年7月11日	2013年11月1日	山东省火灾高危单位消防安全管理规定	山东省人民政府令［2013］263号

续表

发布日期	实施日期	文件名称	文号
2014年8月5日	2014年8月5日至2014年底	关于开展2014年山东省首台（套）技术装备及关键核心零部件保险补偿试点工作的通知	鲁经信装［2014］373号
2015年2月15日	2015年2月15日	关于在全省医疗机构实施医疗责任保险的意见	鲁卫医字［2014］7号
2015年5月29日	2015年5月30日至2017年5月29日	关于印发《山东省首台（套）技术装备及关键核心零部件保险补偿财政扶持办法》的通知	鲁财企［2015］27号
2015年8月4日	2015年8月至2017年8月	关于印发《山东省生产环节食品安全责任保险推进试点工作方案》的通知	鲁食药监发［2015］27号
2015年8月20日	2015年8月20日至2017年底	关于开展食品安全试点工作的通知	鲁食安办字［2015］20号

河南省“十二五”期间责任保险发文

发布日期	实施日期	文件名称	文号
2011年3月29日	2011年3月29日	关于规范安全生产责任保险工作的通知	豫保监发［2011］20号
2011年3月31日	2011年3月31日	关于进一步加强农业保险和责任保险管理的通知	豫保监发［2011］21号
2012年3月27日	2012年3月27日	关于进一步推进全省安全生产责任保险工作的指导意见（试行）	豫安监管［2012］45号
2012年4月28日	2012年4月28日	关于印发《河南省医疗责任风险金管理办法（试行）》的通知	豫卫医［2012］85号
2013年3月25日	2013年3月25日	关于在全省煤矿企业中推行安全生产责任保险制度的指导意见	豫安监管［2013］26号
2013年11月11日	2013年11月11日	河南省安全生产监督管理局关于在全省推行安全生产责任保险统保工作的通知	豫安监管［2013］105号
2014年1月23日	2014年3月1日	河南省电梯安全监督管理办法	河南省人民政府令第160号
2014年1月28日	2014年3月15日	河南省实施《校车安全管理条例》办法	河南省人民政府令第162号

续表

发布日期	实施日期	文件名称	文号
2014 年 3 月 5 日	2014 年 3 月 5 日	河南省安全生产监督管理局关于印发《河南省安全生产监督检查暂行办法》的通知	豫安监管［2014］12 号
2014 年 8 月 27 日	2014 年 8 月 27 日	河南省知识产权局河南保监局关于印发《河南省关于开展专利保险试点工作的实施意见》的通知	豫知［2014］59 号
2014 年 11 月 6 日	2014 年 11 月 6 日	河南省环保厅 河南保监局《关于开展环境污染强制责任保险试点工作的实施意见》	豫环文［2014］234 号
2014 年 12 月 16 日	2014 年 12 月 16 日	河南省人民政府关于加快发展现代保险服务业的实施意见	豫政［2014］93 号
2015 年 3 月 17 日	2015 年 3 月 17 日	河南省教育厅关于进一步加强教育保险工作 健全校园风险防范体系的通知	教技装［2015］146 号

湖北省“十二五”期间责任保险相关发文

发文日期	实施日期	文件名称	文号
2012 年 4 月 19 日	2012 年 4 月 19 日	关于印发《湖北省安全生产责任保险实施办法（试行）》的通知	鄂安监发［2012］83 号
2012 年 12 月 13 日	2012 年 12 月 13 日	关于印发《湖北省火灾公众责任保险试行办法》的通知	鄂公通［2012］62 号
2013 年 4 月 26 日	2013 年 4 月 26 日	关于印发《湖北省环境污染强制责任保险推动方案》的通知	鄂环办［2013］111 号
2013 年 8 月 9 日	2013 年 8 月 9 日	关于进一步强化制度建设确保安全生产的决定	鄂政发［2013］34 号
2013 年 10 月 15 日	2013 年 10 月 15 日	关于印发《湖北省基层医疗卫生机构医疗责任保险制度实施办法》的通知	鄂卫生计生发［2013］3 号
2013 年 12 月 13 日	2013 年 12 月 13 日	湖北省医疗纠纷预防与处理办法	湖北省人民政府令第 366 号
2014 年 4 月 21 日	2014 年 4 月 21 日	关于印发《湖北省基层医疗责任保险实施细则（试行）》的通知	鄂卫生计生通［2014］94 号

续表

发文日期	实施日期	文件名称	文号
2014年6月11日	2014年6月11日	关于深入推进我省环境污染责任保险试点工作的通知	鄂环办［2014］170号
2014年6月12日	2014年6月12日	关于认真做好道路运输承运人责任保险工作有关事项的通知	鄂运物运［2014］106号
2014年9月26日	2014年9月26日	关于印发湖北省食品安全责任保险试点工作实施方案的通知	鄂食药监文［2014］78号
2014年10月19日	2014年10月19日	关于印发《湖北省推进医疗责任保险工作实施方案》的通知	鄂卫生计生［2014］211号
2014年12月18日	2014年12月18日	关于推行特种设备责任保险试点工作的通知	鄂质监特联［2014］82号
2015年4月17日	2015年4月17日	关于印发湖北省食品安全责任保险实施细则（试行）的通知	鄂食药监文［2015］36号
2015年11月23日	2015年11月23日	省人民政府关于进一步加强安全生产工作的意见	鄂政发［2015］72号

湖南省“十二五”期间责任保险相关发文

发布日期	实施日期	文件名称	文号
2011年11月22日	2011年11月22日	湖南省人民政府办公厅关于转发省安监局湖南保监局《关于在全省重点行业推行安全生产责任保险的意见》的通知	湘政办发［2011］79号
2012年5月15日	2012年5月15日	关于推进职业院校学生实习责任保险工作的通知	湘教通［2012］267号
2012年8月2日	2012年8月2日	湖南省人民政府办公厅关于转发省金融办等单位《关于开展湖南省火灾公众责任保险试点工作的实施方案》的通知	湘政办发［2012］74号
2012年8月30日	2012年8月30日	关于在全省交通运输系统重点行业推行安全责任保险的意见	湘交安［2012］434号
2012年9月6日	2012年9月6日	关于深入开展2012年度环境污染责任保险试点工作的通知	湘环发［2012］40号
2013年3月25日	2013年3月25日	关于深入开展火灾公众责任保险试点的通知	湘政金发［2013］10号

续表

发布日期	实施日期	文件名称	文号
2013年5月30日	2013年5月30日	关于切实做好建筑施工安全生产责任保险工作的通知	湘建［2013］165号
2013年11月19日	2013年11月19日	关于贯彻落实《关于开展环境污染强制责任保险试点工作的指导意见》的通知	湘环发［2013］28号
2014年2月18日	2014年2月18日	湖南省安全生产委员会办公室关于进一步加强全省安监系统监管重点行业（领域）安全生产责任保险工作的指导意见	湘安办［2014］5号
2014年7月7日	2014年7月7日	关于开展食品安全责任强制保险试点工作的指导意见	湘食药监发［2014］20号
2015年9月28日	2015年9月28日	关于推行湖南省养老机构责任保险工作的实施意见	湘民发［2015］42号

广东省“十二五”期间责任保险相关发文

发布日期	实施日期	文件名称	文号
2010年9月15日	2010年9月15日	关于加强医疗纠纷人民调解工作的实施意见	粤司［2010］243号
2011年5月5日	2011年5月5日	关于进一步做好医疗责任保险投保工作的通知	粤卫办函［2011］129号
2012年3月2日	2012年3月2日	关于开展推行特种设备责任保险工作的通知	粤质检特函［2012］41号
2012年5月10日	2012年5月10日	关于印发《广东省电梯安全监管改革方案》的通知	粤质检［2012］78号
2012年6月5日	2012年6月5日	关于开展环境污染责任保险试点工作的指导意见	粤环［2012］47号
2012年9月29日	2012年9月29日	广东省人民政府关于加强和改进消防工作的实施意见	粤府［2012］114号
2012年10月28日	2012年10月28日	广东省人民政府办公厅转发省金融办 广东保监局关于加快发展责任保险促进我省公共安全体系建设实施意见的通知	粤府办［2012］104号

续表

发布日期	实施日期	文件名称	文号
2013年5月16日	2013年5月16日	广东保监局关于印发《广东责任保险发展工作指引》的通知	粤保监发［2013］108号
2013年6月6日	2013年6月6日	广州市民政局 广州市财政局关于推行民办养老机构意外责任保险的通知	穗民［2013］188号
2013年12月24日	2013年12月24日	关于开展广东省电梯责任保险统保示范项目的通知	粤质检特函［2013］746号
2014年5月21日	2014年5月21日	广东省人民政府关于印发广东省电梯安全监管体制改革方案的通知	粤府函［2014］106号
2015年1月13日	2015年7月1日	广东省环境保护条例	广东省第十二届人民代表大会常务委员会第29号公告
2015年5月28日	2015年10月1日	广东省特种设备安全条例	广东省第十二届人民代表大会常务委员会第34号公告
2015年5月28日	2015年10月1日	广东省电梯使用安全条例	广东省第十二届人民代表大会常务委员会第35号公告
2015年8月4日	2015年10月1日	广东省安全生产责任保险实施办法	广东省人民政府令第215号
2015年9月14日	2015年9月14日	关于开展新一轮校方责任保险 进一步加强教育风险防范工作的通知	粤教保［2015］6号

广西壮族自治区“十二五”期间责任保险相关发文

发布日期	实施日期	文件名称	文号
2011年8月11日	2011年8月11日	关于环境污染责任保险工作的实施意见	桂环发［2011］47号
2012年2月24日	2012年2月24日	关于开展以环境倒逼机制推动产业转型升级攻坚战的决定	桂发［2012］9号
2012年4月13日	2012年4月13日	关于进一步落实环境保护法规政策和管理制度的通知	桂政办发［2012］97号
2012年12月26日	2012年12月26日	广西壮族自治区人民政府办公厅关于开展环境污染责任保险试点工作的通知	桂政办发［2012］327号
2013年11月16日	2013年11月16日	关于印发《广西壮族自治区医疗责任保险实施细则（试行）》的通知	桂卫医［2013］111号

续表

发布日期	实施日期	文件名称	文号
2013年12月3日	2013年12月3日	关于开展电梯安全责任保险试点工作的通知	桂质监联发［2013］12号
2014年2月14日	2014年2月14日	环境保护厅中国保险监督管理委员会广西监管局关于做好环境污染强制责任保险工作有关事项的通知	桂环函［2014］129号
2014年12月24日	2014年12月24日	关于进一步做好道路运输承运人责任保险工作的通知	桂交运输发［2014］145号
2014年12月30日	2014年12月30日	关于推进广西养老机构责任保险工作的实施意见	桂民发［2014］61号
2015年1月26日	2015年1月26日	广西壮族自治区人民政府办公厅关于加快发展现代保险服务业的实施意见	桂政办发［2015］4号
2015年5月22日	2015年5月22日	关于进一步做好全区校园方责任保险工作的通知	桂教安稳［2015］10号
2015年6月5日	2015年6月5日	关于印发《全区食品安全责任保险试点工作实施方案》的通知	桂食药监综［2015］3号
2015年6月9日	2015年6月9日	关于开展广西产品质量安全责任保险试点的指导意见	桂质监联发［2015］3号
2015年8月30日	2015年8月30日	广西壮族自治区人民政府办公厅关于加快发展我区商业健康保险的实施意见	桂政办发［2015］86号
2015年10月19日	2015年10月19日	关于在全区推行安全责任保险制度的意见	桂安监管［2015］26号

海南省“十二五”期间责任保险相关发文

发布日期	实施日期	文件名称	文号
2011年5月21日	2011年5月21日	海南省安全生产监督管理局关于开展安全生产责任保险投保工作的通知	琼安法［2011］82号
2012年3月30日	2012年6月1日	海南经济特区旅馆业管理规定	海南省人民代表大会常务委员会公告第93号
2012年3月30日	2012年7月1日	海南经济特区道路旅游客运管理若干规定	海南省人民代表大会常务委员会公告第94号

续表

发布日期	实施日期	文件名称	文号
2012 年 9 月 20 日	2012 年 9 月 20 日	海南省教育厅 海南省财政厅 中国保监会海南监管局关于进一步做好校方责任保险工作的通知	琼教［2012］90 号
2012 年 10 月 19 日	2012 年 10 月 19 日	海南省人民政府关于加强和改进消防工作的意见	琼府［2012］64 号
2012 年 12 月 12 日	2012 年 12 月 12 日	海南省人民政府关于进一步加强安全生产工作的意见	琼府［2012］77 号
2013 年 5 月 10 日	2013 年 5 月 10 日	海南省人民政府办公厅关于印发 2013 年海南省食品安全重点工作责任分工的通知	琼府办［2013］69 号
2013 年 9 月 12 日	2013 年 10 月 1 日	海南省人民政府关于印发海南省校车安全管理试行办法的通知	琼府［2013］58 号
2013 年 11 月 25 日	2013 年 11 月 25 日	海南省人民政府办公厅关于印发海南省火灾高危单位消防安全管理办法的通知	琼府办［2013］173 号
2013 年 12 月 3 日	2014 年 1 月 1 日	海南省质量技术监督局 中国保监会海南监管局关于推行特种设备安全责任保险工作的通知	琼质技监特［2013］35 号
2015 年 7 月 20 日	2015 年 9 月 1 日	海南省医师多点执业管理办法	琼卫医［2015］25 号

重庆市“十二五”期间责任保险相关发文

发布日期	实施日期	文件名称	文号
2010 年 6 月 11 日	2010 年 6 月 11 日	重庆市人民政府办公厅关于大力发展责任保险实施意见的通知	渝办发［2010］159 号
2011 年 4 月 8 日	2011 年 4 月 8 日	重庆市人民政府办公厅关于印发重庆市医疗纠纷处置办法的通知	渝办发［2011］89 号
2011 年 9 月 26 日	2011 年 9 月 26 日	重庆市卫生局、重庆市保监局关于在全市二级以上公立医疗机构统一推行医疗责任保险的通知	渝卫［2011］116 号
2011 年 10 月 11 日	2011 年 10 月 11 日	关于印发《重庆市保险业发展“十二五”规划纲要》的通知	渝保监发［2011］67 号

续表

发布日期	实施日期	文件名称	文号
2013年8月29日	2013年8月29日	关于印发重庆市深入推进环境污染责任保险试点工作实施方案的通知	渝环发［2013］74号
2014年12月24日	2014年12月24日	重庆市人民政府关于加快发展现代保险服务业的实施意见	渝府发［2014］68号
2015年2月28日	2015年2月28日	关于加强我市医疗责任保险工作的实施意见	渝卫医发［2015］9号
2015年11月9日	2016年1月1日	重庆市电梯安全管理办法	重庆市人民政府令第294号

四川省“十二五”期间责任保险相关发文

发布日期	实施日期	文件名称	文号
2012年4月11日	2012年4月11日	四川省医疗纠纷预防与处置暂行办法	川综治委［2012］7号
2012年8月20日	2012年9月1日	四川省教育厅关于印发《四川省校方责任保险统保方案》的通知	川教函［2012］534号
2013年6月5日	2013年6月5日	关于做好2013年环境污染强制责任保险试点工作的通知	川环函［2013］758号
2014年2月14日	2014年2月14日	四川省人民政府关于加快发展养老服务业的实施意见	川府发［2014］8号
2014年4月22日	2014年4月22日	关于做好2014年环境污染责任保险试点工作的通知	川环函［2014］502号
2014年6月27日	2014年6月27日	四川省环境保护厅办公室关于印发《四川省环境污染责任保险指南（试行)》的通知	川环办函［2014］79号
2014年7月18日	2014年7月18日	四川省民政厅 四川保监局 四川老龄办关于推进养老机构责任保险工作的实施意见	川民发［2014］105号
2014年8月28日	2014年8月28日	四川省教育厅关于做好2014—2017学年度校方责任保险工作的通知	川教函［2014］525号
2014年11月17日	2014年11月17日	关于深入推进火灾公众责任保险的意见	川公消［2014］129号
2014年12月10日	2014年12月10日	关于开展企业环境信用评价试点工作的通知	川环函［2014］1811号

续表

发布日期	实施日期	文件名称	文号
2015年3月11日	2015年3月11日	关于印发《四川省电动自行车综合整治工作方案》的通知	川公发［2015］20号
2015年6月5日	2015年6月25日	关于推进责任保险工作的通知	川保监发［2015］92号
2015年6月25日	2015年8月1日	四川省电梯安全监督管理办法	2015年四川省人民政府令第298号
2015年7月9日	2015年7月9日	关于加强医疗责任保险工作的通知	川卫办发［2015］215号
2015年7月28日	2015年7月28日	成都市中级人民法院关于财产保全案件允许申请人提供保险公司保函担保的通知	成中法发［2015］96号
2015年8月10日	2015年8月10日	四川省环保厅、四川保监局关于继续推进环境污染责任保险试点工作的通知	川环函［2015］1137号
2015年9月22日	2015年9月22日	关于开展产品质量安全责任保险工作的通知	川质监发［2015］18号
2015年9月24日	2015年9月24日	四川省财政厅 四川省经济和信息化委员会 中国保险监督管理委员会四川监管局关于开展四川省重大技术装备首台（套）保险补偿试点工作的通知	川财建［2015］165号
2015年10月22日	2015年10月22日	省卫生计生委 省发展改革委等5部门关于印发《四川省医师多点执业管理办法（试行）》的通知	川卫办发［2015］307号
2015年11月8日	2015年11月8日	四川省人民政府办公厅关于加快发展商业健康保险的实施意见	川办发［2015］94号

贵州省“十二五”期间责任保险相关发文

发布日期	实施日期	文件名称	文号
2011年3月28日	2011年3月28日	关于实施道路旅客运输承运人责任保险制度的补充通知	省运管办［2011］7号
2011年5月24日	2011年5月24日	贵州省教育厅 贵州保监局关于在普通高等学校中等职业学校普通高中幼儿园全面推行校方责任保险管理工作的通知	黔教安稳发［2011］170号

续表

发布日期	实施日期	文件名称	文号
2013年5月23日	2013年5月23日	关于加强医疗纠纷人民调解工作的意见	黔司通［2013］76号
2013年10月21日	2013年10月21日	贵州省环保厅关于印发《关于开展环境污染强制责任保险试点工作的指导意见》的通知	黔环通［2013］220号
2013年12月16日	2013年12月16日	省人民政府关于印发贵州省医疗纠纷人民调解处理办法（试行）的通知	黔府发［2013］30号
2014年8月26日	2014年8月26日	贵州省交通运输厅 中国保险监督管理委员会贵州监管局关于进一步做好道路运输承运人责任保险工作的通知	黔交运［2014］15号
2014年10月22日	2014年10月22日	关于印发《贵州省医疗责任保险实施方案（试行）》的通知	黔卫计发［2014］42号
2015年1月25日	2015年1月25日	贵州省人民政府关于加快发展现代保险服务业的实施意见	黔府发［2015］7号
2015年4月8日	2015年4月8日	贵州省环境保护厅 中国保险监督管理委员会贵州监管局关于全面推进环境污染责任保险工作有关事项的通知	黔环通［2015］92号
2015年7月1日	2015年7月1日	关于开展食品安全责任保险试点工作的指导意见	黔食安办发［2015］14号
2015年10月15日	2015年10月15日	关于印发《关于诉讼财产保全责任保险担保的会议纪要》的通知	黔高法［2015］122号
2015年12月9日	2015年12月9日	关于开展产品质量安全责任保险工作的通知	黔质技监质联［2015］174号

云南省“十二五”期间责任保险相关发文

发布日期	实施日期	文件名称	文号
2011年1月	2011年1月	关于进一步做好医疗责任保险工作有关问题的通知	云卫发［2011］3号

续表

发布日期	实施日期	文件名称	文号
2012年11月14日	2012年11月14日	关于在全省开展电梯安全责任保险工作的意见	云质监局发［2012］130号
2012年12月12日	2012年12月12日	关于印发加强环境保护重点工作任务分解方案的通知	云政办发［2012］229号
2014年11月28日	2014年11月28日	云南省教育厅等四部门关于加强学校保险工作的指导意见	云教体［2014］26号
2015年5月14日	2015年5月14日	关于进一步加强食品安全工作的意见	云政发［2015］26号
2015年9月2日	2015年9月2日	关于开展环境污染责任保险试点工作的通知	云政办函［2015］158号

西藏自治区“十二五”期间责任保险相关发文

发布日期	实施日期	文件名称	文号
2013年12月	2013年12月	西藏自治区环境污染责任保险试点工作实施意见	藏环发［2013］462号

陕西省“十二五”期间责任保险相关发文

发布日期	实施日期	文件名称	文号
2012年12月31日	2012年12月31日	陕西省环境保护厅 中国保险监督管理委员会陕西监管局关于印发《陕西省环境污染责任保险试点工作实施意见》的通知	陕环发［2012］108号
2013年11月29日	2014年1月1日	陕西省大气污染防治条例	陕西省人大常委会公告［十二届］第七号
2014年8月29日	2014年9月1日	关于印发《陕西省推进医疗责任保险工作方案（试行）》的通知	陕卫医发［2014］296号
2015年7月24日	2015年7月24日	关于做好全省中小学校2015—2016学年度校方责任保险工作的通知	陕教体办［2015］20号
2015年9月2日	2015年9月2日	关于在西安市推行电梯安全责任保险示范项目的通知	市质监发［2015］119号

甘肃省“十二五”期间责任保险相关发文

发布日期	实施日期	文件名称	文号
2013年1月	2013年1月	关于开展环境污染责任保险试点工作的意见	甘环发［2013］19号
2014年9月30日	2014年9月30日	关于开展食品安全责任保险试点工作的指导意见	甘食安办发［2014］11号
2014年10月20日	2014年10月20日	关于推行教职工校方责任保险完善校园风险管理服务体系的通知	甘教资［2014］17号
2014年10月20日	2014年10月20日	关于印发《甘肃省教职工校方责任保险管理办法（试行）》的通知	甘教资［2014］18号
2014年12月10日	2014年12月10日	甘肃省人民政府关于加快发展现代保险服务业的实施意见	甘政发［2014］117号
2015年1月19日	2015年1月19日	甘肃省民政厅 甘肃保监局 甘肃省老龄办关于推进养老服务机构责任保险工作的意见	甘民发［2015］8号
2015年3月9日	2015年3月9日	省质监局 甘肃保监局关于开展产品质量安全责任保险工作的通知	甘质监质联［2015］1号
2015年4月	2015年4月	关于印发2015年甘肃省食品安全责任保险试点工作方案的通知	甘食安办发［2015］13号
2015年5月	2015年5月	省食品安全办等十八部门关于开展2015年全省食品安全宣传周活动的通知	甘食安办发电［2015］9号

青海省“十二五”期间责任保险相关发文

发布日期	实施日期	文件名称	文号
2012年2月9日	2012年2月9日	关于进一步规范道路运输承运人责任保险工作的通知	青交运［2012］53号
2013年8月26日	2013年8月26日	关于印发青海省环境污染强制责任保险试点工作方案的通知	青环发［2013］389号
2014年9月22日	2014年9月22日	关于开展医疗责任保险工作的通知	青卫医［2014］67号

续表

发布日期	实施日期	文件名称	文号
2014 年 12 月 17 日	2014 年 12 月 17 日	关于在全省高危行业推进安全生产责任保险工作的实施意见	青安监［2014］229 号
2015 年 4 月 22 日	2015 年 4 月 22 日	关于进一步做好道路运输承运人责任保险工作的通知	青交运［2015］92 号
2015 年 6 月 8 日	2015 年 6 月 8 日	关于做好第二批环境污染责任保险试点工作的通知	青环发［2015］245 号
2015 年 6 月 24 日	2015 年 6 月 24 日	关于加快完成医疗机构医疗责任保险统保工作的通知	青卫医［2015］49 号
2015 年 12 月 15 日	2015 年 12 月 15 日	关于做好第三批环境污染责任保险试点工作的通知	青环发［2015］489 号

宁夏回族自治区“十二五”期间责任保险相关发文

发布日期	实施日期	文件名称	文号
2011 年 1 月 7 日	2011 年 1 月 7 日	关于印发《宁夏回族自治区教职员工校方责任保险工作暂行办法》的通知	宁教财［2011］5 号
2011 年 8 月 8 日	2011 年 8 月 8 日	关于建立医疗纠纷人民调解工作制度和推动医疗责任保险工作的通知	宁卫医政［2011］286 号
2011 年 9 月 15 日	2011 年 9 月 15 日	关于进一步做好中等职业学校教职员工责任保险和学生实习责任保险工作的通知	宁教财［2011］237 号
2012 年 1 月 9 日	2012 年 1 月 9 日	关于实施医疗责任保险全区统保工作的通知	宁卫医政［2012］2 号
2014 年 5 月 26 日	2014 年 11 月	关于加快发展养老服务业的实施意见	宁政发［2014］44 号
2014 年 6 月 11 日	2014 年 6 月 11 日	关于印发《宁夏回族自治区安全生产责任保险试点工作实施方案》的通知	宁安监政发［2014］75 号
2014 年 8 月 4 日	2014 年 9 月 1 日	自治区教育厅自治区财政厅联合印发《关于增加学生校方责任保险保费的通知》	宁教财［2014］193 号

续表

发布日期	实施日期	文件名称	文号
2014 年 10 月 24 日	2014 年 10 月 24 日	关于实施安全生产责任保险试点工作的通知	宁安监法规［2014］151 号
2015 年 7 月 24 日	2015 年 9 月	关于开展大中专院校学生实习责任保险的通知	宁教财［2015］149 号
2015 年 12 月 10 日	2016 年 1 月 1 日	宁夏回族自治区环境污染责任保险试点工作实施意见的通知	宁环发［2015］107 号

新疆维吾尔自治区“十二五”期间责任保险相关发文

发布日期	实施日期	文件名称	文号
2011 年 1 月 27 日	2011 年 1 月 27 日	新疆维吾尔自治区煤矿企业推行安全生产责任保险的实施意见	新煤监管发［2011］19 号
2011 年 3 月 25 日	2011 年 6 月 1 日	新疆维吾尔自治区消防条例	新疆维吾尔自治区第十一届人民代表大会常务委员会第 26 次会议通过
2011 年 10 月 20 日	2011 年 10 月 20 日	关于推动医疗责任保险和医疗纠纷人民调解工作的意见	兵卫发［2011］101 号
2011 年 12 月 1 日	2012 年 2 月 1 日	新疆维吾尔自治区环境保护条例	新疆维吾尔自治区十一届人大常委会公告第 43 号
2012 年 8 月 21 日	2012 年 8 月 21 日	关于进一步做好医疗责任保险全区统保工作的通知	新卫医发［2012］105 号
2012 年 9 月 14 日	2012 年 9 月 14 日	关于推进自治区职业院校学生实习责任保险的通知	新教职成［2012］37 号
2012 年 10 月 31 日	2012 年 10 月 31 日	关于加快推行安全生产领域责任保险工作的意见	新政办发［2012］168 号
2013 年 3 月 21 日	2013 年 3 月 21 日	关于印发新疆开展环境污染责任保险工作实施意见的通知	新环法发［2013］131 号
2013 年 3 月 26 日	2013 年 3 月 26 日	关于开展环境污染责任保险试点工作的通知	新环法发［2013］138 号
2013 年 6 月 8 日	2013 年 6 月 8 日	关于推进新疆环境污染责任保险试点工作的通知	新环法发［2013］260 号

续表

发布日期	实施日期	文件名称	文号
2014年6月10日	2014年6月10日	关于深入推进新疆环境污染责任保险工作的通知	新环法发［2014］245号
2015年5月8日	2015年5月8日	关于印发新疆维吾尔自治区医疗纠纷预防与处置暂行办法的通知	新卫医发［2015］34号
2015年7月15日	2015年7月15日	关于加快发展现代保险服务业的实施意见	新政办发［2015］88号
2015年7月24日	2015年7月24日	关于完善我区校（园）方责任保险暨开展附加“无过失责任保险”工作的通知	新教厅办［2015］14号
2015年11月13日	2015年11月13日	关于印发《新疆维吾尔自治区校车安全管理办法》的通知	新政办发［2015］153号
2015年12月31日	2016年2月1日	新疆维吾尔自治区电梯安全监督管理办法	新疆维吾尔自治区人民政府令第198号

深圳市“十二五”期间责任保险相关发文

发布日期	实施日期	文件名称	文号
2012年5月30日	2012年5月30日	深圳市人居环境委员会、中国保监会深圳监管局关于印发《深圳市环境污染责任保险工作实施方案》的通知	深人环［2012］167号
2012年7月31日	2012年7月31日	关于开展环境污染责任保险工作的通知	深人环［2012］243号
2014年5月12日	2014年5月12日	深圳市人居环境委员会、中国保监会深圳监管局关于充分发挥市场决定性作用 进一步推动环境污染责任保险发展的意见	深人环［2014］153号

大连市“十二五”期间责任保险相关发文

发布日期	实施日期	文件名称	文号
2012年12月31日	2012年12月31日	大连市人民政府关于印发大连市绿色经济发展规划的通知	大政发［2012］59号
2013年8月23日	2013年10月1日	大连市人民政府办公厅关于印发大连市医疗纠纷预防与处置办法的通知	大政办发［2013］80号

续表

发布日期	实施日期	文件名称	文号
2013年9月17日	2013年9月17日	关于开展环境污染强制责任保险试点工作的实施意见	大环发［2013］203号
2013年9月27日	2013年9月27日	大连市人民政府关于印发大连市创新发展科技金融实施方案的通知	大政发［2013］51号
2013年11月27日	2013年12月27日	大连市人民政府关于创新发展航运金融的实施意见	大政发［2013］61号
2014年12月16日	2014年12月16日	大连市人民政府关于加快发展现代保险服务业的实施意见	大政发［2014］54号

宁波市“十二五”期间责任保险相关发文

发布日期	实施日期	文件名称	文号
2011年11月25日	2012年3月1日	宁波市医疗纠纷预防与处置条例	2011年12月8日宁波市第十三届人民代表大会常务委员会公告第33号
2012年7月4日	2012年7月4日	宁波市企业安全生产诚信机制建设激励约束政策	甬安监管办［2012］32号
2012年12月26日	2012年12月26日	关于印发宁波市家政服务员职业保险实施与财政补贴资金管理办法的通知	甬贸局消［2012］209号
2013年6月9日	2013年6月9日	关于推行产品责任保险试点工作的通知	甬保监发［2013］35号
2013年6月25日	2013年6月25日	关于继续开展宁波市企业安全生产责任保险试点的通知	甬安监管法［2013］13号
2013年6月25日	2013年6月25日	关于印发镇海区环境污染责任保险试点扩大工作实施方案的通知	镇镇办法［2013］103号
2014年1月17日	2014年1月17日	关于调整宁波市家政服务员职业保险与财政补贴资金管理办法部分条款的通知	甬贸局消［2014］5号
2014年8月25日	2014年8月25日	关于推行村卫生室医疗责任保险的实施意见	甬卫发［2014］90号

续表

发布日期	实施日期	文件名称	文号
2015 年 2 月 9 日	2015 年 2 月 9 日	关于印发《宁波市养老服务机构政策性综合保险的实施意见》的通知	甬民发［2015］15 号
2015 年 7 月 24 日	2015 年 7 月 24 日	关于印发宁波市开展食品安全责任保险试点工作方案的通知	甬食安办［2015］23 号

青岛市“十二五”期间责任保险相关发文

发布日期	实施日期	文件名称	文号
2011 年 4 月 13 日	2011 年 4 月 13 日	青岛市高危行业企业安全生产风险抵押金和安全生产责任保险推进工作方案的通知	青安监［2011］55 号
2012 年 4 月 19 日	2012 年 4 月 19 日	关于开展环境污染责任保险试点工作的实施意见	青政办字［2012］54 号
2013 年 1 月	2013 年 1 月	关于印发《青岛市环境污染责任保险试点工作实施方案》的通知	青环发［2013］3 号
2013 年 12 月 30 日	2014 年 5 月 1 日	青岛市高层建筑消防安全管理办法	政府令 2014 年第 230 号
2014 年 10 月 30 日	2014 年 10 月 30 日	关于推进企业安全生产诚信体系建设工作的意见	青安监［2014］135 号
2015 年 4 月 22 日	2015 年 4 月 22 日	关于做好养老机构老年人意外伤害责任保险有关工作的通知	青民福［2015］9 号

厦门市“十二五”期间责任保险相关发文

发布日期	实施日期	文件名称	文号
2013 年 7 月 2 日	2013 年 7 月 2 日	厦门市质量技术监督局 中国保险监督管理委员会厦门监管局关于推行产品质量安全责任保险的通知	厦质监［2013］84 号
2014 年 5 月 9 日	2014 年 5 月 9 日	厦门市人民政府关于印发加快发展养老服务业实施意见的通知	厦府［2014］128 号
2015 年 5 月 27 日	2015 年 5 月 27 日	厦门市人民政府安全生产委员会关于印发《2015 年厦门市安全生产责任保险制度试点工作方案》的通知	厦安字［2015］11 号
2015 年 9 月 23 日	2015 年 9 月 23 日	关于全面推进医疗责任保险工作的意见	厦保监办发［2015］105 号
2015 年 12 月 30 日	2016 年 3 月 1 日	厦门市电梯安全管理办法	厦门市人民政府令第 160 号